普通高等教育农业农村部“十三五”规划教材

大学体育教程

第二版

殷征辉　魏晓峰　黎　伟　葛庆焕　主编

中国农业出版社
北　京

图书在版编目（CIP）数据

大学体育教程/殷征辉等主编．—2版．—北京：中国农业出版社，2020.6（2023.7重印）
普通高等教育农业农村部“十三五”规划教材
ISBN 978-7-109-27009-1

Ⅰ．①大…　Ⅱ．①殷…　Ⅲ．①体育－高等学校－教材
Ⅳ．①G807.4

中国版本图书馆CIP数据核字（2020）第112643号

中国农业出版社出版
地址：北京市朝阳区麦子店街18号楼
邮编：100125
策划编辑：马兰兰　　龙永志
责任编辑：马兰兰
版式设计：杜　然　　责任校对：周丽芳
印刷：中农印务有限公司
版次：2018年8月第1版　　2020年6月第2版
印次：2023年7月第2版北京第4次印刷
发行：新华书店北京发行所
开本：787mm×1092mm　1/16
印张：22.25
字数：535千字
定价：39.50元

第二版编审人员名单

主　编　殷征辉　魏晓峰　黎　伟　葛庆焕

副主编　王汉臣　查显峰　张元厚　于　硕

参　编　（按姓氏笔画排序）

马　琳　马业强　王　伟　王大贵

朱兴东　朱潇雨　乔维维　吴天娇

周文龙　胡　静　赵　越　赵德宝

高金库　董超武　鲍君洁　慕英杰

审　稿　张　亮

第一版编写人员名单

主　编　张　亮　殷征辉　魏晓峰　查显峰

副主编　王汉臣　陈　凯

参　编　（按姓氏笔画排序）

马业强　王　伟　王　宇　王大贵

毕　强　吕晶红　朱　磊　朱兴东

朱潇雨　乔维维　赵振武　高金库

董超武　慕英杰

第二版前言

为深化高校体育教学改革，全面落实习近平总书记在第五次全国教育大会上“要树立健康第一的教育理念，开齐开足体育课，帮助学生在体育锻炼中享受乐趣、增强体质、健全人格、锤炼意志”的讲话精神，进一步推进素质教育，提高体育教学水平和质量，我们对《大学体育教程》进行了修订。

修订后的教材内容更加丰富，更加注重培养学生的健康意识和团结合作精神，强调体育锻炼的重要性，引导学生养成积极、自觉地进行体育锻炼的良好习惯，从而在享受体育锻炼的乐趣的同时，获得健康的体魄和健全的人格，为将来更好地学习、工作、生活打下坚实的基础。

本教材分为理论篇和实践篇。理论篇系统介绍了体育与健康的关系、《国家学生体质健康标准》的实施与评定、终身体育、运动保健、运动与营养、冬季体育与户外运动、奥林匹克运动等知识；实践篇重点介绍了田径、篮球、排球、足球、乒乓球、羽毛球、网球、橄榄球（英式）、游泳、轮滑、滑冰、滑雪、形体、武术搏击类、户外休闲运动与拓展训练、旱地冰球等项目的基本技术与练习方法。

为方便教师教学、学生自学自练，本教材为部分项目配备了二维码。用手机扫描二维码，即可观看相关动作的视频，以便更好地理解和掌握动作要领。本教材可读性较强，既可作为学生的学习指导书、教师教学参考书，也可作为体育爱好者的学习读本。

由于编者水平有限，书中难免有不足之处，敬请广大读者批评指正。

编　者

2020年1月

第一版前言

大学体育课程是系统体育教育不可或缺的一环，也是大学生走向社会前最后阶段的体育教育。大学体育课程是中小学体育课程的延伸和发展，更是开展阳光体育运动、增强大学生的体质与健康水平、建设大学校园文化和培养大学精神的重要途径，因此，大学体育教材的编写和完善至关重要。

为了贯彻“健康第一”的指导思想，落实教育部《全国普通高等学校体育课程教学指导纲要》精神，特别是习近平同志“充分认识体育对提高人民健康水平的积极意义，落实全民健身国家战略，普及全民健身运动，促进健康中国建设”讲话精神，深化高校体育教学改革，提高体育课程教学质量，为大学生课余体育锻炼提供指导，使其掌握科学健身方法，提高运动技能，增强身心健康，塑造健全人格，我们成立了《大学体育教程》编委会，组织具有丰富经验的教师编写了本教材。

本教材以学生为主体，与实践相结合，以培养大学生的体育与健康意识，引导他们养成终身锻炼习惯为主线，从体育文化、体育健康、体育教学、体育技能、练习方法等方面入手，内容上具有较强的实效性和可操作性，便于学生课内外自学、自练。同时，本教材充分考虑了当代大学生多方面的需求，遵循理论与实践相结合的原则，系统介绍了体育基本理论知识和普及性强、开展广泛、深受大学生喜爱的体育项目，也结合北方的地域性特点介绍了具有北方特色的体育运动项目和具有时代气息的休闲体育项目，使教材涵盖的内容更为丰富。

在本教材编写过程中，我们参考和借鉴了国内外最新体育教学和科研成果，在此谨向相关作者表示衷心的感谢。

由于时间仓促和编者水平有限，书中疏漏与不妥之处在所难免，恳请广大读者批评指正。

编　者

2018年6月

目　录

实　践　篇

理 论 篇

第一章
体育与健康

第一节　体育概述

一、体育的含义

人类体育活动的历史同人类社会历史一样悠久。体育是人类生存活动的重要组成部分，有人类即有体育。人类欲适应其生存环境，必须有运动，此种运动即为“体育”。从古至今，人类经历若干万年的变迁，体育的形式亦随之演进。但是由于生存条件的不同和人们对体育的需求不同，世界各地区、各民族的体育呈现出不同的风貌，对于体育的认识也就有了差异，形成了各种不同的说法。

就其定义来说，体育具有狭义和广义之分。狭义的体育也称体育教育，是教育的重要组成部分，是一个全面发展身体，增强体质，传授体育的知识、技能，培养道德和意志品质的有组织、有计划、有目的的教育过程，其与德育、智育、美育密切配合，是培养全面发展的人的一个重要方面。广义的体育又称体育运动，是指以身体练习为基本手段，以增强人的体质，促进人的全面发展，丰富社会文化生活和促进精神文明建设为目的的一种有意识、有组织的社会活动。张洪潭等人认为体育是旨在强化体能的非生产性人体活动。虽然目前学术界对体育的定义有多种不同的阐述，但总的来说，体育是指任何一种通过身体运动谋求个体身心健全发展的竞技性、表现性、娱乐性、教育性的社会活动。

二、体育的产生

我们今天丰富多彩的体育活动并不是人类瞬间创造出来的，而是人类长期积累的结果。经验积累是人类特有的本领，人类在适应自然环境和社会环境的过程中，不断地总结经验，积累经验，创造出越来越丰富多彩的体育活动，并把它们一代一代地传递下去，从而使体育项目越来越多。

人类生存和社会发展的需要是体育产生与发展的根本动力。在原始社会，原始人迫于谋生需要，要为寻找食物而跋山涉水，为杀伤猎物而掷石、投棍，为追捕野兽而奔跑，为抵御自然侵袭而跋涉迁徙，为防备狩猎时被野兽伤害而进行格斗。显然，走、跑、跳、投、攀、爬、格斗和游泳等身体运动，都是原始人求生存所必需的基本活动技能。到了原始社会后期，随着生产力的发展，为掠夺财产和奴隶而发生的冲突日益频繁，需要改进生产工具和狩猎技术，使之成为谋生手段且世代相传。同时，人们还意识到必须提高谋生和防卫能力本身所需的智力和体力，于是成年人就向少年儿童传授各种技能，这就是体育的萌芽——原始体育。

同时，在原始时代，人们往往想通过预演劳动过程而使后来实际的劳动取得成功。如在狩猎前演示狩猎活动，希望通过杀死或制服假扮的野兽而使以后实际的狩猎过程取得成功。这种演示，既是舞蹈的萌芽，又是体育的萌芽。此外，原始时代的人们为了五谷丰登、牧业兴旺，祈祷上天消除灾难并进行一些崇拜神灵的祭祀活动。在祭祀活动中，有一些困难、复杂的动作，也是体育的萌芽。

随着社会生产力的发展，到奴隶社会初期发生，战争开始频繁。生存还是死亡，做征服者还是做奴隶，就看谁在这场竞争中是强者。要想成为强者，就必须在竞争中取胜。因此，拥有强壮的身体和超常的体力，就非常重要。人类自此开始自觉锻炼身体，提高身体素质，并有组织地加以实施。比如古希腊的斯巴达人，为了使男子有健壮的身体、敏捷的身手，从7岁开始集中起来专门训练跑、跳、拳击、击剑、摔跤、投标枪、游泳、骑马、狩猎、行军和球戏。这些以军事目的为主的训练手段也是体育的前身。

三、体育的发展

（一）体育与人类心理、生理需要

人是唯一兼有自然属性和社会属性的动物。体育的发展与人类的心理、生理需要密不可分。同时，原始宗教与原始体育也有着密不可分的联系。原始宗教是现实生活在人们意识中虚幻的反映，是他们还无法有效制服的自然界在精神世界中的幻觉。原始人由于迷信，常用身体动作（如舞蹈、模仿狩猎劳动过程等各种形式）来表示对神的敬畏，体育就是从中发展起来的。我国上古时期的各种祭祀当属此类，古代希腊的奥林匹克竞技运动也是祭祀的需要。这些祭祀性质的活动，是为了满足心理、生理需要的结果之一，也是原始体育重要的组成部分和表现形式。

（二）体育与军事

体育的发展与军事的发展有着密切的关系。人类发展的历史，常常伴随着战争，体育的发展直接受军事发展的影响。在我国奴隶社会的春秋时期，兼并战争十分频繁。统治者为了提高士兵身体素质和掌握武器的技能，常常采用各种手段训练士兵，我国古代的甲士训练、欧洲中世纪的骑士训练都是如此，一些体育活动也成为军事训练的辅助手段。如秦朝时以角抵、投石，汉朝以蹴鞠，唐朝以马球等作为军事训练的重要内容。体育作为军事训练的辅助手段，对提高士兵的体力和增强他们的意志品质具有重要的积极意义，这些辅助手段不仅丰富了体育内容，也使体育的一些项目得到了广泛的发展。

（三）体育与教育

体育的发展和教育发展是紧密联系的。体育从诞生之时起，就是教育的一个组成部分，是教育的基本内容之一。在奴隶社会时期出现了学校这种专门的教育机构，体育就成为学校教育的重要内容。如我国殷商时期“学宫”中的射箭以及春秋时期孔子兴私学所传授的“六艺”（礼、乐、御、射、书、数）中的御、射等。在古希腊雅典的教育体系中，体育同样被列为主要内容，贵族学校必须学习“五项竞技”（角力、赛跑、跳跃、掷铁饼、投标枪），还有游泳、射箭、骑马等，其教育的目的是不仅要把统治阶级的子弟训练成为身强体壮的武士，还要培养他们成为有文化的商人和多才多艺的政治家，使他们成为身心协调、全面发展的人才。古希腊的哲学家亚里士多德主张在教育中把体育放在首位。他说："在教育上，实践必须先于理论，而身体训练须在智力训练之先。"在资本主义社会，把体育作为教育内容的思想更为明确，17世纪的英国教育家洛克倡导"三育"学说，明确地把教育分为体育、德育和智育三个部分，并强调指出"健全的精神寓于健全的身体"。而在社会主义中国，毛泽东曾指出："我们的教育方针，应该使受教育者在德育、智育、体育几方面得到发展，成为有社会主义觉悟的、有文化的劳动者。"为此，我国的学校应认真抓好广大青少年的体育教育，使他们不仅在德育、智育等方面得到发展，还能够获得体育知识，掌握运动技术和技能，增强体质。因此，在教育体系中，体育具有重要的地位。随着社会的不断发展，对学校教育中所采用的体育内容和组织方法的要求日益提高，从而也将进一步促进体育的发展。

（四）体育与娱乐

在人类社会的不断发展中，体育的一些项目是在娱乐活动中发展起来的。各种游戏，以及各民族之间流行的带有民族色彩的一些体育项目都是休闲的娱乐项目，如清明踏青、放风筝、荡秋千、拔河及端午节赛龙舟等。另外，体育的内容也是在生产、生活中发展起来的，如打猎、钓鱼、划船等。当人们对体育活动能增强体质、防治疾病、延年益寿等有所认识后，总结出一些有益于身心健康的体育活动，如：春秋战国时期的"导引术""叶纳术"，东汉末期名医华佗按照五种动物的动作编制的保健体操"五禽戏"，明清时期的"太极拳""气功"等则是在对体育的健身、医疗作用有深刻认识的基础上发展起来的，至今"太极拳""气功"等体育活动仍在健身活动中得到广泛运用，极大地丰富了广大群众体育活动的内容。

（五）体育与社会和科技的进步

体育随着社会和科技的不断进步而发展。从古代体育到近代体育，直到今天的现代体育，人们对体育的热情也随着体育体系的完备、社会公益事业的发展和健身、养生的需要而不断高涨。随着社会经济的繁荣和人民生活水平的提高，人们的体育知识不断增加，体育意识不断提高，竞技体育、学校体育和社会体育已成为现代体育的三个重要组成部分，体育运动已经成为人类社会不可缺少的重要组成部分。

四、体育的功能

体育从产生到发展，都是随社会生产力的发展而发展的，也是为一定社会的政治、经济服务的。也可以说，所处的历史阶段不同，体育就具有不同的功能，但归纳起来其功能有以下几方面：

（一）教育功能

体育是德、智、体、美、劳教育中不可忽视的重要教育手段，是以身体活动作为媒介去培养身体、精神、情操、修养、举止、谈吐等方面与社会相适应的公民，是完善人的意识活动的方法和载体之一。其教育功能具体表现在以下方面：通过促进身体的发育与机能提高，全面提高身体素质，从而提高对自然界的认识以及对自然社会的了解和适应能力；掌握基本理论、卫生知识、科学的锻炼方法，学会一技之长，养成终身锻炼习惯及良好的竞争意识；培养良好的思想品质，提高道德修养。

（二）培养竞争意识和造就民族主体意识功能

人类的生活如同在竞技场的比赛，大到与自然竞争，小到与对手竞争，无一不是在竞争中不断地追求完善自我和超越自我。作为运动员，在场上，面临自然、场地、观众、裁判、场上对手等许多因素的影响，为了取得胜利，必须创造条件，调整自我心理状态，挖掘自身潜能。因此，无论是参赛和观赛，运动场无疑类似一场生灵活现的“战争”场面。运动场是社会的缩影，是一个有特殊的游戏规则的社会环境。依据迁移原则，人们在运动场上所养成的良好品性和行为准则，迁移到日常生活中则成为社会认同、接纳的行为准则。运动场上有胜有负，胜利者固然光荣，失败者同样受人尊敬。胜不骄，败不馁，奋发向上，顽强拼搏，敢于胜利，不仅仅是运动员独有的品质，也是社会的每一个公民都应具备的品质。公平竞争是运动场上的规则，也是其他领域的规则。在国际比赛中，虽然运动员民族不同，肤色不同，文化背景不同，但他们同场公平竞技。在和平年代，可以这样说，一个世界冠军的出现，不亚于一个民族英雄的诞生。

（三）健身功能

通过体育锻炼来增强体质、促进健康、防病治病在我国可追溯到黄帝时代。中国的各种健身术如导引术、武术等，在国际上有很大的影响力。现代社会人们的工作和生活节奏的改变，对人体健康有了更高的要求，不能认为没有疾病就是健康。事实上，在健康与疾病之间存在着许多亚健康的表现，如肥胖、酗酒、过度紧张等，这样的人需要通过体育锻炼来促进健康，所以体育的健身功能在未来社会将越来越受到重视。

（四）经济功能

体育是人的活动，特别是体育成为一种很多社会成员参加的经常性活动后，总是在一定物质消费的基础上进行的，必然要消耗一定的人力、物力和财力。因此，与体育活动相关的服装、器材、装备和体育场地设施等就会随之而产生，必然会促进相关行业的发展。

（五）交流功能

体育运动能增强人与人之间的交流，促进相互了解，改善人际关系。国家间的体育交往能够促进不同国家之间、不同民族之间的相互了解和相互信任，有利于人类社会的和平与发展。

第二节　健康概述

一、健康的定义

健康是人类生存发展的一个基本要素。然而，对于什么是健康，不同的人有各自的理解。传统的观念认为“健康就是没有疾病”“健康就是身强力壮、能吃、能睡”，这些认识是不全面的。1948 年，世界卫生组织（WHO）提出了“健康不仅是指没有疾病和虚弱，而且包括身体方面、精神方面和社会适应方面的完美状态”。1989 年，该组织又对这一说法作了补充，即除了躯体健康、心理健康和社会适应良好外，还加上了道德健康，认为只有这四个方面都健康才算是完全的健康。这一“健康”新概念，从人的自然属性和社会属性的结合上阐明了健康的科学内涵，是目前对健康概念较完整、准确的表述。

根据世界卫生组织提出的“健康”新概念，有学者从身体健康、心理健康、社会适应良好和道德健康四个方面对健康进行了具体阐释。

1. 身体健康　身体健康一般是指人在生物学方面的健康，即人体结构完整和生理功能正常。身体健康是人整体健康的基础。

2. 心理健康　心理健康是指能够正确认识自己及周围环境的事和物，表现为人格是完整的，自我感觉良好，情绪稳定，积极向上，有较好的自控能力，保持心理上的平衡。

3. 社会适应良好 社会适应良好是指一个人的行为能适应复杂的社会环境变化，能为他人所理解，为社会所接受，行为符合社会身份，能与他人保持正常的人际关系。

4. 道德健康 道德健康是指既为自己的健康也为他人的健康负责，把个人行为置于社会规范之内，能按照社会规范的准则约束自己的言行，能为大众的幸福作出贡献。

二、健康的标准

为了使人们完整和准确地理解健康的概念，世界卫生组织又提出了衡量人体健康的十条标准：①精力充沛，能从容不迫地应付日常生活和工作；②处事乐观，态度积极，乐于承担任务，不挑剔；③善于休息，睡眠良好；④应变能力强，能适应各种环境变化；⑤对一般感冒和传染病有一定的抵抗力；⑥体重适中，身体匀称，身体各部位比例协调；⑦眼睛明亮，反应敏捷，眼睑不发炎；⑧牙齿清洁，无缺损，无病痛，齿龈颜色正常，无出血现象；⑨头发有光泽，无头屑；⑩肌肉、皮肤富有弹性，走路轻松。

三、影响健康的因素

人的健康和疾病首先受到生物学因素的影响，但是在现代社会，越来越多的环境因素对健康形成制约。

（一）人体生物学因素

人体是一个极为复杂的有机体，在影响和制约人体健康的诸多生物学因素中，主要有遗传和心理两种因素。

1. 遗传因素 后代形成和亲代相似的多种特征称为遗传特征。遗传不但使后代在形态、体质以及性格、智力、功能等方面和亲代相似，而且还会把亲代的许多隐性的或显性的疾病传给后代。遗传病不但种类多，而且发病率高。它不仅影响个体终身，还是重大的社会问题。现在世界上许多国家正在大力发展康复医学，遗传残疾人是其重要的康复对象。对于遗传病，最重要的还是预防，如提倡科学婚姻、用法律来制止近亲结婚等。

2. 心理因素 我国古代哲学家范缜提出："形存则神存，形谢则神灭。"这句话强调了身体是心理的载体。我国古代经典中医医书《黄帝内经·素问》中就有"怒伤肝""喜伤心""思伤脾""忧伤肺""恐伤肾"的记载，可见身体与心理之间的平衡与和谐对人体健康至关重要。现代医学和心理学的研究也证明了许多疾病的发生、发展与心理因素有关，如心血管病、高血压、肿瘤等。大量的临床实践也证明，消极的情绪（如悲伤、恐惧、紧张、愤怒、焦虑等）能引起各器官系统的功能失调，导致失眠、血压升高、尿急、月经失调等症状。在我国癌症普查中还发现心理因素与食道癌、宫颈癌有着密切关系。

（二）环境因素

1. 自然环境 在优美的自然环境中，精神振奋、呼吸畅通、内分泌协调，这些对人的身心健康无疑是十分有利的。大自然在为人类提供各种营养物质的同时，也传播对人体健康有害的物质，如广泛存在的有害微生物（细菌、病毒）、空气中的污染物、溶于水中的有害成分等。另外，气候的突然变化（如酷暑、严寒、气压、空气湿度异常等）也会影响人体健康。

2. 社会环境 社会是人类生存和发展的最基本、最重要的环境。一方面，人们享受着社会生产的成果，例如科技的进步、工业的发展，使人类有了丰富的物质文明；另一方面，社会的发展也会对人体健康造成危害，例如现代工业在发展的同时带来废水、废气、废渣等。社会生产发展的加速也带来了越来越多的影响人体健康的问题。

3. 生活方式因素 在现代社会，人们越来越清楚地认识到，不良的行为和生活方式是影响人类健康的主要原因。世界卫生组织曾经对发达国家疾病谱和死亡谱的变化进行过详细的调查，调查显示：20 世纪 70 年代以后，在发达国家中，导致死亡的主要原因已变成心脑血管病、恶性肿瘤、意外事故以及环境污染所致疾病等，而其中疾病的起因大都与人们滥用酒精、药物，过度饮食，缺乏体育锻炼，不良生活方式和行为有关。目前，不发达国家的疾病主要是由贫困造成的恶劣生活条件、不良卫生行为和习惯所致。

4. 卫生保健设施因素 保健是包括对疾病患者进行治疗在内的康复训练、疾病普查、促进健康、预防疾病、预防伤残以及健康教育等一系列活动的总和。显然，健全的社会保健制度是维护和促进健康的重要保障。

社会保健制度涉及多个方面，而其中最重要的是建立和健全初级卫生保健制度。初级卫生保健是最基本的卫生保健制度，它的特点是能针对本区域人群中存在的主要卫生问题，相应地提供增进健康、预防疾病、治疗伤病以及促进身心健康等方面的卫生服务。例如，开展针对性的健康教育，提供安全饮用水，健全基础卫生设施，改善食品供应及合理营养，开展妇幼保健和计划生育，对地方病的预防和控制，对常见病和外伤的妥善处理，对主要传染病的免疫接种，提供基本药物等。这样能使所有个人和家庭在可接受和可提供的范围内享受到基本的卫生保健。

5. 体育锻炼因素 人体在适宜的运动过程中，机体将产生一系列适应性的良性变化而达到健身防病的目的。然而，运动量过大，则可能因身体承受不了而受到伤害；运动量过小，又达不到刺激体内各组织器官的目的，无法改善其生理功能。因此，体育锻炼要想获得理想的健身效果，必须注意科学性。

6. 饮食因素 饮食对健康的影响也是多方面的。正确的饮食为人体的生命活动提供全面丰富的营养，不正确的饮食则会给人带来疾病和麻烦。例如，碘缺乏会导致甲状腺肿大；辛辣食品摄入过多会使人上火并有损肌肤；饮酒过多、过频会增加肝脏负担；饮食过度会导致肥胖，容易引起糖尿病、高血压、高血脂、心脏病等。

四、亚健康

“亚健康”一词首次出现于 20 世纪 80 年代中期，苏联学者布赫曼教授研究发现，人体除了健康和疾病状态外，还存在着一种非健康非疾病的中间状态，即亚健康状态。这一发现被后来的许多学者的研究所证实。

（一）亚健康的概念

亚健康状态又称为灰色状态、中间状态、亚疾病状态、次健康、第三状态等，它的内涵丰富，包括躯体、心理和社会适应三个方面，是人们在身心、情感方面处于健康与疾病之间的健康低质量状态及其体验。亚健康状态是在不断变化发展的，既可向健康状态转化，也可向疾病状态转化。

亚健康既表现为个体的亚健康，又表现为群体亚健康和社会亚健康，且这三者之间有着内在的联系。就个体来说，亚健康可表现为：以躯体症状为主的躯体性亚健康，以心理症状为主的心理性亚健康，以人际交往中的不良症状为主的人际交往性亚健康，即躯体亚健康、心理亚健康、社会适应亚健康。

（二）亚健康的发展现状

世界卫生组织的一项全球性调查表明，真正健康的人仅占5%，患有疾病的人占20%，而75%的人处于亚健康状态。在中国国际亚健康学术成果研讨会上有学者指出：我国有70%的人处于亚健康状态，15%的人处于疾病状态，只有15%的人处于健康状态。

（三）亚健康的影响因素

世界各国对亚健康进行了大量的研究，但至今尚未发现统一的特异的致病因素。有研究认为，亚健康状态可能是快节奏的社会生活、繁多的社会信息刺激，使人的交感神经系统长期处于亢奋状态而导致植物神经功能失调引起的。还有人认为，亚健康状态既源于心理、生理和社会三方面因素失调导致机体的神经系统、内分泌系统和免疫系统整体协调失衡、功能紊乱，又受生活条件、环境污染和工作压力等多因素的影响。虽然对亚健康认识尚不一致，但归纳起来大概有以下几个方面原因。

1. 心理因素 范存欣等人的研究表明，心理因素和工作压力引发亚健康的可能性较高，如工作不愉快、工作开展不顺利、工作能力不被认可、觉得生活没意思、遇到不愉快的事情而长时间不开心、对生活现状不满意等。某些特定的个性特征可成为疾病产生重要危险因素。有的专家认为，亚健康状态的实质是身心问题，主要是心理社会因素导致的心理应激、情绪激惹、行为异常造成的，同时与个性特征如人格、性格也有密切关系。

2. 社会因素 现代社会压力无处不在，紧张已经成为现代人的共同特征。社会竞争激烈，工作、学习负担过重，生活压力过大；社会人际关系复杂，上下级或同事之间关系紧张；遭遇重大生活事件，如离婚、丧偶、失业、涉及法律纠纷、经济负担过重；机械化、公式化的生活、工作和学习，占去了人们的大部分时间，使得人们之间的情感交流变得越来越少，孤独成为人们生存的显著特征。以上这些因素都可使人们产生各种负面情绪，成为引起亚健康的重要的危险因素。

3. 生活习惯及行为因素 随着现代化进程的加速，社会竞争日益激烈，择业的艰难、工作的繁重以及生活节奏的加快，人们的负荷越来越重。生活不规律，加班加点导致严重缺乏休息和睡眠，长此下去，极易发生疲劳，而疲劳是目前危害健康的一个重要因素。另外，还有长期吸烟、过量饮酒、长时间的伏案工作、缺乏体育锻炼、乱用保健品等不健康的生活方式，也是导致亚健康的重要因素。

4. 饮食结构因素 随着物质生活条件的改善，饮食中摄入的高热量、高脂肪类食物逐渐增多，极易肥胖。肥胖会导致各类疾病，如高脂血症、脂肪肝、心脏病、高血压、糖尿病等。目前全世界超重、肥胖人群逐年增加，肥胖成为严重威胁人类健康的杀手。

5. 人际关系因素 社会生活的日益复杂化和多变性，使人与人之间的情感日益淡漠，情感交流日益缺乏，交往趋于表面化、形式化和物质化，情感受挫的机会增多，对情感生活的信心下降，孤独成了人们在情感方面的突出体验。缺乏亲密的社会关系和友谊，使很多人有无聊感、无助感、烦恼感。大量证据表明，缺乏社会支持是导致心理障碍的一个重要因素。

6. 环境因素 污染的日益严重、资源的过度开发、高楼大厦群的崛起、气候的改变等破坏了人类的生态环境，并对人体的各个系统产生不良影响。长期处于这种环境中，人体的细胞不能发挥正常生理功能，破坏人体阴阳平衡进而导致各种疾病。

第三节　体育锻炼促进身体健康

体育运动对于人体的不同方面都会产生很大的影响，包括神经系统、运动系统、心血管系统、呼吸系统等。这些影响大都是良好的，只要适当，都能促进人的身心健康。

一、体育运动对神经系统的影响

人体的一切活动，都是在神经系统的支配下进行的。反之，各种运动对神经系统会产生相应的影响，使其机能发生一定的变化。体育锻炼往往要求身体完成一些比日常活动更为复杂的动作。所以，中枢神经就必须迅速动员和发挥各器官、系统的机能，使之协调以适应肌肉活动的需要。譬如：运动时胃肠的血管收缩，可以保证血液重点供应运动器官，使伸肌和屈肌协调配合，更好地完成动作。因此，经常参加体育锻炼，能改善神经系统的调节功能，提高神经系统对人体活动时错综复杂的变化的判断能力，并及时做出协调、准确、迅速的反应。

此外，运动对神经系统的良好影响，主要在于它是一种积极的休息。当经过较长时间的脑力劳动，感到疲劳时，参加短时间的体育运动，可以转移大脑皮层的兴奋中心，使原来高度兴奋的神经细胞得到良好的休息，同时又补充了氧气和营养物质。而脑组织所需氧气和营养物质的供给又完全依赖于血液循环、呼吸和消化系统，体育锻炼在很大程度上改善了这些系统的功能，提高了它们的工作效率，从而促进了脑血液循环，促进了脑组织的氧气和营养物质供应，有利于提高大脑神经细胞工作能力。

二、体育运动对运动系统的影响

人体的运动系统是由骨骼、肌肉和关节组成的，它是人们工作、劳动和运动的器官。体育锻炼能促进骨的生长发育，使骨增粗并提高骨的性能。体育锻炼可以使骨密度提高，骨密质增厚，从而能承受更大的负荷，还可使关节周围的肌肉力量增大，使关节的稳定性增强。骨骼肌是实现人体运动的动力器官，适度的体育锻炼可以使骨骼肌的结构发生适应性的变化，从而使骨骼肌的最大收缩力增强。体育运动时，肌肉工作增多，肌肉内的血液供应增加，蛋白质等营养物质的吸收与贮存增多，使肌纤维增粗，肌肉逐渐变得粗壮、结实、有力。

三、体育运动对心血管系统的影响

体育锻炼需要人体供应大量的能量，心脏必须加快跳动才能供应所需的能量。如果经常参加体育锻炼，为了能为人体提供更多的能量，心脏的重量、容量以及心脏的直径都会增大。一般正常人的心脏重量只有 300g，而经常参加体育锻炼的人心脏重量可达 400～450g。一般正常人的心脏容量只有765～785mL，而经常参加体育锻炼的人心脏容量可达1 015～1 027mL。一般正常人的心脏直径为 11～12cm，而经常参加体育锻炼的人心脏直径可达13～15cm。

长期参加体育锻炼或训练不仅使心脏的形态结构发生了适应性改变，心脏功能也随之增强。实验证明：通过体育锻炼可使心肌收缩能力增加，心腔容量增大，心脏的每搏输出量和每分输出量增加。一般人在安静时心脏的每搏输出量只有 60～70mL，而经常参加体育锻炼的人每搏输出量可达 80～100mL。一般人的心率为每分钟 70～80 次，而经常参加体育锻炼的人心率每分钟只有 50～60 次，一些优秀运动员甚至每分钟只有 40 次。心率降低，心脏便有更多的休息时间，可以承受更长时间、更高强度的工作。

经常参加体育锻炼，不仅使心脏发生改变，还可以加快人体的血液循环，即血液在人体血管中的流速加快，血液循环人体一周的时间大大缩短。经常参加体育锻炼还可以增强血管的收缩性与舒张性，即增强血管的弹性，这可以防止血管硬化。

四、体育运动对呼吸系统的影响

在体育锻炼过程中，随着运动强度的提高，氧气的需要量也就增加。为了提供更多的氧气供应，必须加快加深呼吸运动，使呼吸肌变得强壮有力，使胸围显著增加，使肺中的最小结构——肺泡弹性增强，整个肺的容量增大。一般男子的肺活量为3 500mL，女子的为2 500mL，而经常参加体育锻炼的男子肺活量可达4 000～7 000mL，女子可达3 500mL 以上。肺活量增加了，人每次呼吸都能吸进更多的氧气，排出更多的二氧化碳。

体育锻炼由于加强了呼吸力量，可使呼吸深度增加，有效地提高肺的通气效率。在体育锻炼时如果过快地提高呼吸频率，会使气体往返于呼吸道，进入肺内的气体量反而减少。因此适当地增加呼吸深度，可使运动时的肺通气量大大增加。更重要的是，体育锻炼可以提高机体利用氧的能力。一般人在进行体育活动时只能利用其氧最大摄入量的 60％左右，而经过体育锻炼后可以使这种能力大大提高。在参加体育活动时，即使氧气的需要量增加，也能满足机体的需要，而不致使机体过分缺氧。

经过体育锻炼，人体各个系统的功能都能够得到增强，健康水平也就随之提高。古今中外，养生之道的最重要一条，就是运动。人人都向往长寿，但影响健康的因素是多方面的。仅仅吃好、睡好或者医疗条件好，并不是长寿的主要因素，只有进行适当的体育锻炼，才能增进健康、增强体质，进而长寿。

第四节　体育锻炼促进心理健康

保持积极的情绪状态，正确对待生活中不可避免的困难和挫折，充分发挥自己的潜能，对个体的一生来说是十分重要的。但如何保持良好的心理健康状态呢？参加体育活动是调节个体的情绪状态、促进心理健康水平的重要手段之一。

一、体育锻炼有助于消除心理疾患

社会竞争的日益激烈和生活压力的加大可能会使许多人产生悲观、失望的情绪，进而导致忧郁、孤独、焦虑等各种心理障碍的产生。人们参加某个项目的运动并坚持锻炼，生理机能、身体素质将会得到改善，也会相应掌握一些运动的技能和技巧。由此，个体会以自我锻炼反馈的方式传递其成就信息给大脑，从而获得自我成就的认知和情感体验，产生愉快、振奋感和幸福感。因此，适宜的体育锻炼能使有心理障碍的个体获得心理满足，产生积极的成就感，从而增强自信心，摆脱压抑、悲观等消极情绪，并消除心理障碍。

二、体育锻炼有助于获得良好的情绪体验

情绪状态的调控能力是衡量体育锻炼对心理健康影响的最主要的指标。个体在复杂多变的社会环境中，常常会产生紧张、压抑、忧虑等不良情绪反应，体育锻炼可以使个体从烦恼和痛苦中摆脱出来，降低应激水平，使处理应激情境的能力增强。麦克曼等人的研究表明，经常参加身体锻炼者的焦虑、抑郁、紧张和心理紊乱等消极的心理变量水平明显低于不参加身体锻炼者，而愉快等积极的心理变量水平则明显要高一些。

体育锻炼之所以能够调节情绪，是因为体育锻炼的参与者能体验到运动带来的愉悦感。心理学家认为，适度负荷的体育锻炼能够促进人体释放一种多肽物质——内啡肽，它能使人们获得愉快、兴奋的情绪体验。因此参加体育锻炼，尤其是参加那些自己喜爱和擅长的体育活动，可以使人从中得到乐趣，振奋精神，从而产生良好的情绪状态。

三、体育锻炼有助于形成良好的意志品质

意志品质是指一个人的自觉性、果断性、坚韧性和自制力，以及勇敢顽强和独立主动的精神，是一个人行为特点的稳定因素的总和。意志品质需要在克服困难的实践过程中培养。体育锻炼本身就要不断克服客观困难（如气候条件的变化、动作的难度或外部障碍等）和主观困难（如胆怯和畏惧心理、疲劳和运动损伤等），才能取得成功。体育锻炼的参与者通过努力克服主、客观方面的困难，培养自身良好的意志品质。任务越困难，对个体意志的锻炼作用越大，而良好的意志品质对于人的活动（尤其是体育锻炼）效果具有重要的意义。

四、体育锻炼使自我概念更为清晰

自我概念是个体主观上对自己的身体、思想和情感等的整体评价，它是由许许多多的自我认识所组成的，例如我是什么人、我主张什么、我喜欢什么、我不喜欢什么等，包括社会方面的自我概念和身体方面的自我概念等。其中，身体方面的自我概念包括身体表象和身体自尊。身体表象是指头脑中形成的身体图像。身体自尊则主要包括一个人对自己运动能力的评价、对自己身体外貌（吸引力）的评价以及对自己身体的抵抗能力和健康状况的评价。

身体表象和身体自尊障碍在正常人群中是普遍存在的，据报告，54%的大学生对他们的体重不甚满意。与男性相比，女性倾向于高估身高和低估体重。而且，身体肥胖的个体更可能有身体表象和身体自尊方面的障碍。身体表象和身体自尊与整体自我概念有关，无论是男性还是女性，对身体表象的不满意会使其身体自尊变低，并产生不安全感和抑郁症状。

坚持体育锻炼可使体格强壮、精力充沛，因而，体育锻炼对于改善人的身体表象和身体自尊至关重要。研究表明：锻炼者比非锻炼者具有更积极的总体自我概念；体能强的人比体能弱的人倾向于具有更高水平的自我概念和更高水平的身体概念；肌肉力量与身体自尊、情绪稳定性、外向性格和自信心呈正相关，并且加强力量训练会使个体的自我概念显著增强。

五、体育锻炼有助于形成和谐的人际关系

现代社会生活节奏的加快使人们越来越趋向封闭的状态，从而造成人与人之间感情交流

缺乏，人际关系疏远。体育锻炼则打破了这种封闭，让不同职业、年龄、性别、文化素质的人相聚在运动场上，进行平等、友好、和谐的交往，使人们互相之间产生信任感，有效进行情感和信息的交流，互相之间产生一种默契。研究表明，增强与社会的联系会给个体带来心理上的益处。人们可以通过体育锻炼来认识更多的朋友，大家和睦相处、友爱互助，这种良好的人际关系将令人心情舒畅、精神振奋。

第二章

《国家学生体质健康标准》的实施与评定

国民体质与健康关系到一个民族的强盛与国力兴衰，大学生肩负着建设祖国的重任，应当了解自身的体质健康状况，进行科学的锻炼以不断提高体质与健康水平。对大学生进行体质健康测定与评价是为了掌握大学生体质的现状和变化趋势，检查评定增强体质的效果，分析影响体质强弱的因素，以便采取相应的措施。

第一节　体质概述

体质是大学生进行体育运动的一个关键因素，也是培养体育素养最重要的基础。大学生天性好动，生活当中必然离不开体育运动，而进行体育运动就是增强体质最有效的方式。

一、体质的基本内涵

体质是指人体的质量，它是在遗传性和获得性的基础上表现出来的人体形态结构、生理功能和心理素质的综合的、相对稳定的特征。在人的整体生命活动过程中，体质的发展状况呈现出明显的个体差异性和发展过程的阶段性。遗传因素是影响体质发展水平的内因，而后天的生活因素，如营养条件、生活环境以及身体锻炼等因素对体质的发展则起到积极的作用。所以，体质具备一定的先天遗传性，同时又受后天客观环境因素的影响，具备积极的获得性。

人的身体形态结构、生理机能、身体素质、运动能力（以下简称体能）、心理发育（发展）、有机体对内外环境的适应能力是人体相互依存、相互影响、相互制约并构成体质不可分割的几个重要方面。身体的形态结构是体质的物质基础，生理机能、身体素质、运动能力和心理发育是体质的主、客观表现，对内外环境的适应能力是体质的综合反映。一定的身体形态结构，必然表现为人体一定的生理功能，而身体素质和运动能力的发挥是机体各器官系统的机能在人体运动过程中的客观反映。人在提高身体素质和运动能力的过程中必然会引起有机体相对应的一系列形态结构、生理功能的变化，在形态结构、生理功能的变化和身体素质的提高以及运动能力增强的过程中又会产生一定的个性心理特征，从而促进人心理的发展。

理想的体质是在遗传的基础上，经过后天努力塑造所能达到的身体形态结构、生理机能、心理素质和对外界环境适应的整体良好状态。体质不仅具备其生物性，还具有社会性。

体质的社会性表现为不同社会的人对体质的不同需求。

二、体质发展的影响因素

人的体质状况主要受到先天的、后天的各种因素的相互交叉、相互渗透的影响。

(一) 先天因素

遗传是人的体质发展变化的先天条件，对体质的强弱有重要的影响。决定人性别的染色体，在胚胎发展过程中摄取亲代环境中的物质，形成与亲代相似的多种特征，如身体形态的特征，甚至影响性格、智力等方面，同时还携带许多隐性的或显性的疾病因子，如聋哑、色盲等遗传生理缺陷。虽然现代医疗技术可以缓解某些临床症状，或防止发病，但尚无有效的根治方法。而且，遗传性疾病不仅影响个人的终生，也是很严重的社会问题，易导致家庭、伦理、道德、法制和医疗康复等方面的难题。

(二) 后天因素

后天影响因素大致可以归纳为：环境因素、生物学因素、生活方式因素等。

1. 环境因素 “环境”指的是围绕人们的客观事物的总和，包含致病性微生物、细菌、病毒、真菌、原虫以及物理、化学、社会、经济、文化、教育、就业等因素，大致可分为自然环境和社会环境。

(1) 自然环境。自然环境是生物体赖以生存的必要条件。自然界中的日光、空气、水以及五谷杂粮、蔬菜、动物（禽、兽、鱼、鸟等）和有机物、无机物等，都给予人必需的各种各样的营养，以维持生命的正常活动。优美的环境使人精神振奋，心情愉悦，呼吸畅通，内分泌协调，对人的生理、心理活动起着积极的影响。保持自然环境与人类的和谐，对保持、促进健康有着十分重要的意义。若破坏了人与自然的和谐，人类社会就会遭到大自然的报复。

(2) 社会环境。社会是人类生活的大集体，它包括社会组织结构和社会意识结构，涵盖社会制度、法律、经济、文化、教育、人口、民族、职业等。社会制度决定了与健康相关的政策、法律、法规等。社会组织结构主要指家庭、生产合作体、社会组织以及其他社会集团。社会意识结构主要指政治观念、道德水准、风俗习惯、文化生活以及政策法规等。良好的生活环境给人的生存、生活和享受带来无限的生机。良好的社会制度、优越的物质生活条件、较高的道德水准、科学的文化氛围和健全的医疗保健设施等都为人的体质增强创造了必要条件。

2. 生物学因素 生物学因素包括遗传、生长发育、衰老等。构成人有机体的主要元素有碳、氢、氮、氧等，这些元素是以特定的方式构成了分子、细胞、组织、器官和系统，最后构成了复杂的人体。一方面，机体在不断地与外界环境进行多种多样的物理性、化学性、信息性的物质交换，以维持体内外的生理平衡。另一方面，机体自身也在完成新陈代谢、生长发育发展过程、防御疾病侵袭、免疫功能反应、修复愈合等生理过程，并严格按照亲代遗传模式进行世代繁殖。遗传还与高血压、糖尿病、肿瘤等疾病的发生有关。

3. 生活方式因素 生活方式是指人们长期受一定文化、民族、经济、社会、风俗、规范，特别是家庭的影响而形成的一系列生活习惯、生活制度和生活意识。生活方式因素又称健康行为因素，包括吸烟、酗酒、吸毒、饮食习惯、风俗、运动、劳动行为、精神状态等。随着现代科学技术的发展，人们必然会抛弃某些陈旧的生活方式，建立符合现代社会意识的新型生活方式。

三、大学生体质特征与存在的问题

（一）大学生体质特征

1. 大学生的生理特征 大学阶段，学生正处于人体生长发育的最后阶段，身高增长放缓，肌纤维明显增粗，肌肉力量和耐力都大幅增强，肌肉机能逐渐趋于完善，身体动作的协调性和对自己身体的控制能力有了显著的提高。这一时期，肌肉的重量能达到整个身体重量的40%左右，骨骼也已经基本成型。这一时期学生加强体育锻炼可以使肌肉纤维随着锻炼增粗，数量也不断增多，还可以有效提高神经系统对肌肉的控制能力，使肌肉能够迅速和准确地对各种刺激做出反应，全身肌肉工作时也更加协调。体育锻炼可以使骨骼变得更加坚固，使关节的灵活性和稳定性大大增强。大学生在进行体育锻炼时要注意保持正确的身体姿势，注重身体的全面发展，从而更好地促进肌肉和骨骼的继续发育生长。

人在大学时期神经系统逐渐趋于完善，神经活动开始稳定，注意力集中能力更强，能以较快的速度掌握复杂的运动技能。这一时期人的抽象思维能力强，综合分析能力有了显著的提高。大学生的心脏发育以及植物神经对心脏的调节日趋完善，每搏以及每分钟的输血量相比之前明显增加，这时心脏除了能满足生长发育中物质代谢的基本需求，还能为身体长时间紧张的肌肉活动提供支持。女生的心血管相较于男生而言，发育较为缓慢，耐力较差，适应能力较弱。

2. 大学生的心理特征 在心理上，大学生的注意力已达到成人水平。在感觉能力高度发展的基础上，记忆力发展进入一生最强的时期。在思维上，抽象逻辑思维更灵敏和准确，思维的独立性和批判性有很大的发展，思维的创新性不断增强，思维的辩证性也有一定的发展。大学生的想象力、主动性更强，合理性也越来越高。大学生情感内容丰富，持续时间长，表现形式逐步间接化，日益受到理智的控制。大学生一般都会产生爱情的需要，这既给大学生的情感生活增添新的内容，也对他们的学习生活产生了广泛影响，教育者应给予足够的重视和引导。

（二）大学生体质现状

根据相关调查显示，现阶段我国大学生的体质现状如下。

（1）大学生身体素质缓慢下降。大学生身体素质继续缓慢下降，但下降幅度明显减小。调研结果显示，19～22岁年龄组除坐位体前屈指标外，爆发力、力量、耐力等身体素质水平进一步下降，但相比之前下降幅度明显减小。19～22岁城市男生、乡村男生立定跳远成绩均有小幅下降，其中城市男生下降更为明显；城市女生、乡村女生立定跳远成绩也有小幅下降，其中城市女生下降更为明显。除此之外，城市男生、城市女生握力均有所下降；城市男生、城市女生、乡村女生50m跑成绩也有小幅度下降。

（2）视力下降较为明显。视力不良检出率继续上升，并呈现低龄化趋势。

（3）肥胖检出率继续增加。调研结果显示，大学生肥胖和超重检出率继续上升。城市男生、城市女生、乡村男生、乡村女生肥胖检出率均有提升，超重检出率也有一定程度的提升。

遗传因素：父母的体质遗传给子女时，由多种遗传因子来决定子女的体质，所以称为多因子遗传。例如，非胰岛素依赖型糖尿病、肥胖就属于这类遗传。父母中有一人肥胖，则子女有40%肥胖的概率，如果父母双方皆肥胖，子女可能肥胖的概率升高至70%～80%。

社会环境的因素：很多人都有着“能吃就是福”的观念，现今社会食物种类繁多，各式各样美食都在引诱你，再加上“大吃一顿”几乎成为一种普遍的娱乐，这也是造成肥胖的重要原因。

心理的因素：为了消除烦恼，缓解情绪，不少人也是用吃来发泄。这都是饮食过量而导致肥胖的原因。

与运动有关的因素：运动有助于消耗脂肪，在日常生活之中，随着交通工具的改进、工作的机械化、家务量减轻等，人体消耗热量的机会变少，而摄取的能量并未减少，所以易形成肥胖。肥胖导致日常的活动越趋缓慢、慵懒，再次减低热量的消耗，导致恶性循环，助长肥胖的发生。

第二节 《国家学生体质健康标准》的测试项目与操作方法

一、测试项目（表 1-2-1）

表 1-2-1 《国家学生体质健康标准》大学生测试项目

测试对象	单项指标	权重（%）
大学各年级	体重指数（BMI）	15
	肺活量	15
	50m 跑	20
	坐位体前屈	10
	立定跳远	10
	引体向上（男）/1min 仰卧起坐（女）	10
	1 000m 跑（男）/800m 跑（女）	20

二、操作方法

1. 身高

（1）测试目的。身高测试与体重测试相配合，评定学生的身体匀称度，评价学生生长发育的水平及营养状况。

（2）场地器材。场地器材为身高测量计。受试前，身高测量计应校对 0 点，确认以钢尺测量基准板平面至立柱前面红色画线的高度是否为 10.0cm，误差不得大于 0.1cm。同时应检查立柱是否垂直，连接处是否紧密，有无晃动，零件有无松脱等情况，并及时加以纠正。

（3）测试方法。受试时，受试者赤足，以立正姿势站在身高测量计的底板上（上肢自然下垂，足跟并拢，足尖分开约成 60°）。足跟、骶骨部及两肩胛区与立柱相接触，躯干自然挺直，头部正直，耳屏上缘与眼眶下缘呈水平位。测试人员站在受试者右侧，将水平压板轻轻沿立柱下滑，轻压于受试者头顶。测试人员读数时双眼应与压板水平面等高。记录员复述后进行记录。以厘米为单位，精确到小数点后 1 位。测试误差不得超过 0.5cm。

2. 体重

（1）测试目的。测试学生的体重，与身高测试相配合，评定学生的身体匀称度，评价学生生长发育的水平及营养状况。

（2）场地器材。场地器材为杠杆秤或电子体重计。测试前，需检验杠杆秤或电子体重计的准确度和灵敏度。误差不得超过 0.1%，即每 100kg 误差小于 0.1kg。

（3）测试方法。测试时，杠杆秤应放在平坦的地面上，调整 0 点至刻度尺水平位。受试者赤足，男性受试者身着短裤，女性受试者身着短裤、短袖衫，站在秤台中央。测试人员放置适当砝码并移动游标至刻度尺平衡。读数以千克为单位，精确到小数点后一位。记录员复诵后将读数记录，测试误差不超过 0.1kg。

3. 肺活量

（1）测试目的。测试学生的肺通气功能。

（2）场地器材。场地器材为电子肺活量计、干燥的一次性口嘴。电子肺活量计主机放在平稳桌面上，按工作键液晶屏显示“0”即表示机器进入工作状态，预热 5min 后测试为佳。令受试者手持吹气口嘴，面对肺活量计站立试吹 1～2 次，不仅看仪表有无反应，还要试口嘴或鼻处是否漏气。

（3）测试方法。受试者进行一两次较平日深一些的呼吸动作后，更深地吸一口气，向口嘴处慢慢呼出至不能再呼出为止，防止此时从口嘴处吸气。测试中不得中途二次吸气。吹气完毕后，液晶屏上最终显示的数字即为肺活量毫升值。每位受试者测 3 次，每次间隔 15s，记录 3 次数值，选取最大值作为测试结果。以毫升为单位，不保留小数。

4. 50m 跑

（1）测试目的。测试学生速度、灵敏素质及神经系统灵活性。

（2）场地要求。50m 直线跑道若干条，地面平坦，地质不限，跑道线要清楚。发令旗一面，口哨一个。一道一秒表。秒表使用前，应用标准秒表校正，每分误差不得超过 0.2s。标准秒表的选定，以北京时间为准，每小时误差不超过 0.3s。

（3）测试方法。受试者至少 2 人 1 组测试。站立起跑，受试者听到“跑”的口令后开始起跑。发令员在发出口令的同时要摆动发令旗。计时员视旗动开表计时，受试者躯干部到达终点线的垂直面停表。以秒为单位记录测试成绩，精确到小数点后一位。小数点后第二位数按非“0”时则进 1，如 10.11s 读成 10.2s，并记录之。

5. 800m 或 1 000m 跑

（1）测试目的。测试学生耐力素质的发展水平。

（2）场地要求。400m、300m、200m 田径场跑道，地质不限，也可使用其他不规则场地，但必须地面平坦。秒表若干块。

（3）测试方法。受测者至少两人一组进行测试，站立式起跑。当听到“跑”的口令后开始起跑。计时员看到旗动开表计时，当受试者的躯干部到达终点线垂直面时停表。以分、秒为单位记录测试成绩，不计小数。

6. 立定跳远

（1）测试目的。测试学生下肢肌肉爆发力及身体协调能力的发展水平。

（2）场地要求。沙坑、丈量尺。沙面应与地面平齐。如无沙坑，可在土质松软的平地上进行。起跳线至沙坑近端不得少于 30cm。起跳地面要平坦，不得有坑。

（3）测试方法。受试者两脚自然分开站立，站在起跳线后，脚尖不得踩线。两脚原地同时起跳，不得有垫步或连跳动作。丈量起跳线后缘至最近着地点后缘的垂直距离。每人试跳 3 次，记录其中成绩最好的 1 次。

7. 引体向上

(1) 测试目的。测试学生的上肢肌肉力量和耐力的发展水平。

(2) 场地器材。高单杠或高横杠，杠粗以手能握住为准。

(3) 测试方法。受试者跳起双手正握杠，两手与肩同宽成直臂垂悬。静止后，两臂同时用力引体，上拉到下颌超过横杠上缘为完成一次。

8. 坐位体前屈

(1) 测试目的。测量学生在静止状态下的躯干、腰、髋等关节可能达到的活动幅度，主要反映这些部位关节、韧带、肌肉的伸展性和弹性及身体柔韧素质的发展水平。

(2) 场地器材。坐位体前屈测试计。

(3) 测试方法。受测者坐在平地上，两腿伸直，两脚平蹬测试纵板，两脚分开 10～15cm，上体前屈，两臂伸直向前，用两手中指尖逐渐向前推动游标，直到不能前推为止。测试 2 次，取高的成绩。

9. 仰卧起坐

(1) 测试目的。测试腹肌耐力。

(2) 场地器材。铺放平坦的垫子若干块。

(3) 测试方法。受试者仰卧于垫上，两腿稍分开，屈膝约成 90°角，两手指交叉贴于脑后。另一同伴压住其踝关节，以便固定下肢。受试者起坐时两肘触及或超过双膝为完成一次。仰卧时两肩胛必须触垫。测试人员发出“开始”口令的同时开表计时，记录 1min 内完成次数。1min 到时，受试者虽已坐起但肘关节未达到双膝者不计该次数。

10. 跳绳

(1) 测试目的。测试学生的下肢力量和身体协调能力。

(2) 场地器材。主要测试器材包括秒表、发令哨、各种长度的跳绳若干；地面平整、干净的场地一块，地质不限。

(3) 测试方法。两人一组，一人测试，一人记数。受试者听到“开始”口令后开始跳绳，动作要求为正摇双脚跳绳，每跳跃一次且摇绳一回环，计为一次。听到“结束”口令后停止，测试员报数并记录受试者在 1 分钟内的跳绳次数。

第三节 《国家学生体质健康标准》的成绩评价及评分标准

一、成绩评价

《国家学生体质健康标准》(以下简称《标准》) 测试成绩评价在具体使用时，是将测得的成绩直接或计算指数后查出单项的分值，然后将各单项的分值相加求出总分。按总分进行等级评价，共分为四个等级：“优秀”为总分 90 分及以上；“良好”为总分 75～89 分；“及格”为总分 60～74 分；“不及格”为总分 59 分及以下。

测试成绩每学年评定一次，按评定等级记入《国家学生体质健康标准》登记卡。学生毕业时体质健康标准的等级，按毕业当年得分和其他学年平均得分各占 50%之和进行评定。因病或残疾免予执行本标准的学生，填写《免予执行〈国家学生体质健康标准〉申请表》。

《标准》实施办法规定：《标准》测试成绩达到良好及以上者，方可参加“三好学生”、奖学金评选；成绩达到优秀者，方可获体育奖学分。《标准》成绩不及格者，在本学年度准予补测一次，补测仍不及格的，则学年《标准》成绩为不及格。普通高中、中等职业学校和普通高等学校学生毕业时，《标准》测试的成绩达不到50分者按结业或肄业处理。

二、评分标准

（一）单项指标评分表（表1-2-2、表1-2-3、表1-2-4、表1-2-5）

表1-2-2　大学男生体重指数（BMI）单项评分表（单位：kg/m^2）

等级	单项得分	体重指数
正常	100	17.9～23.9
低体重	80	≤17.8
超重		24.0～27.9
肥胖	60	≥28.0

表1-2-3　大学女生体重指数（BMI）单项评分表（单位：kg/m^2）

等级	单项得分	体重指数
正常	100	17.2～23.9
低体重	80	≤17.1
超重		24.0～27.9
肥胖	60	≥28.0

表1-2-4　大学男生其他单项指标评分表

等级	单项得分	肺活量（mL）		50m跑（s）		坐位体前屈（cm）		立定跳远（cm）		引体向上（次）		1 000m跑	
		大一、大二	大三、大四	大一、大二	大三、大四	大一、大二	大三、大四	大一、大二	大三、大四	大一、大二	大三、大四	大一、大二	大三、大四
优秀	100	5 040	5 140	6.7	6.6	24.9	25.1	273	275	19	20	3′17″	3′15″
	95	4 920	5 020	6.8	6.7	23.1	23.3	268	270	18	19	3′22″	3′20″
	90	4 800	4 900	6.9	6.8	21.3	21.5	263	265	17	18	3′27″	3′25″
良好	85	4 550	4 650	7.0	6.9	19.5	19.9	256	258	16	17	3′34″	3′32″
	80	4 300	4 400	7.1	7.0	17.7	18.2	248	250	15	16	3′42″	3′40″
及格	78	4 180	4 280	7.3	7.2	16.3	16.8	244	246			3′47′	3′45″
	76	4 060	4 160	7.5	7.4	14.9	15.4	240	242	14	15	3′52″	3′50″
	74	3 940	4 040	7.7	7.6	13.5	14.0	236	238			3′57″	3′55″
	72	3 820	3 920	7.9	7.8	12.1	12.6	232	234	13	14	4′02″	4′00″
	70	3 700	3 800	8.1	8.0	10.7	11.2	228	230			4′07″	4′05″
	68	3 580	3 680	8.3	8.2	9.3	9.8	224	226	12	13	4′12″	4′10″
	66	3 460	3 560	8.5	8.4	7.9	8.4	220	222			4′17″	4′15″
	64	3 340	3 440	8.7	8.6	6.5	7.0	216	218	11	12	4′22″	4′20″
	62	3 220	3 320	8.9	8.8	5.1	5.6	212	214			4′27″	4′25″
	60	3 100	3 200	9.1	9.0	3.7	4.2	208	210	10	11	4′32″	4′30′

（续）

等级	单项得分	肺活量（mL）		50m 跑（s）		坐位体前屈（cm）		立定跳远（cm）		引体向上（次）		1 000m 跑	
		大一、大二	大三、大四	大一、大二	大三、大四	大一、大二	大三、大四	大一、大二	大三、大四	大一、大二	大三、大四	大一、大二	大三、大四
不及格	50	2 940	3 030	9.3	9.2	2.7	3.2	203	205	9	10	4′52″	4′50″
	40	2 780	2 860	9.5	9.4	1.7	2.2	198	200	8	9	5′12″	5′10″
	30	2 620	2 690	9.7	9.6	0.7	1.2	193	195	7	8	5′32″	5′30′
	20	2 460	2 520	9.9	9.8	−0.3	0.2	188	190	6	7	5′52″	5′50″
	10	2 300	2 350	10.1	10.0	−1.3	−0.8	183	185	5	6	6′12″	6′10″

表 1-2-5　大学女生其他单项指标评分表

等级	单项得分	肺活量（mL）		50m 跑（s）		坐位体前屈（cm）		立定跳远（cm）		1min 仰卧起坐（次）		800m 跑	
		大二	大三、大四	大一、大二	大三、大四	大一、大二	大三、大四	大一、大二	大三、大四	大一、大二	大三、大四	大一、大二	大三、大四
优秀	100	3 400	3 450	7.5	7.4	25.8	26.3	207	208	56	57	3′18″	3′16″
	95	3 350	3 400	7.6	7.5	24.0	24.4	201	202	54	55	3′24″	3′22″
	90	3 300	3 350	7.7	7.6	22.2	22.4	195	196	52	53	3′30″	3′28″
良好	85	3 150	3 200	8.0	7.9	20.6	21.0	188	189	49	50	3′37″	3′35″
	80	3 000	3 050	8.3	8.2	19.0	19.5	181	182	46	47	3′44″	3′42″
及格	78	2 900	2 950	8.5	8.4	17.7	18.2	178	179	44	45	3′49″	3′47″
	76	2 800	2 850	8.7	8.6	16.4	16.9	175	176	42	43	3′54″	3′52″
	74	2 700	2 750	8.9	8.8	15.1	15.6	172	173	40	41	3′59″	3′57″
	72	2 600	2 650	9.1	9.0	13.8	14.3	169	170	38	39	4′04″	4′02″
	70	2 500	2 550	9.3	9.2	12.5	13.0	166	167	36	37	4′09″	4′07″
	68	2 400	2 450	9.5	9.4	11.2	11.7	163	164	34	35	4′14″	4′12″
	66	2 300	2 350	9.7	9.6	9.9	10.4	160	161	32	33	4′19″	4′17″
	64	2 200	2 250	9.9	9.8	8.6	9.1	157	158	30	31	4′24″	4′22″
	62	2 100	2 150	10.1	10.0	7.3	7.8	154	155	28	29	4′29″	4′27″
	60	2 000	2 050	10.3	10.2	6.0	6.5	151	152	26	27	4′34″	4′32″
不及格	50	1 960	2 010	10.5	10.4	5.2	5.7	146	147	24	25	4′44″	4′42″
	40	1 920	1 970	10.7	10.6	4.4	4.9	141	142	22	23	4′54″	4′52″
	30	1 880	1 930	10.9	10.8	3.6	4.1	136	137	20	21	5′04″	5′02″
	20	1 840	1 890	11.1	11.0	2.8	3.3	131	132	18	19	5′14″	5′12″
	10	1 800	1 850	11.3	11.2	2.0	2.5	126	127	16	17	5′24″	5′22″

（二）加分指标评分表（表 1-2-6、表 1-2-7）

表 1-2-6　大学男生加分指标评分表

加分	引体向上（次）		1 000m 跑	
	大一、大二	大三、大四	大一、大二	大三、大四
10	10	10	−35″	−35″
9	9	9	−32″	−32″
8	8	8	−29″	−29″
7	7	7	−26″	−26″
6	6	6	−23″	−23″
5	5	5	−20″	−20″
4	4	4	−16″	−16″
3	3	3	−12″	−12″
2	2	2	−8″	−8″
1	1	1	−4″	−4″

注：引体向上为高优指标，学生成绩超过单项评分 100 分后，以超过的次数所对应的分数进行加分。1 000m 跑为低优指标，学生成绩低于单项评分 100 分后，以减少的秒数所对应的分数进行加分。

表 1-2-7　大学女生加分指标评分表

加分	1 分钟仰卧起坐（次）		800m 跑	
	大一、大二	大三、大四	大一、大二	大三、大四
10	13	13	−50″	−50″
9	12	12	−45″	−45″
8	11	11	−40″	−40″
7	10	10	−35″	−35″
6	9	9	−30″	−30″
5	8	8	−25″	−25″
4	7	7	−20″	−20″
3	6	6	−15″	−15″
2	4	4	−10″	−10″
1	2	2	−5″	−5″

注：1min 仰卧起坐为高优指标，学生成绩超过单项评分 100 分后，以超过的次数所对应的分数进行加分。800m 跑为低优指标，学生成绩低于单项评分 100 分后，以减少的秒数所对应的分数进行加分。

（三）附表（表 1-2-8、表 1-2-9）

表 1-2-8 《国家学生体质健康标准》登记卡（大学样表）

学校＿＿＿＿＿＿

姓名		性别		学号	
院（系）		民族		出生日期	

单项指标	大一			大二			大三			大四			毕业成绩	
	成绩	得分	等级	成绩	得分	等级	成绩	得分	等级	成绩	得分	等级	得分	等级
体重指数（BMI）（kg/m^2）														
肺活量（mL）														
50m 跑（s）														
坐位体前屈（cm）														
立定跳远（cm）														
引体向上（男）/1min 仰卧起坐（女）(次)														
1 000m 跑（男）/800m 跑（女）														
标准分														
加分指标	成绩	附加分		成绩	附加分		成绩	附加分		成绩	附加分			
引体向上（男）/1min 仰卧起坐（女）（次）														
1 000m 跑（男）/800m 跑（女）														
学年总分														
等级评定														
体育教师签字														
辅导员签字														

学校签章： 年 月 日

表 1-2-9　免予执行《国家学生体质健康标准》申请表（样表）

姓名		性别		学号	
班级/院（系）		民族		出生日期	
原因	申请人： 年　　月　　日				
体育教师签字		家长签字			
学校体育部门意见	学校签章： 年　　月　　日				

注：普通高等学校的学生，“家长签字”栏由学生本人签字。

第三章 终身体育

终身体育是指一个人终身受到体育教育和进行体育锻炼，使身体健康，身心愉悦，终生受益。终身体育思想是从人生的角度对体育问题的理性认识，它以人为出发点，从哲学角度探讨人、体育、社会三者的关系，旨在塑造全面发展的人，充实人生，提高人的素质，实现体育运动对人类和社会发展的巨大功能。

终身体育大致可以分为学龄前、学龄中、学龄后三个阶段。在学龄前、学龄后的两个阶段，对终身体育起作用的主要是家庭和社会。学龄阶段的体育主要以学校体育教育为主，同时还受到家庭体育、社会体育、竞技体育的影响。学龄中阶段的体育，是人一生受体育教育最重要的时期。学校体育教育是终身体育的重要组成部分，既让学生在学校学到体育基本知识、基本技能、基本技术，同时还能培养学生吃苦耐劳、不怕困难的意志品质。学校体育有利于对学生的体育兴趣、体育能力、体育意识的培养，使学生养成自觉锻炼、科学锻炼的好习惯。因此，学校体育教育是学生毕业走向社会进行体育锻炼进而实现终身体育的关键。

终身体育的真正意义是追求健康、愉快、幸福的人生。人人都有追求健康、幸福人生的欲望，但在现实生活中，一生健康、愉快、幸福的目标却并不是人人都能够达到的。身体健康、心情舒畅是幸福人生的重要前提。人在一生中，身体和心理随着年龄的变化而发生着有规律的变化。体育科学已经证明：适宜的身体锻炼，对于身体正常发育、体能增强、延迟衰老、保持人的心理平衡与健康、促进人的社会化进程及改善人际关系等方面，都有着非常明显的作用。人在一生中，如能不间断地、经常地进行适宜的身体锻炼，不仅能够防病、延迟衰老，还能够有效地增进健康，保持健美的体魄。从体育心理学、社会学的角度看，身体锻炼不仅可以释放情感，增加生活中的情趣，还有助于形成健全的心理状态。另外，在各年龄阶段、不同人群中参加体育活动，能够扩大人的社交圈，有助于丰富知识，增强人的社会交往能力。这些对于一个人来说，正是在事业上取得成就，在爱情生活上美满，身体达到健康状态的基础。

终身体育作为一个事关民族生存质量的重大课题，是在当今知识经济的时代背景下所提倡的体育观念。终身体育是每一个生命个体在其一生中持续不断地参与体育活动并从中获得快乐。在实践上，应防止两个误区：将终身体育视为某种一成不变的运动项目；将终身体育局限于体育教学领域。终身体育的本质特征是游戏性、竞争性、技能性、社交性、自然性、健康性和文化性。

第一节 婴幼儿体育

一、婴幼儿身心特征与体育

婴幼儿期体育是终身体育的第一步，对这一阶段孩子的生长发育一般规律与特点的认识，不仅是对他们健康进行管理的需要，也是开展早期教育，正确指导婴幼儿体育所必需的。

生长和发育是婴幼儿的基本特征。一般说来，生长表示身体形状与体积的增加和改变，代表量变状态；发育表示机能的演进，各种器官、系统的成熟，代表质变状态，表现在智力、动作能力等方面的增进。量变是质变的基础，质变是量变的必然结果，两者不可分割，所以统称为生长发育。

人出生后最初 3 年是身体结构、机能快速生长发育的变化时期。婴幼儿身体生长发育速度快、变化大是显著特点。从出生至婴幼儿期结束，儿童的心理发展很快，从没有意识的动作过渡到能用物体辅助行走；从完全不会说话过渡到会用语言交流；从没有自我意识过渡到萌生和发展自我意识。其中，最引人注意的是孩子自我意识的发展过程。在婴幼儿自我意识发展的历程中，各阶段缺乏必要的条件都会妨碍自我意识的发展，如和母亲的接触不充分、父母的溺爱、缺乏独立活动等，导致不能受到良好的自立教育。人在婴幼儿期会有几次重大的心理转变，伴随神经系统快速发育并趋于成熟，心理过程发展迅速，观察、模仿事物的能力不断增强，个性特点逐渐显现和发展，因此积极开展婴幼儿体育对于心理转变的重要影响。

二、婴幼儿体育指导要点

婴儿与幼儿身心特点差别较大，他们的体育内容也有区别。

（一）婴儿体育的内容

由于婴儿时期的身体锻炼尚不能由孩子自己独立完成，一般需要在父母或其他成人的帮助下进行。婴儿体育的内容以被动式体操（按摩全身的运动、双腿屈伸运动、上肢屈伸运动、俯卧运动、背弓运动、身体升空速落运动、握双腿倒悬垂运动等）为主，辅以情节、动作比较简单的游戏。根据婴儿的接受能力，通过各种音响、光亮、玩具、抓抱、爱抚等刺激，引导孩子做转头、抓握、翻身、爬行、坐立、站立、行走、跳跃等运动，同时要注意利用日光、空气、水等的作用，促进孩子的各种运动能力的发展。

（二）幼儿体育内容

1. 幼儿体操 体操运动对形成幼儿正确的身体姿势有良好的作用，同时对培养孩子们的组织性、纪律性也有好处。实践证明，幼儿对有规定动作的体操是可以接受的，在有人领操和音乐的伴奏下，是可以很快掌握并乐于参加体操运动的。在编排幼儿体操时应注意趣味性，必要时利用座凳、小垫子等器材，效果更好。

2. 娱乐性体育活动 根据幼儿活泼好动的心理特点，组织他们参加各种娱乐性强的体育活动。在幼儿园或家里，可以组织孩子们跳幼儿舞蹈、打秋千、坐跷跷板、兔跳、赛跑、堆雪人、滚雪球等活动，也可以组织孩子们游泳、郊游等。这些娱乐性体育活动可以促进孩子们身心健康。

3. 发展各种身体素质的锻炼活动 在幼儿时期，平衡能力、柔韧性、爆发力、协调性与耐久力等能力都处于迅速发展的敏感期，应注意发展各项身体素质，有计划地进行适当的运动。

（1）平衡能力。可以通过固定长凳、低矮平衡木、转椅等器材，结合综合性游戏，提高幼儿身体的各种平衡能力。

（2）柔韧性。可以通过压肩、纵叉、横叉、体前屈、体侧屈等拉韧带的身体练习来进行锻炼，也可以借助一些器材，结合游戏和比赛进行。

（3）爆发力。可以通过兔跳、立定跳远、投沙袋、投小皮球等游戏来锻炼。

（4）协调性。一般可通过一些需要全身运动器官配合完成的复杂一些的运动来提高，如各种球类游戏、跳绳等。

（5）耐久力。应参加一些需要肌肉持续保持一定紧张度的运动，如尽可能长时间地握杠悬垂、攀爬云梯等。但不宜进行长距离跑这类需要很强自制力、意志力，并且心脏负担较重的练习。

第二节 少儿体育

少儿体育可分为两个阶段：儿童阶段和少年阶段。在我国，少儿时期正值学习时期，多是小学、初中、高中学生。

一、少儿身心生长发育的特征

（一）身体发育的一般特征

1. 儿童阶段 儿童阶段是身体正处在两个快速生长发育期的中间阶段，因此这个阶段的形态发育指标随年龄变化呈稳步提高的趋势，很少有突增的现象。

2. 少年阶段 少年阶段是快速生长发育期。这一时期为青春发育期，女孩出现月经初潮和男孩初次遗精是进入青春发育期的重要标志。进入青春发育期的年龄一般女孩比男孩早2年左右。在青春发育期，少年的身体形态、身体机能与心理状态均发生一系列迅速而深刻的变化。身体形态的各种指标增长的速度突然变快，身高每年一般增长6～8cm，有的多达10～11cm；体重每年一般增长5～6kg，增长快的可达8～10kg。由于男孩、女孩进入和结束第二次迅速生长期的年龄不同，因此这一时期身高、体重等形态发育指标男孩再度超过女孩。另外，在少年阶段身体整体发育过程中，身体长度发育在先、横径发育在后是共同特征，即先长长度，后长宽度；手脚与四肢的发育在前，躯干发育在后；性逐渐成熟，各种身体素质（速度、力量、耐力等）迅速提高。身体素质的男女性别差异从少年阶段开始逐渐扩大，男孩的优势日益显著。

（二）心理发育特征

儿童阶段是在孩子进入小学以后的阶段。在这一时期，学习成了主导活动，学校成为活动的主要场所，教师成为学生的指导者，同学成为一起学习、活动的伙伴。这些变化对儿童阶段心理发育起着重大的作用。

少年阶段由于身体形态和机能的迅速变化，也导致少年心理发生一系列的变化：人际关系变得比儿童阶段复杂了，抽象思维和独立进行学习的能力增强了。但由于是从少年向成年人过渡的阶段，少年在心理上一般表现出独立性与依赖性共存的矛盾；心理的发育赶不上生理的发育；认识水平低、控制自己的能力差，容易被暗示，以致做错事。

二、少儿体育指导要点

（一）儿童阶段的体育

在儿童阶段，除了体操、走、跑、跳、投、舞蹈、球类游戏等项目外，还应将多种多样的活动性游戏、野外运动（旅游、登山、游泳、滑冰等）、传统的民族体育与地方体育项目等充实到实际内容中。运动负荷安排要适宜，量与强度都不宜过大。

（二）少年阶段的体育

1. 培养少年阶段良好的体育习惯 在这一阶段，体育的目的性、自觉性在逐渐加强，参加体育活动的动机由间接方面向直接方面转化，自觉地进行身体锻炼的能力不断提高。

2. 系统地掌握体育项目的基本知识与练习方法，竞争意识强烈 体育内容多以各种竞技性运动为主，在运动中偏好于极限强度的负荷，喜欢有明确规则的体育竞赛活动。

3. 培养少年阶段良好的道德和个性 通过体育活动，注意引导少年养成尊重、关心他人和有集体主义意识等良好的道德品质，培养勇敢、顽强、果断、坚忍不拔的意志力等良好的个性特征，克服各种不良习性，这是指导少年阶段体育的重要任务。少年阶段的体育兴趣及运动能力发展个性化增强，与儿童阶段相比，明显出现两极分化。

4. 提高少年阶段运动能力，合理运用运动负荷，防止伤害发生 明确少年阶段的身体锻炼并非只有采用极限负荷强度和负荷量才是最佳方案，中小强度的负荷和坚持经常性的小负荷量累加的身体锻炼对促进少年阶段的生长发育及身体素质的全面提高是不可缺少的。另外，要明确极限强度的负荷对某些人应慎重，对一些存在某些健康缺陷和疾患的少年不宜采用，以避免发生运动伤害事故。

第三节　青年体育

一、青年阶段身心一般特征

1. 青年阶段的身体特征 在我国，进入18岁是已经成人的标志。此时，身体的正常生长发育已基本结束，身高等一般已达到一生的最高水平，性的发育已完全成熟。在这一阶段参加各种体育运动不受限制，运动能力的发展达到了顶点，具备了从事所有竞技运动的条件。在青年阶段的发展中，人体的横径生长仍有一定潜力，体重一般是随年龄的增长而增加，身体力量及一般耐力素质也呈提高趋势；速度、灵敏性等一些身体素质虽然不存在继续提高的趋势，但能相对长时间地保持在较高的水平上。因此，青年阶段是人一生中工作能力最强、效率最高、对社会贡献最大的时期。

2. 心理方面的特征 伴随第二阶段性成熟进入青春期之后，过分地感觉兴奋退居第二位，表现出思想情绪持续稳定，在各种活动中个人特点明显、兴趣稳定、性情稳重。青春期是容易对某些事情着迷的时期，由于富于想象力，常常意识不到什么才是真正有用，往往不懂分寸，不知道选择，甚至不会控制自己。成熟期恰好是婚育时期。结婚、生儿育女的责任及已经确定的工作职责，是每个人所面临的实际问题。因此，青年阶段的一些人在生活、工作中放纵任性，养成不良的生活习惯，必然造成机体的不平衡，损害身体；尽情享受、挥霍，不能控制自己，缺乏责任感，也必将无所成就。一生是否健康与长寿，青年阶段的体育是关键。

二、青年体育指导要点

1. 可以积极参加强度较高、负荷量较大的体育活动 青年阶段身体的肌肉、骨骼系统和内脏器官的机能均已发育到一生中的最高水平，这为系统地进行体育训练和追求高水平的运动技术创造了条件。因此，在这一时期，从健美、健身、娱乐等需要出发，可以尽情参加各种个人喜欢的体育运动，也可以参加各类强度较大的竞技项目的训练与比赛活动。但是应注意，体育活动的高强度、大负荷量要因人而异，并且随训练水平的提高而改变。盲目地追求高强度、大负荷量可能会造成对机体的伤害。

2. 体育的内容应具有多样性和多层次性 青年人的兴趣广泛，爱好多样，在体育内容的选择上也表现出这一特点。在安排体育活动时，要考虑内容的多样性，以适应不同的爱好。因此，青年阶段的体育要求每个人都应从自身条件出发，选择适合个人的体育内容、方法与场所。组织青年体育活动，必须考虑适应不同人、不同水平的需要，要为每个人提供适宜的身体锻炼机会。

3. 主动适应青春期向成熟期过渡的需要，调整好内容与方法 由青春期到成熟期的过程中，随着生活的改变，一个人的身体、心理也都发生着一系列变化，体育活动的内容、活动的方式与方法也必然发生改变。

青年阶段体育应注意以下几个方面的问题：

（1）学会利用空闲时间进行身体锻炼，如早晨起床后、上下班的路上、工作中的休息时间等。

（2）根据身体锻炼的需要，学习新的体育方法与知识。

（3）在爱好原有某些体育活动的基础上，形成习惯，克服各种阻力与压力，坚持参加锻炼。

第四节　中年体育

中年人承先启后，是社会的中坚，国家的宝贵财富。但中年人工作忙，还要赡养父母，培养教育子女，生活和工作压力较重。

一、中年阶段身心一般特征

1. 中年阶段身体特征 中年阶段是身心发展达到成熟，体质由强渐弱，各种能力开始下降，精力逐渐减退的时期。在青年阶段，身体形态、机能、素质等指标均已达到了人生中的最高水平。进入中年后，属于长径方面的各种形态指标一般无明显变化，但体重、围度方面的指标还有较大增长的趋势。一般人到中年后身体发胖，体型也发生一系列变化；而身体机能、素质、智力等能力指标水平出现停滞，并随年龄增加而逐渐下降。

2. 中年阶段心理特征 在整个社会和家庭生活中，中年人都承担着主要责任。工作繁忙、家庭生活负担较重是中年人生活的共同特征。由工作和生活中的各种问题和矛盾造成各种心理性疾患（如忧郁症、神经官能症等）和影响身体健康的情况很多。各种身体疾病一般也在中年阶段开始发生，尤其是在50岁前后更年期的到来，各种疾病更容易发生。各种疾病的发病率明显随年龄的增加而增加，如心脏病、高血压、糖尿病、脑血栓等疾病。

二、中年体育指导要点

中年阶段体育内容与儿童少年阶段、青年阶段的体育内容有很大的区别。中年阶段体育的内容具有丰富多样的特点，包括健身体育、健美体育、娱乐体育、医疗康复体育、竞技体育和民族体育等各类内容。在这些内容中，有些是远远超出学校体育内容的。但就个人而言，中年阶段体育内容明显具有专一性的特点。欲达到有效地进行身体锻炼的目的，所选择的内容不在多，而在精。中年期体育应注意以下几个方面的问题：

1. 养成良好的锻炼习惯 身体锻炼效果具有累加性，一旦锻炼停止，则锻炼的效果就会逐渐消退。进入中年以后，人的身体机能、素质和运动能力一般很少再提高，只是能相对较长时间保持较高的水平。然后，随着年龄的增加，出现逐渐减退的趋势，实际上这就是衰老的开始。当然，锻炼还要依靠个人的意志力和自制力，一旦形成了良好的习惯，就会从中体验到无穷的乐趣。由于技能消退慢于身体素质和生理机能的消退，因此在中年人体育活动中常发生一些因突然运动而导致的事故。

2. 防治各种疾病，保持旺盛的精力，提高工作效率 对于中年人来说，体育不但可以健身、强体，而且对于某些疾病而言，还是防病、治病的有效手段。由于中年人的余闲时间较少，因此结合工作和日常生活进行有意识的身体锻炼就显得尤其重要。在睡前和起床后做些仰卧举腿、仰卧起坐、俯卧撑等体操健身动作，在上下班的路上快步走路和上下楼梯，在工作空余时间做健身体操，结合劳动有意识做些负重物的锻炼等，都是一些可取的锻炼手段。

3. 加强社会交往，丰富业余文化生活 从社会学角度看，中年阶段体育还是一种社会活动。参加各种体育竞赛活动、专项运动及团体组织的活动，在客观上具有扩大中年人社会接触面，加强在文化、生活、工作等多方面社会交往的作用。一些娱乐、健身和健美运动的锻炼，不仅可以达到强身健体的效果，还有陶冶情操、丰富文化生活的作用。

第五节　老年体育

一、老年阶段身心的一般特征

1. 老年身体特征 进入老年后，身体各器官、系统就逐渐发生器质性和机能性的变化，以致疾病发生频率提高。大脑是身体从事各种活动的最高指挥中心，主要是由140亿个脑细胞组成的。从30岁左右开始，脑细胞数量渐渐减少，60岁以后减少的数量更为明显。脑细胞的减少会带来一系列衰老症状，诸如反应迟钝、动作迟缓、智力下降等，严重的则可能发生脑萎缩。身体基本活动能力降低，出现运动障碍。进入老年之后，一般的老年人仍保持着一定的工作能力，尚有良好的基本活动能力。也有一部分老年人，不仅有较强的身体活动能力，还能保持较长时期。65岁老人的肌肉力量仅相当于20岁时的50%，各种运动能力均随着身体素质的下降而明显减退。因此，在这一阶段，老年人开始出现各种运动障碍。

2. 老年心理特征 进入老年后，人的生活发生很大变化。首先，老年人由于退休而离开工作岗位，离开数十年辛勤劳动的地方，会有许多感慨：一方面，由于没有同伴交往而寂寞；另一方面，由于不能发挥自己的余力而感到惆怅。其次，家庭成员及家庭生活环境也会发生变化，孩子长大成人，另立门户，家里只剩下夫妇两人；也有的配偶死亡，或老年丧子，这些都会使老年人感到寂寞、不安和孤独。由于老年人经常处于不健康和疾病状态，易受到死亡的威胁，易产生不安和抑郁的情绪，而身体机能和基本活动能力大幅度减退，使老年人产生无力感。相反，一些身体健康、生活富裕而少忧患的老年人，则不但具有比自己实际年龄年轻的体力和精力，而且心情愉快，精神生活充实，积极乐观地对待生活，始终保持着良好、健康的心理状态。

二、老年体育指导要点

1. 老年体育应有一定的组织形式 根据老年人不甘寂寞、怕孤独、想交往的心理特点，老年体育应有一定的组织形式。从社会学、心理学角度看，老年人的体育活动有一定组织形式要比单独进行的效果更好。老年人多是不甘于孤独和寂寞的，体育活动应与老年人的这一心理特点结合起来。因此，有组织地开展老年人的各种体育活动，或提倡自发地组织身体锻炼活动是十分重要的。许多人一起参加体育锻炼，不仅能满足老年人想交往的心理，也便于交流身体锻炼的做法、经验，容易形成身体锻炼习惯，达到更佳的效果。

2. 与防病、治病紧密结合 防病、治病是老年人参加身体锻炼活动的主要动机。因此，老年体育的内容与方法应紧紧围绕着防病和治病，才会吸引更多的老年人积极参加体育活动。医疗体育、保健体育、走步健身等都是适合老年人身体锻炼的内容和方法。老年人参加身体锻炼要加强医务监督。

3. 内容方法应简单，贵在养成习惯，持之以恒 老年人的身体锻炼，不在于追求运动技术水平，也绝非出于好奇参加体育活动。因此，体育内容与方法不一定要多，参加身体锻炼活动要求条件不高，在庭院、公园、楼前屋后都可以进行。限于身体条件，老年人一般不宜选择技术复杂、强度较大的运动项目。身体锻炼并非一劳永逸，贵在养成习惯，坚持不懈。

4. 身体锻炼的时间可长些，但强度要小，量要适当 根据老年人身体特点和余闲时间较多的情况，每天用于身体锻炼的时间可长些，但是锻炼活动的强度不宜大，以中小强度为宜，每次锻炼的运动负荷过重或过小都不合适。适宜运动负荷的要求是既不因量太小而无锻炼效果，也不能因为量太大而造成身体过度疲劳。老年人身体锻炼的运动负荷一般应以自己身体无异常或不适感觉为依据，遵循从身体实际出发，适当调整、灵活掌握的原则。

第四章
运 动 保 健

第一节 运动安全常识

体育与健康教育作为学校教育的重要组成部分，由于自身的特点（运动、器械）或其他各种因素，存在着风险，隐含着伤害。运动伤害事故（尤其是运动性损伤）偶有发生，成为学校教育过程中的不安全因素，易给学生心理、生理带来了巨大的伤害。

青少年时期是身体生长发育最重要的阶段。如果在这个时期运动，一定要注意运动强度的问题，运动强度过大会造成身体的疲劳，给肌体代谢造成负担，从而会影响身体正常的发育。运动强度合适，会促进身体的吸收功能，加上科学的饮食，因此经常参加体育运动的孩子会比同龄不运动的孩子发育更健康。

大学生要树立安全观念，增强安全认识、自律意识，了解体育运动安全防范基本常识，具备对危险的初步判断应变能力，提高自我保护能力，在体育运动中合理活动、科学锻炼，最大限度地预防运动事故的发生和减轻安全事件对自身造成的伤害。

一、检查自己的身体情况

参加体育活动，首先要了解自己的身体状况，要学会自我监督，随时注意身体状况的变化，若有不良症状要及时向老师反映情况，采取必要的保健措施。切忌有心脏病或其他不适合参与体育活动的疾病却隐瞒病情，勉强参加活动。

学生有以下疾病或症状，禁止参加体育活动：

（1）体温增高的急性疾病；

（2）各种内脏疾病（心、肺、肝、肾和胃肠疾病）的急性阶段；

（3）各种有出血倾向的疾病，如肺及支气管咳血，鼻出血，伤后不久有出血危险，消化道出血后不久等；

（4）恶性肿瘤；

（5）传染病及慢性疾病，如乙肝等；

（6）患有心脏病、高血压等疾病的学生，禁止参加长跑等长时间剧烈运动的项目。

二、准备活动

准备活动可以提高中枢神经系统的兴奋性，克服内脏器官特别是心血管系统的生理惰性，提高它们的功能活动水平，使之在正式锻炼开始后更快地适应运动的需要，使体温升高，降低肌肉、肌腱、韧带的黏滞性，从而扩大动作幅度，预防运动损伤。准备活动的时间一般为5～15min，准备活动的内容要根据练习内容进行选择，准备活动的部位要遍及周身。

（1）不做准备活动就进行激烈的体育运动，极易造成肌肉损伤、肌腱扭伤、韧带拉伤等运动伤害。

（2）准备活动敷衍了事，在运动系统和神经系统的功能尚未达到适宜水平就进行运动，易对器官功能造成伤害。

（3）准备活动内容不得当或准备活动过量，会导致准备活动无效或身体功能有所下降。

三、运动过程

1. 要掌握动作要领 在体育运动中，了解和掌握动作要领及方法，不但能够在运动过程中发挥好技术动作，达到体育锻炼的目的，而且还能消除心理上的恐惧，增强自信心，避免不必要的伤害。

2. 要正确使用器材 要了解熟悉掌握器材的性能、功能及使用方法。要严格遵守相关操作规程，在一些体育器械（如铅球、实心球等）的使用中，要注意选择适当场地，确保自身安全，同时还要注意不要伤及他人。

3. 运动负荷要适当 参加体育活动要根据身体素质条件，选择最有利于增强体质的运动负荷。循序渐进，由易到难，从小到大。负荷过小，对身体作用不大；负荷过大，会损害身体。只有适宜的运动负荷，才能有效地增强体质，提高健康水平。

四、舒缓运动（放松运动）

1. 认真做恢复整理活动 做恢复整理活动的目的就是使人体更好地从紧张运动状态过渡到安静状态，使心脏逐渐恢复平静，放松身心。如果突然停止运动，易造成暂时性贫血，产生心慌、晕倒等一系列不良现象，对身心健康造成损害。

2. 自我检查运动反应 如果感到十分疲劳，四肢酸沉，出现心慌、头晕，说明运动负荷过大，需要好好调整与休息。运动后经过合理的休息，感到全身舒服、精神愉快、体力充沛、食欲增加、睡眠良好，说明运动负荷安排比较合理。

3. 适当补充能量 参加体育运动要消耗大量的能量，所以在运动后（运动前也应适当补充能量）要科学饮食，保证身体的需要，确保取得最佳的锻炼效果。例如，5～10min后饮水（含盐），0.5～1h后进餐，避免喝含有咖啡因的饮料。

体育运动安全口诀：体育运动到操场，检查场地和器材；运动服装先换上，手表饰品要摘掉；运动前要做热身，活动四肢扭扭腰；运动前后喝点水，剧烈运动要适量；遵守规则讲文明，危险动作要杜绝；运动全部结束后，恢复整理要做好。

五、饮水

运动不仅消耗能量，也消耗水分，尤其在夏日进行运动往往感觉口干舌燥，该如何补充体内丢失的水分也是需要注意的一个方面。

1. 饮水的质量问题 应尽量不喝各种饮料，如汽水等。要喝白开水、绿豆汤或1%的淡盐水等，以去热消暑，及时补充体内由于大量出汗而丢失的钠。

2. 忌服过冷的水 因为平时人的体温在37℃左右，经过运动后，可上升到39℃左右。如果饮用过冷的水，会强烈刺激胃肠道，引起胃肠平滑肌、血管突然收缩，造成胃肠功能紊乱，消化不良。

3. 饮水的量 运动中出汗多，需饮用的水量自然大，但不能一次喝足，要分次饮用。一次饮水量一般不应超过200mL，两次饮水至少间隔15min。另外饮水速度要慢，不可过猛。

六、饮食

有人以为运动前多吃肉类对增强体力有好处，其实这是一个误区。运动前进食大量的肉类（尤其是猪肉和牛肉）后，肌体不仅难以消化吸收，运动时还会使得胃、肠的负担加重，容易引起腹痛。像韭菜、薯类、豆类等产气食物在运动前也不宜多吃，因为它们会使肠道充气而造成运动中腹痛。由于人体在运动时有大量的酸性物质堆积，所以运动前后可摄入西瓜、黄瓜、萝卜、香蕉、梨、苹果、南瓜、土豆、牛奶、豆腐、海带等。

很重要的一点是：避免太饱或空腹做运动。一般来说，运动前2h吃点东西能让你有力气运动，也可以避免运动中肚子饿。当然，也不可一顿大餐后立即运动。

七、装备

运动时要穿上舒适和厚度适中的运动衣服和鞋袜。选择尺码合适、鞋面柔软、鞋底防滑、减震的运动鞋，必要时可穿跑步鞋和感觉凉爽干燥的衣服。同时应注意天气变化，以免着凉或中暑。衣服上不要别胸针、校徽、证章等，上衣、裤子口袋里不要装钥匙、小刀等坚硬、尖锐锋利的物品，不要佩戴各种金属的或玻璃的装饰物，头上不要戴各种发卡。如果不戴眼镜可以参加体育活动，就尽量不要戴眼镜；如果必须戴眼镜，做动作时一定要小心谨慎；做垫上运动时，必须摘下眼镜。不要穿塑料底的鞋或皮鞋，应当穿球鞋或一般胶底布鞋。衣服要宽松合体，最好不穿纽扣多、拉链多或者有金属饰物的服装，有条件的应该穿运动服。

八、运动场地器材

到达运动场地后，首先要确认场地设备是否符合要求，并检查运动器材有无龟裂、不平整、松动、生锈等现象，消除安全隐患。要注意场地中的不安全因素，如查看场地是否平整，清除石头土块，检查沙坑的松散度、是否有石子杂物等。

九、禁忌

1. 不宜立即吸烟 运动后马上吸烟，吸入肺内的空气中混入大量的烟雾，一方面将减少氧量，另一方面将因供氧不足出现胸闷、气喘、头晕、乏力等。有资料表明，身体疲乏时吸烟的危害比平时更大。

2. 不宜马上洗澡 运动时体内大量血液分布在四肢及体表，一旦运动停止，增加的血液量还要持续一段时间。此时如果马上洗澡，易导致血液过多地进入肌肉和皮肤，将使心脏和大脑的供血不足。

3. 不宜贪吃冷饮 运动后失水较多，往往口干舌燥、极想喝水，这时如喝下大量的冷饮容易引起胃肠痉挛、腹痛、腹泻等疾病。

4. 不宜蹲坐休息 因为运动后马上蹲下休息，不利于下肢血液回流，影响血液循环，易加重肌体的疲劳。

5. 不宜立即吃饭 运动时神经系统控制着肌肉活动，而管理人体内脏器官的神经系统处于抑制状态，同时全身的血液也处于运动器官处，内脏处较少，此时进食，会增加消化器官的负担。

第二节 运动性损伤的预防和自我处理

在竞技体育比赛中，我们经常可以看见运动员受伤时痛苦的表情，也能看见运动员由于突发疾病而退出比赛。在体育运动中经常会出现突发事件，造成意外伤害。因此，掌握必要的体育运动卫生保健知识，对于预防体育锻炼中突发事件的发生有着重要的作用。在突发事件发生后，采取科学的治疗方法可以将其造成的损害降到最低。

以身体参与为主的体育活动无疑是意外伤害发生率相对较高的一个领域。学生参加体育活动时有可能发生擦伤、挫伤、撕裂伤、肌肉拉伤、关节韧带扭伤、脑震荡、骨折、脱位等运动损伤，严重者甚至危及生命。因此，在鼓励学生积极参加体育活动的同时，要使学生了解运动损伤的发生规律，以便有效地预防各种运动性伤害事故的发生，使学生掌握止血、包扎、固定以及心肺复苏等基本的现场急救技能。

一、运动性损伤的概念

运动性损伤是指人体在体育运动过程中所发生的损伤，与运动项目、技术特点、运动训练水平及运动环境条件等因素有关。它研究损伤的预防、治疗、康复，并总结创伤发生的原因、机制及规律，用以协助改进运动条件，改善教学、训练方法，提高运动成绩。

二、运动性损伤的分类

1. 按受伤组织结构分类

（1）软组织损伤。包括肌肉、韧带的挫伤、撕裂、挫伤及滑囊损伤。

（2）关节软骨损伤。包括关节软骨、骺软骨损伤和创伤性骨关节炎。

（3）骨组织损伤。如四肢骨骨折、颅骨骨折、疲劳性骨折、脊柱骨的损伤等。

（4）神经组织损伤。主要表现为周围神经组织损伤。如在网球运动中，当腕部受损伤，腕神经受到挤压。

2. 按损伤轻重程度分类

（1）轻度损伤。伤后不丧失运动能力。

（2）中等损伤。损伤后丧失运动能力 24h 以上，需要在门诊进行治疗。

（3）重度损伤。伤后需长期住院。

3. 按运动能力丧失程度分类

（1）轻度损伤。损伤后仍可以按训练计划训练。

（2）中度损伤。损伤后不能按训练计划训练，需停止或减少损伤部位的活动。

（3）重度损伤。损伤后完全不能运动。

4. 按创伤伤口与外界是否相通分类（临床多用这种方法分类）

（1）开放性损伤。这种损伤指皮肤、黏膜的完整性受到破坏，组织与外界相通的，如切伤、开放性骨折等。

（2）闭合性损伤。伤后皮肤保持完整，无伤口与外界相通，如挫伤、关节脱位等。

5. 按发病急缓分类

（1）急性损伤。多指在运动瞬间的损伤，由间接暴力和直接暴力所致。

（2）慢性损伤。多为急性损伤没治愈，或反复多次轻伤积累所致。

此外，按运动技术分类，有网球肘、投掷肘、足球踝等。

三、造成运动性损伤的原因

运动性损伤的常见原因可以归纳为四个方面，了解其发生的原因对预防运动损伤具有重要的作用。

1. 思想因素　对运动性损伤持错误观点，认为在运动中出现损伤是不可避免的而没有树立防伤观念。

2. 训练不够　包括身体素质、专项技术、战术、心理素质等几个方面训练不够。

3. 运动量安排不合理　安排不合理包括局部运动量安排不合理、连续的大运动量训练、一次运动量过大、违反体育卫生原则四个方面。对学生而言，不做准备活动或准备活动做得不充分是导致损伤的重要原因。

4. 环境因素　环境因素指场地设备、气象条件不良等。

四、预防运动性损伤的原则

经验证明，要预防运动性损伤，首先应解决思想认识问题，在此基础上采取有效的综合措施，努力消除各种致伤因素，才能达到预期目的。

1. 加强思想教育　加强体育运动的目的性教育，使广大体育工作者和体育锻炼者认识到预防运动性损伤的意义。

2. 合理安排教学、训练和比赛　教师要认真钻研，在教学、训练中要根据学生的年龄、性别、健康状况、身体素质和运动技术水平等进行备课；充分了解每次教学、训练的内容，把握教学重点与难点，对易发生损伤的技术动作要做到心中有数，事先采取必要的预防措施。

3. 做好准备活动　准备活动的内容与运动负荷应根据教学、训练或比赛内容，运动参加者的个体情况，气候条件等合理安排。准备活动要有针对性，既要有一般性准备活动，又要有专项准备活动。严禁不做准备活动直接进行强烈运动。

4. 加强易伤部位的训练　加强易伤部位和相对较薄弱部位的训练，提高其机能，是预防运动损伤的一种积极手段。例如，为预防关节扭伤，应增强关节周围肌肉、韧带的力量，加强弹性和柔韧性的练习，以提高关节的稳固性。

5. 加强医务监督，注意运动设备卫生　经常参加体育运动者，应定期进行体格检查，在参加大型比赛前，还要进行补充检查。禁止带病或身体条件不合格者参加比赛，有伤病或患有慢性疾病者，应根据医生的意见进行体育活动。

五、常见运动性损伤的简易处理

体育运动项目较多，出现损伤的原因也较复杂。为使伤者伤后得到及时、正确的处理，我们应掌握发生损伤的原因、损伤的特点及简易的处理方法，一旦发生了运动性损伤，可以马上进行现场急救与处理。常见的运动性损伤有下列几种：

（一）软组织损伤

软组织损伤是指肌肉、筋膜、肌腱腱鞘、关节韧带、关节囊及滑囊的损伤。

1. 开放性软组织损伤 开放性软组织损伤是指局部皮肤或黏膜破裂，伤口与外界相通，有血液自创口流出，易引发感染。在体育运动中，常见的开放性软组织损伤有擦伤、撕裂伤、刺伤和切伤等，其应急处理办法是止血和处理伤口。

（1）止血。开放性软组织损伤都有不同程度的出血，若损伤较重、出血较多，应立即先止血，而后处理伤口。

（2）擦伤伤口的处理。创口较浅、面积较小的擦伤，在止血的同时，用消过毒的纱布先把创面遮盖起来，以防止空气中的化脓细菌侵入创面，然后用纱布或棉花浸以温水，把伤面上的泥土和周围污物除去。也可用生理盐水或肥皂水冲洗，涂上红药水或紫药水，不要包扎，使创面暴露。为预防感染化脓，在伤面上撒适量消炎粉或涂上消炎软膏，再盖上消毒纱布，用绷带包扎住。如果创口较深，污染较重时，应注射破伤风抗毒血清。

（3）撕裂伤伤口的处理。这种伤口一般是由钝物打击而引起的皮肤和软组织撕裂，以头面部皮肤撕裂最为多见。若撕裂伤口较小，经消毒处理后，用创可贴即可。若撕裂伤口较大，则须止血，缝合伤口。若伤情和污染较重，应注射破伤风抗毒血清并给予抗生素治疗。

刺伤和切伤的处理方法基本同于撕裂伤。

2. 闭合性软组织损伤 闭合性软组织损伤是指局部皮肤或黏膜完整，无裂口与外界相通，损伤时的出血积聚在组织内，常见的有关节韧带、关节囊、肌肉筋膜、肌腱腱鞘和滑囊的挫伤、拉伤、扭伤、捩伤及撕裂伤。

（1）急性软组织损伤。根据急性软组织损伤的病理发展过程，处理的方法在不同的时期有所不同。

早期：指伤后24h或48h以内，组织内出血或局部出现红、肿、痛和机能障碍等。此时处理的原则是制动、止血、防肿、镇痛及减轻炎症。

中期：指伤后24～48h以后，主要特点是肉芽组织已经形成，血凝块正在被吸收，坏死组织逐渐被消除，组织正在修复。治疗方面可采用理疗、按摩、针灸、拔罐和药物治疗等，可以选用几种方法进行综合治疗。同时，可逐渐进行伤部的功能练习。热疗和按摩在这个时期的治疗中极为重要，它可以促进局部的血液和淋巴循环，改善伤部的新陈代谢，加快坏死组织的清除和组织的修复。

晚期：损伤组织已基本修复，肿胀和压痛感已经消失，但机能尚未完全恢复，锻炼时仍有轻微痛感、酸胀和无力，个别严重者因组织粘连与瘢痕收缩出现伤部僵硬或活动受限等。这一时期处理的原则是恢复和增强肌肉、关节的功能。如有瘢痕和粘连，应加强理疗按摩和机能锻炼及用中草药熏洗等，以此促进功能的恢复。

（2）慢性软组织损伤。慢性软组织损伤一般是由急性软组织损伤处理不当转变而来的，或因局部长期负荷过度而引起劳损，由微细损伤的积累而成。处理的原则主要是改善局部的血液循环，促进组织的新陈代谢，合理安排运动负荷。治疗方法与急性软组织损伤中、后期大致相同，以按摩、局部封闭、中草药外敷或熏洗为重要手段，在治疗中应与机能锻炼相结合。

（二）关节韧带扭伤

关节韧带扭伤在运动性损伤中最为常见。在体育运动中各个关节都参与活动，稍不注意就有可能造成关节韧带扭伤。

1. 损伤征象 关节韧带扭伤有轻重之分。轻度扭伤只是关节周围的韧带部分纤维撕裂，有轻微疼痛感，伤部外表无异常，关节活动无障碍，一般不需急救处理，休息一两周后伤处疼痛就可以逐渐消失而痊愈。重者可出现关节周围韧带、肌腱和血管断裂。伤后感到剧烈疼痛，关节不能活动，伤后几小时受伤部分逐渐肿大并变为青黑色，这是血管破裂使血液流进组织间隙的缘故。

2. 处理办法 先制动、止血、止痛。伤后立刻冷敷，再加压包扎，抬高伤肢。冷敷可以用冷水淋洗伤部，有条件的可用氯乙烷喷雾剂或冰袋，这样可以使断裂的血管收缩，减轻出血程度，并有减轻疼痛的作用。冷敷后用适当厚度的干净棉花或海绵置于伤部，立即用绷带稍微加压进行包扎，但不能包得太紧，以免影响血液循环。24h 后拆除包扎固定，根据伤情再做进一步处理。

（三）关节脱位

由于暴力的作用使关节面失去正常的连接关系，称关节脱位。

1. 脱位的征象

①关节疼痛、肿胀和压痛。关节脱位当时疼痛感较轻，随后因软组织损伤或关节囊破裂，出现剧痛和明显压痛。

②关节活动机能丧失。由于正常结构受到破坏，关节失去了正常活动的机能。

③畸形。关节正常位置的改变，使正常关节隆起处塌陷，正常凹陷处隆起或突出，肢体变长或缩短等。

④X 射线检查。可发现关节脱位的方向、位置以及有无骨折。

2. 现场急救

①止痛、抗休克。关节脱位或合并其他损伤会产生剧痛，常会出现伤员休克现象。急救时应注意预防休克，如发生休克应及时处理。

②固定。用夹板或三角巾、绷带固定脱位变形的伤肢，尽快送往医院处理，争取早期复位。没有整复技术和经验的人，不可随意给他人做整复手术，以免加重伤员伤情，影响机能恢复。

（四）脑震荡

脑震荡指头部受外力作用后，脑的神经细胞和神经纤维因受到震荡而引起一时性意识和机能障碍，脑组织无明显的病理变化，不久即可恢复。

1. 症状 患者常出现头晕眼花，眼前发黑，呼吸表浅，脉搏缓慢，肌肉松弛，瞳孔稍放大但对称等症状。清醒后在短期内反应迟钝，记忆力下降。此时，还伴有头晕、头痛、恶心或呕吐等症状。一般的脑震荡患者在数天内症状消失。

2. 处理办法 让患者安静平卧，头部冷敷，身上保暖。若有昏迷，可掐人中、内关、涌泉等穴位。如呼吸发生障碍，可进行人工呼吸。急救时，如发现患者昏迷时间超过 4min

以上，瞳孔放大且不对称，或耳、鼻、口出血，眼球青紫，或患者清醒后头痛剧烈和呕吐，或清醒后再次昏迷，提示有严重的颅脑损伤，应立即将患者送医院进行抢救。

（五）外出血

血液从损伤的血管外流称出血。外出血则是血液从皮肤创口向体外流出，这是在运动损伤中较为常见的一种。在运动损伤的急救中，止血的方法很多，但外出血一般采用绷带加压包扎法、指压法和止血带法三种。

1. 绷带加压包扎法 用数层无菌敷料覆盖创口后，用绷带稍加压力进行包扎，以压住损伤血管而达到止血目的，包扎后抬高伤肢。

2. 指压法 可分为直接指压法和间接指压法。直接指压法指用指腹或掌根直接压迫伤口，此方法简便易行，但违背了无菌操作的原则，易引起伤口感染。因此，不是在十分紧急的情况下，不应轻易使用直接指压法。间接指压法指在出血动脉的上方，用拇指或其余四指把该动脉压迫在相应的骨面上，以阻断血液的来源而达到止血的目的。这种方法是动脉出血时最迅速简便的临时止血法，所加压力必须持续至可以结扎血管或用止血钳夹住血管时为止。如方法运用正确，可使动脉出血立即停止。

3. 止血带法 止血带法是在四肢大出血急救时简单、有效的止血方法，它通过压迫血管阻断血行来达到止血目的。但如使用不当或使用时间过长，止血带可造成远端肢体缺血、坏死，从而造成残疾。因此，只有在出血猛烈且用其他方法不能止血时才能应用止血带。

（六）骨折

骨的完整性遭到破坏的情况称为骨折。骨折分为闭合性骨折和开放性骨折两种。前者无开放性创伤，治疗较易；后者有开放性创伤，骨折端与外界相通，易发生感染，治疗较难。运动中发生的骨折多为闭合性骨折。

1. 症状 在运动中患者受伤后的症状有以下几种：疼痛，肿胀及皮下淤血，机能丧失，畸形，骨摩擦音，压痛和震痛，X 射线检查有断裂迹象。

2. 急救方法 骨折时，用夹板、绷带把折断的部位固定，包扎起来，使伤部不再活动，这仅为临时固定。有伤口或开放性骨折的患者，如有出血或休克，应先止血、包扎伤口和抗休克，再固定骨折。固定时松紧要适宜、牢靠。过紧会压迫神经和血管，过松会失去固定的作用。四肢骨折固定时，应露出指（趾）尖，以便观察血液循环情况。如发现指（趾）尖苍白、发凉、麻木、疼痛、浮肿和呈青紫色等征象时，应松开夹板，重新固定。

第三节　体育锻炼中常见的生理反应与运动性疾病

人在锻炼一段时间后，必然会产生疲劳。疲劳是一种生理现象，疲劳的不断积累也可能导致身体的过度疲劳，会对机体产生不利影响。所以，了解体育锻炼中疲劳产生的原因，掌握疲劳诊断和消除方法，对提高锻炼效果具有重要意义。

一、运动性疲劳

1. 运动性疲劳的概念 运动性疲劳是指人体运动到一定的时候，运动能力及身体功能暂时下降的现象。运动性疲劳分为两个阶段：一是代偿性疲劳，这个阶段的运动能力靠增强中枢神经系统的兴奋性和肌体其他系统更加紧张的活动得以维持，这时每个工作单位的能量消耗多，动作的结构也发生变化。例如，在步幅缩小的情况下，通过提高动作速率维持速度。二是非代偿性疲劳，这个阶段的特点是运动能力下降，尽管运动员越来越用力，但仍无法克服这种状态。

运动性疲劳是人在运动过程中发生的正常生理现象，对人的身体并无损害。它是一种警报信号，或者说是一种健康的保险阀。研究发现，运动性疲劳是一个综合性的复杂过程，它与人体多方面的因素及生理变化有关。

（1）运动能力与身体素质的变化是导致运动性疲劳的因素。身体素质就是人体各器官功能在肌肉工作中的综合反映。各器官功能的下降，必然会导致运动能力与身体素质下降。譬如，长时间肌肉活动导致肌肉功能下降时，力量、速度等也会相应下降，于是在完成练习时往往会觉得力不从心和疲劳。

（2）运动性疲劳可导致体内能源储备的减少和身体各器官功能的降低。当运动导致人体疲劳时，往往会伴随体内能源物质的大量消耗，如极量运动至非常疲劳时，肌肉内的磷酸肌酸（能源物质）可降至最低点。在长时间的持续运动中，由于糖的大量消耗，肌糖原及血糖均下降。能源储备的消耗与减少，会导致各器官功能的降低。

（3）精神意志因素与运动性疲劳密切相关。运动中人体各器官系统的活动都是在神经系统的指挥下完成的，神经系统功能的降低会使疲劳加深。例如，在一定强度和持续一定时间的体育活动过程中，运动者会出现胸闷、呼吸困难、肌肉酸软无力、动作迟缓而不协调、情绪低落甚至想停止运动等情况，这种状态被称为“极点”。此时，如果依靠意志力和稍缓速度继续运动下去，不久这种难受感觉就会减轻或消失，动作变得轻松有力，呼吸变得均匀自如，心率减慢，这种现象称为“第二次呼吸”，这样可以推迟疲劳的出现或减轻疲劳的程度。

2. 运动性疲劳的判断 科学地分析体育锻炼的疲劳症状，及时判断疲劳的出现是防止过度疲劳、提高锻炼效果的重要保障。在体育活动中应掌握一些常用的疲劳判定方法。

（1）简易生理指标测定法。肌肉力量是常用的生理指标之一。体育锻炼后肌肉力量不但不增加，反而下降，则说明机体产生疲劳；肌肉力量持续下降则说明身体疲劳程度较深。心率是判断疲劳程度最简单的生理指标。体育锻炼后心率恢复时间延长或者第二天清晨安静时心率较以前明显增加，都表示机体已处于疲劳状态。

（2）主观感觉。主观感觉是自我判定身体疲劳的重要依据。如果体育锻炼后虽然工作能力下降，但却感到身体轻松、舒畅，食欲和睡眠情况较好，并有一种舒服的疲劳感，就说明这种疲劳是正常反应。如果体育锻炼后，感到头昏、恶心、胸闷，食欲减退，身体明显疲劳，甚至厌恶体育锻炼，就说明身体疲劳程度较重，应及时调整活动量或停止锻炼。

（3）一般观察。体育锻炼后可以让家人和同伴观察锻炼者的机体反应。运动后锻炼者面色苍白、眼神无光、反应迟钝、情绪低落、表情淡漠、连打呵欠、精神不集中等，说明锻炼者很疲劳。

3. 加速消除运动性疲劳的方法 锻炼后产生的运动性疲劳如得不到及时消除，体力恢复得不充分，势必影响继续锻炼及工作学习。因此，在运动性疲劳出现后，采用得当的措施加速疲劳的消除是非常重要的。

（1）整理活动。整理活动是消除疲劳、促进体力恢复的一种良好方法。剧烈运动后进行整理活动，可使心血管系统和呼吸系统仍保持在较高水平，有利于乳酸的排出；同时让肌肉及时得到放松，可避免由于局部循环障碍而影响代谢过程及因此造成的恢复过程延长。

一般整理活动应包括以下内容：慢跑、深呼吸、体操、肌肉放松练习、伸展性练习及静力牵张练习、按摩等。其中，静力伸展练习可以缓解运动后延迟性肌肉酸痛和肌肉僵硬，使肌肉放松，并可加强骨骼肌蛋白质的合成，促进骨骼肌疲劳的消除。

（2）静止性休息——睡眠。体育锻炼中能源物质大量消耗，身体机能明显下降，身体处于疲劳状态。保证良好而充足的睡眠是使身体疲劳尽快消除并得到恢复的重要手段。因为睡眠时人体各器官、系统活动下降到最低水平，物质代谢减弱，能量消耗仅维持基础代谢水平，合成代谢有所加强，运动时消耗的能源物质逐渐得以恢复。同时，睡眠对大脑皮质细胞来说也是一种保护。大脑皮质细胞比较脆弱，容易因长期兴奋而产生过度消耗。睡眠能防止大脑皮质细胞机能过度消耗，同时还能促进人体器官机能恢复。另外，身体劳累之后，坐下或躺下休息也有助于疲劳的消除。因此，在体育锻炼后，要保证足够的睡眠，且睡眠时间应比不运动时的睡眠时间要长，否则就会出现虽然体育锻炼很努力，但收效甚微的状况。

（3）活动性休息——适宜运动。生理学家很早就发现，在局部肢体疲劳之后，可通过另一部分肢体肌肉的适当活动来加速已疲劳肌肉的体力恢复，这称为“活动性休息”。后来的很多生理实验研究进一步证实，当局部肢体疲劳后，可利用另一些未疲劳的肌肉的适当活动促进全身代谢过程，加速疲劳消除。这是因为体内消除疲劳的主要依靠血液循环，血液循环可以补充氧气及其他营养物质并排除疲劳，而积极性消除疲劳的方法就是积极促进重点转换部位的血液循环。疲劳后的放松活动、按摩、沐浴等都属于积极性消除疲劳的手段，可以达到活动性休息的目的。

（4）物理疗法——沐浴。沐浴是一种最简单的消除疲劳的方法，如果水温适宜，它可以加速人体新陈代谢，调节机体，使机体兴奋。另外，水的浮力作用还可以使身体变轻，对缓解肌肉紧张程度也有一定的效果。

（5）合理补充营养。运动中能源物质的消耗是疲劳产生的原因之一。因此，消除疲劳的前提是使消耗的能源物质得到及时的补充。在运动疲劳后，饮食中要有较充分的糖和蛋白质补充，不同的体育锻炼形式应补充的能源物质不同。一般而言，力量练习后要补充蛋白质，如果是长时间的锻炼，体内能源供给有较大部分来自脂肪，这类耐力性运动后应根据负荷的程度适当食用一些脂肪类食品。此外，疲劳后要注意维生素和无机盐的补充，维生素 C、维生素 B_1、维生素 B_2、维生素 A、维生素 E 等对疲劳的消除有重要作用，水果和蔬菜是各种体育运动后都应备的“家常便饭”。同时，各种高能运动饮料及一些营养补剂等对体力恢复也是有益的。

（6）心理调节。情绪因素对疲劳的消除也有不容忽视的作用。积极向上、乐观愉快的情绪有助于加速疲劳的消除。欣赏优美动听的音乐，做些自我心理控制与放松调节等，对体力恢复也有促进作用。

值得注意的是，单独采用以上任何一种方法消除运动性疲劳，其效果都不够理想，必须根据每个人的具体情况，加以综合运用，才能取得较好的效果。

除以上六种方法外，运动训练和比赛后，还可以适当服用一些中药以加速疲劳的消除，如黄花、刺五加、蜂王浆、麦芽糖和花粉对于消除疲劳和增强体力有较好的促进作用。

二、过度训练

过度训练的全称是过度训练综合征，是指运动负荷与身体功能状况不相适应、疲劳长期积累而引起的功能紊乱或病理状态。

1. 症状与体征　过度训练的早期症状以神经系统的表现为主，与神经衰弱相似，如训练后睡眠欠佳（多梦、易惊醒）、食欲缺乏等，所以非常容易被忽视，或被误诊为神经官能症。过度训练的中期和后期，可出现多个系统和器官的多种多样的症状，如失眠或嗜睡、全身乏力、多汗等，运动能力和运动成绩明显下降。

2. 处理　过度训练的关键是早发现、早处理。处理的原则是消除病因、调整训练内容和方法、对症治疗。早期只需调整训练计划、控制运动负荷及运动强度，较重者除做上述处理外，应暂停专项训练和比赛，减轻精神负担，并辅以全面训练和放松性练习。

3. 预防　预防过度训练的方法：一是要进行身体机能检查；二是大运动量训练或比赛后，要积极采取恢复措施；三是保证营养和睡眠；四是伤病恢复期投入训练时要逐渐增加运动负荷，加强医务监督，密切注意训练过程中出现的过度训练先兆。

三、过度紧张

过度紧张是指在训练和比赛时，运动员认为训练难度超过了机体的承受能力而引起的病理状态，常在训练和比赛后即刻或短时间内发病。

1. 症状与体征　过度紧张的症状有以下几种：

（1）急性的胃肠功能紊乱及运动应激性溃疡。急性胃肠功能紊乱是过度紧张中最常见的，运动员常在剧烈运动后不久出现恶心、呕吐、头晕、面色苍白、腹部有轻度压痛、脉搏稍快等症状。胃肠功能紊乱是运动员极度疲劳，加之精神过度紧张，使胃酸分泌明显减少或饭后不久进行激烈运动造成胃肠功能降低所致。

（2）心功能不全和心肌损害。其表现为运动后头晕、眼花、步态不稳、面色苍白、唇发绀、呼吸困难、咳嗽、心前区和右季肋疼痛，甚至意识丧失。

（3）脑血管痉挛。运动后突然发生一侧肢体麻木，运动不灵活或麻痹、头痛、恶心、呕吐等，这是脑部缺血、缺氧和脑血管痉挛所致。

（4）运动猝死。在运动中或运动后 30s 内死亡被称为即刻死，24h 内死亡被称为猝死。猝死的高危人群（有心脏病史、脑血管意外病史、猝死病史及晕厥史者）及运动前、中、后出现较明显的胸闷、压迫感、极度疲劳等症状的人应避免参加剧烈运动，且要避免过度运动和过度训练。

2. 处理　病情较轻者应平卧，注意保暖和吃容易消化的食物。心功能不全者，应立即采取半坐卧位，保持安静，并针刺或点掐内关、足三里穴；昏迷者，再掐其人中、百会、合谷、涌泉等穴位；呼吸、心跳停止者，应立即对其进行人工呼吸和胸外心脏按压，同时通知医生来处理。

3. 预防　要坚持科学训练原则。训练水平低、身体素质差、体弱患病者，要根据自己的实际情况量力而行。剧烈运动和参加比赛前，相关人员要详细询问运动者病史并对其进行身体检查，尤其是家族中有心脏病、晕厥和猝死病史者等，应给予特别注意。

四、晕厥

晕厥是由于脑部一时供血不足或血液中化学物质变化所致的意识短暂丧失，多发生在大强度训练或剧烈比赛中、比赛后。

1. 症状与体征 晕厥前病人感到全身无力、头晕、眼前发黑、面色苍白、出冷汗；晕厥后，意识丧失，手足发凉，脉率增快或正常，血压降低或正常，呼吸增快或缓慢。一般晕厥数秒钟，也有3～4h后才清醒的。清醒后伴有头晕、头痛、全身无力，也可能出现恶心、呕吐等症状。

2. 处理 使患者处于仰卧位或下脚抬高，松解紧身衣服和束带，注意保暖，做双下肢向心性按摩，必要时嗅以氨水或点掐（针刺）人中、百会、涌泉等穴位。如有呕吐，应将患者头部转向一侧，以免因舌头后附及呕吐物堵塞气道妨碍呼吸。知觉清醒前或呕吐时，都不宜饮用任何饮料。

3. 预防 预防晕厥要坚持体育锻炼，提高心血管功能。在重大比赛和大强度训练前应进行体格检查；对发生过晕厥者应作全面检查，并避免剧烈运动；久蹲后要慢慢站立，疾跑后应继续慢跑，并作深呼吸，逐渐停下来；剧烈运动后，休息半小时再洗澡或淋浴。

五、运动性贫血

1. 症状与体征 运动性贫血发病缓慢，多能坚持正常训练。主要症状有头晕、头痛、易倦、记忆力减退、食欲缺乏，运动时出现气促、心跳加快，运动后出现心悸、运动成绩下降。主要体征是皮肤和黏膜苍白，安静时心率加快，心尖部可听到收缩期吹风样杂音。

2. 处理 适当减轻运动负荷，必要时停止训练。在饮食中注意供给含蛋白质、铁质和维生素较多的食物，必要时可服用抗贫血药物。

3. 预防 预防运动性贫血要遵守循序渐进和区别对待的原则，合理安排运动负荷和运动强度。应养成合理的膳食习惯，补充充足的营养，克服偏食和吃零食的不良习惯。

六、运动性腹痛

由体育运动而引起的腹部疼痛为运动性腹痛。中长跑、马拉松、竞走、自行车、篮球等运动项目的训练者发病率较高。

1. 症状与体征 运动性腹痛的程度与运动负荷、运动强度密切相关。多数运动员在小负荷和慢速运动时，腹痛不明显，随运动负荷和强度的增加，腹痛逐渐加剧。腹痛的部位常常是病变脏器所在。肝胆疾患、肝脏淤血则右上腹痛，胃十二指肠溃疡、急慢性胃炎则中上腹痛，脾淤血则左上腹痛，肠痉挛则腹中部痛，阑尾炎则右下腹痛，宿便刺激则左下腹痛。

2. 处理 运动中出现腹痛，应适当减慢速度，调整呼吸和运动的节奏，用手按压疼痛部位。如经上述处理无效，应停止运动，服用解痉药物或掐（针刺）足三里、内关、大肠腧等穴位。

3. 预防 坚持科学训练原则，循序渐进地增加运动负荷。加强身体锻炼，增强心肺功能。合理安排膳食，饭后1.5～2h后再开始剧烈运动。做好准备活动，运动中注意调整呼吸节奏。患有内脏器官疾病者，应及早就医，在病愈之前，需在医生指导下进行体育锻炼。

七、肌肉痉挛

1. 症状与体征 肌肉痉挛，俗称抽筋，是由肌肉长时间持续大运动量不自主地强直性收缩造成的。肌肉发生痉挛时，局部肌肉坚硬或隆起，并伴随剧烈疼痛，且一时不易缓解。在体育运动中最易发生痉挛的肌肉是腓肠肌，其次是足底的屈拇肌和屈趾肌。产生肌肉痉挛的原因有以下几点：

（1）体育活动中大量排汗使体内电解质丢失。这些电解质在人体内的浓度水平与肌肉神经的兴奋程度有关，丢失过多时肌肉兴奋性会增强，肌肉易发生痉挛。这种情况多见于天气炎热或进行长时间剧烈活动时。

（2）运动时，由于肌肉快速、连续收缩，放松的时间太短，肌肉收缩与放松的协调关系遭到破坏，从而发生肌肉痉挛。

（3）在寒冷的环境中若未做准备活动或准备活动不充分就进行体育运动，肌肉会受到刺激而易引起肌肉痉挛，如游泳水温在25℃以下时。

（4）局部肌肉疲劳或有微细损伤时，也可引起肌肉痉挛。

2. 处理 常用方法是牵引痉挛肌肉，使它伸长和松弛，用力要缓慢而持续，不可使用暴力。痉挛缓解后应适当按摩肌肉，如重推、揉捏、按压，以促使痉挛解除。例如腓肠肌痉挛时，应先让患者平坐或仰卧，伸直膝关节，牵引者双手握住患者足部并抵于牵引者的腹部，利用牵引者躯干前倾的适度力量，将患者的脚掌和脚趾缓慢地向上扳。若屈拇肌、屈趾肌痉挛，可用力将其脚趾向上扳，但切忌使用暴力。

3. 预防 为了预防肌肉痉挛，运动前要做充分的准备活动，对容易发生痉挛的肌肉可事先进行适当按摩。冬季户外锻炼要注意保暖。夏季锻炼时要注意适当补充淡盐水及维生素B_1等。此外，身体在疲劳状态下和饥饿时，最好不要进行健身体育锻炼或从事大运动量活动。

八、中暑

中暑是因高温环境或受到烈日的暴晒而引起的疾病。它多发生在长跑、越野跑、马拉松、自行车、足球等运动项目中。

1. 症状与体征

（1）先兆中暑。症状为大量出汗而导致的口渴、头昏、眼花、耳鸣、恶心、胸闷、全身乏力、注意力不集中，体温正常或略微升高等。

（2）轻度中暑。除先兆中暑症状外，还有体温升高到38℃以上，面色潮红、皮肤灼热，有早期循环衰竭的表现。

（3）重症中暑。

①中暑衰竭：主要表现为皮肤苍白，出冷汗，软弱无力，脉细速，血压下降，呼吸快浅，体温正常、稍低或稍高，意识模糊或昏厥。

②中暑痉挛：主要表现为四肢无力、肌肉痉挛疼痛。

③日射病：剧烈头痛、头晕、眼花、耳鸣、呕吐、烦躁不安，重者昏迷。

④中暑高热：早期大量出汗，后期无汗；体温迅速升高、头痛、头晕、全身无力、恶心、呕吐、昏厥；有的突然发病，体温可高达40～42℃，面色潮红灼热，皮肤干燥无汗，

血压正常或降低，神志模糊，最后可能引起心、肺、肝、脑、肾功能严重衰竭而死亡。

2. 处理 有中暑先兆或轻度中暑时，应立即将患者从高温环境移至阴凉通风处，解开其衣领，并给予清凉饮料、浓茶、淡盐水，可帮其服下人丹、解暑片、藿香正气丸等解暑药物。

病情较重者，应立即移至阴凉通风处，使其平卧，根据不同病情，做如下处理：

（1）中暑衰竭：服用含糖、盐的饮料，对其双脚做重推摩。

（2）中暑痉挛：牵伸痉挛肌肉，服用含盐清凉饮料。

（3）日射病：头部冷敷。

（4）中暑高热：迅速降温，用冷水或冰水擦身至皮肤发红。症状重或昏迷者，可针刺人中、涌泉、中冲等穴，并迅速送医院抢救。

3. 预防 平时坚持在较热的环境中锻炼，逐步提高身体的耐热能力。高温炎热季节，应适当调整作息时间；在烈日下运动时，应戴白帽、穿浅色衣物。室内运动场应有良好的通风降温设备。

第四节 运动处方

一、运动处方的概念和理论基础

（一）运动处方的概念

早在 20 世纪 50 年代，美国生理学家卡波维奇就曾提出运动处方的概念。1969 年，“运动处方”这一术语被世界卫生组织（WHO）使用从而在国际上得到确认。运动处方可概括为：“对从事体育锻炼者或病人，根据医学检查资料（包括运动试验及体能测验），按其健康、体能以及心血管功能状况，结合生活环境条件和运动爱好等个体特点，用处方的形式规定适当的运动种类、时间及频率，并指出运动中的注意事项，以便有计划地经常锻炼，达到健身或治病的目的，即为运动处方。”

运动处方由四个要素构成：合理的运动项目——选择什么运动项目最适合？合理的运动强度——运动的激烈程度应有多大？合理的运动时间——每次运动应持续多长时间？合理的运动频率——一周应锻炼几天？

（二）运动处方的理论基础

运动处方锻炼，主要是中等强度有氧代谢为主的耐力性运动，也称有氧运动。因此，其健身作用的理论基础就是有氧运动的价值、超量恢复原理及全面身心健康概念。

1. 有氧运动的价值 体育锻炼的基本目的是增强体质，提高抗病能力，而关键环节应该是提高心肺功能和心血管的输氧能力，这对增进健康至关重要。

耐力运动对增强呼吸系统摄取氧的能力，心血管系统载荷及输送氧的能力，以及组织的有氧代谢利用氧的能力有显著的训练作用。因此，有氧运动对机体的影响有生理学的、生化学的、心理学的及社会学的多方面的效果。有氧运动是恒常运动。所谓恒常运动，也称稳定运动，是人体活动时的一种功能状态。这种运动强度的刺激使各种生理功能惰性逐渐被克服，呼吸、循环功能提高，人体需氧量与吸氧量之间达到动态平衡，体内不发生乳酸堆积，心率、输出量和肺通气量等保持稳定状态。因此，持续运动时间长，安全性高，脂肪消耗的多，可提高最大摄氧量和无氧作业阈值、改善有氧能力等。简单来说，恒常运动是持续

5min 以上尚有余力的运动，而非恒常运动是 5min 内便疲倦了的运动。

2. 超量恢复原理 人体对一定量的运动负荷刺激有个适应过程，一般分为负荷、恢复和超量恢复三个阶段。在负荷阶段，能量物质被大量消耗，物质代谢产物（乳酸、尿素等）被蓄积起来，人体机能下降，产生疲劳。停止运动后，到了恢复和超量恢复阶段，机体内环境（热、酸碱和水）恢复平衡，肌肉内被消耗的能源物质得到补充，并在一段时间内超过原有水平，此现象为超量恢复。如果在超量恢复阶段内进行下一次超负荷锻炼，肌内物质和肌力就会逐步积累起来，就会逐步提高机体能力和训练水平。一般来说，超量恢复常在运动后 1～2d 出现。

3. 全面身心健康概念 库珀博士经过 20 多年的艰苦探索与研究，创造性地揭示了保持人全面身心健康的奥秘：保持人体生理、心理平衡。人体每天需要一定量的营养，以保证细胞生长和代谢的需求；需要适当时间的休息，以缓解工作造成的疲劳；还需要适当的体力活动，以保持肌肉、筋骨和内脏器官的功能。“有氧代谢运动是保持全面身心健康最有效、最科学的运动方式”。运动锻炼固然重要，但还应注意保持适当体重、合理膳食、戒烟及控制饮酒等。

二、制订运动处方的原则

（一）运动处方要个体化

由于人们的身体条件千差万别，不可能预先准备好适应各种情况的处方。即使可能，每个人的身体或客观条件也经常变化。严格地说，今天的处方不一定适合明天。所以，必须根据每个人的具体情况区别对待。

（二）运动处方要修订调整

书刊杂志所介绍的运动处方，有的人适应，有的人不适应。因此，对于初定的处方，在实行过程中，要进行一次或多次的微调，使之成为符合自己身体条件的运动处方。可以说，一个安全、有效的运动处方，不是别人给予的，而是自己制订的。

（三）以全身耐力为基础

在制订运动处方时，体力的差别比性别和年龄的差别更为重要。因此，不根据性别、年龄，而只以体力（全身耐力）情况作为基础来制订运动处方有时也是适宜的。

（四）保持安全界限和有效界限

为了提高全身耐力水平，必须改善心血管和呼吸系统功能的适应强度，这就是靶心率范围。如果运动超过这个界限，就容易出现危险，这个运动强度或运动量界限被称为安全界限。而达到最低效果的下限，被称为有效界限（表 1-4-1）。

表 1-4-1 各年龄组运动心率标准

强度	最大吸氧量（%）	心率（次/min）				
		20～29 岁	30～39 岁	40～49 岁	50～59 岁	60 岁及以上
大	80	165	160	150	145	135
较大	70	150	145	140	135	125
中	60	135	135	130	125	120
较小	50	125	125	115	110	110
小	40	110	110	105	100	100

（五）体质基础和运动效果的特异性

运动时身体的生理适应，根据运动种类或方法有所不同，这被称为运动效果的特异性。体质差的人，从事强度小的运动也能收到显著效果；体质强的人，要求大的运动强度，才能见效。

三、制订运动处方的程序

1. 一般体检 了解病史、运动史；了解运动的目的和对运动的期望；询问病史，如既往病史、家族病史；了解运动史，如运动爱好、现在的运动情况等；了解社会环境条件，如职业、工作、劳动条件、生活环境、经济条件、营养状况等条件，以及周围能够利用的运动设施、有无指导等。

2. 临床检查（包括人体测量及体质测定） 这里所指的临床检查相当于所谓成人病的检查。检查的目的：对现在的健康状况进行评价；判断能否进行运动，能否进行运动负荷试验；是否有潜在性疾病或危险因素，以预防事故。总之，医学检查的基本目的在于掌握个人的状况，为制订运动处方提供必要的信息。

3. 运动负荷试验和体能测验 运动负荷试验是制订运动处方的基本依据之一。运动负荷试验的方法很多，可根据检查的目的和被测者的特点来选择适合的方法。现在最普遍的方法是“递增负荷运动试验”。这个试验利用活动平板或功率自行车等，在试验过程中逐渐增加运动负荷强度，同时测定某些生理指标，指导受试者达到一定的用力程度。

需要明确的是，只有运动负荷试验无异常的人才能接受体能测验，即进行肌力、爆发力、柔韧性等运动能力和全身耐力测验。库珀和日本学者浅见的实验研究认为，12min跑测验与最大摄氧量的相关系数最高。所以，库珀提出的有氧代谢运动的体能测验包括走、跑、游泳 3 种方式，可以任选其中之一，用来检查和衡量心血管系统功能。由于是测验，它们的运动强度就比平常锻炼的高，并要求尽全力而为之。因此参加测验的人必须符合 3 个条件之一：35 岁以下，身体健康；有半年以上运动经历；按库珀介绍的锻炼计划至少运动了 6 周。

4. 制订运动处方，安排锻炼计划 通常根据检查结果，结合个人的健康状况、体能水平及运动能力的限度等具体情况制订运动处方。处方主要规定运动强度和保证安全的一次必要运动量（运动时间）及 1 周的运动频率等内容。一般按照初定的运动处方试锻炼，对不适当的地方可进行调整，待适合后要坚持锻炼 3～6 个月后再做体能测验，并重新制订长期的运动处方，以不断提高锻炼效果。

5. 善后工作和复查 原则上医生要当面为个人制订运动处方，不宜只按体检资料或由别人代办。首先，医生要向个人说明医学检查结果的概要，要正确对待体检异常的结果。其次，指出注意事项，进行运动教育和咨询指导。再次，隔一段时间与被检查者接触，询问其运动情况，判断有无副作用或疲劳。最后，由于有些人中途停止运动，故可要求其做运动处方锻炼日记，并每隔 1～2 周到门诊咨询 1 次。至少 1 年全面复查 1 次，总结 1 年的运动实施情况，评价这期间的运动效果，必要时进一步改善运动处方。

四、运动处方实例介绍

健身和治疗性运动处方内容很多，我们仅介绍其中两种。

（一）健身性运动处方“腹肌锻炼”

1. 热身 5～10min 热身，慢跑或者走路。

2. 训练

（1）腹横肌训练（平板支撑）。俯卧姿势，肘关节和肩关节与身体保持直角，用脚趾和前臂支撑体重。手臂呈弯曲状，并置于肩膀下。保持身体挺直，30s 一组，依次增加 10s。

（2）腹直肌上部训练（仰卧起坐）。平躺，双腿弯曲，双脚固定在地面，双手放在耳侧，用腹部的力量带动上半身向上运动直到胸部贴紧腿部，再慢慢回到起始位置。

（3）腹直肌下部训练（仰卧反卷腹）。平躺，双腿弯曲，上半身固定在地面，双手放在身体两侧，用腹部下部力量带动下半身向上运动直到腿部贴紧胸部，再慢慢回到起始位置。

（4）腹内、外斜肌训练（侧身仰卧起坐）。从躺姿开始，使左腿向右弯曲 90°，右脚跨过左腿，踩稳在地上，两手向外伸直平放，与身体垂直。右手轻扶右耳，右边的肩胛骨离地，下巴和胸口保持一拳距离，此时力量会转移到左边，左肩和左手开始支撑一部分的力量。右手向上提起，带动肩膀和身体上提并靠近右膝。

3. 放松 俯卧，两臂自然放在身体两侧，挺胸，腹部放松，保持髂骨与地面始终接触，缓缓抬起上身，直到腹部有拉伸感，再慢慢回到起始位置。

（二）治疗性运动处方“腰椎治疗性运动处方”

1. 热身 5～10min 热身，慢跑或者走路。

2. 训练

（1）臀大肌训练（臀桥）。平躺，屈膝，准备动作类似于仰卧起坐。注意双脚间距不要过大，和髋部同宽，双手自然放在身体两侧，收紧腰腹部的力量，臀部发力，用力向上挺身，让下背部抬离地面，停顿 1s 后回到准备动作，重复锻炼。

（2）腰方肌训练（侧支撑）。侧躺，使下方的手臂弯曲，用前臂将自己支撑起来，双腿并拢伸直，腰部挺直，使身体保持一条直线，5～10s，再换另一边。

（3）髂腰肌训练（站立抬腿）。站立，一腿地面支撑，另一腿屈膝抬起 90°，静止 15～30s，落下还原，换抬另一腿，上体保持正直。

3. 放松

（1）臀大肌伸展。单腿屈膝屈髋 90°位于身前，后腿向后延伸自然伸直。躯干保持直立，向前俯身，增加屈髋的角度，当感觉到臀肌有被拉伸的感觉时，在此位置停留 20～30s，进行静态伸展。

（2）腰方肌伸展。上身挺直，分腿坐立，左手上举手臂尽可能贴紧耳侧，右手放在骨盆左侧，身体向右侧倾，左手尽量向右侧压。另一侧同理。

（3）髂腰肌伸展。弓步站立，腰部挺直，双手叉腰，前腿屈膝小于 90°，后退往后，小腿贴于地面，重心前移，使双腿打开，幅度增大，骨盆保持中立，不要前倾。

五、运动处方的设计

运动处方可详可简，没有一定的标准格式，可根据需要自行设计。以下为实践中较常用的格式，仅供参考（表 1-4-2）

表 1-4-2 运动处方

<table>
<tr><td>姓名</td><td></td><td>性别</td><td></td><td>年龄</td><td></td><td>职业</td><td></td><td>病史</td><td></td></tr>
<tr><td>身高</td><td></td><td>体重</td><td></td><td colspan="2">身高体重指数</td><td></td><td colspan="2">胸围</td><td></td></tr>
<tr><td colspan="3">静息时心率</td><td colspan="2">次/min</td><td colspan="3">最大负荷时心率</td><td colspan="2">次/min</td></tr>
<tr><td colspan="3">最大摄氧量</td><td colspan="7"></td></tr>
<tr><td colspan="10">锻炼的目的和要求：</td></tr>
<tr><td colspan="10">运动的项目及时间分配：</td></tr>
<tr><td colspan="10">运动强度：心率控制在　　　次/min或达到最大摄氧量　　　%</td></tr>
<tr><td colspan="10">每周锻炼　　　日；　　　每日　　　次；　　　每次　　　min</td></tr>
<tr><td colspan="10">注意事项：</td></tr>
</table>

年　月　日

第五章
运动与营养

营养是人体从外界摄取食物，经过消化、吸收和代谢，利用食物中身体所需要的物质以维持生命活动的整个过程。营养不但是保证正常生长发育的重要因素，而且与健康有密切的关系，合理的膳食营养对人一生的健康都起着重要的作用。

第一节　营 养 素

机体为了维持生命和健康，保证生长发育和生产劳动的需要，必须从食物中获得必要的营养物质，这些营养物质称为营养素。人体内所需要的营养素归纳起来可分为蛋白质、脂类、糖、矿物质、维生素、膳食纤维和水等。如果在日常生活中的饮食经常缺少某一种或几种营养素，就会影响身体健康。

一、蛋白质

蛋白质是生命存在的重要物质基础，分为动物蛋白和植物蛋白。

（一）营养功用

蛋白质是构成人体内各种细胞的主要原料，是构成人体各种组织器官（皮肤、肌肉、毛发、骨骼、血液、内脏、大脑等）的主要成分，是补偿新陈代谢消耗及修补组织损失的主要物质，是构成人体内各种重要物质（激素、酶、抗体、血红蛋白等）的重要成分，具有调节各种生理活动、维持机体健康水平的重要作用。

蛋白质在体内氧化可以产生热量，是供热营养素之一。由蛋白质提供的热量占每日人体所需总热量的10%～15%，每克蛋白质可产生16.75kJ的热量。

（二）主要来源

（1）动物性食物。瘦肉、水产品、内脏、奶类、蛋类。

（2）植物性食物。粮食、大豆及其制品、食用菌（木耳、银耳、香菇、口蘑等）、藻类（海带、紫菜等）、坚果类（花生、瓜子、松子、核桃等）。

（三）摄入失衡

（1）摄取不足。当摄取不足时，会出现新生细胞生成速度减慢、生长发育迟缓、体重减轻、身材矮小、容易疲劳、抵抗力降低、贫血、病后康复缓慢、智力下降等状况。

（2）摄入过剩。长期摄入过剩，超出人体的需要，那么过量的蛋白质不但难以消化吸收，而且会造成胃肠、肝脏、胰脏和肾脏的负担，进而造成胃肠功能紊乱和损害肝脏、肾脏等，对身体不利。

二、脂类

脂类是人身体重要组成部分，脂类包括脂肪和类脂。

（一）营养功用

脂类是富含能量的营养素，每克脂肪在体内氧化可产生 37.68kJ 的热量，比蛋白质和糖类产生的热量高出 1 倍多。人体每天需要的总能量中有 20%～30%是由脂类提供的。

（二）主要来源

（1）可见脂肪。肥肉和各种动、植物油。

（2）不可见脂肪。瘦肉、牛奶、蛋黄、豆类及其制品、坚果类食物。

（三）摄入失衡

过多摄入脂肪会使人体血脂增高，易患高脂血症、动脉粥样硬化、肥胖症，能促使胆汁中胆固醇和胆色素的含量增加，体内脂代谢紊乱，胆汁浓缩，胆囊收缩功能降低，并易形成胆石症。高脂肪膳食还与癌症的发病率成正比。流行病学调查结果表明，肠癌、乳腺癌与吃高脂肪食物有关，故脂肪摄入量不应过高，一般人应控制在总能量的 20%～30%。

三、糖

糖是人体热能最主要的来源，分为单糖（葡萄糖、果糖、半乳糖）、双糖（蔗糖、麦芽糖、乳糖）和多糖（淀粉、糊精和糖原）三类。

（一）营养功用

（1）提供能量。作为最经济、最迅速的能量来源，每克糖在人体内可产生 16.75kJ 的热量，人体每日所需能量中有 60%～70%应由糖类提供。

（2）帮助氧化脂肪。膳食中糖的充足供给，帮助脂肪氧化。

（3）构成人体组织。糖只占人体体重的 1%左右，却有重要的意义。糖是血液的重要成分。正常情况下，糖类在人体内的合成与分解保持动态平衡状态。因此，血糖浓度也相对恒定在 80～120mg/dL（空腹血糖浓度）。血糖保持相对恒定具有重要的生理意义，因为大脑、中枢神经组织必须依靠血糖供给能量。

（4）结合生成糖蛋白。在体内，糖和蛋白质结合生成糖蛋白。糖蛋白是生成抗体、激素等重要物质的原料。黏多糖可与蛋白质结合成黏蛋白，是构成结缔组织的基质。半乳糖是构成人体神经组织的成分。

（5）帮助肝脏解毒。摄取足量的糖类，可产生多量的肝糖原，并贮存在肝脏中，从而增强肝细胞的再生，促进肝脏的代谢，提高肝脏的解毒能力，这对保护肝脏和人体健康十分重要。

（二）主要来源

（1）粮食、杂豆类、块根类、块茎类作物。

（2）糖果、蜂蜜、水果、糕点等。

（三）摄入失衡

（1）摄入过剩。易导致体重增加，超重甚至肥胖；易出现高血糖、高血脂。

（2）摄入不足。心脏、肌肉、大脑的工作能力下降，易出现耐力不足、头晕、心悸及饥饿的感觉；当大脑严重缺乏能量时，可因低血糖导致惊厥和昏迷；会造成脂类代谢紊乱。

四、矿物质

（一）人体中的含量

人体内含有多种元素，其中碳、氧、氢、氮构成有机物和水，其余的有益于营养的元素统称为矿物质。其中，含量较多的钙、镁、钾、钠、磷、硫、氯 7 种被称为常量元素，其他如铁、锌、铜、碘、硒等 14 种体内含量极少的被称为微量元素。

（二）营养功用

（1）参与构成机体组织。

（2）维持体内酸碱平衡。

（3）维持水盐平衡及正常渗透压。

（4）构成酶和激素，是酶和激素的激活剂。

（5）参与脂肪、蛋白质和糖的代谢。

五、维生素

维生素是保持人体健康，促进生长发育和调节生理功能所必需的一类有机化合物。人体不能合成维生素，必须从食物中摄取。维生素的种类较多，人体所需的维生素有 10 种有余，按其溶解性质可分为脂溶性和水溶性维生素。脂溶性维生素有维生素 A、维生素 K、维生素 D、维生素 E、胡萝卜素；水溶性维生素有 B_2、维生素 C 族、叶酸等。

维生素虽不是机体构成物质，却对体内生物氧化等代谢过程有重要作用，当机体中某种维生素缺乏或不足时，就会引起代谢紊乱，出现相应的症状。人体主要通过食物摄取维生素，不会过量，在热能营养充足和平衡膳食的情况下，一般也不会发生维生素缺乏，不必另外补充维生素制剂。

六、膳食纤维

膳食纤维又称食物纤维，是一种不能被吸收和利用的糖，主要有纤维素、半纤维素、木质素和果胶等。

（一）营养功用

（1）辅助消化。膳食纤维被肠道细菌分解，产生低级的挥发酸及其分解产物，促进胃肠蠕动，刺激消化液分泌，具有辅助消化功能。

（2）通便。膳食纤维是大便的主要成分，只有进食足量才能保证大便的通畅，防止便秘。

（3）预防肠道病变。膳食纤维有很好的吸水性和保水性能，并能夹带着未被消化的食物残渣和有害的代谢物很快排出体外，起到肠道“清道夫”的功能，预防肠道憩室病和结肠癌的发生。

（4）预防糖尿病，控制肥胖。

（二）主要来源

（1）粗杂粮：稻米、小麦、小米、玉米、红薯、土豆、黄豆、红豆、绿豆等。

（2）菌类食物：鲜蘑、香菇、口蘑、金针菇等。

(3) 藻类食物：海带、紫菜、海白菜等。

(三) 摄入失衡

膳食纤维虽对人体健康有诸多益处，但并非多多益善，膳食纤维的摄入要适量（25～30g/d)。过多的膳食纤维会引起腹胀、排便次数增多且量大。长时期过量摄入膳食纤维可影响多种矿物质的吸收利用，使钙、铁、镁、锌等随粪便排出量增加，从而引起矿物质缺乏症，还会导致脂溶性维生素吸收障碍。

七、水

水是维持生命的必要物质，人可以一天不吃饭，但不可以一天不喝水。人体的大部分成分是水，占体重的60%～70%。人体的需水量取决于排水量，每日摄入的水量应与机体经过各种途径排出的水量保持动态平衡。体内缺水若不及时补充，生理机能便会受影响。因此要懂得科学饮水，不要等口渴才饮水，养成随时饮水的习惯。人每天最好喝1 500mL 以上的水；餐前餐后不宜大量饮水，以免冲淡胃液，影响消化吸收；在摄取水时，除考虑水量需满足机体需要外，还应注意水的卫生状况，必须饮用清洁、卫生的水；饮水时以少量多次为宜，饮至口渴感消失为宜。

第二节 平衡膳食

我们能够健康地生活，必须依赖充足且搭配合理的食物。人类的食物是多种多样的，各种食物所含的营养成分不完全相同，人体需要的 40 多种营养素都需要从食物中获得，每种食物都至少可提供一种营养物质，但任何一种天然食物都不能提供人体所需的全部营养素。各种食物各有其营养优势，食物没有好坏之分，但如何选择食物的种类和数量来搭配膳食却存在着合理与否的问题。比如肥肉，其主要营养成分是脂肪和胆固醇，对于能量不足或者能量需要较大的人来说是一种很好的提供能量的食物，但对于能量已过剩的人来说是不应选择的食物。所以，必须将多种食物合理搭配才能平衡膳食，即从食物中获取营养成分的种类和数量应能满足人体的需要而又不过量。只有平衡膳食，才能满足人体各种营养需求，达到合理营养、促进健康的目的。

一、中国居民平衡膳食宝塔

中国营养学会、中国预防医学科学院营养与食品卫生研究所组成的《中国居民膳食指南》专家委员会，于 2014 年开始对中国营养学会 2007 版的《中国居民膳食指南》进行了修改，历经两年多时间，修订完成了《中国居民膳食指南（2016）》及其说明（以下简称《膳食指南》），并于 2016 年 5 月由中国营养学会常务理事会通过并正式公布。

中国居民平衡膳食宝塔（以下简称宝塔）是根据《中国居民膳食指南（2016）》的核心内容和推荐，结合中国居民膳食的实际情况，把平衡膳食的原则以各类食物的数量和比例的图形来表示，以直观的宝塔形式表现出来，便于人们理解和在日常生活中实行。它将五大类食物合理搭配，构成符合我国居民营养需要的平衡膳食模式。

1. 谷薯类 谷薯类是小麦、稻米、玉米、高粱等及其制品，薯类（马铃薯、红薯等)，大豆以外的其他干豆类的总称。它们是膳食能量的主要来源，多种微量营养素和膳食纤维的良好来源。《膳食指南》推荐2岁以上健康人群的膳食应食物多样，谷物为主。多种谷物混合使用效果更好，特别是以玉米或高粱为主要食物时，应当更重视搭配一些其他的谷类或豆类食物。加工的谷类食品如面包、烙饼、切面等应折合成相当的面粉量来计算。

2. 蔬菜和水果 蔬菜和水果是膳食指南中鼓励多摄入的两类食物。蔬菜和水果经常放在一起，因为它们有许多共性。但蔬菜和水果终究是两类食物，各有优势，不能相互替代。尤其是儿童，不可只吃水果不吃蔬菜。多吃蔬菜、水果也是降低膳食能量的摄入的不错选择。一般来说，红、绿、黄等颜色较深的蔬菜和深黄水果营养比较丰富，所以应多吃深色的蔬菜和水果。

3. 鱼禽肉蛋 鱼、禽、肉、蛋被归为一类，是《膳食指南》推荐适量食用的一类食物，主要提供优质蛋白质、脂肪和脂溶性维生素。但它们彼此间也有明显区别。鱼、虾、蟹及贝类水产品含脂肪很低，有条件的可以适当多吃一些。这类食物的重量是按购买时的鲜重计算。肉类包含畜肉、禽肉及内脏，重量是按屠宰清洗后的重量来计算。这类食物尤其是猪肉，脂肪含量较高，应尽量选择瘦肉或禽肉。蛋类的胆固醇含量高，但营养成分丰富。

4. 奶类和豆类食物 中国居民膳食中普遍缺钙，奶类应是首选补钙食物，很难用其他类食物代替。豆类及豆制品包括许多品种，25～35g是个平均值，可折合为大豆30g或豆腐干60g等。

二、日常食物的合理搭配

（一）食物多样、谷类为主

人类的食物是多种多样的。各种食物所含的营养成分不完全相同。除母乳外，任何一种天然食物都不能提供人体所需的全部营养。食物必须丰富，才能满足人体各种营养需要，达到营养合理、促进健康的目的。

另外，要注意粗细搭配，经常吃一些粗粮、杂粮等。稻米、小麦不要碾磨得太精，否则谷粒表层所含的维生素、矿物质等营养素和膳食纤维大部分流失到糠、麸之中。

（二）多吃蔬菜、水果和薯类

蔬菜与水果含有丰富的维生素、矿物质和膳食纤维。蔬菜的种类繁多，包括植物的叶、茎、花薹、茄果、鲜豆、食用蕈藻等，不同品种所含营养成分不同，甚至相差很大。有些水果的维生素及一些微量元素含量不如新鲜蔬菜，但水果含有的葡萄糖、果糖、柠檬酸、苹果酸、果胶等物质又比蔬菜丰富。红黄色水果如鲜枣、柑橘、柿子和杏等是维生素C和胡萝卜素的丰富来源。

薯类含有丰富的淀粉、膳食纤维以及多种维生素和矿物质，应当多吃。

（三）常吃奶类、豆类或其制品

奶类除含丰富的优质蛋白质和维生素外，含钙量较高，且利用率也很高，是天然钙质的极好来源。我国居民膳食提供的钙质普遍偏低，平均只达到推荐供给量的一半左右。我国婴幼儿中佝偻病的患者较多，这和膳食中钙不足可能有一定的联系。大量的研究工作表明，给儿童、青少年补钙可以提高其骨密度，从而延缓其发生骨质疏松的年龄；给老年人补钙可能减缓其骨质丢失的速度。豆类是我国的传统食品，含丰富的优质蛋白质、不饱和脂肪酸、钙及B族维生素等。

（四）经常吃适量鱼、禽、蛋、瘦肉，少吃肥肉和荤油

鱼、禽、蛋、瘦肉等动物性食物是优质蛋白质、脂溶性维生素和矿物质的良好来源。动物性蛋白质的氨基酸组成更适合人体需要，且赖氨酸含量较高，有利于补充植物性蛋白质中赖氨酸的不足。鱼类特别是海鱼所含不饱和脂肪酸有降低血脂和防止血栓形成的作用。动物肝脏含有极为丰富的维生素 A，还富含维生素 B_{12}、叶酸等。但有些脏器所含胆固醇相当高，对预防心血管系统疾病不利。

（五）进食量与体力活动要平衡，保持适宜体重

进食量与体力活动是控制体重的两个主要因素。食物提供人体能量，体力活动消耗能量。如果进食量过大而活动量不足，多余的能量就会在体内以脂肪的形式积存即增加体重，久之发胖；相反若食量不足，劳动量或运动量过大，可由于能量不足而消瘦，造成劳动能力下降。所以人们需要保持食量与能量消耗之间的平衡。脑力劳动者和活动量较少的人应加强锻炼，进行适宜的运动，如快走、慢跑、游泳等。体重过高或过低都是不健康的表现，可造成抵抗力下降，易患某些疾病。三餐分配要合理，一般早、中、晚餐的能量分别占总能量的30%、40%、30%为宜。

第三节　体育锻炼与合理营养

一、营养对体育锻炼的影响

营养与体育锻炼关系密切，对锻炼效果有着很大的影响。体育锻炼造成的能量消耗，要在运动结束后通过合理的营养膳食得到补充。如果缺乏合理营养，消耗得不到补充，机体处于一种“亏损”状态，久而久之，于机体健康不利，会使锻炼者生理机能及运动能力下降，出现乏力、疲劳甚至疾病状态。在这种情况下，想要提高锻炼效果或运动成绩是很困难的事情。

合理营养与体育锻炼是维持和促进健康的两个重要条件。以科学合理的营养为物质基础，以体育锻炼为手段，用锻炼的消耗过程换取锻炼后的超量恢复过程，使机体积聚更多的能源物质，提高了各器官系统的机能。此时获得的健康，较之单纯以营养获取的健康上升一个高度。因此合理营养加体育锻炼在获得健康的同时，也获得了良好的身体素质。

二、不同的锻炼项目对合理营养的需求

在群众性体育锻炼活动中，各个项目因代谢特点不同而对合理营养有着不同的需求特点。

（一）跑步项目的营养需求特点

短跑是群众体育竞赛活动经常设立的一个项目。它以力量素质为基础，以无氧代谢供能为特点，时间短，强度大，要求有较好的爆发力。在膳食中要有丰富的动物性蛋白质，以扩大肌肉体积，提高肌肉质量，蛋白质的摄入量每日每千克体重可达 3g 左右；增加磷和糖的含量，为脑组织提供营养，提高神经控制能力和增强神经传递，动员更多的运动单位参加收缩；增加矿物质如钙、镁、铁及维生素 B_1 的含量，以改善肌肉质量。

长跑以有氧耐力素质为基础，以有氧代谢供能为特点。长跑要求有较强的心肺功能及全身的抗疲劳工作能力，虽强度较小但时间较长，体力消耗较大；要求膳食中以较全面的营养

成分增加机体能源物质的储备，在丰富的维生素、矿物质成分中，突出铁、钙、磷、钠、维生素C、维生素B_1和维生素E的含量，有利于提高有氧耐力。

（二）操类项目的营养需求特点

群众喜爱的健美操以及在一些群众体育活动中开展的竞技体操、艺术体操，动作复杂而多样，要求有较强的力量与速度素质以及良好的协调性，对神经系统有较高的要求。其营养需求特点是：高蛋白质、高热量、低脂肪，维生素、矿物质应突出铁、钙、磷的含量及维生素B_1、维生素C的含量。需注意的是，有时为比赛需控制体重，但不能过分控制饮食，避免造成营养不良，特别是不能影响参加锻炼的青少年的生长发育。

（三）瑜伽项目的营养需求特点

瑜伽是近年非常流行的运动项目，不仅可以塑身，还可以修身养性，深受广大女性朋友及部分男士的喜爱，甚至很多专业的运动员都会专门练习瑜伽以保持身体的柔韧性和协调性，避免伤病发生。瑜伽体式动作复杂多变，需要很强的力量、柔韧性和协调性。值得注意的是，瑜伽也要注意饮食，应以素食为主，高纤维、低脂肪，蛋白质和糖类都要少量摄入，适当补充维生素和矿物质。练习瑜伽前最好空腹，练习过程中适量饮水，练习结束后饮食要清淡一些，不要过量。

（四）球类项目的营养需求特点

球类项目对力量、速度、耐力、灵敏性、柔韧性等素质有较高的要求。食物中要含丰富的蛋白质、糖以及维生素B_1、维生素C、维生素E、维生素A。球的体积越小，食物中维生素A的量应更高些。足球、橄榄球活动时间较长且在室外，矿物质、水分丢失较多，应及时补充。

（五）冰雪项目的营养需求特点

由于长时间在冰雪上活动，加之周围温度较低，机体产热增强以维持体温。所以蛋白质和脂肪消耗较多，膳食中必须给予保证：增加糖类以提供能量，补充维生素以B族为主并增加维生素A的摄入，保护眼睛，适应冰雪场地的白色环境。

（六）游泳项目的营养需求特点

游泳项目在水中进行，机体散热较多、较快，冬泳更是如此。游泳锻炼要求具备一定的力量与耐力，要求膳食含有丰富的蛋白质、糖和适量脂肪。老年人及在水温较低时，出于抗寒冷需要，可再增多脂肪摄入。补充维生素以维生素B_1、维生素C、维生素E为主；补充矿物质要增加碘的含量，以适应低温环境甲状腺素分泌增多的需要。

（七）棋牌类项目的营养需求特点

棋牌类是以脑力活动为主的项目，脑细胞所需能量完全依赖血糖提供。当血糖降低时，脑耗氧量下降，工作能力下降，随之产生一系列不适症状。所以，棋牌类项目对糖类有着特殊的需求，也可在下棋、打牌时随时补充。此外，膳食中增加蛋白质和维生素B_1、维生素C、维生素E、维生素A的供给，提高卵磷脂、钙、磷、铁的含量。膳食中应减少脂肪摄入，以降低机体耗氧，保证脑组织的氧供应。

三、不同气候条件下锻炼的营养需求特点

（一）冬季锻炼的营养需求特点

冬季气温较低，寒冷的环境使机体代谢加快，散热量增加，所以膳食中应增加蛋白质及

脂肪的含量。同时，增加热能充足的食物和维生素 A、维生素 B_1、维生素 C、维生素 E。因冬季所穿衣物较多，户外活动少，接受日光直接照射的机会、时间较少，还应在膳食中补充维生素 D 和钙、磷、铁、碘。

（二）夏季锻炼的营养需求特点

夏季炎热，此时锻炼应多在通风、树荫处进行。此时，体内物质代谢变化很大，大量出汗使能耗增加，并使钙、钠、钾及维生素大量消耗和丢失。所以，夏季锻炼时的膳食有其特殊要求，及时合理地补充水与电解质及维生素比补充蛋白质、糖、脂肪更加重要。夏季应补充维生素 B_1、维生素 B_2、维生素 C、维生素 B_6、胆碱、泛酸、叶酸等。蛋白质的补充应较平日增多，减少脂肪，膳食搭配应清淡可口以增强食欲。多吃一些蔬菜与水果，以增加矿物质、维生素的摄入。

四、青少年体育锻炼中的营养问题

青少年正处在生长发育的高峰期，进行适度的体育锻炼是非常必要的。同时，还应注意到青少年在该时期对营养物质的全面需要以及体育锻炼的特殊需要。一方面要保证组织细胞内蛋白质经常自我更新，即生长发育对营养物质的需求；另一方面要保证青少年建立各种体育技能对各种营养物质的额外需求。因此，其营养特点就是高蛋白、高热量、低脂肪以及丰富的维生素和矿物质，为生长发育及体育锻炼提供良好的物质基础。

（一）关于蛋白质

青少年代谢旺盛，骨骼的发育、身高的增加、肌肉的增强、内分泌机能的完善等都需要大量的蛋白质。所以，每天每千克体重蛋白质摄入量应达到 2.5～3.0g。蛋白质的来源应以动物性蛋白质为主，并辅以植物性蛋白质。动物性蛋白质来自各种动物的瘦精肉以及鱼类、禽蛋、乳品等，植物性蛋白质以大豆制品为主。

（二）关于糖类

青少年保持旺盛的物质能量代谢，糖类是三大能源物质中最易氧化、耗氧最少的优质能源。青少年每天的需求量接近 50g，参加锻炼时就会超过 50g，占总热量的 50%～60%。需特别强调指出的是，糖类的摄入应主要来自食物中的米、面等主食，不能过分地减少主食，单一地依靠零食或巧克力之类，否则于健康不利。

（三）关于脂肪

青少年的脂肪摄入应适当控制，在保证足量膳食的前提下，脂肪的需求一般可以得到满足。糖类在体内也很容易转化成脂肪。脂肪的动用必须在供氧充足的条件才能分解供能，氧化不足易产生酸性代谢产物。适当控制脂肪摄入，防止脂肪过剩，也是出于防止肥胖的需要。年龄越小，越应引起注意，以免造成脂肪细胞增加过多，为日后的身体肥胖留下隐患。

（四）关于维生素与矿物质

维生素、矿物质的摄取应达到成年人量，应突出维生素 A、维生素 D、维生素 C 及 B 族维生素含量，要增加钙、磷、铁、锌及碘的摄入。

五、运动员的营养补给

（一）运动员的营养

良好的营养可以增进运动员的健康，提高运动成绩。运动员除了靠后天的训练和培育外，需注重日常饮食与营养，注意赛前饮食的调配、竞赛中饮料的补充及比赛后体能的恢复和营养素的补给。

（二）运动员的日常饮食

每日每千克体重需补充 2～3g 的蛋白质，10g 糖。

（三）不同训练阶段的饮食

1. 赛前的饮食原则 比赛前多因神经高度紧张，造成消化机能减弱及食欲不佳，故赛前饮食是以保持最佳体重与体质为目的。赛前饮食应注意：

（1）提供适当能量。

（2）多摄取糖类含量丰富的食物。

（3）多选用蔬菜以及水果，增加体内维生素与矿物质的储存量。

（4）摄取容易消化，且体积和重量小的食物；避免摄取辛辣、刺激、盐渍的食物以及含纤维素多的粗糙谷类杂粮、易产气的豆类等食物。

2. 比赛当日的饮食原则

（1）提供充足的热量。

（2）增加食物营养密度，所以食物的体积以及重量宜小。

（3）对肠胃无刺激、易消化的食物。

（4）避免摄入大量肉类以及脂肪含量高的食物。

（5）可于赛前或赛中补充复合维生素。

（6）应于赛前 2h 进餐完毕。

（7）比赛环境较热时，应在赛前补充约 500mL 的水分。

（8）赛前不可服用含有酒精的饮料。

3. 比赛中的饮食原则

（1）补充含糖或电解质的饮料。

（2）补充容易消化吸收的液体或半固体食物，以预防低血糖及饥饿感。

4. 赛后的饮食原则

（1）赛后 15min，提供含糖的电解质饮料或果汁饮料等流质性高的糖类食物，迅速补充血糖以及肌肉的肝糖。

（2）赛后 2～3d 仍应提供足够的热量，促进肌肉中肝糖的储存、补充电解质以及酵素的浓度。

5. 运动时饮水

（1）运动或比赛前约 15min 饮用 2 杯清水。

（2）运动或比赛中每 15～30min，至少饮用 1 杯清水。

（3）冷水比热水容易由胃部吸收并送入血液。冷水也有助于降低上升的体温。

第六章
冬季体育与户外运动

第一节 冬季体育锻炼

北方冬季寒冷而且漫长，是感冒、气管炎、支气管炎、过敏性鼻炎、荨麻疹及心脑血管病的多发季节。因此，在冬季应选择合适的运动项目并坚持运动，才能增强体质、增进健康。

一、冬季体育锻炼的作用

（一）提高机体御寒及防病能力

冬季体育锻炼能够使肌肉不停地收缩，心跳加快，呼吸加深，新陈代谢旺盛，身体产生的热量增加。冬季在室外锻炼，不断受到冷空气的刺激，造血机能发生明显的变化，血液中的红细胞、白细胞、血红蛋白以及抵抗疾病的抗体适当增多，对疾病的抵抗力增强。

（二）促进人体骨骼和肌肉的生长发育

冬季昼短夜长，在室外锻炼能够获得更多的阳光照射。阳光能使皮下的脱氢胆固醇变成维生素D，促进身体对钙和磷的吸收利用，有助于骨骼生长发育，骨变粗。随着骨骼的增长，人逐渐长高。同时，骨骼变得更加粗壮和坚固。经常参加体育锻炼的人一般长得结实健壮、肌肉丰满、身材匀称，肌肉的力量和它的横断面成正比，肌肉灵活协调、反应迅速。

（三）提高智力水平，改善人际关系，培养品质

冬季体育锻炼对人智力的发展和提高具有促进作用。一方面，经常参加冬季体育运动，可以促进大脑开发，提高神经系统功能；另一方面，体育运动可以使神经系统的兴奋和抑制过程更加集中，对外界刺激的反应更加迅速、准确，还可以提高人的视觉、听觉、感觉、神经活动的灵活性，促进神经系统功能的增强，提高大脑的工作效率。因此，积极参加冬季体育锻炼，有助于促进参与者良好品质的培养。

二、冬季体育锻炼的内容和方法

（一）一般性运动项目

1. 有氧健身体操锻炼法 这是在课间和业余时间，在音乐伴奏下进行集体或个人的以徒手运动为基础，结合舞蹈运动的健身活动。有氧健身体操是一种充满活力的体育锻炼方式，其特有的魅力及良好的健身效果受到年轻人的喜爱。其形式多种多样，如体育舞蹈、爵士健身操、踏板健身操、搏击健身操、瑜伽健身操、轻器械健身操等。

2. 跳绳运动锻炼法 器械简单，适合不同年龄、不同性别、不同运动基础的人锻炼。不受季节的限制，室内、室外均可。跳绳可以单人跳、双人跳、多人跳，花样很多，趣味无穷。跳绳也是一项比较剧烈的运动，以 120 次/min 的速度连续跳 5min，其运动量不亚于中速跑步 750m，可消耗热量 180kJ。除增强人体内脏器官的功能外，跳绳对发展弹跳、灵敏、力量、耐力等素质也都有很好的作用。

3. 健美运动锻炼法 这是人们通过器械练习，使人体各部位的肌肉发达匀称，体格健壮，且富有雕塑感和艺术美的锻炼方法。

4. 毽球运动锻炼法 毽球是一项在中国流传很广，有着悠久历史的民族体育活动。经常进行这项活动，可以活动筋骨，促进健康，是一种良好的全身性运动项目。运动量可大可小，可根据自己身体状况制订切实可行的运动计划和运动强度。

5. 武术运动锻炼法 武术是中国传统体育项目，内容极其丰富，是把踢、打、摔、拿、跌、击、劈、刺等动作按照一定规律组成各种徒手的和器械的攻防格斗功夫、套路和单势练习。武术具有极其广泛的群众基础，是中国人民在长期的社会实践中不断积累和丰富起来的一项宝贵的文化遗产。

（二）传统运动项目

1. 长跑 长跑是一项较好的冬季锻炼项目，有着广泛的群众基础，技术动作非常简单，适合任何人群进行锻炼。它不需要专门的场地和设备，可因人、因地、因时选择地点、路线、速度、距离进行锻炼。

2. 滑冰 滑冰是北方冬季的主要锻炼项目，也是传统的体育项目。北方多数高校都开设冰上课程。它是在人工浇灌或天然水面冻结的冰面上，开展比速度、比耐力、比表演技巧或比球艺的冰上运动，主要包括速度滑冰、花样滑冰等项目。要熟练完成滑冰的各项动作，锻炼者必须具备较高的技术水平、灵敏素质和艺术表演能力。

3. 滑雪 随着人们物质文化生活的丰富，滑雪已慢慢成为人们节假日进行休闲体育活动重要的运动项目。一些条件成熟的学校也开设了滑雪课。滑雪主要包括大众滑雪和竞技滑雪等。

（三）趣味运动项目

1. 冰尜 冰尜，亦称“冰陀螺”，是东北三省的一种民间冰上运动。冰尜常为木制，也有一些是金属做成的。尜是一种类似陀螺的东西，底部支撑点比较光滑，上端为平面，需要有一定高度。在小木棍上绑上布条做成鞭子，玩时用鞭绳缠绕陀螺，猛然用力往上拉，使它在地面上旋转，并不断抽打使它持续高速旋转，并保持稳定。当尜的转速渐慢时，只需补上几鞭即可。

2. 雪地足球 雪地足球是北方地区独有的冬季特色活动项目，是在冰雪覆盖的场地上进行角逐的一项冬季体育项目，具有广泛的参与性与娱乐性。场地可大可小，比赛人数可多可少，时间可长可短，在下雪时候进行比赛，更能陶冶人的情操。雪地松软，不易摔伤，但要注意保暖，防止冻伤和扭伤的发生。

3. 冰壶 冰壶是以队为单位在冰上进行的一种投掷性竞赛项目，观赏性、娱乐性很强。该运动起源于 14 世纪的苏格兰，流行于欧洲和美国等地。在亚洲，先传入日本、韩国等，近年来随着社会的发展，冰壶运动在我国也逐渐流行起来。冰壶运动也是奥运会的新兴比赛项目，每队由 4 名队员组成，在一个长方形的冰面场地上进行比赛，以得分的多少来决定胜负。

4. 冬泳 冬泳是最特别的冬季运动项目之一，严格地说，是指冬季在室外水域（包括江、河、湖、海等自然水域与水库等人工水域）自然水温下的游泳。冬泳会对机体各系统生理功能产生积极的影响，是一项极富挑战性的运动。通过冬泳，运动者得到的是超越自我、战胜自我的快乐。冬泳锻炼并不是从冬季才开始的，而是从夏季游泳开始再过渡到秋季游泳。秋季游泳是人体对下降的气温、水温的适应过程。随着气温进一步下降，身体慢慢适应，进而进入冬泳。

三、冬季体育锻炼要注意的问题

北方冬季气温低、风大、空气干燥，在体育锻炼时应正确处理好以下几个方面的问题：

1. 保护皮肤 皮肤是人体的重要组成部分，健康的皮肤是体格健康的重要标志之一。经常在户外运动，通过冷空气对皮肤的有利影响，改善皮肤的血液循环，皮肤功能得以提高。冬季在室外锻炼，皮肤经常受冷空气刺激，皮下血管处于收缩状态，皮脂分泌减少，皮肤显得干燥，如果保护不好可能会裂口。因此，对于暴露在外面的皮肤要涂些油脂，既可以保护皮肤，又起到一定的隔冷保温作用。可多吃些胡萝卜、青菜等，增强上皮组织的功能。最好用温水洗手、洗脚，加快局部血液循环，加速皮脂腺的分泌。在严寒天气下，尤其是在大风、空气湿度高的环境中锻炼时，更应注意保护皮肤。为了保护好两手、两耳，在不影响动作的情况下，可戴上手套、耳包保温。当然还要注意服装、鞋袜的保暖，不要在冰雪里停留太久，以防冻伤。

2. 防治冻伤 冻伤是指人长时间处于低温环境下发生的局部或全身性伤害，常发生在手、脚、鼻尖、耳廓等处。主要特征是：皮肤出现紫红色斑块，局部有肿胀、发痒、烧痛或麻木感，重者起水疱、溃烂。发生冻伤时，要尽快脱离寒冷环境，进行全身保暖，吃热的食物或喝含酒精的饮料。对受冻的部位要用温水迅速复温，方法是把冻伤的肢体放在 37～40℃的温水内约 20min。如果没有温水，就立即把冻伤部位放在健康人的腋下，以健康人的体温来复温，绝对不可用雪擦、热水浸泡或火烤。若已溃烂，则涂碘伏、消炎软膏，或及时就医，以防感染。

3. 预防创伤 在冬季进行体育锻炼有其特殊的作用，但练习方法不当容易发生外伤。了解外伤发生的部位及原因，就可以减少甚至避免外伤的发生。外伤的常见部位有膝关节、踝关节、小腿、肩关节、手等。常见的外伤有扭伤、挫伤、撞伤，偶尔也发生脱臼、韧带撕裂、骨折等。预防措施主要有：第一，做好准备活动。运动前做充分的准备活动，可以使体温升高，降低肌肉的黏滞性，放松肌肉，使肌肉达到运动所需的状态。不可不做准备活动直接参与大运动量活动。第二，合理安排运动量。应根据自身的情况合理安排运动量，不要盲目进行大运动量的练习，有条件的可请专业人员帮助制订训练计划。第三，正确掌握技术动作。要在完全掌握技术动作要领后再开始练习。

第二节 户外运动

一、户外运动的概念

户外运动是指以自然环境为场地的，带有探险性质或体验探险性质的体育活动项目，包括登山、攀岩、悬崖速降、野外露营、野炊、定向运动、漂流、探险等项目。户外运动多数带有探险性，属于极限和亚极限运动，有很大的挑战性和刺激性，让人们拥抱自然，挑战自我。

二、户外运动的发展史

户外运动的历史，最早可追溯到18世纪的欧洲。据史料记载，法国著名科学家德·索修尔为探索高山植物资源，渴望能有人帮助他登上阿尔卑斯山顶峰。他于1760年5月在阿尔卑斯山脚下的夏木尼镇贴出一则告示："凡能登上或提供登上勃朗峰之巅线路者，将以重金奖赏。"直到26年后的1786年6月，夏木尼镇一位名叫巴卡罗的医生揭下了告示，他经过两个多月的准备，与当地山区水晶石采掘工人巴尔玛结伴，于当年8月6日首次登上了勃朗峰。

早期的户外运动其实是一种生存手段，采药、狩猎、战争等活动无一不是人类为了生存或发展而被迫进行的活动。第二次世界大战后，随着战争的远离和经济的发展，户外活动开始走出军事和求生范畴，成为人类娱乐、休闲和提升生活质量的活动。1989年新西兰举办首次越野探险挑战赛后，各种各样的户外活动和比赛在全世界如火如荼地开展起来。在欧洲，每年都有众多的大型挑战赛举行。在美国，户外运动的参与人数和产值位居体育运动的前列。

三、户外运动的种类

1. 水面运动及航海类

（1）潜水：潜泳、水下定向、水下摄影、游泳、跳水、漂流。

（2）航海：冲浪、滑水、风帆、舢板、帆船、游艇、摩托艇、水上摩托运动等。

2. 陆地运动及单车运动

（1）徒步：散步、行军、跑步、暴走、定向越野。

（2）单车：公路车长途、山地车越野、山地速降。

3. 山地运动及地下活动

（1）登山：徒步登山、山地穿越、攀爬登山、攀登雪山。

（2）速降：滑雪、滑梯、滑草、岩降、溪降。

（3）攀爬：攀岩、攀石、器械攀登。

（4）探洞：探天然洞穴、人工洞穴、水下溶洞。

4. 野营活动及猎捕饮食

（1）野营露宿、打猎野炊、采集花草、模拟野战、拓展训练、荒岛生存。

（2）钓鱼、捕鱼捉蟹、捉蟮逮鼠、捉虫捕蝶、烧烤烹调。

（3）摄影写生、地质考察、采集矿石、调查民俗、考察古迹、采访奇闻。

5. 机动车船及航空运动

（1）摩托：山地越野、公路竞赛、长途旅游。

（2）汽车：赛车、越野、探险、旅游、度假。

（3）滑行：滑雪、滑冰、滑水、滑板、蹦极。

（4）航空运动：跳伞、驾驶热气球、开滑翔机、驾驶超轻型飞机。

6. 娱乐休闲及军体运动

（1）老鹰捉小鸡、丢手绢、跳格子、到下关、救人、斗鸡、熊瞎捉人、群马混战。

（2）打弹子、跳皮筋、刷陀螺、掷杏核、耍空竹、放风筝、斗草。

（3）球类：打篮球、排球、足球、羽毛球、网球。

（4）骑行：骑马、骆驼、牛、驴、自行车。

（5）通讯：手旗通信、灯光通信、报话通信、摩托通信活动。

（6）射击：气枪射击、打猎、射箭、镖弩、彩弹野战。

四、户外装备

1. 帐篷（不是每人必备） 3 根铝杆的青蛙帐，优点是抗风、防雨性能好，6～7 级的大风都能扛得住，能住 2～3 人这在一般的户外活动中是足够用了。不过一般此帐篷为软底，为了防磨和防刮，最好再配一个地席垫在帐篷下面。

2. 冲锋衣（爬山必备） 冲锋衣分为暖壳、单冲锋衣、两件套、三合一冲锋衣，但是无论是哪种，冲锋衣讲究的是工艺和面料。

3. 炉具（不是每人必备） 有一种金色的铝制酒精套锅，带锅，能烧液体和固体酒精，并且有一定的抗风性能。

4. 睡袋 户外用品专卖店都有的四孔棉睡袋，很适合春、夏、秋三季使用。有一种羽绒睡袋，适合冬季使用。

5. 背包 一般女士的 45～55L，男士的可在 55L 以上，强度、结构和背负系统要求很高，背起来比较方便，外挂物品便利。

6. 登山鞋 好的登山鞋不仅走起来轻松，最重要的是能保护脚。户外运动对登山鞋的一般要求是高帮（保护脚踝、避免进沙土），硬底，鞋底花纹粗糙且耐磨，最好还能做到防水透气。

7. 抓绒衣裤 有保温层，能直接外穿。

8. 手套 选用裁玻璃工专用的手心加胶棉布的手套，可防止尖刺刺穿。涉溪时可将其反戴，假如在溪中失足，以手支撑可以增加摩擦力。

9. 水壶 可选用组合水壶（带帆布套和一个能套在壶上的碗）。

10. 雨具 需要选择坚固的。

五、户外急救

户外急救是指在户外运动遇到事故时，应沉着大胆，细心负责，分清轻重缓急，果断实施急救方法：先处理危重病人，再处理病情较轻的病人；对同一患者，先救治生命，再处理局部；观察现场环境，确保自己及伤者的安全；充分运用现场可供支配的人力、物力来协助急救。

1. 处理前观察 在具体处理前，需观察患者全身并掌握周围状况，判断伤病原因、疼痛部位、程度如何。随后，要选择具体的处理方法，尤其对呼吸停止、昏迷、大量出血、服毒的情况，不管有无意识，发现者均应迅速作紧急处理，否则将危及患者生命。在观察症状的变化中，遇症状恶化的需按急救法施以应急处理。现场要尽量组织好对伤病者的脱险救援工作，救护人员要有分工，也要有合作。

2. 观察后处理 在户外活动中发生的外伤或突发病况有很多种，所以也需施以各种适当的急救方法加以应对。在做急救处理时，以患者最舒适的方式移动身体。若患者昏迷，需让其平躺，注意确保呼吸道畅通，谨防呕吐物引起的窒息死亡。若患者撞击到头部，帮助其水平躺下，脸色发青者需抬高脚部，脸色发红者需稍抬高头部，有呕吐感者让其侧卧或俯卧为宜。

3. 处理完毕后 在紧急处理完将患者交给医护人员之前，需对患者进行保暖，避免其消耗体力，以致症状恶化。接着联络医生、救护车、患者家属。原则上搬运患者需在充分处理后进行。搬运方法随伤患情况和周围状况而定。在搬运中，患者很累，要让其适度休息，并随时注意患者的病况。

六、户外运动的注意事项

1. 时刻要有危险意识 户外运动新手必须认真对待，从学会“害怕”开始，尊重生命。

2. 要储备个人体能 在户外一旦遇到恶劣的环境，身体里的潜在病症可能会被激发出来，后果不堪设想。

3. 要具备基本、必要的救生和自救技能 要具备一定的相关知识，学会使用地图和指南针进行定位。户外运动绝对不能仅凭一腔热情。有低血糖的一定要随身带着巧克力或糖块，紧急时可以用得到。

4. 选择安全、专业的户外装备 户外运动是一项对装备有专业要求的运动，前期需投入一定经费。同时要选择适合自己的场地，如果不是专业的驴友，不要轻易尝试高山、悬崖等运动场地。

5. 建议新手尽量选择正规户外团队 专业户外俱乐部一般会有活动预案，具备完善的后勤保障和联络系统。相比之下，自发团体活动随意性较大，出现问题的概率会大大增加。

第七章 奥林匹克运动

百年奥运，跌宕起伏，成就斐然。现代奥林匹克运动已经成为影响人类社会生活的力量之一，更是超国界、超民族的世界文化现象。

奥林匹克运动是在奥林匹克主义指导下，以体育运动和四年一度的奥林匹克庆典——奥林匹克运动会（以下简称“奥运会”）为主要活动内容，促进各国人民之间的相互了解，在全世界普及奥林匹克主义，维护世界和平的国际社会运动。奥林匹克运动包括以奥林匹克主义为核心的思想体系，以国际奥委会、国际单项体育联合会和各国奥委会为骨干的组织体系和以奥运会为周期的活动体系。

第一节 奥林匹克运动的起源与发展

古希腊有 200 多个大大小小的城邦（国家），其中在伊利斯城邦有一个名叫奥林匹亚的小地方，溪流潺潺，林木葱茏，看上去与别的地方没有什么不同。但是在古希腊，奥林匹亚的大名，就像今天的宗教圣地耶路撒冷一样，无人不知。奥林匹亚有这般赫赫名声，完全是因为那里举办过古代奥运会。

奥林匹克是古希腊时代的“神城”，那里面有诸神领袖宙斯的神庙。每年各城邦都要来此举行祭祀活动。从公元前 776 年开始，表演以比赛的形式出现，人们把这一年当作古代奥林匹克运动会的开始。当时的运动娱乐活动通过人体运动技能的展示，为社会各阶层提供不同需求的精神满足。

古希腊奥运会是何时和如何产生的，已不可考，但是从希腊这个神话王国留传下来的一些传说中，依然可以看到一些蛛丝马迹。关于奥运会的起源主要有 3 个神话传说。

第一个传说是，宙斯的父亲克罗诺斯想把王位传给宙斯，为了考验儿子的能力，决定与宙斯进行摔跤比赛，如果宙斯获胜，便可继承王位。结果克罗诺斯不敌宙斯，败在儿子手下。宙斯接过万神之首的王冠后，在奥林匹亚举行了盛大的庆典活动，其中也有竞技比赛，这就是最初的古代奥运会。

第二个传说是，伊利斯城邦的国王与英雄赫拉克利斯打赌，如果赫拉克利斯在一天内，把 3 000 头牛的牛圈打扫干净，就能得到 300 头牛的奖励。聪明的赫拉克利斯引来阿尔菲斯河河水，很快就把牛圈冲洗得干干净净。可是伊利斯国王不但毁约，而且想杀死赫拉克利斯。但赫拉克利斯在宙斯的帮助下，杀死了伊利斯国王。之后，赫拉克利斯在奥林匹亚举行竞技比赛来庆祝胜利，以报答宙斯，于是有了古代奥运会。

第三个传说流传最广。古希腊皮萨城邦的国王俄诺玛诺斯有一个美若天仙的女儿希波达弥亚，慕名而来的求婚者络绎不绝。国王听预言家说他将死于女婿之手，于是想出一个既不让女儿出嫁，求婚者又无法指责他的办法。他要求求婚者与他进行驾车比赛，若求婚者获胜，可娶走公主，若输给他，就被刺死。结果，有 13 位求婚者因赛车失败而丧命。一日，青年英雄珀罗普斯来求婚，尽管珀罗普斯驾着海神波塞冬的金马车飞奔，但是国王的两匹神骏“菲拉”和“哈尔彼那”快如旋风，眼看就要追上，国王已将长矛瞄准珀罗普斯的后心。此时，海神波塞冬显灵，使国王战车的轮子飞脱出去，国王坠地而死。珀罗普斯如愿以偿地娶了希波达弥亚，并继承了王位。为了庆祝胜利，他在奥林匹亚举行了盛大的奥运会。在今天的奥林匹亚，人们仍能看到珀罗普斯墓的遗迹。

尽管这些神话内容各异，但有一点是相同的，那就是古代奥运会与神有关。虔诚的古希腊人为了让诸神高兴，在种庄稼、航海、打仗等活动中帮助自己，就举办名目繁多的祭神仪式。他们想，既然众神喜欢观看竞技比赛，就将竞技也作为祭品献上，于是，古希腊有奉献给海神波塞冬的伊斯特摩斯运动会、奉献给太阳神阿波罗的皮托运动会、奉献给智慧之神雅典娜的泛雅典运动会等。奥运会是奉献给万神之尊宙斯的，因此成为古希腊影响最大的第一盛会。就像古希腊诗人平达所说，没有任何其他的比赛能比奥林匹克运动会更值得歌颂。

第一届古代奥运会于公元前 776 年举行，到公元 394 年共举行了 293 届。奥运会每隔 1417 天即 4 年举行一届。后来人们将这一周期称为奥林匹克周期。奥运会期间实行“神圣休战”，所有人不得运用武器发动战争，它所创造的文明和平等财富已远远超出体育运动本身的意义，被称作古代奥林匹克运动文化。

开始时，奥运会只许伊利斯城邦的公民参加，而且他们必须是历史清白、从未受过处罚的人；直到公元前 660 年，才允许巴尔干半岛上纯希腊血统的公民参加。到公元前 620 年，住在希腊人建立的殖民地中具有希腊血统的公民也可以参加了。公元前 5 世纪，古希腊进入到全盛时期，随着经济的繁荣和祭神活动的广泛展开，尤其宙斯由伊利斯的地方神上升为天帝，奥运会也进入了它的鼎盛时期，逐渐成为全希腊最盛大的节日。

古代奥运会初期，竞赛项目不多，所以前 22 届时间仅为一天。后来随着比赛项目的增加，又延长为两天。从第三十七届增加少年比赛项目后，时间又延长到五天。其中第一天是开幕式，举行献祭和宣誓仪式，第二、三、四天是具体比赛内容，第五天是闭幕式，进行发奖和敬神活动。古代奥运会最初只有一个项目：192.27m 赛跑（这个距离是从宙斯祭坛到珀罗普斯墓的距离，叫一个“斯泰德”）。第一届奥运会的冠军叫克洛波斯。后来，奥运会的项目逐渐增加，除了短跑（一个“斯泰德”），又增加了往复跑（两个“斯泰德”）、长跑（7～24 个“斯泰德”）以及武装赛跑和火炬赛跑，还增加了角力、拳击、赛马车、赛马、五项竞技（跑、跳远、掷标枪、摔跤、掷铁饼）、潘克拉蒂奥（斯巴达人的一种把角力、拳击混在一起的竞技）、游泳、爬绳、拔河等项目。到了公元前 5 世纪，就连诗人朗诵自己的作品也成了比赛项目。比赛的天数也越来越多。公元前 472 年，奥运会被确定为五天。奥运会通常在 6 月底或 7 月初举行。在奥运会举办期间，各城邦之间的战争一律停止，如有违反，则对违反者处以罚款。对任何参与奥运会的人，都不得侵犯，否则要被罚款，并遭诅咒。

公元前 431—404 年，古希腊全境爆发了“伯罗奔尼撒”战争，最终以斯巴达战胜雅典而结束。希腊经济在这次战争后由繁荣转向衰败，各城邦没有力量也没心情顾及奥运会了，奥运会自此每况愈下。公元前 146 年，罗马彻底地征服了希腊。奥运会可悲地回复到初始时期的地方性比赛了。公元 393 年，东罗马皇帝狄奥多西，在举办了第二百九十二届奥运会后，干脆下令废止奥运会，古代奥运会至此结束。

随着近代体育的兴起，希腊人民希望恢复古代奥运会。1859—1889 年，希腊曾举办过 4 届奥运会，做了初步尝试。自 1883 年开始，法国教育家、历史学家、“奥运之父”皮埃尔·德·顾拜旦男爵致力于古代奥运会的复兴。根据他的建议，在巴黎举行了讨论复兴奥运会问题的国际性体育会议。1894 年 1 月，他草拟了复兴奥运会的具体步骤和需要探讨的 10 个问题，致函各国体育组织和团体。1894 年 6 月 16 日，“国际体育运动代表大会”在巴黎索邦神学院开幕，到会代表 79 人，代表着 12 个国家的 49 个体育组织，有 2 000 人参加了开幕式。大会通过了《复兴奥林匹克运动》的决议。6 月 23 日成立了国际奥林匹克委员会，标志着现代奥林匹克运动的诞生。顾拜旦制定的第一部奥林匹克宪章强调了奥林匹克运动的业余性，规定在奥运会上只授予优胜者荣誉奖，不得以任何形式发给运动员金钱或其他物质奖励。

1893 年 4 月 6—15 日，第一届现代奥林匹克运动会在雅典举行。从此一种世界性的体育活动诞生了，同时产生了一种新的世界性的、统一的体育文化形态。它跨越了民族文化的鸿沟，完成了人类运动文化史上的质变，成为独具特色的现代奥林匹克运动文化。

第二节　现代奥林匹克运动

现代奥林匹克运动文化起源于西方，并已成为人类共享的精神文明成果。奥林匹克运动会是目前规模最大、水平最高的全球性体育盛会，受到世界各国的高度重视。它不但集中反映出举办国的经济实力、组织能力和科技水平，同时也是对参赛国综合国力、竞技运动发展水平和体育运动发展水平的客观检验。

现代奥林匹克运动会简称奥运会，是国际奥林匹克委员会主办的世界规模最大的综合性运动会，每 4 年一届，会期不超过 16 天，分为夏季奥运会（奥运会）、冬季奥运会（冬奥会）、夏季残疾人奥运会（残奥会）、冬季残疾人奥运会、夏季青年奥运会（青奥会）和冬季青年奥运会。

一、现代奥运会与古代奥运会的区别

古代奥运会具有鲜明的民族主义色彩和排外的文化特征，它是一个民族性的祭礼赛会，总在同一地点举行，运动员必须是纯希腊血统。古代奥运会起着繁荣希腊文化的作用，但其局限性使它经不起多民族融合的风浪，只能在古希腊奴隶制繁荣的特定条件下发展，一旦遇到外族的入侵就难以生存。现代奥运会则向一切国家、一切地区和一切民族开放，并在世界各地轮流举办，是全世界人民和平友谊的盛会。

古代奥运会采用的是与军事技能紧密相关的体育内容，项目设置不完整，比赛方式原始、简朴，是人类社会童年时代的运动竞赛。现代奥运会采用的则是高度规范化的现代竞技运动内容，它突破了古代传统，增设了集体项目，并开创了冬季奥运会，内容丰富多彩，反映了现代社会发展的需要。

古代奥运会不允许妇女参加，违者处以极刑。虽然顾拜旦在奥运会初创时期曾想模仿古

代传统，但已无法阻止男女平等的时代潮流。1900 年夏季奥林匹克运动会第一次有女子运动员参加，这也是女子进入体育运动的开始。1912 年夏季奥林匹克运动会首次实行了限制职业运动员参赛的规定。从这届开始，国际奥委会对女子参赛由默认转为公开支持的态度。从 1900 年女性首次登上奥运赛场至今，女运动员人数、女子参赛项目数、女性体育管理者人数逐渐增加，运动成绩大幅度提高。女子体育在奥运会上获得了前所未有的发展，其意义已超出了竞技比赛的范畴。

古代奥运会是希腊人献给万神之首宙斯的祭礼赛会，宙斯神的凝聚功能使具有共同宗教文化但又彼此独立，有时甚至相互仇视的城邦能聚集起来共同参加奥林匹克盛会。因此，古代奥运会不是一个独立的体育事件，而是宗教节日的一部分。而现代奥运会则是一个世俗的、非宗教的体育庆典，它有独立的思想、组织和活动体系，是全世界运动员欢聚一堂的盛大体育节日。

在组织机构上，古代奥运会的领导者是奴隶主贵族组成的仲裁机构。它由宙斯神殿中的专职祭司和地方官员共同担任，全部由来自单一城邦伊利斯的人所组成，当他们主持本城邦与外城邦选手比赛时难以保持公正。为争夺奥运会的领导权，城邦之间甚至兵戎相见。而现代奥运会则有完善的组织机构，它由国际奥委会、国际单项体育联合会，国家奥委会和举办城市组委会所组成，具有广泛的国际性。其管理的科学性、评判的客观性和组织的严密性构成了现代奥运会与古代奥运会的又一本质区别。

古代奥运会和现代奥运会是在不同社会背景下产生的两个本质不同的社会文化现象。古希腊政治上各自独立的奴隶制城邦体系、统一的文化宗教、人性化的原始神祇和较完整的祭祀制度是古代奥运会产生和发展的社会基础。因此，它不可能超越古希腊奴隶制而存在，其衰落和灭绝的根本原因就是它所赖以生存的社会背景已不复存在，奴隶社会的古代奥运会绝不可能在资本主义条件下复活。正如“文艺复兴”运动是打着“恢复”古希腊、罗马文化的旗号，宣传的是资产阶级的新思想、新文化一样，顾拜旦的成功就在于，他既非常有策略地利用了具有极大号召力的古代奥运会这一古典模式，又非常清醒地认识到“必须让奥运会现代化，而不要进行笨拙、简单的模仿和复原”。因此，他始终以国际性和现代体育内容为基本原则，使新产生的奥运会成为既带有古典传统色彩的又具有现代思想内涵的国际体育盛会，成为人类社会跨文化、跨民族、跨国度的优秀文化结晶。

二、现代奥林匹克运动会小常识

奥林匹克运动有一系列独特而鲜明的象征性标志，如奥林匹克标志、格言、奥运会会旗、会歌、会徽、奖牌、吉祥物等。这些标志有着丰富的文化含义，形象地体现了奥林匹克理想的价值取向和文化内涵。《奥林匹克宪章》规定，奥林匹克标志、奥林匹克旗、奥林匹克格言和奥林匹克会歌的版权属于国际奥委会专有，国际奥委会可采取一切适当措施使其在各国和国际上获得法律保护。

1. 会歌 国际奥委会在 1958 年于东京举行的第 55 次全会上确定《奥林匹克圣歌》作为奥林匹克会歌。其乐谱存放于国际奥委会总部。从此以后，在每届奥运会的开、闭幕式上都能听到这首悠扬的古希腊乐曲。

古代不朽之神，

美丽、伟大而正直的圣洁之父。

祈求降临尘世以彰显自己，
让受人瞩目的英雄在这大地苍穹之中，
作为你荣耀的见证。
请照亮跑步、角力与投掷项目，
这些全力以赴的崇高竞赛。
把用橄榄枝编成的花冠颁赠给优胜者，
塑造出钢铁般的躯干。
溪谷、山岳、海洋与你相映生辉，
啊！永远不朽的古代之神。

2. 格言 奥林匹克格言亦称奥林匹克口号。奥林匹克运动有一句著名的格言："更快、更高、更强。"这一格言是顾拜旦的好友、巴黎阿奎埃尔修道院院长迪东在他的学生举行的一次户外运动会上，鼓励学生们时说过的一句话。他说："在这里，你们的口号是：更快、更高、更强"。顾拜旦借用过来将这句话用于奥林匹克运动。他曾经对此作出自己的理解，这或许是对奥林匹克精神最好的阐释：奥运会最重要的不是胜利，而是参与；正如在生活中最重要的事情不是成功，而是奋斗；但最本质的事情并不是征服，而是奋力拼搏。

1920 年，国际奥委会将"更快、更高、更强"正式确立为奥林匹克格言，并在当年安特卫普奥运会上首次使用。奥林匹克格言充分表达了奥林匹克运动所倡导的不断进取、永不满足的奋斗精神。虽然只有短短的 6 个字，但其含义却非常丰富，它不仅表示在竞技运动中要不畏强手、敢于斗争、敢于胜利，而且鼓励人们在自己的生活和工作中不甘于平庸，要朝气蓬勃、永远进取、超越自我，将自己的潜能发挥到极限。

3. 会旗 1914 年 7 月，在巴黎庆祝奥林匹克委员会成立 20 周年的大会上，一面白底无边的五环旗第一次正式使用。这是根据顾拜旦的构思设计制作的。圆环的五种颜色由左至右为蓝、黄、黑、绿、红，最初代表当时加入奥委会的所有国家国旗的颜色。自 1920 年第七届安特卫普奥运会起，圆环的五种不同颜色被解释为象征五大洲，蓝象征欧洲，黄象征亚洲，黑象征非洲，绿象征大洋洲，红象征美洲。根据奥林匹克宪章，奥林匹克旗帜和奥林匹克五个圆环的正式含义是象征五大洲的团结，以及全世界的运动员以公正、坦率的比赛态度和友好的精神在奥林匹克运动会上相见。

4. 奖章 从第十届奥运会起，国际奥委会才对奖章作出规定：直径不得大于 60mm，厚度不得小于 3mm。奖章正反两面有图案，正面图案的女性雕像象征友好和团结，作为传统固定下来，背面图案的设计则授权艺术家自由选择。金牌是由纯度 92.5%银制成，表面镀金不能少于 6g，银牌和铜牌分别用银或铜制成。

5. 圣火 奥运圣火首次出现是在 1928 年阿姆斯特丹奥运会上。顾拜旦提出了这一想法，但仅限于在体育场附近的一个喷泉盛水盘上点燃圣火。

火炬在奥运会开幕前一天到达举办城市。开幕式上，一般由东道国的著名运动员跑最后一棒，进场后绕场慢跑一圈，然后交给另一位著名运动员，由他跑上主会场火炬塔台，用经过数千人传递了千万里的火炬，点燃主会场的巨型火炬。此时，全场观众几乎同时站立起来，发出热烈的欢呼，4 年一届的奥运会便宣告揭幕了，熊熊燃烧的奥运圣火要连续燃烧 16 天，待奥运会闭幕时才熄灭。

三、夏季奥运会项目

夏季奥运会比赛项目：田径、篮球、足球、摔跤、柔道、举重、射击、射箭、击剑、赛艇、马术、拳击、手球、网球、棒球、垒球、跆拳道、羽毛球、皮划艇、乒乓球、曲棍球、自行车、帆船帆板、体操、排球、游泳、铁人三项、现代五项等。

2005 年，国际奥委会在新加坡全会上决定，2012 年伦敦奥运会只设 26 个大项，且之后每届奥运会最多不得超过 28 个大项。2007 年，国际奥委会又通过一项改革决议：从 2020 年起，奥运会将确定 25 个核心项目，之后每届奥运会固定设这 25 个大项，最多可以增设 3 个临时项目。

四、冬季奥运会

冬季奥运会是世界上规模最大的冬季综合性运动会。

冬季奥林匹克运动会设 15 个大比赛项目：花样滑冰、俯式冰橇、无舵雪橇、有舵雪橇、跳台滑雪、高山滑雪、短道速滑、速度滑冰、自由式滑雪、单板滑雪、越野滑雪、北欧两项、现代冬季两项、冰球、冰壶。

主要发展历程：

19 世纪末和 20 世纪初，一些冰雪运动如滑雪、滑雪橇、滑冰、冰球等项目在欧美国家逐渐得到普及和发展。

1887 年挪威成立了世界上第一个滑雪俱乐部。

1890 年加拿大成立了世界上第一个冰球协会。

1892 年国际滑冰联盟在荷兰成立。

1893 年荷兰举行了首届男子速度滑冰锦标赛。

1908 年法国成立了世界范围的国际冰球联合会。

1908 年第四届夏季奥运会上增加了花样滑冰项目。

1924 年法国的夏蒙尼市承办了当时被称为“冬季运动周”的运动会，两年后国际奥委会正式将其更名为第一届冬季奥林匹克运动会。

冬季奥运会最初规定每 4 年举行一次，与夏季奥运会在同年和同一国家举行。从 1928 年的第二届冬奥会开始，冬季奥运会与夏季奥运会的举办地点改在不同的国家举行。1994 年起，冬奥会与夏奥会以 2 年为间隔交叉举行。为将冬奥会与夏奥会时间错开，故只有 1992 年冬奥会与 1994 年冬奥会相隔 2 年。

第三节　中国与奥林匹克运动

中国与奥林匹克运动的联系最早可以追溯到 1894 年。当时，清政府接到了希腊王储和近代奥运会发起人顾拜旦代表国际奥委会发出的邀请书，但由于昏庸的清政府不知“体育”为何物而未作答复。

1907 年 10 月 24 日著名教育家、后任中国奥委会第一任主席的张伯苓先生在天津学界运动会发奖仪式上，以奥林匹克为题发表了著名的演说。他指出，虽然许多欧洲国家获奖机会甚微，但仍然派出选手参加奥运会。他建议中国组队参加奥运会。

1913年开始举办的远东运动会（最初名为“远东奥林匹克运动会”），是奥林匹克运动在亚洲的先驱，中国是发起者之一。在远东运动会上中国运动员取得了较好的成绩，表现了良好的体育道德。

1924年中华全国体育协进会成立后，中国陆续加入了田径、游泳、体操、网球、举重、拳击、足球、篮球8个国际单项体育联合会。在第八届奥运会上，我国3名选手参加了表演赛。

1928年第九届奥运会上，我国派观察员宋如海参加，并进行了考察工作。

1931年，当时的中华全国体育协进会被国际奥委会承认为“中国奥林匹克委员会”。中国正式参加奥运会的历史由此开始。

1932年，第十届奥运会在美国洛杉矶举行。中国本不想派选手参加，仅由中华全国体育协进会总干事沈嗣良前往观礼。而日本帝国主义扶持的伪满国，为了骗取世界各国的承认，竟然电告国际奥委会：拟派刘长春、于希渭作为“满州国”选手参加奥运会。举国一片哗然，刘长春也予以拒绝。在强大的舆论压力下，政府决定由刘长春、于希渭作为运动员，宋君复为教练员，沈嗣良为领队，代表中国参加奥运会。在开幕式上，刘长春执旗前导，沈嗣良、宋君复以及中国留学生和美籍华人刘雪松、申国权、托平6人组成了中国代表团。于希渭因日方阻挠破坏，未能成行。刘长春在100m、200m预赛中位于小组的第五、六名，未能取得决赛权，但他以中国第一位参加奥运会的选手而留名于中国奥运会史。

1936年，第十一届奥运会在德国柏林举行。中国派出了140人组成的代表团，其中运动员69人，参加篮球、足球、游泳、田径、举重、拳击、自行车7个项目的比赛。另外，还有11人的武术表演队和34人组成的体育考察团。其中篮球比赛胜过法国队，撑竿跳选手符宝卢取得复赛权。中国武术队的多次表演轰动了欧洲。

1945年抗日战争胜利后，中国第一位国际奥委会委员王正延和体育家袁敦礼、董守义等人提出申请第十五届奥运会（1952年）在中国举行，引起了国人的兴奋。

1948年，第十四届奥运会在英国伦敦举行。我国派出了33名男运动员参加了篮球、足球、田径、游泳和自行车5个项目的比赛，但没有一人进入决赛。奥运会结束后，代表团在当地华侨总会的帮助下，解决了路费，运动员才得以返回祖国。

1952年，第十五届奥运会在芬兰的赫尔辛基举行。中国正式接受邀请较晚，只派出了40人的代表团，可当代表团到达赫尔辛基时，比赛已接近尾声。只有吴传玉参加了百米仰泳比赛，但是将五星红旗升起在赫尔辛基奥林匹克体育场，就是中华人民共和国的骄傲。

1954年在雅典举行的国际奥委会第五十届全会上，国际奥委会以23票赞成、21票反对通过决议，接受中国奥委会，中华人民共和国在国际奥委会中的合法地位得到承认。但与此同时，在少数人的操纵之下，却又将台湾所谓的“中华奥委会”继续保留在国际奥委会承认的成员名单上。中国奥委会于1958年8月19日宣布断绝与国际奥委会的关系。

1956—1979年，中国奥委会没有派代表参加奥运会。但是中国台北选手杨传广在1960年罗马奥运会上夺取十项全能比赛的银牌。他是第一位获得奥运会奖牌的中国运动员。1968年墨西哥城奥运会上，台北女选手纪政获80米栏铜牌，她是第一位获得奥运会奖牌的中国女子运动员。

1972年中国恢复了在联合国中的合法席位。同年，国际奥委会迎来了一位新主席、爱尔兰人基拉宁。国际奥委会意识到，应该尽快恢复中华人民共和国在国际奥委会的合法地位，就必须解决台湾问题。基拉宁和国际奥委会副主席萨马兰奇在1977年9月和1978年4月两次访问中国，对中国政府加深了了解。1979年，中国奥委会向国际奥委会正式提出关于解决中国合法席位的建议，得到了包括国际奥委会主席基拉宁在内的大多数人的赞同。同年11月，国际奥委会以通讯表决方式让国际奥委会全体委员投票，结果以62票赞成、17票反对、2票弃权通过了国际奥委会执委会于10月25日在日本名古屋作出的有关恢复中华人民共和国在国际奥委会合法席位的决议。这一著名的名古屋决议指出：中国奥委会在参加奥运会时使用中华人民共和国的国旗和国歌，同时允许台湾作为我国的一个地方性组织在国际体育组织中占有席位，以“中国台北奥林匹克委员会”出现。国际奥委会的这一决定，最终扫清了中国重返奥林匹克大家庭的障碍。从此，中国奥委会与国际奥委会建立了良好的、密切的合作关系。

中国在1979年重返奥运大家庭之后，就开始积极备战奥运会。

1980年2月，在国际奥委会中恢复席位的中国体育代表团首次出现在奥运会赛场上，参加了第十三届冬季奥运会。

1984年，第二十三届奥运会在美国洛杉矶举行。中国有史以来第一次派出大型代表团参加这项体坛盛事。开赛第一天，射击选手许海峰在男子自选手枪慢射比赛中勇夺冠军，从而实现了中国在奥运会历史上金牌零的突破。而在2002年盐湖城冬奥会上，中国女选手杨扬又为中国队实现了在冬季奥运会上金牌零的突破。

1991年，中国北京向国际奥委会提出举办2000年夏季奥运会的申请，最后惜以2票之差未获成功。

1996年是现代奥运的百年诞辰，7月19日至8月4日在美国亚特兰大举行的第二十六届奥运会实现了奥运家庭的大团圆。本届比赛设26个大项271个小项，共有来自世界197个国家和地区的10 788名运动员参加了各项比赛的角逐，各国选手经过17天的激烈争夺共打破25项世界纪录。上述数字皆创造了奥运会历史上的新纪录。在金牌榜上，美国、俄罗斯、德国分列前三，中国代表团面对种种不利条件，团结拼搏，获得了16金22银12铜的可喜成绩，金牌、奖牌榜均列第四，实现了冲击第二集团首位的预定目标。

1999年，北京市政府再次提出承办2008年奥运会的申请，经中国奥委会同意后，由市长亲自前往国际奥委会总部递交了申请书。

2000年9月15日至10月1日，来自全球200个代表团的11 000多名运动员，参加了20世纪最后一次奥运会——在澳大利亚悉尼举行的第二十七届奥运会28个大项、300个小项的角逐，共创造了34项世界纪录、77项奥运会记录、3项奥运会最好成绩。这届奥运会的竞争格局发生了新的变化。除美国、俄罗斯代表团依然显示出雄厚的整体实力，继续处在第一集团外，中国体育代表团在悉尼奥运会上共夺得28枚金牌、16枚银牌和15枚铜牌，在金牌榜和奖牌榜上均排在第三位。中国首次进入奥运会金牌榜前三名，取得了历史性的突破。中国运动员共有3人12次创8项世界纪录，6人11次创11项奥运会纪录，成绩比前四届奥运会有了大幅度的提高，创下了参加历届奥运会金牌数和奖牌数的最高纪录。

2001年北京时间7月13日22时10分，北京在国际奥委会第112次全会上获得2008年第29届奥运会主办权。

2008年8月8日，北京奥运会顺利开幕。中国终于圆了奥运梦，运动员人数达到580人以上，是中国奥运史上参与项目最全、人数最多的一届。在这一届奥运会上，中国健儿获得了 51 枚金牌。这说明了中国的能力已经足以举办奥运会这样大型的国际化的体育活动，也体现出了中国竞技水平的提高。

2010 年 2 月 10 日，国际奥委会在加拿大温哥华召开第 122 次全会，投票选出南京作为 2014 年第 2 届夏季青年奥林匹克运动会的承办城市。

2014 年 8 月 16 日 20 时，2014 年夏季青年奥林匹克运动会在中国南京开幕。南京青奥会是继北京奥运会后中国的又一个重大奥运赛事，是中国首次举办的青奥会，也是中国第二次举办的奥运赛事。

2015 年 7 月 31 日（北京时间），国际奥委会主席巴赫在国际奥委会第 128 次会议上正式宣布北京获得 2022 年冬季奥林匹克运动会举办权。

2018 年 2 月 26 日，在平昌冬奥会闭幕式上，国际奥委会主席巴赫将奥林匹克会旗交到北京市市长、北京冬奥组委执行主席陈吉宁手中，这正式宣告冬奥会进入“北京周期”。

实践篇

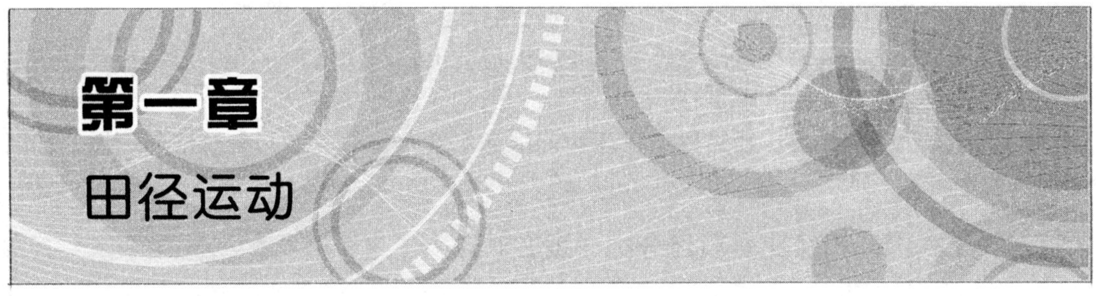

第一章 田径运动

第一节　田径运动概述

一、田径运动的定义

田径运动（Track And field 或 Athletics）是一项最基础的体育运动项目，是田赛、径赛和全能比赛的全称。它既能提高人体的运动能力和相应的身体素质，又对提高人的健康水平有明显作用。现代田径运动主要包括竞走、跑、跳跃、投掷以及由跑、跳跃、投掷的部分项目组成的全能运动，共计 40 多项。田径运动中以时间计算成绩的项目叫径赛；以高度或远度计算成绩的项目叫田赛；全能运动项目，则是以各单项成绩按《田径运动评分表》换算分数计算成绩。

田径运动以发展和表现人们的体能为主，同时以众多的单个项目的不同技术体现出独特的体育技艺。田径运动是体育比赛中观赏性极强的运动之一，是世界上最为普及的体育运动之一，也是历史最悠久的运动项目。田径与游泳、水上项目被视为体育运动中的基础大项，也是奥运会金牌三大项目，故有“得田径者得天下”之说。

二、田径运动的发展简况

远古时代，人们为了获得生活资料，在和大自然的斗争中，不得不奔跑相当的距离，跳过各种障碍，投掷石块和使用各种捕猎工具。在劳动中不断地重复这些动作，便形成了走、跑、跳跃和投掷的各种技能。随着社会的发展，人们有意识地把走、跑、跳跃、投掷作为练习和比赛形式。

公元前 3500 年古埃及的壁画就描绘了田径运动的场景。最早的田径比赛是公元前 776 年在希腊奥林匹克村举行的第一届古代奥运会，项目只有一个——短距离赛跑，跑道为一条直道，长 192.27m。到公元前 708 年的第十届奥运会，跳远、铁饼、标枪等田赛项目才正式列入，当时只准男子参加，女子连观看也不行，违者处以死刑。从那时起，田径运动就成为奥运会正式比赛项目之一。公元前 490 年，传说希腊士兵菲利皮迪斯从马拉松城一直跑到雅典城，全程约为 40km，为的是报告希腊军队打败了波斯军队的喜讯。当跑到雅典时，菲利皮迪斯精疲力竭而死。为了纪念他，后人就创立了马拉松跑比赛，全程为 42.195km。

1896 年，经法国教育家皮埃尔·德·顾拜旦倡议，恢复和召开了以田径运动竞赛为主要内容的第一届现代奥林匹克运动会，成为现代田径运动的起始标志。

1928 年，在荷兰阿姆斯特丹举行的第九届奥运会上，首次增加了女子田径比赛。参加比赛的女子田径运动员有 95 人。

1983 年，第一届世界田径锦标赛在芬兰首都赫尔辛基举行。最初是每四年一届，1991 年起改为每两年一届。

三、正式国际田径比赛项目分类（表 2-1-1）

表 2-1-1

项　目		男　子	女　子
竞走		场地赛 5km、场地赛 10km	场地赛 5km、场地赛 10km
		公路赛 20km、公路赛 50km	公路赛 20km、公路赛 50km
跑	短距离跑	100m、200m、400m	100m、200m、400m
	中距离跑	800m、1 500m、3 000m	800m、1 500m
	长距离跑	5 000m、10 000m	5 000m、10 000m
	障碍跑	3 000m	3 000m
	跨栏跑	110m 栏、400m 栏	100m 栏、400m 栏
	马拉松	42.195km	42.195km
	接力跑	4×100m、4×400m	4×100m、4×400m
跳跃		跳高、跳远、三级跳远、撑竿跳高	跳高、跳远、三级跳远、撑竿跳高
投掷		铅球（7.26kg）、铁饼（2kg）、标枪（800g）、链球（7.26kg）	铅球（4kg）、铁饼（1kg）、标枪（600g）、链球（4kg）
全能		男子十项全能： 第一天：100m、跳远、铅球、跳高、400m 第二天：110m 栏、铁饼、撑竿跳高、标枪、1 500m	女子七项全能： 第一天：100m 栏、铅球、跳高、200m 第二天：跳远、标枪、800m

四、田径运动的特点

1. 与生活密切相关　走、跑、跳、掷是人类生活的基本技能，是田径运动项目中最基本的运动形式。这些自然动作和技能对学习、掌握田径运动各项技术有十分密切的关系，其动作规范有助于正确地、较快地掌握田径运动技术。

2. 具有广泛性　田径运动具有个体性，又具有广泛的群众性。田径运动除接力跑外，都是以个人为单位参加比赛的运动项目，团体成绩和名次大都是由个人成绩和名次及接力跑成绩名次的计分相加决定的。田径运动包括五大类很多单项，是任何大型运动会中比赛项目最多、参赛运动员最多的项目，所以经常参加田径运动的人也最多。

3. 简易可行　参加田径运动很少受到条件限制。男女老少都可以在平原、田野、草地、小道、公路、河滩、沙地、丘陵、山冈、公园等较为安全的地带进行田径运动。基层田径比赛要从实际出发，因地制宜，任何坚固、均质、可以承受跑鞋鞋钉的地面均可用于田径竞赛。使用简易的器材和设备也可举行基层田径运动会。

4. 促进身心健康 田径运动中各单项和全能项目，对人体形态、身体素质和心理机能等有不同的要求，运动员要从个人实际和特点出发，选择运动项目，掌握具有个人特点的先进、合理的运动技术。

五、田径运动的健身价值

人们通常把田径运动的内容概括为走、跑、跳和投四种运动形式，这也正是人类维持正常生活的基本活动能力，是人类赖以健康生存的基本条件或基本生活能力。正因为田径运动能有效地提高速度、力量、耐力、爆发力以及灵敏性、柔韧性、协调性等身体素质，从而获得运动技能，提高运动能力，培养意志品质，所以现代社会才更加重视田径运动的健身价值。

跑是最为常见的一项运动。不同距离的跑对人体影响各异。短距离跑是人体在无氧条件下的一种运动，它能导致有氧系统活性的增加，能提高人体的最大摄氧能力。生理学家指出，短距离全力跑，呼吸运动往往受到制约，甚至憋气跑到终点，因此跑后恢复期呼吸功能有显著变化。同时，短距离跑能提高中枢神经系统兴奋和抑制过程的灵活性。所以，短距离跑在青少年中成为一种主要的提高身体能力和提高无氧代谢能力的重要手段。中距离跑时，心脏能够受到很大锻炼，心率可高达人体最高指标。据报道，有些运动员心率每分钟可达220次。长期进行中距离跑，心脏体积可出现运动性增大。中距离跑对人体的呼吸技能以及糖酵解能力都有显著促进作用。长距离跑能提高人体一般耐力，是提高心脏和呼吸系统能力最普遍采用的练习项目。由于长距离跑是在人体有氧情况下进行的，运动中消耗的能量较大，大部分能量来源于肝糖原、葡萄糖和脂肪的有氧分解。因此，长距离跑是提高人体抗疲劳能力的重要手段，也是防止体内脂肪过多储存的有效手段。

跳跃项目是典型的人体克服自身体重、对抗引力以实现腾越高度和远度的运动。跳跃运动能使人体的感觉技能得到提高和加强。

投掷项目是一种表现人体力量的项目。一般来说，从事投掷练习可使肌肉发达，改善肌肉技能的灵活性，提高速度、力量和爆发力。大量研究表明，投标枪运动员大脑皮质的兴奋过程具有高度的均衡性，前庭分析器官具有很高的稳定性。

田径运动可以有效地增进人的各项机能，因此把田径运动作为基础运动项目，不仅是提高身体素质、锻炼意志品质和增强各种运动能力的需要，也是增进健康的需要。

第二节 跑

一、短跑

短跑是田径径赛项目中的一类，一般包括50m跑、60m跑、100m跑、200m跑、400m跑、4×100m接力跑、4×400m接力跑等。其运动特性是：人们同时以最快的速度，在确定的跑道上跑完规定的距离，并以最先跑完者为优胜；在人体机能供能方面，表现为最大限度地发挥人的本能，并以无氧代谢供能的方式供能图2-1-1是短跑的分解图。

图 2-1-1 短 跑

(一) 起跑技术规格

1. 起跑技术 起跑包括“各就位”“预备”和“蹬离起跑器”三个动作。

“各就位”动作是：先前脚、后脚依次踏在起跑器上。后膝跪地，四指并拢拇指张开，呈“八”字形撑在起跑线后沿的地面上。两手之间距离略宽于肩，颈部放松，形成双脚、单膝、双手五点支撑地面的姿势。

“预备”动作是：臀部适速而从容地抬起，稍高于肩，肩部处于起跑线上或稍前的位置。前膝角为 90°左右，后膝角为 120°左右，颈部自然放松，两脚掌蹬紧起跑器。

当听到枪声以后，两手迅速推离地面，双臂屈肘做迅速有力的前后摆动，两脚同时用力蹬离起跑器，后腿蹬离起跑器后以膝领先迅速向前摆动。摆动时脚掌不应离地太高，前腿充分蹬直，把身体向前上方有力地送出。此时，后蹬角为 42°～45°，上体前倾与地面夹角为 15°～20°（图 2-1-2）。

图 2-1-2 起跑示意

2. 起跑器的安装 在短跑比赛中必须用蹲踞式起跑，蹲踞式起跑必须使用起跑器。安装起跑器的目的是使两脚有牢固的支撑，形成良好的预备姿势。起跑器的安装方法一般有普通式、接近式和拉长式三种。

前起跑器抵足板与地面的夹角为 45°左右，后起跑器抵足板与地面的夹角为 60°～80°。两个起跑器左右间距为 15cm 左右。普通式安装前起跑器抵足板离起跑线距离为一脚半长度，后起跑器前端与前起跑器支撑面的距离为一个小腿长。接近式安装前起跑器抵足板与起跑线的距离为一脚长度，后起跑器前端与前起跑器前端距离也是一脚长度。拉长式安装前起跑器抵足板与起跑线距离为两脚长度，后起跑器前端与前起跑器前端距离为一脚长度。

这三种安装方法各有优点，采用时可根据个人身高、体型、身体素质和技术水平等特点来选择。无论采用哪一种形式，都要符合一个原理：在蹬离起跑器时能充分发挥肌肉的最大力量，从而获得向前的最大初速度，以便起跑后身体有较大的前倾角度。一个短跑运动员应当在长期起跑实践中找到适合个人特点的起跑器安装方法。

(二) 起跑后加速跑技术规格

加速跑开始时，上体保持前倾，双臂摆动幅度大而有力，充分蹬伸支撑腿，与此同时，摆动腿迅速前摆，大、小腿折叠程度小，前摆幅度大。

在整个加速跑阶段，随着速度加快，上体逐渐抬起，步幅逐渐加大，起跑后两脚逐渐落在一条直线的两侧。一般第一步着地点应尽量靠近身体重心投影点，步长不宜过大，一般为三脚半至四脚长，以后每步约增加半个脚掌长，逐渐增至途中跑的最大步长（图 2-1-3）。

加速跑阶段完成以后，应顺势做 2～3 步自然跑进，随即过渡到途中跑。

图 2-1-3 加速跑示意

（三）弯道跑技术规格

1. 弯道起跑、加速跑 动作同直道起跑和加速跑，而为了起跑后有一段直线加速跑，起跑器必须要装在跑道右侧正对弯道切点的位置上。相应地，在做“各就位”动作时，左手应撑在距起跑线后沿 5～10cm 处。

2. 弯道途中跑 为了克服离心力，弯道跑时整个身体向内倾斜，摆动腿前摆时，左膝稍向外展，以前脚掌外侧着地，右膝稍向内扣，以脚掌内侧着地，同时加大右腿前摆的幅度。弯道跑摆臂时，左臂摆动幅度稍小，靠近体侧前后摆动；右臂摆动的幅度和力量稍大，且前摆时稍向左前方，后摆时肘关节稍向外。弯道技术变化的程度与跑的速度、弯道半径有关联，速度越快、半径越小，技术变化越大。从弯道进入直道时，身体逐渐降低内倾程度，放松跑 2～3 步，然后全力跑完全程。

（四）直道途中跑技术规格

1. 上体动作 上体稍前倾或正直，头部与躯干在一条线上，两眼平视。面部、颈、肩放松，口微张开。摆臂时，应以肩关节为轴，两臂屈肘，两手放松地张开或半握拳，轻快而有力地做前后摆动。前摆时手的高度齐于下颌，上、下臂夹角为 60°～70°；后摆摆至上臂约与肩平，肘关节的角度约为 90°；肘关节的角度在垂直部位时为 130°～150°，并且前后摆臂时带动肩部不同程度地前后扭动。

2. 摆动腿动作 摆动腿前摆时，以髋关节为轴，快速折叠前摆，当摆动腿膝关节摆过支撑面稍前方时，大小腿的折叠达到最大程度，脚跟几乎触及臀部，大腿前摆的高度与上体接近垂直。前摆结束后，摆动腿积极下压，膝关节放松，小腿自然向前伸出，并稍抬起脚尖，随着大腿继续下压，小腿和前脚掌积极鞭打扒地。在着地瞬间，小腿与地面垂直，膝关节稍弯曲，足踵距地面有一定高度。脚着地以后，膝关节继续弯曲，足踵下沉，有利于身体重心迅速前移和开始后蹬动作。

3. 蹬伸动作 后蹬是获得前移的主要动力，蹬伸动作是以伸展髋、膝、踝三关节组成的。蹬伸动作首先是由伸展髋关节开始的，当摆动腿脚着地后，髋关节继续伸展，形成脚掌积极有力地扒地，带动身体重心迅速前移，使髋关节逐渐伸展。重心移动到支撑腿前的适宜位置时，进一步伸展髋、膝、踝三关节，最后通过踝关节蹬离地面，完成蹬伸动作（图 2-1-4）。

图 2-1-4　蹬伸动作示意

（五）终点跑技术规格

终点跑是全程跑最后段落的跑，其技术与途中跑技术基本相同。由于疲劳的出现，此时应保持上体稍前倾的姿势，加强后蹬和两臂摆动，在距终点线前一步时，做上体急速前倾动作，以胸部或肩部领先通过终点，然后逐渐减慢跑速（图 2-1-5）。

图 2-1-5　终点跑示意

在短跑比赛时，运动员速度常常相差不多，撞线时会出现激烈的竞争，因此在最后 1～2 步应迅速前倾上体，到终点线时达到最大的上体前倾，尽量用躯干部位先到达终点。通过终点后，要调整步频和步幅，维持身体平衡，逐渐减速，避免失去平衡而摔倒受伤。

（六）短跑的素质训练

1. 有氧能力训练　有氧能力训练在短跑训练中有着特殊作用，它可以增大吸氧量，改善运动员的心血管系统功能。这正是短跑运动员发展和提高其他素质承受大负荷训练和大负荷训练后恢复的基础。因此，短跑运动员必须注意提高有氧能力，特别是在青少年时期更应该注意有氧能力的发展，它对增进青少年健康有着更重要的作用。

有氧能力主要可采用持续训练法来发展。训练手段的选择应以运动员能获得最大摄氧量的持续活动为标准。一般认为，获得最大摄氧量的持续活动强度以脉搏数在每分钟 150 次左右为最佳。短跑运动员进行有氧能力训练经常采用的主要训练手段有：

（1）5～8km 匀速越野跑。

（2）3～5km 变速越野跑（其快跑速度必须控制在有氧代谢范畴）。

（3）各种球类活动、滑冰等。

2. 速度训练

（1）以最快速度做原地摆臂练习。

（2）原地或支撑以最高频率做高抬腿跑（5～10s）。

（3）40～80m 的加速跑。

（4）30～60m 站立式或蹲踞式听枪起跑。

（5）短距离的追逐跑。

（6）30～60m 行进间跑。

3. 速度耐力训练

（1）最高强度的90%～95%快跑，60m×5次×（3～4）组（每个练习间休息30～60s；组间休息5min或各组开始前脉搏为120次/min）。

（2）85%～90%强度跑，100m×5次×（3～4）组（每个练习间休息1～1.5min；组间休息6～8min或各组开始前脉搏为120次/min）

（3）80%～90%强度跑，150m×（3～4）次×2组（每个练习间休息2～3min；组间休息10min）或跑300m×4次×2组（每个练习间休息4～5min；组间休息15min）

（4）100～200m的变速跑。

（5）200m反复跑（前150m用75%速度跑，最后50m用100%速度跑）×（3～4）次。

4. 力量训练（发展下肢力量）

（1）采用持壶铃或负杠铃的半蹲、全蹲、蹲跳练习。

（2）利用橡胶条发展大腿后群肌肉的力量或负30～50kg的提重练习发展小腿力量 。

（3）负重或不负重的上坡跑。

（4）立定跳远、立定三级跳远、立定十级跳远。

（5）5～10级蛙跳。

（6）20～30m计时单足跳。

二、中长跑

中长跑是耐力性运动项目，它要求运动员在跑时既能保持一定的速度，又能跑得持久。因此，对中长跑技术总的要求是：动作轻松自然，身体重心移动平稳，节奏性强，肌肉用力和放松交替能力好，做到动作既有实效性，又能节省能量的消耗。忽视中长跑技术是错误的，即使是锻炼身体的健康长跑，也应该采用正确的技术进行练习。

（一）起跑和起跑后的加速跑

起跑和起跑后的加速跑是中长跑比赛或测验时，运动员使身体摆脱静止状态迅速出发，并根据战术需要尽快发挥正常的跑速和占据有利跑进位置的过程。

中长跑比赛时，一般都采用站立式起跑，其方法如下：发令前运动员应在起跑线后3m的集合线站好（800m分道起跑时，运动员可在各自分道的起跑线后3m左右处站好）。当听到“各就位”的口令后，便迅速而沉着地走向起跑线，将一只脚放在起跑线的后沿，另一只脚放在距离前脚跟约一脚长的地方，两脚左右间隔约半脚长。两腿弯曲，上体前倾，体重落在前脚上，后脚用前脚掌着地。两腿弯曲和上体前倾的程度与起跑后要发挥速度的程度有关：要求发挥速度快，两腿弯曲和上体前倾的程度要大些，否则相反。两臂的姿势有两种：一种是前腿异侧臂自然弯曲在体前，同侧臂自然后伸；另一种为两臂同时在体前自然下垂。多数运动员采用前一种姿势。头部应自然地与躯干姿势保持一致，眼向前看5～10m处。运动员做上述姿势后，身体应保持稳定，集中注意力听候枪声（图2-1-6）。半蹲踞式起跑近似蹲踞式起跑，“各就位”时用一手支撑地面。这种姿势易于使身体重心前移，起跑时可获得较大的向前冲力，能较快地发挥跑速。优秀的800m跑运动员多采用这种姿势起跑。

图2-1-6　起跑示意

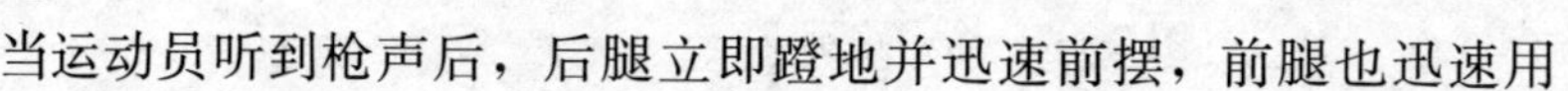

当运动员听到枪声后，后腿立即蹬地并迅速前摆，前腿也迅速用

力充分蹬直。两臂配合腿部动作做快速有力的摆动，使身体迅速向前冲出，进入加速跑阶段。加速跑时，上体前倾稍大，两腿交换频率较快，摆臂、摆腿和后蹬都应迅速而积极。加速跑的距离，要根据项目、训练水平、比赛情况而定。一般情况下，中跑和训练水平高的运动员，加速跑距离稍长些；长跑时，加速跑距离要短些。无论在直道上起跑还是在弯道上起跑，加速跑都应尽量按跑道内突沿的切线方向和朝着自己最有利的位置跑去。当跑到能发挥个人跑速的战术位置时，就进入匀速而有节奏的途中跑。

（二）途中跑

途中跑是中长跑的主要阶段，它是运动员比赛时发挥训练水平和锻炼者取得锻炼效果的过程。因此，掌握途中跑技术是极其重要的。中长跑途中跑的原理和短跑是基本相同的。但是，由于跑的距离长，速度没有短跑快，后蹬阶段是途中跑技术的主要环节。后蹬动作应该迅速而积极，后蹬结束时，髋、膝、踝三关节应伸直，特别是迅速伸直踝关节，最后用脚尖蹬离地面。但是，中长跑后蹬用力的程度比短跑要小一些，后蹬的角度则比短跑要大一些，一般为55°左右。当一条腿后蹬的同时，另一条腿前摆。前摆时，小腿应自然放松，依靠大腿的前摆动作，膝部领先并带动髋部向前方摆出。中长跑时大腿前摆的高度比短跑时要低一些。后蹬腿离地后，人体即进入腾空阶段。此时，蹬离地面的腿应放松，依靠后蹬反作用力的惯性和大腿的向前动作，使小腿折向大腿，形成膝关节弯曲，大、小腿折叠的动作。但是，这种折叠动作比短跑要小一些。此外，还要特别注意防止故意向后上方撩小腿的动作。

当摆动腿前摆结束时，大腿开始向下运动，膝关节随之自然伸直，用前脚掌在离身体重心投影点的前方约一至一个半脚处着地。前脚掌着地后，膝关节稍弯曲，进入垂直支撑时，再过渡到全脚掌着地。这种顺势的缓冲动作可以减小脚着地时对身体前进产生的阻力并使人体尽快地转入后蹬。着地时，脚尖应向前，两脚足迹内缘要切在一条直线上。中跑应比长跑的下落着地动作积极一些（图 2-1-7）。

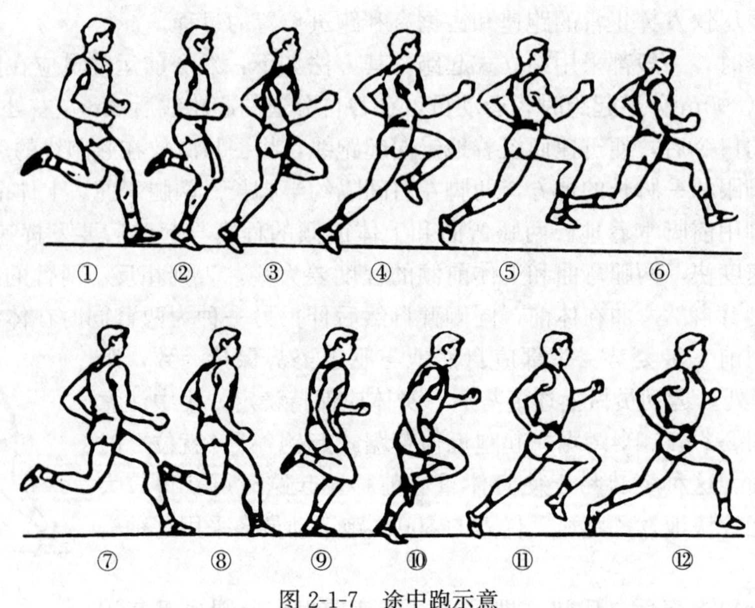

图 2-1-7　途中跑示意

正确的上肢动作姿势能为肌肉和内脏器官长时间工作创造有利的条件，并能减少不必要的能量消耗。中长跑时，上体接近垂直或做5°左右的前倾动作，胸部正对前方并微向前挺，整个躯干自然而不僵硬。上体适当地前倾能改善后蹬的条件，加强身体的向前运动。但是，上体过分前倾，会影响步长并增加背部肌肉的负担；上体后仰，会影响后蹬效果和引起不必要的体力消耗，而且破坏了跑的直线性，从而影响跑进的速度。因此，途中跑时一定要保持身体的正确姿势。途中跑一半以上是在弯道上进行的。跑弯道时，身体应向左倾斜，右脚向上方摆动时，膝稍内扣，用前脚掌的内侧着地；左腿向前上方摆动时，膝稍外展，用前脚掌外侧着地，右臂的摆动幅度要大一些。

（三）终点跑

终点跑是中长跑临近终点的加速跑，也是进入最后的直道时竭尽全力进行的冲刺跑，动作基本上和短跑相同。它是中长跑跑程结束前的最后一段距离的冲刺跑。它是运动员处在十分疲劳的情况下，最大限度地发挥训练水平，从而取得优异成绩的重要阶段。中长跑锻炼者在结束跑程前进行冲刺跑，有助于提高锻炼的效果。近些年来，长跑技术有缩短腾空时间和支撑时间，特别是缩短腾空时间，从而使步频加快、步长相对缩短的趋向。这种跑法的特点是后蹬用力程度相对减小，大腿前摆不高，腾空时大、小腿折叠动作也较小，脚着地时离身体中心投影点较近，整个跑的过程中，身体重心起伏很小。这种跑的技术不仅提高了步频，而且能减少跑时能量的消耗，有利于提高长跑的成绩，长跑运动员多采用这种技术。

终点跑的特点是要求运动员加快跑速。运动员应以顽强的意志动员全身力量，加强摆臂、摆腿与后蹬，以接近短跑技术的要求一鼓作气向终点冲去。冲刺跑的时机应根据比赛项目、训练水平、战术要求及比赛情况而定。一般情况下，800m跑可在最后200～250m处进入冲刺跑，1 500m跑可在最后400m或更长一些距离处进入冲刺跑。耐力占优势的运动员冲刺距离可长一些，速度占优势的运动员冲刺时机可稍晚一些。在中长跑的教学和训练中，应该重视冲刺跑能力的培养。

（四）中长跑的呼吸和“极点”现象

中长跑的距离长，消耗能量大，对氧气的需求量也大，因而掌握正确的呼吸方法是很重要的。中长跑途中，为了加大肺通气量以满足机体的需要，呼吸时采用口鼻同时进行呼吸的方法。呼吸的节奏应和跑的节奏相配合。一般采用两步一呼，两步一吸（有时也采用三步一呼，三步一吸）。呼吸时要注意加大呼吸的深度。

中长跑时，由于氧气的供应落后于机体的需要。所以，跑到一定距离时，会出现胸部发闷，呼吸节奏被破坏，呼吸困难，四肢无力和难以跑下去的感觉，这种现象被称之为“极点”，这是中长跑中的正常现象。当出现“极点”时要以顽强的意志坚持跑下去，同时加强呼吸（特别是呼气），必要时还可适当调整步速，这样经过一段距离后，“极点”现象就会消失，可继续正常地跑下去。

（五）中长跑的战术

战术是指运动员有目的地充分发挥自己的体能、技能，以求在比赛中取得优异成绩，获得最佳名次的方法。

1. 创纪录战术 为了取得最好成绩而不多考虑名次的得失所安排的战术，这种战术要求运动员能够根据赛前训练的模拟情况按计划跑。能领先跑则领先，不计较体力的消耗。一切为了冲破纪录这种跑的结果，常常是既创出好成绩又获得了好名次。但是，这种跑法必须建立在具备较强实力的基础上。

2. 夺标战术 为夺取某项名次而不考虑创造优异成绩所安排的战术。要求运动员根据比赛的具体情况采用跟随跑，节省体力，用最后冲刺的方法获得较好名次。但是如运用不当有可能导致既失去名次也未能创出好成绩的后果。

3. 匀速跑战术 除起跑后加速跑及最后冲刺跑外，跑程中基本上采用较高速度的匀速跑。匀速跑的时间一般按赛前制订的计划跑，不论赛场上出现什么情况，都坚持按计划匀速跑，以达到规定的时间，如有能力则最后超出。这种跑法对体力分配较好，但是有时显得有点保守。

4. 变速跑战术 在中长距离全程跑的各段中，速度常有较大的变化。采用突然加速或者减速的跑法，一般情况下通常是领先者为了甩掉对手采用的跑法，用以打乱对手跑的节奏，消耗对手的体力。采用这种跑法通常要有强大的实力为基础，否则只能失败，因为采用变速跑是非常消耗体力的。

5. 领先跑战术 运动员出发后或在跑了一段距离后，占据领先位置，并尽力保持较高速度直至领先到达终点的一种战术。这种战术一般为速度稍差但耐力好的运动员采用，目的在于可以用自己较好的速度耐力拖垮对手。

6. 跟随跑战术 出发后，始终跟随在领先者或小集团后面，力争在最后冲刺阶段中奋力超越对手，率先通过终点。这种战术通常为速度好而耐力相对较差的运动员所采用。一般情况下，跟随者比领先者体力消耗少。

（六）中长跑的素质练习

1. 技术训练

（1）站立式起跑练习

目的：练习中长跑的起跑技术。

要求：按口令进行 40～60m 的起跑练习，重复多次。

（2）匀速跑

目的：练习匀速跑的时间判断感觉。

要求：在规定时间内反复跑 100～400m，并让运动员自己能够判断出速度。

（3）定时跑

目的：通过一定强度的训练提高机体耐受能力。

要求：规定时间和距离必须达到一定强度，一般跑 5～10min。

（4）变速跑

目的：提高跑的能力，掌握变速跑的方法。

要求：用 100m 快速＋100m 慢速或 200m 快速＋200m 慢速的跑法，连续跑 10～20 组。

2. 素质训练

（1）各种球类活动，踢足球、打篮球等；自行车、游泳、滑冰等耐力性运动 40～60min。提高一般耐力和身体的协调性。

（2）力量训练，用轻重量的杠铃练习，发展上肢和下肢力量。

（3）负重与不负重的各种跳跃练习，重复多次，提高腿部力量。

（4）负重高抬腿走或跑 60～100m，发展腿部力量。

（5）负重与不负重的腰、腹、背肌练习，发展躯干肌群的力量。

（6）各种跨栏跑练习，提高髋关节的灵活性，增加腿部力量。

第三节　跳　跃

田径运动中的跳跃项目，是运用人体自身的能力（或同时借助一定的器材——撑竿），通过一定的运动形式，使人体腾越尽可能高的高度或跳越尽可能远的远度。

一、跳远

跳远，以空中姿势命名，经历了蹲踞式跳远、挺身式跳远、走步式跳远三个发展时期。

（一）跳远助跑的技术规格

助跑的目的是使运动员获得可控制的最大水平速度并使身体到达最理想的起跳位置，为强有力的起跳做好充分准备。

1. 助跑的开始方式 助跑的开始方式有以下四种：

（1）两脚左右开立的站立式起动。

（2）两脚前后开立的站立式起动。

以上两种起动方式，因为身体处于静止状态在确定好的助跑标志上开始助跑，所以助跑步点比较准确，成功率较高，但肌肉相对比较紧张和僵硬，不利于发挥助跑速度。

（3）走步中踏上助跑标志的起动。

（4）先走几步后缓步跑踏上助跑标志的起动。

这两种起动方式，由于肌肉相对比较放松，助跑由运动中开始，所以易于发挥助跑速度，但准确率相对较低，需要加以注意。

2. 发挥助跑速度的方式 助跑后积极加速或逐渐加速，使速度越来越快，中间不应停顿或减速，在助跑最后两步时达到最大速度。

3. 助跑的技术动作 动作舒展而富有弹性，身体重心高且移动平稳，摆动腿高抬膝至水平位置时，前脚掌积极着地，在一条直线上，两臂摆动协调有力，助跑开始时上体前倾约 30°，助跑中上体逐渐挺直，起跳时上体与地面基本垂直。

4. 助跑的准确性 按照自己的步点助跑，助跑的步幅与节奏必须平稳，以保证起跳脚能准确地踏上起跳板。为了检查准确性，可以在助跑的起动处和最后 5～6 步处设置一个标志。

5. 起跳前的助跑节奏 在起跳前，助跑的节奏稍有变化。由于助跑的最后两步是助跑与起跳相结合的枢纽，对完成快速有力的起跳具有决定性的作用，因此助跑倒数第二步的步幅应稍长，使身体重心略有下降，为快速起跳创造条件，最后一步的步幅应稍短（比倒数第二步略短 3/4 足掌，20～40cm），使身体重心快速移过支点，最大限度地减少水平速度的损耗，完成快速起跳。

（二）跳远起跳动作的技术规格

起跳的目的是把通过助跑所获得的可控制的最大水平速度转换成使身体腾空的初速

度，使身体重心沿着适宜的腾起角度运行，以达到尽可能远的远度。

1. 上体姿势 上体直立，眼睛注视前上方。

2. 脚的位置 起跳脚放在身体重心投影线的前面，起跳腿与地面之间的夹角约为70°，膝关节弯曲约170°。

3. 缓冲动作 起跳脚着板后，全脚掌滚动缓冲，髋关节迅速前移到支撑点的垂直上方，膝关节弯曲140°～150°。

4. 摆动腿动作 在起跳脚着板时，摆动腿在身体后方同时抬起，大小腿紧凑折叠快速前摆，摆动结束时，大腿应与地面平行，大小腿夹角应小于90°。

5. 蹬伸动作 上体挺胸拔腰，积极伸展，脊柱与髋成一直线，膝、踝、脚趾均充分伸展。

6. 肩臂动作 起跳时，臂要带动肩接近身体摆动，前摆臂至眼睛水平位置，后摆臂的位置略低于肩。

7. 起跳结束时的动作 以摆动腿的大腿高抬突停和较正直的上体姿势，以及两臂的摆动突停动作来维持身体的平衡。起跳结束时的蹬地角度约为70°～80°。

（三）跳远腾空动作的技术规格

运动员蹬离起跳板后，身体腾起在空中，如果没有其他外力作用，身体重心抛物线的运动轨迹是不会改变的。因此，跳远腾空动作的目的是为了维持身体在空中运行时的平衡和为落地创造有利的条件。不同的跳远技术，其腾空动作也有不同的技术规格和要求。

1. 腾空步 各种跳远技术的腾空都是由腾空步动作开始的。腾空步就是起跳后身体在空中形成的跨步动作。其动作形态是：摆动腿高抬，大腿摆至水平位置，小腿自然下垂，起跳腿蹬伸后留在身体后面，挺胸抬头，上体保持正直，两臂摆动的姿势是助跑摆臂的延伸动作（图 2-1-8）。

图 2-1-8 腾空步示意

2. 蹲踞式跳远空中动作技术规格 完成腾空步动作后摆动腿大腿继续高抬，两臂摆向身体前方，起跳腿迅速向前上方跟进与摆动腿并拢，身体在空中完成蹲踞姿势。上体适当前倾，两腿向前上方收举，准备落地时，两臂向后方挥摆，同时双腿前伸，接落地的动作。

3. 挺身式跳远空中动作技术规格 完成腾空步动作后，摆动腿向下摆动，带动小腿完成向前并向后方的弧形摆动，在髋关节伸展的同时，起跳腿在髋下折叠，向下后方摆动，与摆动腿并列，臀部前移，胸腰前挺，两臂向下侧、后上方摆动超过头部，形成空中展体挺身的动作姿势。准备落地时，两臂由后上方向前、向下、向后方摆动，两腿前摆，收腹举腿，小腿前伸，上体前倾，接落地的动作（图 2-1-9）。

4. 走步式跳远空中动作技术规格 完成腾空步后，摆动腿伸直向下后方摆动，同时起跳腿在髋下方折叠并向前抬腿，完成空中换步动作。摆动腿屈腿前摆与起跳腿并拢，完成两步半走步式跳远的空中动作。在此基础上，摆动腿继续向前摆动，再由起跳腿向前摆动与摆动腿并拢，就完成了三步半走步式跳远的空中动作。在走步式跳远的腾空动作中，两臂配合腿的动作，做较大幅度的绕环摆动以维持身体的平衡。准备落地时，收

图 2-1-9 挺身式跳远示意

腹举小腿前伸，上体前倾，两臂同时摆向下后方，接落地的动作。

(四) 跳远落地动作的技术规格

正确的落地动作技术，既有利于跳远成绩的保持或提高，又可避免伤害事故的发生。身体在落地前双膝尽可能伸直，上体适当前倾。落地时，两脚平行并拢，当脚跟落进沙坑时，膝关节迅速弯曲，臀部前移，两臂屈肘积极前摆，使身体重心迅速移过支撑点，以臀部落在支撑点上完成落地动作。跳远的落地技术动作有三种。初学者应掌握前倒落地和侧倒落地的技术。

1. 前倒落地 当脚跟落入沙坑后，前脚掌下压，屈膝前跪，使身体重心移过支撑点后仍继续前移，身体向前倒地。

2. 侧倒落地 当脚跟落入沙坑后，一腿紧张支撑，一腿放松，使身体在移过支撑点后向放松腿的一侧倒地。

3. 坐落地 坐落地又称滑坐式落地。这是近几年出现的一种先进的落地技术动作，一些优秀运动员常采用此种技术。其动作规格是落地前迅速送髋前伸双腿，双脚跟一接触沙面，即借助惯性，使双脚抬起而身体继续向前运动，用臀部坐落于落地点的前面。

(五) 跳远技术练习

(1) 各种 30～50m 加速跑。

目的：提高专项速度，学习和提高助跑技术。

要求：高重心跑，有弹性，发挥速度快。

(2) 跑 3～5 步起跳连续练习。

目的：学习起跳基本技术动作。

要求：跑 3～5 步，做出跳远起跳腾空步的动作后用摆动腿落在沙坑或双腿落在沙坑里。腾空时上体要保持正直，抬头挺胸，摆动腿摆动的幅度要大。

(3) 4～6 步助跑起跳摆动腿踏上高物。

目的：学习跳远起跳摆动腿积极向上摆动技术。

要求：助跑 5～6 步后起跳腾空，摆动腿积极向前上方摆动，顺势踩落在高物上。腾空中要充分摆动，使髋部明显前移。

(4) 原地或行进间进行空中技术的模仿练习。

目的：学习和体会各种跳远腾空技术动作，提高协调性。

要求：原地进行模仿，按节拍“1-摆动起跳”“2-空中展体（按不同的腾空技术动作要求做出蹲踞式、挺身式、走步式空中动作）”“3-收腹举腿落地”做出各种动作。然后在行进间跑几步起跳做出上述“1、2、3”连续动作。

（5）4～6 步助跑弹跳板起跳腾空步落入沙坑练习。

目的：学习和体会助跑起跳结合技术和腾空后身体的控制。

要求：助跑 4～6 步，起跳脚踏上有弹性的弹跳板，充分向上跳起腾空。在空中保持一定时间腾空跨步的姿势，然后用摆动腿先落入沙坑并顺势跑出沙坑。

（6）4～6 步助跑弹跳板起跳跳远技术练习（弹跳板可以用仰板和俯板两种）。

目的：学习跳远基本技术，提高空中技术动作。

要求：助跑 4～6 步，踏上弹跳板起跳，充分利用腾空较高的条件做出三种跳远腾空技术动作。空中动作要舒展、大方、协调。

（7）短程、中程助跑跳远技术练习。

目的：学习提高跳远技术。

要求：短程助跑一般指 6～8 步的助跑，中程指 10～12 步的助跑。用不同距离的助跑学习和体会不同速度下的跳远，尤其是最后几步要加快助跑节奏，适应快速起跳，进一步提高跳远技术。

（8）全程助跑跳远技术练习。

目的：学习和体会跳远完整技术过程，进一步提高跳远技术。

要求：全程助跑 16～18 步，进行跳远完整技术练习。要尽量体现跑得快、上板节奏快、起跳快的跳远技术特点。

（六）跳远素质练习

（1）行进跑 30～50m 计时练习。

目的：发展速度素质。

要求：跑的动作轻松自然、协调有力，以最高速度进行跑的练习。

（2）100m 反复跑练习。

目的：发展速度素质，提高跑的技术和奔跑能力。

要求：85%～95%强度，充分体会跑的技术。要求腿摆动幅度大，动作自然放松，跑得有弹性，前脚掌支撑扒地积极。

（3）各种弹跳力练习。

目的：提高弹跳力素质。

要求：可以进行单足跳、跨步跳、纵跳、直膝兔跳等多种跳跃练习。跳时注意用力的爆发性、协调性，也可做台阶边上的提踵练习或蹬上高台阶练习。

（4）各种杠铃力量练习。

目的：发展力量素质。

要求：按举重技术要求做各种抓举、挺举练习，注意轻重量时的快速举和次数少、重量较大的力量练习交替进行。

（5）各种体操技巧练习、腰背腹肌力量练习。

目的：发展协调性素质，增强腰腹肌的力量。

要求：进行各种体操、技巧练习，完成动作要协调。

（6）跳深练习。

目的：提高腿部肌肉退让性工作的能力。

要求：连续跳跃几个高 40～60cm 的跳箱。从跳箱上下落时尽量保持直腿跳跃，膝部略弯曲。可单足或双足进行。

（7）专项跳深跳远练习。

目的：提高快速起跳能力，改进起跳技术。

要求：在 6～8m 长，高 40～50cm 的专用跳箱上助跑 2～3 步，从跳箱上冲下来，用起跳脚落地并迅速作出跳远起跳，越过适当的栏架高度。

（8）下坡跑跳远起跳练习。

目的：提高快速起跳能力。

要求：坡度为 3°～5°，从坡上向下跑 6～8 步然后起跳，起跳时要抬头，腿摆动幅度要大。

二、跳高

跳高是田径运动跳跃项目之一，由有节奏的助跑、单脚起跳、腾空过杆与落地等动作组成，以其最后成功地越过横杆上缘的高度计算成绩并以此判定名次。过杆技术有跨越式、剪式、滚式、俯卧式、背越式等。

其中，背越式跳高是指背部朝向横杆，身体各部分依次过杆的一种过杆技术。背越式跳高技术是由助跑、起跳、过杆和落地四个阶段组成（图 2-1-10）。

图 2-1-10　背越式跳高示意

（一）助跑

1. 助跑的任务　从背越式跳高的助跑路线可以看到，在助跑开始的前段直线跑，应尽可能地获得水平速度。在助跑后段的弧线跑应为起跳创造尽可能大的离心加速度，有助于向横杆方向运动。

2. 助跑的技术要点 开始采用直线助跑，双肩要下垂，用脚前掌着地，跑时具有弹性；提高重心，步幅均匀，不断加速；进入弧线跑时，外侧摆动腿富有弹性地蹬地。为了克服离心加速度的作用，上体应稍向弧线内侧倾斜。前脚掌沿弧线落地，身体重心轨迹向内越出足迹线。助跑的节奏要快，特别是助跑最后两步髋关节前送幅度要大，迈步时上体保持较垂直的姿势，摆动腿积极、充分后蹬，起跳腿快速前伸，同时髋部自然前送。在助跑过程中两臂应积极有力地前后摆动，弧线跑时外侧手臂摆动幅度应大于内侧手臂的摆动幅度（图 2-1-11）。

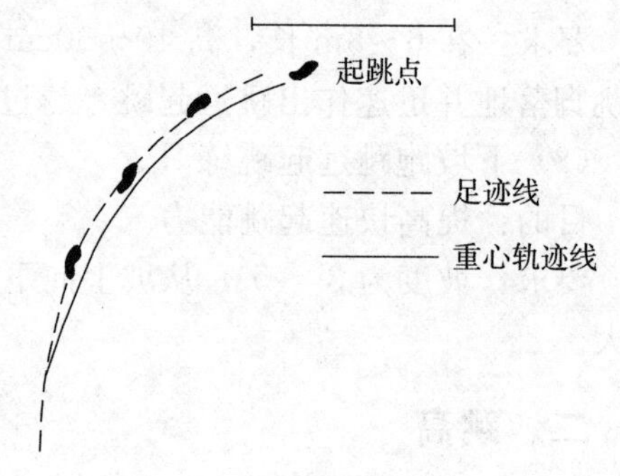

图 2-1-11 助跑技术要点示意

（二）起跳

起跳的目的在于使助跑获得的水平速度，迅速转变为垂直向上运动，以使身体充分向上腾起，并为过杆做好准备。起跳动作可分为起跳腿的着地、缓冲和蹬伸三个阶段及摆动腿与双臂的配合。

1. 起跳腿的着地、缓冲和蹬伸技术 为加快起跳的速度，起跳腿应大幅度、平稳地以脚掌外侧着地，并迅速从脚跟向前脚掌滚动。这时由于迈步放脚时髋关节的积极快速前送和迅速的弧线助跑而形成了身体向后、向内的倾斜姿势。在起跳的缓冲阶段，为了提高起跳的速度，还应减小屈膝的幅度，以利于保持水平速度。在这个阶段，当身体由倾斜转为垂直至身体重心移至起跳腿的上方时，迅速有力地充分蹬直起跳腿，躯干在离地前瞬间几乎垂直地立于起跳脚之上。这时起跳腿的蹬伸方向应在身体重心的外侧，从而产生了过杆所必需的旋转冲力。

2. 起跳时摆动腿与双臂的协调配合技术 起跳时离横杆较远的一臂使劲地向上摆动，另一臂不要充分摆出，并且较早地制动，这样有利于肩轴倾向横杆。摆动腿的摆动应从屈膝的起跳腿旁开始，以膝盖领先，先屈膝折叠，向后跳高架的远端支柱上方用力摆出。当摆动腿摆到起跳腿前方之后应向里转，而小腿和脚要稍外展。这样的积极动作有助于使骨盆保持在起跳力量的作用线上，围绕纵轴产生转身动作。此时，头应补偿性地转向横杆。

（三）过杆和落地

过杆与落地阶段指起跳腾空后，身体各部分利用合理的技术动作越过横杆，并安全地落在海绵包上的技术阶段。过杆技术是跳高技术中的一个重要环节，直接关系到跳高完整技术的成功与失败，尤其是背越式跳高技术，眼睛看不到横杆，用背部越过横杆，稍不注意控制动作，就会碰落横杆，使跳高失败。

当起跳结束时，身体应保持起跳结束时的正确姿势，充分伸展身体，向上腾起。利用摆动腿的力量尽量提高髋部位置，然后以摆动腿同侧的臂、肩领先过杆，顺势仰头、倒肩、挺髋，围绕横杆进行旋转。在横杆上，髋部超过两膝时，形成背弓的拱形姿态，使头、肩背、腰、髋、腿依次越过横杆。当髋部越过横杆时，顺势收腹，带动大腿向上甩小腿，使整个身体迅速摆脱横杆，以适宜的屈髋姿势下落，用背部顺势落在海绵包上。

落地时要保持一定的肌紧张，用背部落地，顺势缓冲。收腿时不宜做过大的收膝动作，避免膝盖碰撞脸部，造成损伤。

在整个过杆过程中，动作应该连贯、快速、顺势完成。身体的各部分应尽可能靠近身体重心的运动轨迹，避免做多余的动作，过分的挺髋和大幅度的收腿动作，会远离身体重心腾起的抛物线轨迹，造成用力动作的不合理而碰落横杆。

过杆与落地技术要点：

（1）过杆时仰头、倒肩、挺髋、收腿应连贯、自然、顺势完成。

（2）过杆时仰头倒肩的时机要适宜，过早或过晚都会碰落横杆。

（3）过杆时腰腹肌要主动控制空中姿势，使身体各部分成为一个整体，有利于过杆。

（4）在仰头过杆后顺势收下颌，避免头部先落在海绵垫上，造成颈部受伤。

（四）背越式跳高技术练习

（1）绕圆圈跑、各种弧线跑、弯道跑。

目的：学习体会弧线跑的技术。

要求：跑弧线时一定要保持内倾，外侧肩高于内侧肩，速度由慢到快。

（2）原地支撑摆动练习。

目的：学习和体会跳高的摆动技术。

要求：一手扶支撑物，起跳腿原地支撑，摆动腿大小腿折叠摆动练习。以髋和大腿发力，用力摆动至膝高抬位置时突停。摆动臂配合摆动，提肩提腰。

（3）走1～2步的迈步起跳摆动练习。

目的：学习和体会起跳的基本技术。

要求：在横杆前自然走动1～2步，摆动腿积极蹬伸送髋，起跳腿迅速迈步放脚支撑跳起，摆动腿、臂用力向上摆动。注意强调摆动腿的快速蹬伸和摆动，垂直向上。

（4）在弧线上跑2～3步的迈步起跳摆动向内转体90°练习。

目的：学习和体会弧线助跑起跳挺髋的基本技术。

要求：弧线上跑2～3步，迈步放脚起跳，摆动腿、臂积极摆动，顺势向内转体90°，面对圆心。在腾空时髋部微微向前挺并保持一定的紧张度落地。

（5）原地双脚起跳背躺海绵包练习。

目的：学习体会过杆落地的基本动作。

要求：背对海绵包，两脚蹬地跳起，顺势向后上方仰头倒肩、挺髋，用背部落在海绵包上。注意仰头后微收下颌，避免用头和颈部落地。

（6）原地双脚起跳背越过杆练习。

目的：学习和体会背越过杆技术动作。

要求：背对海绵包，两脚蹬地跳起，顺势向后上方仰头倒肩、挺髋，做出背弓越过横杆后肩背部继续下潜，顺势收腹甩收小腿，用背部落在海绵包上。注意仰头后微收下颌，避免用头和颈部落地。

（7）小弧线助跑4～5步起跳背躺一定高度海绵包练习。

目的：学习助跑起跳背越过杆的基本技术。

要求：弧线助跑4～5步，跳起后顺势向后上方仰头倒肩、挺髋，用背部落在海绵包上。注意仰头后微收下颌，避免用头和颈部落地。

（8）小弧线助跑4～5步起跳背越式过低横杆练习。

目的：学习弧线助跑起跳背越式过杆技术。

要求：画一半径4～5m的半圆弧线，弧线助跑4～5步，跳起后顺势向后上方仰头倒肩、挺髋，做出背弓越过较低的横杆后肩背部继续下潜，顺势收腹甩收小腿，用背部落在海绵包上。

（9）短助跑5～6步背越式过中等高度横杆练习。

目的：进一步学习和提高背越式跳高技术。

要求：丈量弧线助跑步点，短助跑5～6步，充分向上跳起，摆动腿、臂到较高的位置，做到提肩提腰垂直腾空后，顺势向后上方仰头倒肩、挺髋，做出背弓越过中等高度的横杆后肩背部继续下潜，顺势收腹甩收小腿，用背部落在海绵包上。注意头、肩、上体不能过早倒向横杆。

（10）全程助跑背越式技术过杆练习。

目的：学习和提高背越式跳高技术。

要求：全程助跑8～10步，充分向上跳起，顺势向后上方仰头倒肩、挺髋，做出背弓越过较高高度的横杆后肩背部继续下潜，顺势收腹甩收小腿，用背部落在海绵包上。注意仰头后微收下颌，避免用头和颈部落地。

（五）背越式跳高素质练习

（1）弹跳力练习。

目的：提高腿部力量和弹跳力素质。

要求：进行多种跳跃练习，提高腿部肌肉的弹性。

方法：

①徒手跳跃：单足跳、跨步跳、纵跳、跳台阶、五级跳、十级跳等。

②器械跳跃：跳栏架、跳深、双摇跳绳、沙坑赤脚跳、负重沙衣跳等。

③专项跳跃：助跑摸高跳、助跑起跳双手抓高杠、助跑起跳站上高台等。

（2）杠铃力量练习。

目的：发展和提高力量素质。

要求：进行杠铃练习时要注意用力的协调性和爆发性，杠铃不宜过重。

方法：

①负重杠铃弓箭步走、负重杠铃单腿上台阶、负重杠铃双脚跳等。

②抓举杠铃、挺举杠铃、高翻杠铃等。

③负重杠铃半蹲、负重杠铃全蹲、负重杠铃快速蹲起等。

（3）速度练习。

目的：提高速度。

要求：在速度练习中，要不断地变换要求，快慢结合，体现出灵活性和节奏感，以及控制速度的能力。

方法：

①30m、60m、100m加速跑，反复跑，计时跑等。

②弯道快跑加直道慢跑的变速跑。

③全程弧线助跑计时等。

（4）柔韧协调灵巧性练习。

目的：提高柔韧协调性素质。

要求：进行多种体操技巧动作的学习和练习，不断地发展柔韧协调性素质。

方法：各种体操、技巧技术动作练习；各种球类活动练习。

第四节　投　　掷

田径运动中的投掷是人体运用自身的能力，通过一定的运动形式，将手持的规定器械进行抛射并尽可能获得远度的运动项目。田径运动的投掷项目主要有铅球、标枪、铁饼、链球。这些项目都需要具备一定的速度和力量才能将器械投掷得更远。因此，通过从事这些项目的训练和比赛，可以提高人的力量、速度素质和全身协调用力的能力。

一、推铅球

推铅球的形成与发展大致经历了投掷石块、投掷炮弹和推铅球三个阶段。早在原始社会，就有投掷石块的游戏，它是人们与大自然斗争的产物。在中世纪，随着火炮的诞生，在士兵中又出现了投掷炮弹的比赛。19 世纪末期，才出现了现今比赛所用的铅球。由于当时的炮弹重量为 7.257kg（16 磅），因此，男子铅球在正式比赛中的重量也一直是同炮弹一样重，直到 1957 年才改为目前的 7.26kg。现女子铅球在正式比赛中的重量为 4kg。

推铅球是田径运动投掷项目之一。它是一种利用人体全身力量协调用力将有一定重量的铅球从肩上用手臂掷出的运动项目。推铅球运动的练习和比赛，可以提高人的力量素质和身体协调用力的能力，从而增强人的体质。铅球比赛在直径为 2.135m，前缘装有抵趾板的投掷圈内进行。运动员用单手持铅球，接近腮部，即肩上锁骨窝处，通过滑步或旋转，最后用力将球由肩上推出。推铅球不得将球移至肩下或肩后抛掷。铅球的落地点须在规定的 40°角度线区域以内。运动员须等铅球落地，身体稳定后，从圆圈后半圈走出，成绩方为有效。

推铅球的方法有侧向滑步推铅球、背向滑步推铅球和背向旋转投掷铅球三种。其中，采用背向滑步推铅球技术的人数较多，在此对背向滑步推铅球作重点介绍。背向滑步推铅球技术可分为 5 个部分（以右手持球为例）：持球、预备姿势、滑步、最后用力、缓冲。

（一）持球方法

五指自然分开，把球放在食指、中指和无名指的指根上，大拇指和小指自然地扶在球的两侧，手腕背屈，掌心不触球。握好球后，把球放在肩上锁骨窝处，贴着颈部，掌心向前，肘略低于肩或与肩同高，臂自然放松。

（二）预备姿势

预备姿势分高姿势和低姿势两种。

1. 高姿势　背对投掷方向，站在圈内靠近后沿处。两脚前后开立，右脚在前，脚尖贴近投掷圈后沿，左脚稍后，前脚掌或脚尖着地，左臂微屈上举，上体正直，体重落在右腿上，两眼看前下方。

2. 低姿势 同高姿势不同处就是在圈内站好后，上体前屈，左臂自然下垂并稍向内，两眼看前下方，铅球投影点在右脚的右侧前方。高姿势较自然放松，能协调进入滑步，但对腿部、腰背肌力量和平衡能力要求较高。低姿势容易维持身体平衡，但滑步前全身肌肉较紧张，右腿负担量大，多数人采用高姿势。

（三）滑步

滑步的目的是使铅球在最后用力之前，获得一定的预先速度，并为最后用力创造良好的条件。以高姿势开始，先做1～2次预摆（有的不做预摆）。预摆时，左腿稍屈，以大腿带动小腿向后上方缓慢摆起，右腿伸直以全脚掌或前脚掌支撑体重，同时上体前屈，左臂前伸稍向内，左腿摆到一定高度，上体前屈约与地面平行。左腿回收，同时右腿屈膝下蹲，当左腿靠近右腿时，呈团身状态。随后左腿以大腿带动小腿快速向抵趾板方向摆动，同时右腿用前脚掌蹬离地面，并迅速收拉小腿。右脚贴近地面边收边向内转，落在投掷圈中心附近，与投掷方向成90°～130°角。而左脚积极以前脚掌内侧着地，落在中线左侧靠近抵趾板处，恢复成预备姿势，准备最后用力。

（四）最后用力

在完成滑步动作左脚落地瞬间，便要开始最后用力。右腿用力蹬地、转髋、送髋、抬体，促使身体向投掷方向移动。这时左臂和左肩向投掷方向牵引，左腿做好左侧支撑，以防止过早转体和向左侧倾斜的现象。当身体重心由右腿逐渐移到左腿时，右腿迅速伸直，上体和头部向投掷方向转动，爆发式地挺胸推球出手，最后用手指快速拨球，出手角度一般为38°～42°。球出手后，右脚向前换步，降低身体重心，维持身体平衡（图2-1-12）。

图2-1-12 推铅球示意

（五）缓冲

缓冲指铅球出手后，运动员为防止犯规而使身体重心稳定下来的过程。铅球离手后，由于快速向前猛烈用力以及为取得出手的适宜角度和高度，人体的重心已处于较高的位置，使人体容易失去平衡而冲出投掷圈。因此，铅球出手后，应使两腿弯曲或做一交换，以降低身体重心，缓冲向前的冲力，维持身体平衡，防止出圈犯规。

（六）背向滑步推铅球技术练习

（1）双手正面推铅球。

目的：提高投掷过程中腿、手臂及躯干的协同用力能力。

要求：两脚前后开立，左脚在前，右脚在后，右腿微屈，上体稍后仰，体重大部分在右腿上，双手持球放于胸前，右腿快速蹬伸，结合躯干及手臂的力量将球向前上方掷出。

(2) 原地背向推球。

目的：学习投掷铅球的最后用力动作。

要求：两脚左右开立，左脚稍向后，躯干右转且前倾，身体重心位于弯曲的右腿上，左臂横于胸前，右腿蹬转，上体逐渐转向投掷方向后，两腿充分蹬伸，右臂迅速将球掷出。

(3) 上步推铅球。

目的：学习滑步和最后用力之间的衔接。

要求：面对投掷方向，两脚前后开立，左脚在前，躯干保持正直且稍向右扭转。右腿向前跨出，使上体形成一定的后倾，当左腿前跨、左脚着地时，迅速将球掷出。

(4) 预摆练习。

目的：学习预摆及团身动作。

要求：背对投掷方向，两脚前后开立，右脚在前，左脚在后，上体前倾，体重大部分落在弯曲的右腿上，左腿向投掷方向摆起，而后收左腿靠近右腿，与此同时，完成团身动作。滑步从这里开始。

(5) 滑步练习。

目的：学习滑步技术。

要求：连续滑步，左腿快速向抵趾板方向摆出，右腿积极蹬伸，左腿的摆动和右腿的蹬伸结束后，迅速收拉右小腿，右脚先着地。

(6) 背向滑步推铅球。

目的：学习完整技术动作。

要求：滑步快，身体重心起伏小，滑步和最后用力之间的衔接好，能形成最后用力前的有利姿势。

(七) 推铅球素质练习

(1) 负重下蹲。

目的：发展下肢力量，使下肢力量在整个投掷过程中能够发挥重要的作用。

要求：注意保持躯干正直，蹲起速度要尽量做到快速有力。

(2) 高抓。

目的：全面增强力量，特别是腿及背后肌群。

要求：注意上体要尽量保持正直，肘关节不要屈，全身发力要集中，体现爆发力。

(3) 卧推。

目的：发展最后用力肌群。

要求：注意杠铃上升的路线要尽量竖直，手臂要完全推直。可采用握距较窄的窄推和握距较宽的宽推练习。两种练习可交替进行。

(4) 负重体侧屈。

目的：增强体侧肌肉的爆发力，这些肌肉将在滑步结束到最后出手之间发挥重大的作用。

要求：两手宽握，侧屈时上体不能前屈或后仰，膝关节要保持伸直。

（5）哑铃单臂上举。

目的：发展投掷臂及肩的肌肉力量。

要求：用投掷臂的手握住一个哑铃，投掷臂屈于胸前，哑铃与肩同高，用手臂及肩的力量将哑铃迅速上举。注意不要借用腿部力量。

（6）仰卧起体前掷球。

目的：加强躯干（前部）及手臂力量。

要求：仰卧，两腿分开，双手持实心球于胸前，而后收腹立起上体并随之将实心球掷出。

二、掷铁饼

掷铁饼是一项古老的运动项目，早在公元前708年，在第十八届古代奥运会中，掷铁饼已被列为五项全能项目之一。现存的古代奥运会的历史文物最著名的要属“掷铁饼者”的塑像和奥林匹亚圣殿中的石制铁饼。

从古代到现代，投掷铁饼的技术演变可以概括为原地掷饼—上步掷饼—侧向旋转掷饼—背向纵跳式旋转掷饼—背向旋转低腾空换步式掷饼。目前优秀运动员的技术可以概括为：低姿势，大幅度，衔接好，快速旋转全背向投掷技术。

掷铁饼是田径运动投掷项目之一。比赛在直径2.50m的投掷圈内进行。运动员背对投掷方向，用手指扣住铁饼边缘，经过预摆、旋转、最后用力将饼投出。运动员须等铁饼落在规定的落地区后，从圆圈后半圈走出，成绩方为有效。掷铁饼的方法，现今国际上的优秀铁饼运动员普遍采用背向大幅度快速旋转一周半的技术。这一技术被称为背向旋转投掷铁饼技术。

（一）握持方法

五指自然分开，拇指和手掌平靠铁饼，其余四指的最末指节扣住铁饼边沿，铁饼的重心在食指和中指之间，手腕微屈，铁饼的上沿靠在前臂上，持饼臂自然下垂于体侧。

（二）预备姿势和预摆

1. 预备姿势　背对投掷方向，两脚左右开立约一肩半，站于圈内靠后沿处的投掷中线两侧。两脚平行开立或左脚稍后，持饼臂自然下垂于体侧，眼平视。

2. 预摆　预摆是为了获得预先速度，为旋转创造有利条件。预摆的方法有两种：

（1）左上右后摆饼法。开始时，持饼臂在体侧前后自然摆动，当铁饼摆到体后时，体重靠近右腿，接着以躯干带动持饼臂向左上方摆起。当铁饼摆到左上方时，左手在下托饼，体重靠近左腿，上体稍左转。回摆时，躯干带动持饼臂将铁饼摆到身体右后方，身体向右扭紧，体重处于右腿上，上体稍前倾，左臂自然微屈于胸前，眼平视，头随上体的转动而转动。

（2）身体前后摆饼法。开始时，持饼臂在体侧前后自然摆动，当铁饼摆向体前左方时，手掌逐渐向上翻转，右肩稍前倾，体重靠近左腿；铁饼回摆到体后时，手掌逐渐翻转向下，身体由左向右移动，上体向右后方充分转动，使身体扭转拉紧。这种方法动作放松，幅度大。目前大多数优秀选手都采用这种方法。

（三）旋转

预摆结束后，右腿弯曲蹬地，上体向左转动，同时左膝外展，体重由右脚向边屈边转的左腿移动。接着两腿积极转动，并以左脚前脚掌为轴向投掷方向转动，身体向投掷方向倾斜，投掷臂在身后放松牵引铁饼。当左膝、左肩和头即将转向投掷方向时，右膝自然弯曲，以大腿发力带动整个腿绕左腿向投掷方向转扣（右脚离地不能过高），这时左髋低于右髋，身体成左侧单腿支撑旋转，接着以左脚蹬地的力量推动身体向投掷圈的中心移动，右腿、右髋继续转扣。当左脚蹬离地面时，右腿带动右髋快速内转下压，左腿屈膝迅速向右腿靠拢，左肩内扣，上体收腹稍前倾。接着，左脚积极后摆，以脚掌的内侧着地，落在投掷圈中线左侧、圆圈前沿稍后的地方，身体处于最大限度的扭转拉紧状态，铁饼远远留在右后方，左臂自然微屈于胸前，为最后用力做好准备。

旋转技术要点：

（1）当左膝即将转向投掷方向时，右腿离地向前摆动，左腿单腿支撑转蹬，使身体逐渐转向投掷方向。

（2）右腿应较大幅度向前摆动并在投掷圈中心处迅速落地，而左腿离地后应靠近右腿以较小幅度在投掷圈前沿处快速落地。

（3）右脚落地后，要以其前脚掌为轴，继续不停地旋转，此时上体不能抬起，左臂不能展开，应尽可能地使重心位于右腿上。

（4）左脚落地时，重心应靠近弯曲的右腿上，上体前倾，左臂内扣，投掷臂远远留在身后，形成最后用力前的有利姿势。

（四）最后用力

当左脚着地时，右脚继续蹬转，使右髋积极地向投掷方向转动和前送。接着，头向投掷方向转动，左臂微屈于胸前，胸部开始向前挺出，体重逐渐移向左腿。当体重移向左腿时，右腿继续蹬伸用力，以爆发式的快速用力向前挺胸挥饼。与此同时，左腿迅速用力蹬伸，左肩制动，成左侧支撑，使身体右侧迅速向前转动，将全身的力量集中在铁饼上，当铁饼挥至右肩同高并稍前时，用小指到食指依次用力拨饼出手，使铁饼沿顺时针方向转动向前飞行（图 2-1-13）。

图 2-1-13　掷铁饼示意

（五）身体平衡

在铁饼出手后，应迅速做两腿交换的动作或继续向左连续减速旋转，同时降低身体重心，改变运动的方向，缓冲向前的冲力，维持身体平衡，避免冲出圈外，造成犯规。

（六）掷铁饼技术练习

（1）滚饼。

目的：培养运动员控制器械的肌肉感觉。

方法：两脚前后开立，左脚在前，两腿微屈，上体前倾，持饼臂从后向前摆动，当摆到体前时，由小指到食指依次用力，最后用食指将饼拨出，使铁饼在地面平稳地沿直线向前滚动。

（2）抛饼。

目的：提高运动员控制及拨饼能力。

方法：两脚在前后开立，左脚在前，持饼臂由下向上摆动当摆至体前上方时，用中指、食指拨饼，使其自转向上运行，铁饼在空中保持直立且以其边缘落地。

（3）原地侧向掷饼。

目的：学习掷铁饼的最后用力。

方法：在地上画一投掷线，两脚开立，右脚前掌位于投掷线上，左脚位于投掷线稍左处，当持饼臂摆饼至体前最高点时，用左手在胸前托住铁饼，直臂回摆铁饼，同时以右脚前脚掌为轴身体回转，而后，身体快速前转，利用蹬腿及手臂的力量将铁饼掷出，右脚不要离开地面。

（4）原地侧向撤步掷饼。

目的：学习左脚着地及其与最后用力之间的衔接。

方法：站位同上一练习，当身体后转时，收回左腿，使之靠近右腿，而后，当身体向投掷方向转动时，左腿后撤至原来的位置，当左脚落地后，将铁饼掷出。

（5）正面旋转掷饼。

目的：学习腾空与最后用力之间的衔接。

方法：面对投掷方向两脚前后开立，左脚在前，当铁饼摆至身后时，左脚蹬地，右腿前摆左脚离地后也向投掷方向摆出，同时，身体左转 180°，形成最后用力前的正确姿势。

（6）左侧支撑转动。

目的：学习进入旋转前的动作。

方法：背对投掷方向，两脚平行开立，铁饼后摆结束时，以左脚前掌支撑点向左转动左脚及左膝。开始练习时，先徒手模仿。

（七）掷铁饼素质练习

（1）原地投重物。

目的：发展投掷臂、躯干及腿部的肌肉力量。

要求：两脚前后开立同原地投饼动作，双手持 2～4kg 铅球于左肩处，在投掷臂回摆过程中，左肩同时后转，然后，像投掷铁饼一样将球掷出。

（2）杠铃提拉上举。

目的：发展手臂及肩部的力量。

要求：保持背部正直，屈膝双手握住杠铃杆，宽度与肩同宽，伸膝提铃至胸，然后上举过头。

（3）哑铃仰卧扩胸。

目的：发展胸部及手臂的力量。

要求：仰卧于长凳上，两手各握一哑铃或杠铃片，两臂垂直于体侧，而后垂直上举，如同扩胸练习。

（4）坐姿体侧提铃。

目的：发展腰部力量。

要求：骑坐于一长凳上，从右侧地上提起杠铃至胸，而后将其放在左侧地面上。

（5）负重半蹲。

目的：发展腿部力量。

要求：负重杠铃，垫高脚后跟并保持上体正直，快速做屈膝半蹲起练习。

（6）负重转体。

目的：发展躯干转动肌群的力量。

要求：负重杠铃，两脚开立比肩略宽，向左右转体数次，以发展躯干转动肌群的力量。上体保持正直，两眼平视。

三、掷标枪

掷标枪运动具有悠久的历史。在古代，人们就用类似标枪的器具作为武器去猎取野兽，后来标枪成为战争的武器。投掷标枪也是古代奥运会的正式比赛项目之一。

掷标枪是田径运动投掷项目之一。它是一种用单手握住一根长 2.2～2.7m 梭形流线体金属枪，通过一定的助跑、引枪和最后用力等技术动作，将枪从肩上掷出的运动项目。掷标枪运动的练习和比赛，可以锻炼人的速度、灵敏度和力量素质，提高全身协调用力的能力和爆发力。标枪出手在空中飞行滑翔后落地时，须枪尖先着地，并落在规定的落地区内，成绩方为有效。掷标枪的完整技术从结构上可以分为 7 个部分，即握枪、持枪、助跑、预跑、投掷步、最后用力和缓冲。

（一）握枪

握枪方法是将标枪斜放在掌心上，大拇指和中指握在标枪把手末端第一圈上沿，食指自然弯曲斜握在标枪上，无名指和小指握在把手上。也可拇指和食指握在标枪把手末端第一圈上沿，其余手指按顺序握在把手上。

（二）持枪

持枪的方法是屈臂举枪于肩上，大小臂夹角约为 90°，稍高于头，枪尖稍低于枪尾。

（三）助跑

助跑的距离应根据投掷者发挥速度的快慢而定，一般在 25～35m，助跑分为两个阶段。

（四）预跑

预跑阶段主要是加速，在跑进中上体稍前倾，用前脚掌着地，大腿抬得较高，后蹬力量强，动作轻快而富有弹性，持枪臂随着跑的节奏与左臂配合，自然前后摆动，并与下肢动作协调一致，在加速中进入投掷步。

（五）投掷步

第一步：左脚踏上标志线，右脚积极前迈，同时，右肩后撤并开始向后引枪，左肩逐渐向标枪靠近，左臂自然摆至胸前，眼向前看，髋部正对投掷方向，持枪臂尚未伸直。

第二步：当右脚落地，左脚离地前迈开始了投掷步的第二步。左脚前迈时，髋稍向右转，右肩继续后撤并完成引枪动作，右手接近于肩的高度，枪身与前臂的夹角较小，枪尖靠近右眉，保证标枪纵轴和投掷方向一致。

第三步：是由左脚落地开始的，左脚一落地，右腿膝关节自然弯曲，大腿带动小腿积极有力地向前摆出，当右腿靠近左腿时，左腿快速有力地蹬伸，促使右腿加快前迈。此时髋轴转向投掷方向，并与肩轴形成交叉状态。左臂自然摆至胸前，有助于左肩继续向右转动，加大躯干的向右扭转。右脚尖外转用脚跟外侧先落地，然后过渡到全脚掌，与投掷方向成 45°左右的角。躯干和右腿成一条直线，整个身体向后倾斜与地面形成一定的夹角。

第四步：在交叉步右脚落地之前，左腿就要积极前迈。右腿落地，身体重心落在右腿上，接着，右腿积极蹬地，加快髋部向水平方向移动，同时也加快了左腿的前迈。左腿前迈时，大腿不宜抬得过高，左脚用内侧或脚跟先着地，做出强有力的制动和支撑，左脚落地的位置应在右脚落地前投掷方向线的左侧 20～30cm 处。

投掷步的步长一般是：第一步较大，有利于在充裕的时间内做出引枪动作；第二步居中，为过渡到后两步创造良好的基础；第三步大，有利于投掷步的加速；第四步小，便于转髋，做好“满弓”及与最后用力之间的衔接，做好左腿的支撑动作。

（六）最后用力

投掷步的第三步右脚着地后，由于惯性，髋部迅速向前运动，在超越了右腿支撑点之后(左脚未着地)，右脚就开始最后用力。当左脚着地，便形成了以左脚到左肩的左侧支撑，为右腿继续蹬地转髋创造条件。右腿又继续蹬地，推动右髋加速向投掷方向运动，使髋轴超过肩轴，同时髋部牵引着肩轴向投掷方向转动，在肩轴向投掷方向转动的同时，投掷臂向上转动，带动前臂、手腕向上翻转，当上体转为正对投掷方向时，形成了“满弓”姿势。此时投掷臂处于身后，约与肩高，与躯干几乎成直角。弯曲的左腿做迅速有弹性的蹬伸，同时胸部尽量前送，并带动小臂向前做爆发性“鞭打”动作，使全身的力量通过手臂和手指作用于标枪纵轴。标枪离手一刹那，手腕和手指的积极动作，能使标枪沿着纵轴按顺时针方向自转，这可以保持标枪在空中飞行的稳定性，提高标枪的滑翔效果。标枪出手的适宜角度为 30°～35°（图 2-1-14）。

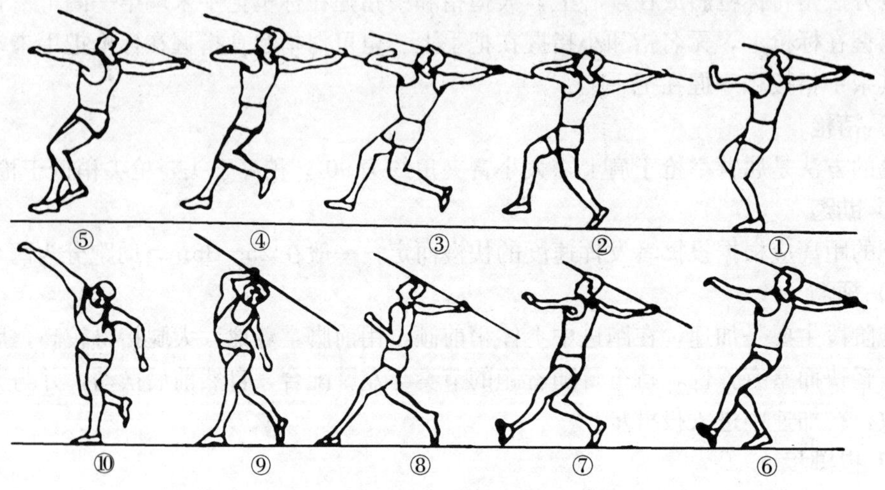

图 2-1-14　掷标枪示意

（七）缓冲（出手后的身体平衡）

标枪出手后，由于惯性的作用，必然继续向前运动。为了防止犯规，应降低身体重心，及时向前跨出1～2步，维持平衡，避免触及投掷弧，造成犯规。

（八）掷标枪技术练习

（1）正面插枪。

目的：学习投掷臂的鞭打动作，掌握标枪的纵轴用力。

要求：面对投掷方向两脚前后开立，左脚在前，持枪于肩上方，肘关节外展，枪尖略低于枪尾，通过投掷臂的“鞭打”动作，将标枪插于10～15m的前下方，作用力要通过标枪的纵轴。

（2）原地引枪。

目的：学习引枪的正确动作。

要求：站位同上一练习，向右侧转肩，使左肩正对投掷方向，直线向后引枪，引枪完成后，手掌朝上，投掷臂与肩同高，枪尖靠近运动员脸颊并位于眼睛下方，双目朝前看，保持头部正直。整个动作进行得较慢。

（3）转髋拉肩。

目的：学习右脚、膝、髋、肩的正确动作，发展肩、腰部的柔韧性。

要求：用右手握肋木横杆或投掷护笼，站于右手前1m处，向投掷方向迈出左腿，使身体重心移过弯曲的后腿，内转右脚和右膝，推动右髋向前，使右臂充分伸展，形成一定的背弓。

（4）原地投枪。

目的：学习原地投掷技术。

要求：两脚前后开立，身体重心位于弯曲的后腿（右腿）上，前腿轻微弯曲，向右侧转肩使左侧对投掷方向，同时身体后倾，在此过程中，伸直右臂完成引枪，而后，向前转动右膝及右宽，经过全身协调用力后由右臂将标枪掷出。投掷时，投掷臂应高于肩，肘的位置要较高，枪出手后，向前上一步，进行缓冲。

（5）交叉步投枪。

目的：学习交叉步及其与最后用力步之间的衔接。

要求：侧对投掷方向站立，投掷臂引枪充分伸展，从右腿到左腿依次向投掷方向跨出，右脚落地后，左脚迅速于右脚前落地且脚尖指向投掷方向，迅速向前转动右脚、膝、髋，在形成有利的左侧支撑的基础上，将标枪从肩上掷出。

（6）投掷步投枪。

目的：学习助跑投掷步及其最后用力之间的衔接。

要求：面对投掷方向站立，举枪于肩上，向右转肩90°，同时完成引枪，使非投掷臂横于胸前，眼向前看，保持投掷臂伸直，使枪尖位于眉毛处，而后进行4步投掷步投枪。第1步从右脚开始，第2步左腿前迈，第3步是交叉步，第4步是最后用力，第4步左脚落地要迅速，而后向投掷方向转动右髋，在形成左侧支撑的基础上进行投掷。4步投掷步的步长应是大、中、大、小。

（九）掷标枪素质练习

（1）仰卧坐。

目的：发展腹部肌肉力量。

要求：横躺于一长凳上，双脚固定，双手置于脑后，而后躯干立起，放下。

（2）背弓头后球。

目的：模仿投掷时的背弓动作，发展与此相关的肌肉力量。

要求：两脚前后开立，左脚稍偏左，双手持一实心球于头后上部，向前伸展髋部形成背弓，而后将实心球向前方掷出。

（3）仰卧头后拉举。

目的：发展参与最后用力的手臂肌肉力量。

要求：仰卧于一长凳上，双脚分别置于长凳两侧的地面上，屈肘握住置于头后的杠铃杆，而后肘关节伸直，使杠铃杆位于胸部上方。

（4）提铃至胸。

目的：发展腿部、肩部及手臂的爆发性力量。

要求：保持背部正直，屈膝，双手宽握杠铃，而后，双腿快速伸展，同时肩部提拉最后用手臂提拉使杠铃与下颌同高。

（5）握枪直臂翻转。

目的：提高肩部的柔韧性。

要求：双手握枪置于体前，而后上举使枪经过头部到达身体后部（双臂要始终保持伸直，双手握枪宽度要达到个人能够翻转的最大限度）。

（6）坐姿负重转体。

目的：发展髋部、躯干的力量及柔韧性。

要求：肩部负重骑坐于一长凳上，双手宽握，转动躯干。

第二章 篮球运动

第一节　篮球运动概述

篮球运动是将球投入对方球篮，以得分多少决定胜负的集体球类运动项目。国际上经常举行世界性、地区性的大赛，国际交往比较频繁，发展迅速，篮球已成为最受人们喜爱的竞技运动项目之一。

一、篮球运动的起源与发展

篮球起源于美国，是1891年由美国马萨诸塞州斯普林菲尔德市基督教青年会训练学校体育教师詹姆士·奈史密斯博士创造的。起初，他将两只装桃子的篮子分别钉在健身房内看台的栏杆上，用足球作为比赛工具，向篮投掷，投球入篮得1分，按得分多少决定胜负。每次投球进篮后，要爬梯子将球取出再重新开始比赛。

经过一百多年的发展，篮球运动已由简单的游戏活动发展成为一项深受各国广大体育爱好者喜爱的竞技运动项目。1932年国际篮球联合会（FIBA）成立，1936年男子篮球运动被列为奥运会正式比赛项目，1976年女子篮球运动被列为奥运会正式比赛项目。篮球规则也由最初的13条扩展为61条，而且每隔4年，国际篮球联合会要根据当时的篮球运动发展趋势进行修订。

篮球运动在1894年传入我国的天津等地。中华人民共和国成立后，我国的篮球运动得到极大的发展，并跻身于世界强队之列。在美国男子篮球职业联赛的影响和带动下，我国篮球运动也开展了中国男子职业篮球联赛，以及代表我国大学生最高水平的中国大学生篮球联赛，并涌现出姚明、王治郅等优秀运动员。

二、篮球运动的特点与作用

（一）篮球运动的特点

篮球运动具有较强的游戏性和集体性，它要求运动员在比赛中通过巧妙的运、传球及精彩的投篮动作和团结合作、密切配合，达到战胜对手的目的。

篮球运动有较大的吸引力和群众性。参加者不受年龄、性别、身材、体质的限制，人人都能参加篮球运动，所以它既能增强体质，促进健康，又能丰富人们的业余文化生活，从而提高劳动、工作和学习的效率。

篮球运动的技、战术具有复杂性和对抗性。篮球运动的技术动作是由各种各样的跑、跳、投等基本技术动作组成，是以积极争夺控球权为手段，以投篮为目的进行运动的。篮球比赛的双方队员既是同场竞技，又是攻守交错，多在两边篮下有限的地面和空间展开激烈的争夺。

（二）篮球运动的作用

篮球运动能培养运动员团结友爱的集体荣誉感，严格的组织纪律性，顽强的意志品质，积极拼搏的精神。

篮球运动对提高神经中枢的灵活性及其协调支配各器官的能力，改善内脏器官的功能，都有良好的作用。

篮球运动能够促进运动员力量、速度、耐力、灵敏等身体素质的全面发展，同时，对提高分配和集中注意的能力，以及空间、时间和定向能力，也有很好的作用。

篮球运动对增进友谊，加强国际友好交往，促进各国人民之间的交流，相互切磋球艺，都有着积极的意义。

三、篮球竞赛规则简介

（一）比赛场地和球

篮球比赛场地是一个长方形的坚实平面，无障碍物。球场尺寸为：长 28m，宽 15m。球场的丈量是从界线的内沿量起。球场由边线、端线、直线、分位线、虚线、罚球线、限制区、罚球区、中圈、3 分投篮区组成。球是圆形的，暗橙色，外壳用皮、橡胶或合成物质制成，重量不得少于 567g，不得多于 650g。充气后，球从 1.80m 的高度（从球的底部量起）落到球场的地面上，反弹起来的高度不得低于 1.20m，也不得高于 1.40m（从球的顶部量起），球面的接缝或槽的宽度不得超过 6.35mm。

（二）基本规则一

1. 比赛方法 一队 5 人，其中 1 人为队长，候补球员最多 7 人，但可依主办单位而增加人数。比赛分 4 节，每节 12min，每节之间休息 5min，中场休息 10min。比赛结束两队积分相同时，则举行延长赛 5min，若 5min 后比分数仍相同，则再次进行 5min 延长赛，直至比出胜负为止。

2. 得分种类 球投进篮筐经裁判认可后，便算得分。3 分线内侧投入可得 2 分，3 分线外侧投入可得 3 分，罚球投进得 1 分。

3. 进行方式 比赛开始由两队各推出一名跳球员至中央跳球区，由裁判抛球双方跳球，开始比赛。

4. 选手替换 每次替换选手要在 20s 内完成，替换次数则不限定。替换选手可在有人犯规、争球、叫暂停等时。裁判可暂时中止球赛的计时。

5. 罚球 每名球员各有 4 次被允许犯规的机会，第 5 次即犯满退场（美国男子篮球职业联赛中为 6 次），且不能在同一场比赛中再度上场。罚球是在谁都不能阻挡、防守的情况下投篮，是作为对犯规队伍的处罚，给予另一队的机会。罚球要站在罚球线后，从裁判手中接过球后 10s 内要投篮。在投篮后，球触到篮筐前均不能踩越罚球线。

6. 违例 大致可分为：普通违例，如带球走步、两次运球（双带）、脚踢球或以拳击球；跳球违例，除了跳球球员以外的人不可在跳球者触到球之前进入中央跳球区。

（三）基本规则二

24s 规则：进攻球队在场上控球时必须在 24s 内投篮出手（美国男子篮球职业联赛、中国男子职业篮球联赛、中国大学生篮球联赛、美国女子职业篮球联赛等比赛均为 24s，全美大学体育联合会比赛为 35s）。

8s 规则：球队从后场控制球开始，必须在 8s 内使球进入前场（对方的半场）。

5s 规则：持球后，球员必须在 5s 内掷界外球出手，国际篮球联合会规则规定罚球也必须在 5s 内出手。

3s 规则：分为进攻 3s 和防守 3s。进攻 3s 指进攻方球员不得滞留于 3s 区 3s 以上；防守 3s 指当某防守方球员对应的进攻方球员不在 3s 区或者 3s 区边缘且彻底摆脱防守球员时，防守方球员不得滞留禁区 3s 以上。

侵人犯规：与对方发生身体接触而产生的犯规行为。

技术犯规：队员或教练员因表现恶劣而被判犯规，比如与裁判发生争执等情况。

取消比赛资格的犯规：球员做出的违背运动员精神的犯规动作，比如打人。发生此类情况后，球员应立即被罚出场外。

队员 5 次犯规：无论是侵人犯规，还是技术犯规，一名球员犯规共 5 次（美国男子篮球职业联赛规定为 6 次）必须离开球场，不得再进行比赛。

违例：既不属于侵人犯规，也不属于技术犯规的违反规则的行为。主要的违例行为是：非法运球、带球走、3s 违例、使球出界、用脚踢球。

球出界：球员带球或球本身触及界线或界线以外区域，即属球出界。在球触线或线外区域之前，球在空中不算出界。

干扰球：投篮的球向篮下落时，双方队员都不得触球；当球在球篮里的时候，防守队员不得触球；球碰板后对方不得碰球，直到球下落。

被紧密盯防的选手：被防守队员紧密盯防的球员必须在 5s 之内传球、运球或投篮，否则其队将失去控球权（美国男子篮球职业联赛规则中无此规定）。

球回后场：球队如已将球从后场移至前场，该球队球员便不能再将球移过中线，运回后场。

第二节　篮球运动基本技术

篮球技术是队员在比赛中为了攻守目的所运用的各种专门动作的总称（图 2-2-1）。

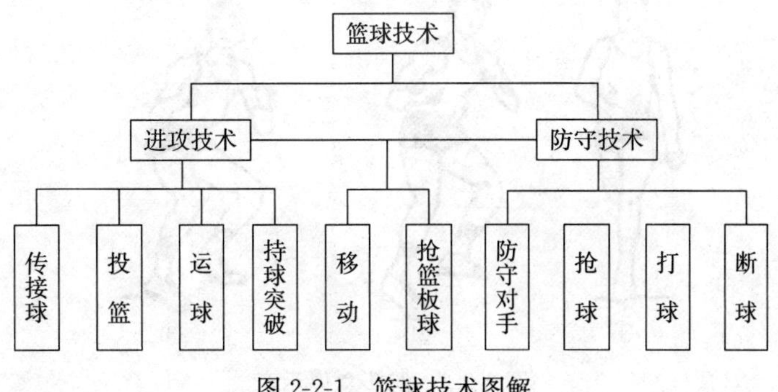

图 2-2-1　篮球技术图解

一、移动技术

移动是篮球比赛中队员为了改变位置、方向、速度和争取高度等所采用的各种脚步动作方法的通称。

（一）起动

起动是指队员在球场上由静止状态变为运动状态的一种脚步动作。

1. 动作方法 向前起动是用后脚的前脚掌短促有力地蹬地，重心前移，上体前倾，迅速向前迈步。向侧起动是用异侧脚的前脚掌用力蹬地，同时上体迅速向起动方向侧转并前倾，重心跟随移动，迅速向跑动方向迈步。

2. 动作要点 快、突然，移动的步幅小、有力。

（二）跑

跑是为了完成攻守任务而争取时间的脚步动作，常用的有变速跑、变向跑、侧身跑、后退跑。

1. 变速跑 跑动中运用速度的变化来摆脱防守。快跑时，上体前倾，前脚掌蹬地；慢跑时，抬起上体，前脚掌抵住地面。

2. 变向跑 跑动中利用方向的变化来摆脱防守。当队员由右向左变向时，重心放在左脚上，右脚内侧抵住地面，使身体由动变静并向左转动，左脚向左前方跨出。

3. 侧身跑 向前跑时，脚尖对准跑动方向，头和上体转向球的方向，以便观察场上情况。

4. 后退跑 用两前脚掌交替蹬地向后跑动。

（三）滑步

滑步是防守移动技术中的基本技术，常用的有侧滑步、后滑步。

1. 侧滑步 滑动方向的异侧脚前脚掌内侧蹬地，同侧脚跨出，在落地的同时，异侧脚随同滑行，然后依次重复上述动作。

2. 后滑步 动作结构和用力过程与侧滑步相同，只是滑行的方向是后侧方。

（四）急停

急停是在篮球运动中突然制动、停止的一种脚步动作，常用的有跨步急停、跳步急停等。

1. 跨步急停 急停时，一脚向前跨一大步，重心跟上，屈膝下蹲。另一脚再上一步，脚掌内侧蹬地，重心调整在两脚之间（图 2-2-2）。

图 2-2-2　跨步急停示意

2. 跳步急停 跑动中，用单脚或双脚起跳，上体稍向后仰，两脚同时平行落地。落地时用前脚掌内侧着地，足尖稍内扣，两膝弯曲，下降重心来保持身体平衡（图 2-2-3）。

图 2-2-3 跳步急停示意

（五）练习方法

（1）基本站立姿势，听或看信号做起动跑的练习。

（2）看手势做各种滑步练习。

（3）慢跑五步做跳步急停练习。

二、传、接球技术

传、接球是篮球比赛中进攻队员之间有目的地转移球的方法，是进攻队员在场上相互联系和组织进攻的纽带，是实现战术配合的具体手段，是比赛中运用最多的基本技术。

（一）双手胸前传球

动作方法：双手持球，拇指位于球后侧呈八字形，其余四指分开置于球侧，手心空出。传球时，迅速向传球方向伸臂，重心前移、翻腕、拨指（图 2-2-4）。

图 2-2-4 双手胸前传球示意

（二）单手肩上传球

动作方法：以右手为例，传球时，左脚向传球方向迈出半步，同时将球引到右肩上，肘部外展，上臂与地面近似平行，手腕后仰。右手托球，左肩对着传球方向，重心落在右脚，右脚蹬地，转身，前臂迅速向前挥摆，手腕前屈，食指、中指拨球将球传出（图 2-2-5）。

（三）反弹传球

动作方法：传球时，动作同双手胸前或单手肩上传球，只是用力的方向是传球者的前下方，是借助地面的反弹将球传给同伴，反弹点是传球者与接球者之间距离的 2/3 处。

图 2-2-5　单手肩上传球示意

（四）接球

动作方法：手指自然分开，手心空出，手臂向前伸出。在手接触球时，双臂顺势随球后引，缓冲来球的力量（图 2-2-6）。

图 2-2-6　接球示意

（五）练习方法

（1）2～3 人一组原地传、接球练习。

（2）2～3 人一组移动中传、接球练习。

（3）在有防守的情况下，2～3 人一组传接球练习。

三、运球技术

运球就是在原地或行进间用单手连续接拍从地面反弹起来的球。

（一）运球方式

运球方式包括原地运球、行进间运球、运球急起急停、体前变向运球、运球转身、背后运球、胯下运球等。

原地运球的动作方法：五指自然张开，用手指和指根以上部位触球，要避免手心触球。用力时，以肩部发力，带动前臂，手腕随球下压或上仰，抬头、屈膝，注意保护球。

（二）练习方法

（1）原地运球逐渐过渡到慢走或慢跑运球，体会其他方式的运球。

（2）同一名试图断球的防守队员一起做运球练习。

四、持球突破技术

持球突破是持球队员运用脚步动作和运球技术超越对手的一项攻击性很强的技术。它的技术动作主要由蹬跨、侧身探肩、推放球、加速等环节组成。

（一）动作方法

以右脚做中枢脚，左脚向左前方跨出，假装向左侧突破，左脚蹬回并向右前方跨步，转体探肩，右脚掌蹬地，同时运球加速超越对手（图 2-2-7）。

图 2-2-7　持球突破示意

（二）练习方法

（1）在教师的指导下先做模仿练习。

（2）结合传接球，在一名固定不动的防守者面前做练习。

（3）结合投篮，半场一攻一守练习。

五、投篮技术

投篮是进攻队员为将球投向球篮而采用的各种专门动作的总称，是篮球运动中的主要进攻技术。因此，掌握好投篮技术是非常重要的。

随着篮球运动的不断发展，投篮的方式多种多样，可大致分为定位投篮、跑动投篮、跳起投篮、扣篮等。

（一）单手、双手定位投篮

动作方法：单手持球到头前上方，手腕后屈；或双手持球在胸前。投篮时两脚蹬地，身体向上伸展，手臂向前上方伸直，最后通过食指、中指用力拨球将球投出。球出手后，手腕前翻。双手胸前投篮（图 2-2-8），单手肩上投篮（图 2-2-9）。

图 2-2-8　双手胸前投篮示意

图 2-2-9　单手肩上投篮示意

（二）跑动投篮

跑动投篮是在移动中接到传球或者是在篮下运球时，所用的投篮技术。

动作方法：在接球或运球结束后，持球的同时向前跨出一大步，步幅适当，要跨越起来（此为第一步），另一只脚连续再跨出第二步（这是第二步也是最后一步），步幅要略小，重心下降，脚跟先着地，落地后，蹬地跳起，另一条腿前摆，尽量向上获得更长的腾空时间。在空中向球篮方向伸直手臂，手心向上，并屈腕，用食、中指拨球，并投出（图 2-2-10）。

图 2-2-10　跑动投篮示意

（三）跳起投篮

跳起投篮是现代篮球运动中最重要的一项投篮技术，特别是在起跳后又增加了空中的后仰技术。因此，无论是对投篮者还是防守投篮者在身体和技术的指标上都提出了更高的要求。

动作方法：面对球篮，双脚与肩同宽，屈膝，蹬地向上跳起。同时，引球至肩上或额头前，在接近最高点时，向前上方伸臂、屈腕、拨指、将球投出。落地后，屈膝缓冲（图 2-2-11）。

（四）练习方法

（1）原地持球模仿练习或两人一球对投。

（2）距球篮适当的距离进行投篮练习。

（3）在练习跑动投篮技术时，先分解做慢速模仿练习，然后做原地持球或接球跨步上篮练习，最后过渡到正常的跑动接球或运球上篮练习。

图 2-2-11 跳起投篮示意

(4) 在原地投篮的基础上，逐步过渡到跳起投篮。

(5) 在较熟练地掌握投篮技术的基础上，与传、运球和突破等技术相结合练习，最后在有防守干扰的情况下练习。

六、抢篮板球技术

比赛中双方队员争夺从篮板或篮圈反弹出的球，统称抢篮板球。一个队一场比赛中对前、后场篮板球控制的多与少是决定比赛胜负的关键因素之一。它的意义在于能够增加进攻的次数，增强本队进攻得分的信心，同时也给对方形成心理上的压力。抢篮板球分为抢进攻篮板球和抢防守篮板球。

(一) 动作方法

首先抢占对手与球篮之间的有利位置，把对手挡在身后（进攻队员一般选择摆脱冲抢，防守队员采用转身挡人）。之后准确判断球的落点，起跳后充分伸展身体，在空中用双手或单手抢球，也可用点拨的方法在空中将球拨给同伴重新组织进攻，而防守队员抢到篮板球后，要尽快传给同伴组织进攻。

(二) 练习方法

(1) 自抛自抢。

(2) 二人对抗，由教师向篮板抛球，攻守双方互相挡人抢篮板球。

(3) 结合比赛有目的地进行抢篮板球练习。

第三节 篮球运动基本战术

一、传切

它是进攻队员之间利用传球、切入等技术组成的简单配合。

方法：④传球给⑤，摆脱 4 的防守切入，⑤将球回传给④，④接球进攻投篮（图 2-2-12）。

二、突分配合

它是持球队员突破后，利用传球帮助同伴进攻的配合方法。

方法：⑤运球突破后遇防守队员 7 上来补防，立即将球传给切入篮下的⑦，⑦接球后进攻（图 2-2-13）。

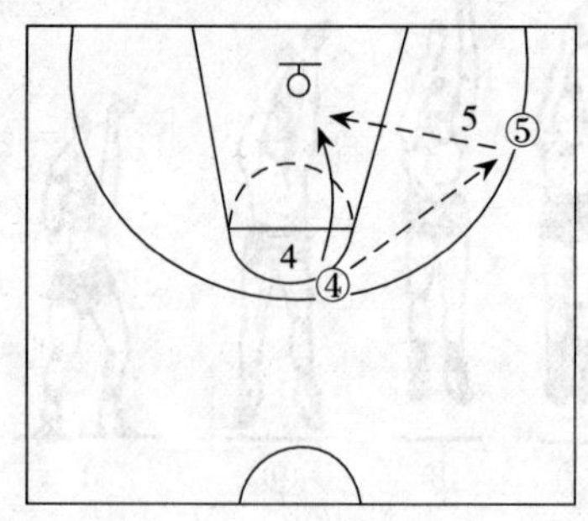

图 2-2-12　传切示意

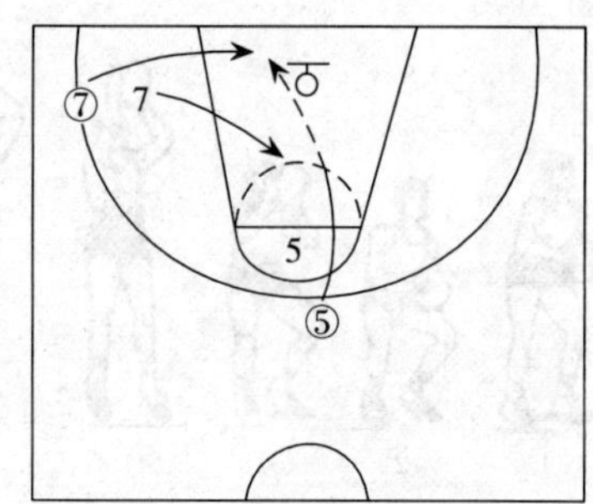

图 2-2-13　突分配合示意

三、掩护配合

掩护配合是掩护队员采用合理的动作，用身体挡住同伴的防守者的移动路线，使同伴借以摆脱防守，或利用同伴的身体摆脱防守，从而接球进攻的一种配合方法。掩护时，如站在防守者对面掩护，可不考虑两者之间的距离，若站在防守者侧面或背面做掩护，必须与对手保持一步的距离。

方法：⑤传球给④后，去给⑥做掩护，⑥摆脱 6 的防守切入篮下，接④的传球投篮（图 2-2-14）。

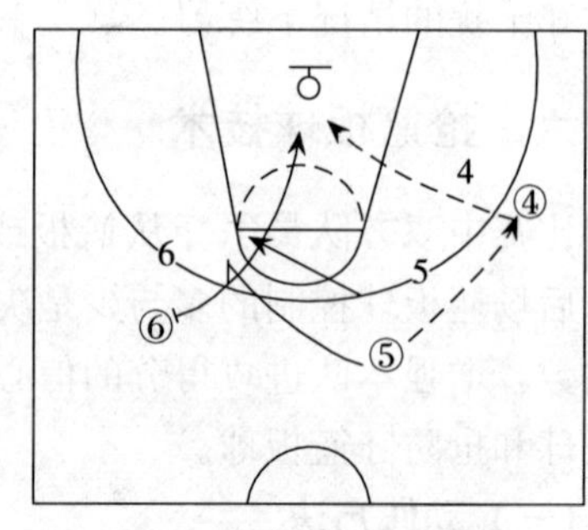

图 2-2-14　掩护配合示意

四、防守基础配合

防守基础配合是 2～3 个防守队员利用合理的技术、协调的动作破坏进攻的一种方法。

（一）挤过配合

方法：④传球给⑤后，去给⑥掩护。4 要及时提醒同伴 6，6 在④接近自己时，迅速向前跨出一步，靠近对手，从两个进攻队员之间侧向挤过，继续防守自己的对手⑥（图 2-2-15）。

（二）穿过配合

方法：⑤传球给⑥，④给⑤掩护。5 后撤从④和 4 中间穿过，继续防守⑤（图 2-2-16）。

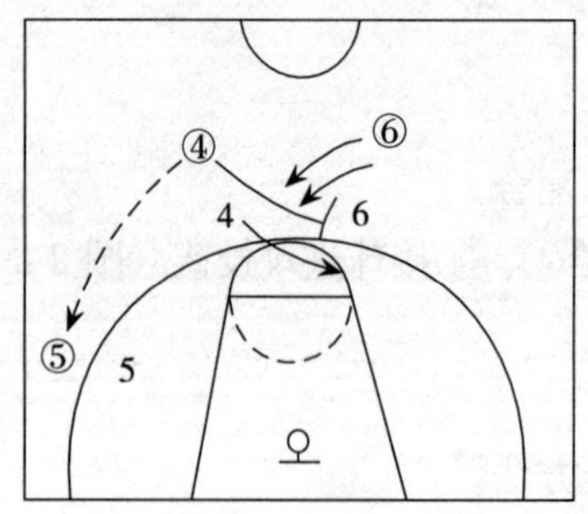

图 2-2-15　挤过配合示意

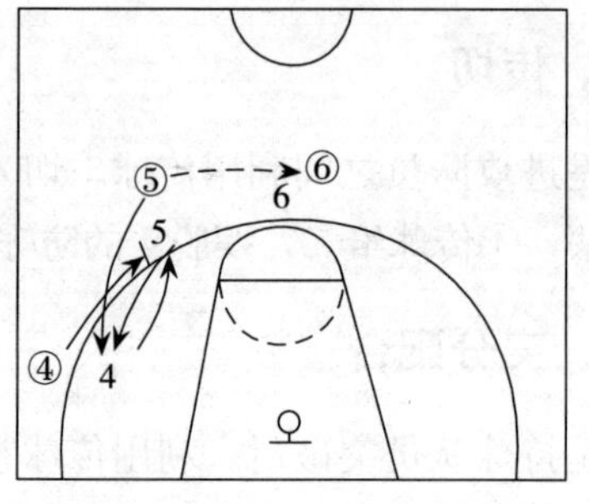

图 2-2-16　穿过配合示意

（三）交叉防守配合

方法：⑤去给④掩护，5 要提示同伴 4，4 被挡住时，5 主动呼唤同伴换防，5 防守④的运球，4 迅速调整位置防守⑤（图 2-2-17）。

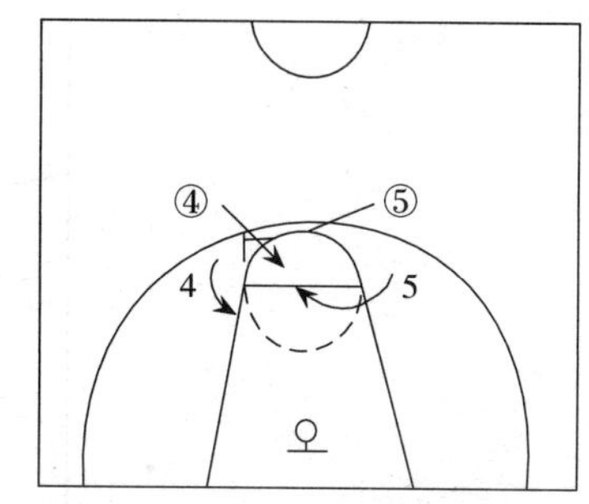

图 2-2-17　交叉防守配合示意

五、快攻

快攻是由防守转入进攻时，以最快的速度、最短的时间把球推进到前场，在对方尚未部署好防守之前造成人数上、位置上的优势，果断而合理地进行攻击的一种进攻战术。

方法：长传快攻（图 2-2-18）；短传结合运球推进快攻（图 2-2-19）。

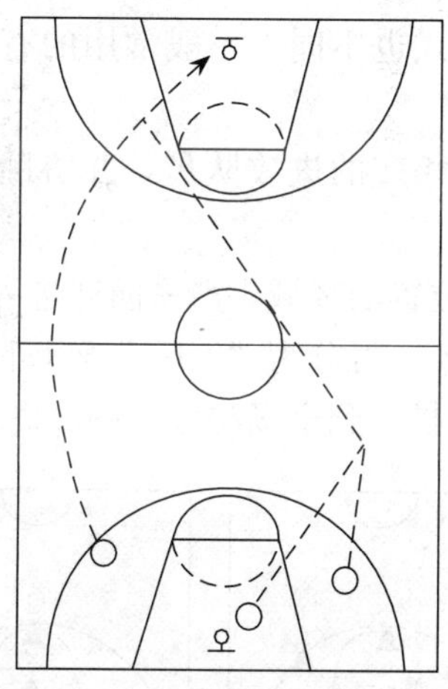
图 2-2-18　长传快攻示意

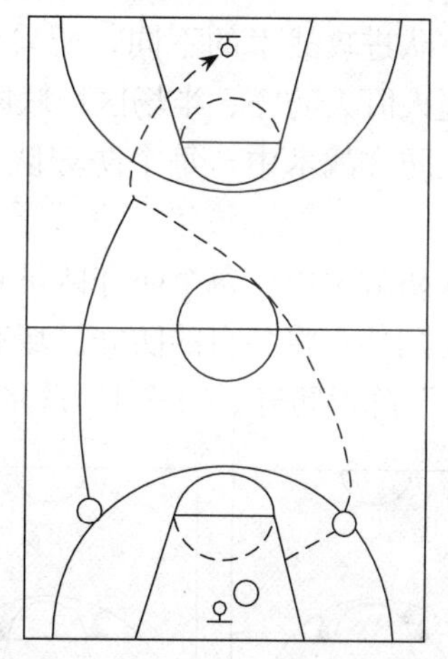
图 2-2-19　短传结合运球示意

六、常用进攻半场人盯人防守的战术队形

球员在场上的定位取决于其技术、身高、身体素质以及所采用的战术等。场上有三个基本球员位置，即后卫、前锋和中锋。球员在场上有各自的活动区域，但也可随球的转移和队员的移动而发生变化。

（一）“1-3-1”进攻的站位阵形

在此阵形站位中，进攻为 1 名后卫，2 名前锋以及 1 名位于罚球线附近的中锋和 1 名位于对方球篮附近的中锋（图 2-2-20）。

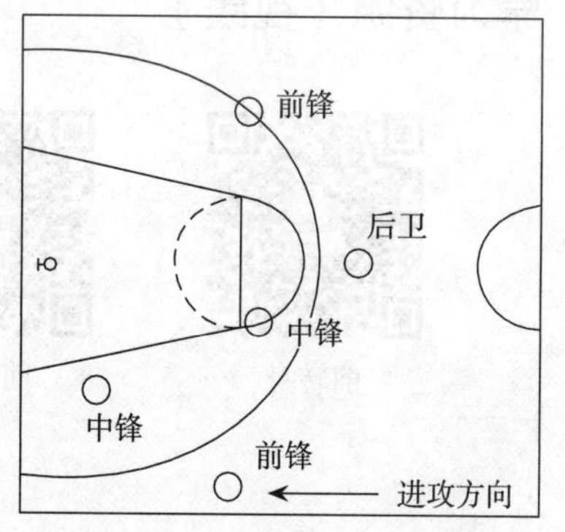

图 2-2-20　“1-3-1”阵形示意

（二）“2-1-2”进攻的站位阵形

在进攻中，“2-1-2”阵形站位是最简单的一种进攻阵形。其构成为 2 名后卫、1 名中锋和 2 名前锋（图 2-2-21）。

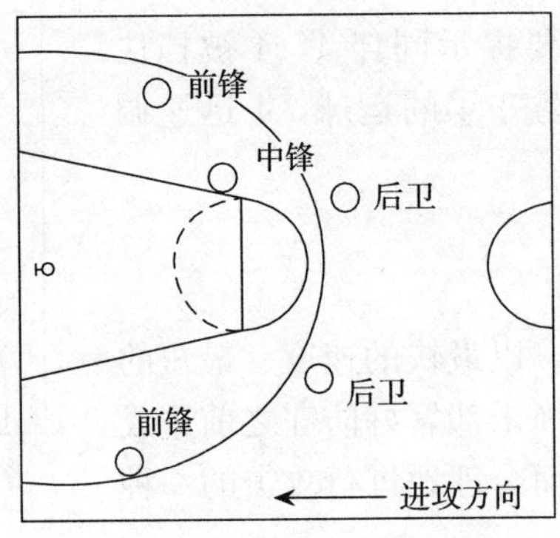

图 2-2-21　“2-1-2”阵形示意

七、防守中的基本战术

根据进攻队进攻战术的不同，所采用的防守方式也不同。一般常用的有半场人盯人防守、全场紧逼人盯人防守、半场区域联防。

在人盯人防守战术中，每个防守队员盯住一个相应的进攻队员，并协助同伴完成集体防守。

在区域联防战术中，每个防守队员划分出一定位置的区域，严密防守进入该区域的进攻队员，并协助同伴，将各自的防守区域有机结合起来。可分为“2-1-2”阵形防守、“2-3”阵形防守、“3-2”阵形防守、“1-3-1”阵形防守，亦可扩大到全场防守（图 2-2-22）。

“2-1-2”阵形

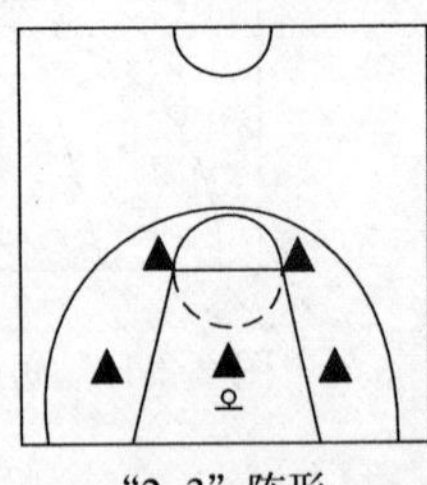
“2-3”阵形

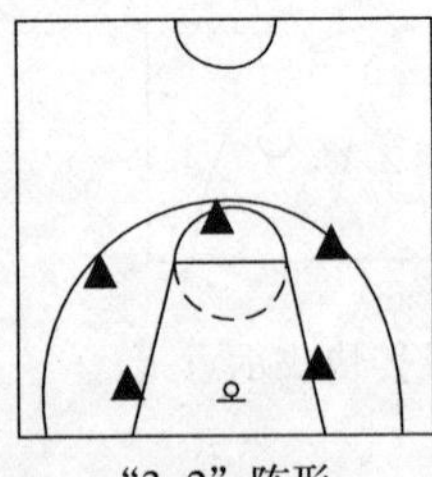
“3-2”阵形

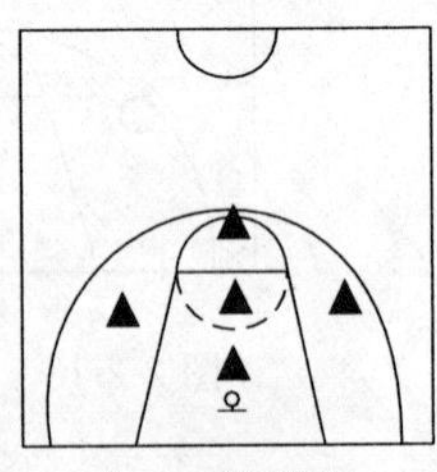
“1-3-1”阵形

图 2-2-22　几种防守阵形示意

学习资源（视频）

前转身

前滑步

胯下运球

空切配合

交叉步突破　后转身突破　后转身　后撤步

横断球　行进间勾手投篮　行进间反手投篮　行进间单手肩上投篮

行进间单手低手投篮　高运球　盖帽　低运球

单手胸前传球　单手体侧传球　单手抢篮板球　单手接球

单手肩上投篮　单手肩上传球　打运球队员的球　打行进间投篮队员手中的球

打持球队员手中的球　策应配合　侧掩护配合　侧滑步

背后运球　纵断球　运球转身　运球急停跳起投篮

运球急停急进

原地跳起单手肩上投篮

体前变向换手运球

顺步突破

双手胸前投篮

双手胸前传球

双手抢篮板球

双手接头部高度的球

双手接低于腰部的球

抢球

前转身突破

第三章 排球运动

第一节 排球运动概述

一、排球运动的起源与发展

排球运动（Volleyball）是两队各六名队员在中间用高网隔开的长方形场地上，根据规则运用各种击球技术，进行集体的攻防对抗，不使球经网上方在本方场地落地的一种球类运动。

排球运动起源于美国。1895 年，美国马萨诸塞州霍利约克市一位叫威廉·摩根的工作人员在室内网球场上，把参加游戏的人分成两队，用篮球胆当球隔着球网拍来拍去，力争不使球落在自己的场区内。这种游戏经过百年的不断发展，最终演变成现代排球运动。

排球运动是便于开展、易于锻炼的运动项目，运动量可大可小，适合于不同年龄、不同性别、不同体质、不同训练程度的人，既可竞技对抗又可娱乐健身，极大地丰富了人们的业余文化生活。经常参加排球运动，可以增强人体的神经、呼吸、血液循环等系统的机能，提高人体的力量、速度、灵敏性、耐力、弹跳、柔韧性等素质，培养机智果敢、判断准确、勇敢顽强的拼搏精神和团结协作、密切配合的集体主义思想。

二、排球竞赛规则简介

（一）场地与器材

排球比赛场地长 18m，宽 9m，周围至少有 3m 宽的无障碍区。场地上空，从地面起至少有 7m 无障碍。球网为黑色，长 9.5m、宽 1m，网眼直径 10cm，球网两端垂直于边线和中线交接处各有 5cm 宽的标志带，其外侧各连接一根长 1.8m 的标志杆。成人男子网高为 2.43m，成人女子网高为 2.24m。正式比赛用的排球为彩色的，其周长为 65～67cm，重量为 260～280g，气压为29.4～31.8kPa。

（二）场上位置与轮转

发球时双方队员（除发球队员外），必须站在场内各自位置上，分成前后排，每排三人，各排可呈折线形。近网三人为前排，自左至右分 4、3、2 号位，后排自左至右为 5、6、1 号位。发球队员击球后双方队员可在本场内任意换位，但在发球队员击球的一刹那，双方任何队员未按上述排列站位，即应判为位置错误。判断的依据是脚的着地部分：即前排队员一只脚的某一部分，必须比同列后排队员的双脚距离中线更近；而左边或右边队员一只脚的某一部分，必须比同排队员的双脚距其同侧边线更近（图 2-3-1）。

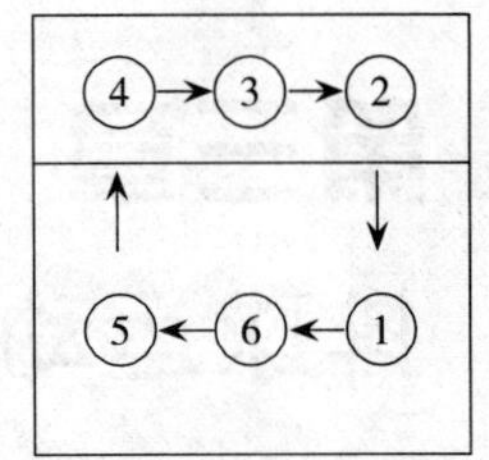

图 2-3-1 脚着地部分的示意

（三）暂停与换人

比赛采用五局三胜制。在前四局比赛中，每局比赛均有两次技术暂停，各为 60s，每当分数领先的队达到 8 分和 16 分时，执行技术暂停；除技术暂停外，前四局比赛，每局每队可以请求暂停两次，暂停时间为 30s；第五局是决胜局，没有技术暂停，每队在该局可请求两次 30s 的普通暂停；暂停须由教练员或场上队长向裁判员提出请求并获准许。暂停时队员必须离开比赛场地到球队席附近的无障碍区。

换人一般分为两种，一种是比赛中换人，一种是每局结束时换人。比赛进行中除了自由人外的场上队员需要替换，则由教练员向裁判员示意，在回合结束后，在裁判员的准许下，由替换队员手举被替换队员的号码牌，在进攻线前边界处交接替换。每局比赛中每队最多可替换 6 人次，同一局比赛中主力队员只能退出比赛一次，如再上场，只能回到该局替换队员的位置。自由人替换不用通过裁判员，在球成死球时从进攻线后区域边线处进场，当轮到前排时自动换下，且没有次数限制。另外，在每局结束后，下一局开始前，教练员要上交新的站位图，可以和上局不同，此时可以随便换人。

（四）动作和犯规

在比赛进行过程中，有一系列的动作规则，这里选择其中几个最常用的作简要介绍。

1. 发球 运动员以一只手臂的任何部位将球击出而进入比赛过程，称为发球。发球必须在发球区内进行，不得踏及端线或发球区线以外的无障碍区，跳发球所进行的助跑可在发球区以外，但起跳点必须在发球区内。在裁判员鸣哨后，发球队员必须在 8s 内将球击出，球必须抛离持球手。发球队的队员不得利用掩护，以阻挡对方观察发球队员，否则即为发球掩护犯规。此外，如果发球时出现本方位置错误或发出的球碰到标志杆、不过网或发球落在对方场区外等，均判发球失误。

2. 触球 比赛过程中除拦网外，每方最多击球三次，并将球回过网进入对方场区。除拦网外，一名队员不得连续击球两次。球可以触及身体的任何部位，但必须被击出，不得接住或抛出，否则为“持球”犯规。如果一名队员明显连续两次触球，而在这两次之间其他队员没有触球，则为“连击”犯规（拦网队员除外）。但在接对方来球及拦网后的第一次击球时，除用手指进行上手传球外，允许同一动作中不同部位连续触球，算两次击球。一个队除拦网外三次触球不过网，则为“四次击球”犯规。

3. 进攻性击球 运动员直接向对方击球被称为进攻性击球。前排队员可在本场区内对任何高度的球作进攻性击球。但击球时，球的整体不得超过球网的垂直面，否则为“过网击球”犯规。后排队员在进行进攻性击球时，如果有起跳动作，其脚不得踏及或踩越进攻线；如果在前排进行进攻性击球，则球的部分必须低于球网的上沿，否则为“后排队员进攻性击球”犯规。

4. 拦网 运动员在靠近球网处阻拦对方来球的技术被称为拦网。拦网时，球可以触及身体任何部位。拦网不算一次击球，拦网后还可以击球三次。如果在标志杆外的对方空间进行拦网并触球，或在对方场区的空间内妨碍对方击球、拦发球、后排队员参加拦网并起到拦网作用，均为拦网犯规。

5. 进入对方场区和空间 运动员在进行进攻性击球时允许手过网，但击球时，手必须在本场区空间内，否则为"过网击球"犯规。如果运动员从球网以下穿越、进入对方场区空间触及并妨碍对方，或触及球网或标志杆，均属犯规行为。但须注意：如果队员的一只（两只）脚或一只（两只）手越过中线触及对方场区的同时，其余部分未接触中线或置于中线上空，且没有触及对方队员，不属于犯规。

6. 犯规和判罚 比赛中参加者的动作或行为违反规则而犯规，应分别予以判罚。属于运动犯规，则判对方得 1 分。属于行为犯规，则按其表现分别给予判罚：

（1）非道德行为。例如争辩、恫吓等，第一裁判员应示黄牌警告，不判罚。

（2）粗鲁性行为。非道德行为再犯，或违背道德原则和文明的举止，有侮辱性表示，第一裁判员应出示红牌给以判罚，判该队失 1 分。

（3）冒犯性行为。粗鲁性行为再犯，或出现诽谤、侮辱的言语或形态，第一裁判员用一只手同时持红、黄牌，判罚其出场，该队员不得再参加这局比赛，不判该队失分。

（4）侵犯性行为。冒犯性行为再犯，或有人身侵犯或企图侵犯行为，第一裁判员同时出示持红、黄牌，给以取消全场比赛资格的判罚，该队员必须离开比赛场地，直至全场比赛结束，不判该队失分。

（五）自由防守队员规则

自由防守队员（简称 L 队员）的服装必须有明显标志，每队场上只能有一名 L 队员，每支球队最多只登记两人；该队员的换人不计入正常换人数，其换人人次不限，但不得参与正常换人；L 队员的换人在死球时即可进行，不需经过请求和用换人牌；L 队员只能作为后排队员进行比赛，不得参与拦网和将高于网的球直接击入对方场地；L 队员不得发球；如第二传球为自由球员于前排以高手将球传出，则第三球攻击高度不得超过网高。

（六）比赛的间断及其处理

如果由于出现意外情况而阻碍比赛进行，一般可按以下规定处理：

（1）一次和数次间断时间不超过 4h，若仍在原场地，则比赛应在原队员、原场上位置和原比分的条件下继续进行，已结束的各局比分有效；若需更换场地，则未结束的一局应取消，该局开始时在保持原上场阵容和位置的条件下重新比赛。

（2）如果一次或数次间断时间超过 4h，则重新开始全场比赛。

（七）得分与比赛结果

比赛采用每球得分制。前四局采用 25 分制，每个队赢得 25 分并超过对方 2 分，或 24 分平后连得 2 分，为该队胜一局。正式比赛采用五局三胜制，决胜局比赛采用 15 分制，一队先得 8 分后，两队交换场区，按原顺序继续比赛，先获 15 分并领先对方 2 分，或 14 平后连得 2 分为胜。某队被判为弃权，则另一队以 25：0 的比分和 3：0 的比局取胜。

第二节　排球运动基本技术

一、准备姿势与移动

准备姿势与移动是排球基本技术之一，属于无球技术，是完成发球、垫球、传球、扣球和拦网等各项有球技术的前提和基础，并对各项有球技术的运用起串联和纽带作用。

（一）准备姿势

为了便于完成各种技术动作而采取合理的身体姿势称为准备姿势。合理的准备姿势是指要使身体重心处于相对稳定的状态，又要便于移动和完成各种击球动作，为迅速起动、快速移动及完成击球创造最好的条件。按照身体重心的高低，准备姿势可分为半蹲准备姿势、稍蹲准备姿势和低蹲准备姿势三种。

1. 半蹲准备姿势 半蹲准备姿势是两脚左右开立、略比肩宽，一脚在前、一脚稍后，两脚尖向前微内收，脚跟自然提起。膝关节保持一定的弯曲。上体前倾，重心在两脚之间略靠前。

两臂自然弯曲，全身肌肉适当放松，双手置于腹前，两眼注视来球，两腿始终保持微动状态。这一技术动作主要用于接发球及各种垫球、调整传球（图 2-3-2）。

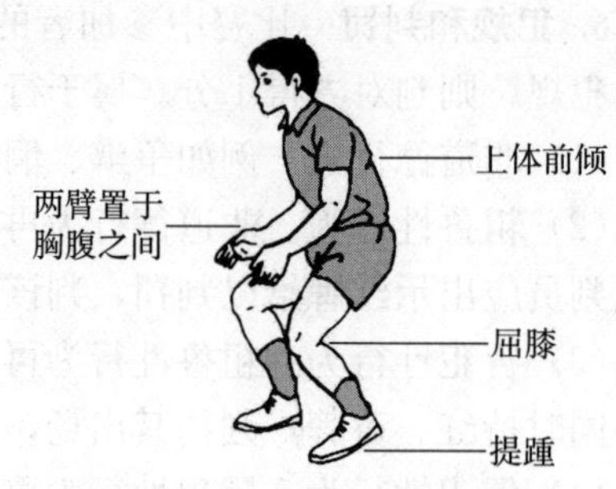

图 2-3-2 半蹲准备姿势侧面图

2. 稍蹲准备姿势 稍蹲准备姿势的身体重心比半蹲准备姿势稍高，动作方法基本相同，主要用于传球、拦网和扣球前的准备。拦网时两脚左右开立，平行站立，也用于无球时的准备（图 2-3-3）。

图 2-3-3 稍蹲准备姿势

3. 低蹲准备姿势 低蹲准备姿势身体重心比半蹲准备姿势低，重心靠前，肩超过膝，膝超过脚尖，手置于胸腹之间，主要用于后排防守及保护（图 2-3-4）。

图 2-3-4 低蹲准备姿势侧面图

（二）移动

从起动到制动的过程被称为移动。移动的目的主要是及时接近球，保持好人与球的位置关系，以便击球。移动由起动、移动步法和制动三个环节所组成。

1. 起动 起动是移动发力的开始，它的快慢是移动的关键，起动的速度取决于正确的准备姿势、反应能力和腰腿部的力量。在排球比赛中，应根据场上的情况，采取不同的准备姿势，以利于随时改变移动方向和迅速移动。

2. 移动的基本步法

（1）并步与滑步。当来球距身体一步左右时可采用并步移动，如向前移动时，则后腿蹬地，前脚向来球方向跨出一步，后脚迅速跟上做好击球准备。当球在体侧稍远，并步不能直接接近球时，可快速连续并步，即为滑步。

（2）跑步。球离身体较远时需采用跑步移动，两臂要配合摆动，根据来球的方向，边跑边转身，并逐渐降低重心，做好击球准备。

（3）交叉步。以向右交叉步为例。上体稍向右转，左脚从右脚前面向右交叉迈出一步，然后右脚再向右跨出一大步，同时身体转向来球方向，保持击球前的姿势。

（4）跨步。跨步比交叉步移动距离近，便于接 1～2m 的低球。移动时步幅较大，身体重心较低，如向前移动，则后脚用力蹬地，前脚向前跨出一大步，膝部弯曲，上体前倾，身体重心移至前腿上。

二、发球

发球是比赛的开始，同时又是一项有效的进攻手段，发球时后排右边队员在发球区由自己抛球，用一只手将球击入对方场区。一般发球分发旋转和飘球两种，根据发球的技术动作可分为正面上手发球（跳发球）、正面下手发球等。

（一）正面上手发球

1. 动作方法与技术分析

（1）准备姿势。面对球网（以右手发球为例），两脚自然开立站在端线后，左脚在前，右脚在后，左手持球在左肩前下方，右手自然伸直。

（2）抛球和挥臂击球动作。左手将球抛向右肩前上方约 1m 处，与此同时，右臂上抬，屈肘后引，肘与肩平行，上体稍向右转动，肩、肘、腕关节放松。击球时利用蹬地、转体、收胸、收腹动作带动手臂挥臂击球。击球时以全手掌击球的后中下部，手指自然张开与来球吻合，手腕有向前的推压动作，使击出的球呈上旋飞行过网（图 2-3-5）。

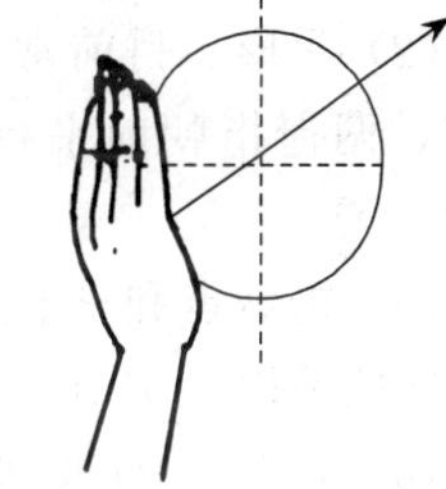

图 2-3-5 击球示意

（3）击球后迅速进场准备防守。

2. 练习方法

（1）抛球练习，在有一定参照物的情况下做抛球动作，要求抛球平稳。

（2）面对球网近距离发球，体会抛球和挥臂击球动作的配合节奏。

（3）两人一组做短距离对发。

（4）两人一组，在端线后任一位置发球，要求将球发向自己对应的人附近。

（二）正面下手发球

正面下手发球动作简单，球速慢，力量小，攻击性不强，容易掌握，正式比赛很少采用。但初学者应学习这种技术，以便结合接发球的练习和进行教学比赛时使用（图 2-3-6）。

图 2-3-6 正面下手发球示意

动作方法：面对球网，两脚前后开立，左脚在前，两膝微屈。上身稍倾，重心偏后脚。左手持球于腹前，将球轻轻抛起在体前右侧，离手高约 20cm，在抛球的同时右臂伸直以肩为轴向后摆动，借右腿蹬地力量，身体重心随着右手向前摆击球而移至前脚上。在腹前以全手掌、掌根或虎口击球后下方。

三、垫球

垫球是排球基本技术之一，是接发球、接扣球以及后排防守的主要技术动作，也是组织反攻战术的基础。垫球技术有正面双手垫球、体侧垫球、正面低姿势垫球、背垫球、单手垫球、前扑垫球、鱼跃垫球、侧卧垫球、滚翻垫球、挡球等。其中正面双手垫球是各种垫球技术的基础，适合接速度快、弧度平、力量大、落点低的各种来球，在排球比赛中运用较多。

（一）正面双手垫球

1. 动作方法与技术分析

（1）准备姿势。判断来球方向和落点，迅速移动到位，对正来球，身体呈半蹲准备姿势。对力量较大、速度快的来球准备姿势更要低些。

（2）手形。目前常用的垫球手形是叠掌式，即两手手指和前半手掌上下重叠，掌根紧靠，两拇指朝前平行，前臂外翻靠拢，两臂伸直，手腕下压，使前臂内侧形成垫击平面。

（3）击球点和垫击部位。正面双手垫球的击球点一般应保持在腹前一臂距离的位置。用前臂腕关节以上 10cm 左右桡骨内侧平面击球。

（4）击球。当来球离腹前一臂之距时，两臂夹紧伸直，迅速插入球下，垫球时，以前臂的内侧平面击球的后下部，两脚向前上方蹬地并抬臂，同时压腕顶肘，身体重心随着击球方向前移（图 2-3-7）。

图 2-3-7　正面双手垫球示意

2. 练习方法

①两人一组，一人持球于腹前，另一人用正面垫球方法体会触球部位和用力，两人互换练习。

②个人自垫球或对网垫球。

③两人一组，近距离一人抛球一人垫球。

④两人一组，互相对垫球。

（二）体侧垫球

当来球飞向体侧，速度较快，来不及移动垫球时，可采用双臂在体侧进行垫击。体侧垫球可扩大防守范围，但不易控制垫球的方向、弧线和落点（图2-3-8）。

当来球向右侧飞来时，左脚前脚掌内侧蹬地，右脚向右跨出一步，身体重心随即移至右脚，右膝弯曲，同时两臂夹紧向右侧伸出，右臂高于左臂，左肩稍向下倾斜。击球时，身体向左转腰和收腹，以两臂组成的击球平面自右侧后下方截击来球，将球平稳垫起。

图 2-3-8 体侧垫球示意

四、扣球

扣球是排球的基本技术之一，也是攻击性最强最有效的进攻手段，在比赛中占有非常重要的地位。扣球技术一般分为：正面扣球、调整扣球、扣快球等。以下主要对正面扣球的相关技术动作进行介绍。

1. 动作方法与技术分析

（1）准备姿势。采用稍蹲姿势，两臂自然下垂，站在进攻线向左延长线1～1.5m 的位置上，目视二传传球的路线，随时启动助跑起跳。

（2）助跑。左脚先向前迈出一小步（确定方向和提高助跑速度），右脚跨出一大步，左脚及时并上，踏在右脚之前，两脚尖稍向右转。

（3）起跳。助跑跨出最后一步的同时，两臂绕体侧向后引，左脚在并上踏地制动过程中，两臂自后积极向前、向上摆动，双腿蹬地向上跳起。

（4）空中击球。挺胸展腹，上体向右转，右臂向后上方抬起，右手自然弯曲置于右耳一侧身体呈反弓形。挥臂时，迅速转体、收腹、手臂成鞭甩动作向前上方挥动，五指弯曲呈勺形，全手掌包球前压击球后中上部。

（5）落地。前脚掌先着地，再过渡到全脚掌着地，同时顺势屈膝，以缓冲下落的力量，准备做下一个动作（图 2-3-9）。

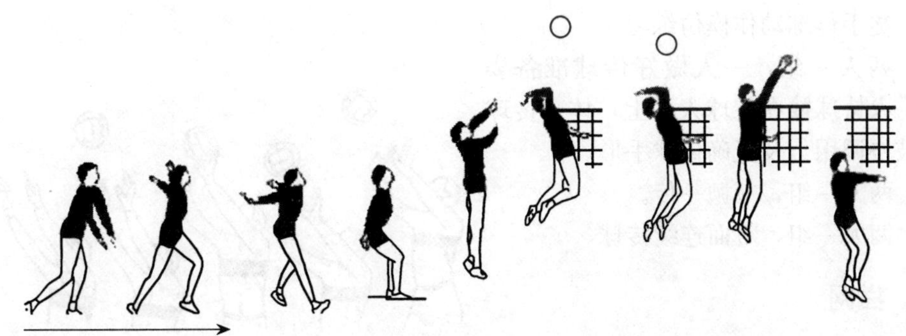
图 2-3-9 正面扣球示意

2. 练习方法

（1）原地徒手挥臂击掌练习。

（2）两步助跑起跳练习。

（3）击固定球（一人举球一人轻击，体会击球点和手形）。

（4）网前徒步助跑起跳练习。

（5）自抛对网扣球（体会击球时机）。

（6）网前完整两步助跑起跳扣固定球。

（7）完整两步助跑起跳上网扣抛球。

五、传球

传球是排球运动的一项重要技术，是组织进攻战术的基础。传球主要运用在第二传，用于衔接防守和进攻。传球技术种类较多，主要有正面双手传球、背传、侧传、跳传、单手传等。其中，正面双手传球的技术要领和练习方法如下：

1. 动作方法与技术分析

（1）准备姿势。稍蹲，上体稍抬起，两臂屈肘抬起，两手置于脸前，两眼注视来球。

（2）击球点。传球时为了便于观察来球情况和看清手及传球目标，便于对准来球和控制传球方向和落点，击球点应在额前上方约一球距离处。

（3）手形及触球部位。传球时手形应该是手腕后仰，两手指自然张开，围成半球形，拇指尖相对呈近似一字形。传球时，以拇指的指腹或内侧触及球的下部或后中下部；食指全部和中指的二、三指节触及球的后上部，无名指和小指触及球的两侧。当手指触及球时，以两手的拇指、食指、中指随来球的压力，无名指和小指在球两侧协助控制传球方向（图2-3-10）。

图 2-3-10　手形及触球部位示意

（4）传球动作和用力。当来球接近额上方时，开始蹬地、伸膝、伸臂、两手张开向脸前上方迎击球，球触手的瞬间，手指和手腕应保持适当的紧张，传球时主要以蹬地、伸髋、伸臂的协调动作和手指、手腕的弹力将球传出（图 2-3-11）。

2. 练习方法

（1）徒手传球动作模仿练习。

（2）两人一组，一人做好传球准备姿势，另一人持球放在传球人手上，体会传球时上下肢协调用力及正确传球手形。

（3）两人一组，一抛一传。

（4）两人一组，对面连续传球。

图 2-3-11　正面双手传球示意

六、拦网

拦网是队员在网前以腰部以上身体任何部位（主要是手臂、手掌）在球网上沿阻挡对方击球过网的技术动作。拦网技术可分为单人拦网、双人拦网和三人拦网。其中，单人拦网的技术要领和练习方法如下：

1. 动作方法与技术分析

（1）准备姿势。面对球网两脚左右开立，约与肩同宽，距网 30～40cm。半蹲，两臂在腹前自然屈肘。

（2）移动。可采用滑步、交叉步。

（3）起跳。重心降低，两膝弯曲，用力蹬地，使身体垂直起跳，同时两臂从体前贴近球网垂直上举。

（4）空中动作。两手从额前贴近并平行球网向网上沿的前上方平行伸出，两臂伸直，前臂靠近网，两手自然张开，屈指屈腕呈勺形。触球时，两手突然紧张，手腕主动用力盖帽捂球（拦网时切忌闭眼）。

（5）落地。拦网成功，面对对方，屈膝缓冲，双脚落地；球未拦回，身体下落时随球转头，并以转头方向相反脚落地，另一脚随即向后场方向转体迈出（图 2-3-12）。

图 2-3-12 单人拦网示意

2. 练习方法

（1）原地徒手拦网手形练习。

（2）徒手起跳拦网动作练习。

（3）拦固定球（体会拦网手形）。

（4）拦抛球（体会拦网的起跳时机和压腕动作）。

（5）拦扣球。

第三节 排球运动基本战术

一、排球阵容配备

排球阵容配备是排球战术运用的基础，阵容配备应最大限度地符合本方队员特点，使队员特点合理搭配，同时还要考虑对手的情况。

（一）四二配备

四二配备是 2 个二传手，4 个进攻队员。4 个进攻队员为 2 个主攻，2 个副攻。四二配备在中等水平球队采用较多，2 个二传手前后排始终各保持 1 个，便于接应传球。

（二）五一配备

五一配备是 1 个二传手，5 个进攻队员。5 个进攻队员为 2 个主攻，2 个副攻，二传对角是接应二传。由于比赛中引入了自由人，五一配备更加灵活。这种战术配备对二传手要求较高，一般在中高水平的球队运用较多。

（三）三三配备

三三配备是由 3 名传球队员和 3 名进攻队员间隔站立，使每一轮都有传有扣。这种配备是初学者采用的战术配备。

二、进攻战术

（一）“边一二”进攻阵形

1. 接发球站位 当对方发球时，本方接发球站位方法如图所示（图 2-3-13）。当二传队员轮到 4 或 3 号位时，可以在对方发球队员击球后换到 2 号位。

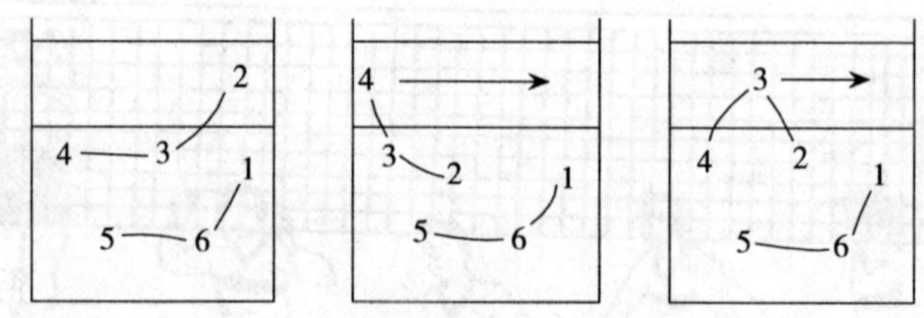

图 2-3-13 “边一二”进攻阵形

2. 基本打法 由前排 2 号队员作二传，把球传给 3 号位或 4 号位队员进攻，这种进攻的组织形式称作“边一二”进攻阵形。

（二）“中一二”进攻阵形

1. 接发球站位 当对方发球时，本方接发球站位方法如图所示（图 2-3-14）。当二传队员轮到 2 号或 4 号位时，可以在对方队员击球后换到 3 号位。

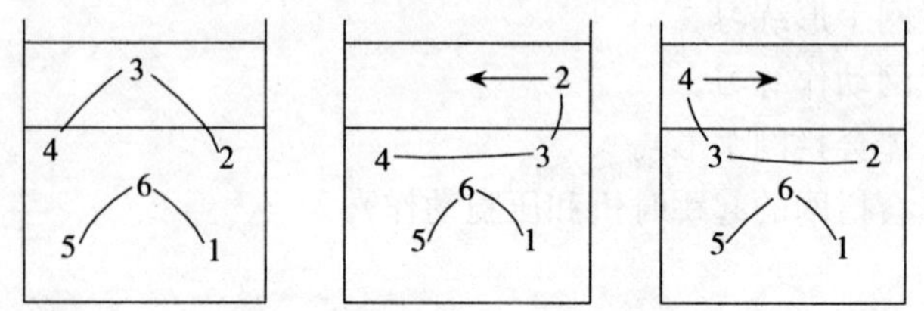

图 2-3-14 “中一二”进攻阵形

2. 基本打法 由前排中间的 3 号位队员做二传，把球传给两边的 2 号或 4 号位队员进攻，这种进攻的组织形式称作“中一二”进攻阵形。

（三）“插上”进攻阵形

1. 接发球站位 当对方发球时，本方二传在 1 号位、6 号位、5 号位时的接发球站位方法如图所示（图 2-3-15）。

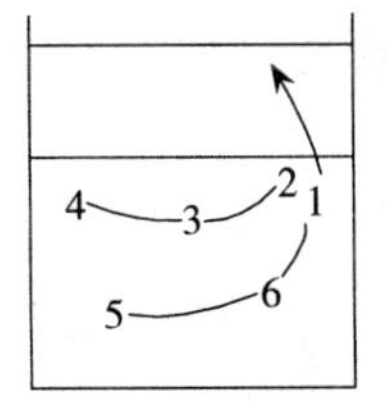

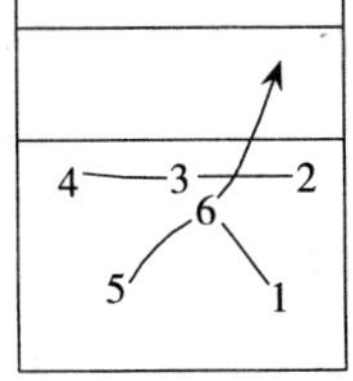

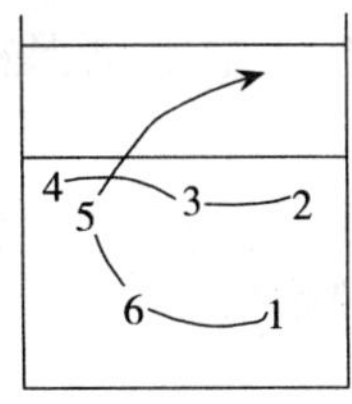

图 2-3-15 “插上”进攻阵形

2. 基本打法 在对方发球队员击球后，由后排二传队员插上到前排担任二传，把球传给前排 4 号、3 号、2 号队员进攻，这种进攻的组织形式称作“插上”进攻阵形。

三、防守战术

（一）“边跟进”防守阵形

所谓的“边跟进”，就是说在防守时，本方的 1 号位或者 5 号位队员（后排三个队员的“边”）向前跟进防守，所以也叫做“1 号、5 号位跟进”。以对方 4 号位进攻为例，本方还是由 2 号、3 号位队员拦网，4 号后撤到 4m 线左右，1 号位队员跟进防守。不过容易形成中间的“空心”（图 2-3-16）。

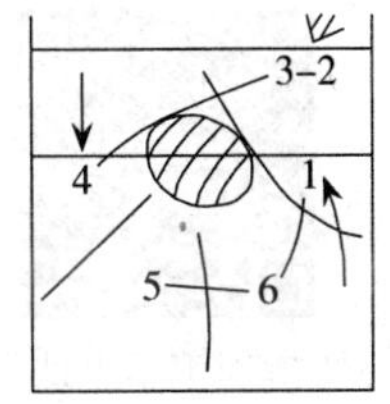

图 2-3-16 “边跟进”防守阵形

（二）“心跟进”防守阵形

所谓的“心跟进”，就是说本方的 6 号位队员（后排三个队员的“心”）在防守时跟上前面的拦网队员防守吊球，所以也叫“6 号位跟进”。

以对方 4 号位进攻为例，本方的 2 号、3 号位队员拦网，不拦网的 4 号位队员后撤至 4m 线左右防守，6 号位队员向前跟进到 3m 线附近，1 号位、5 号位队员在后场防守，每人负责一定的区域（图 2-3-17）。

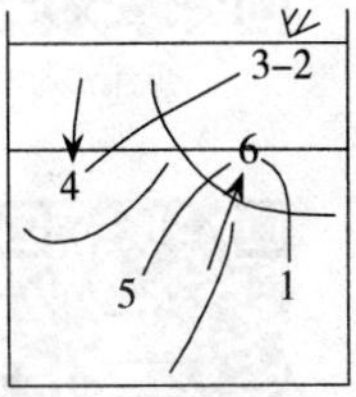

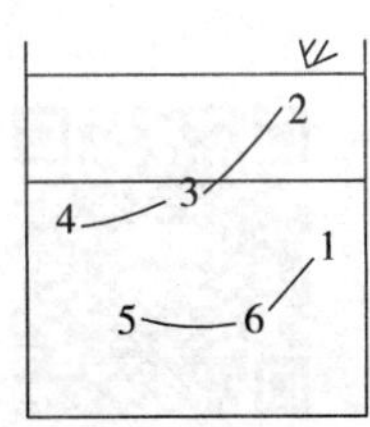

图 2-3-17 “心跟进”防守阵形

（三）不拦网的防守阵形

有时候，在打排球的过程中，发现对方的进攻没有必要进行拦网，或者是初学者还没有掌握排球拦网的技术，这时候就可以采用“不拦网的防守阵形”。对方在 4 号位进攻 3 号位队员移动到 3m 线附近，防守对方的吊球，二传队员留在网前，不仅可以防守网前的吊球，还便于组织防守反击，其他队员每个人分别防守一条线路（图 2-3-18）。

图 2-3-18 不拦网的防守阵形

四、攻守结合

1. 接传、垫球及进攻 这是在对方无法组织进攻而直接传或垫球击入本方时的防守方法，阵形与不拦网防守阵形一样。这样的机会在比赛中不多，接这样的球一般比较容易。

2. 接扣球进攻 在接扣球进攻的过程中，每个队员都要有接应二传的准备，二传尽量传给没有参与拦网的前排队员，拦网的队员也要在拦网完成后立即后撤，准备好进攻。

3. 接拦回球进攻 主要是保护本方进攻队员，球被对方拦回时要尽力接起并组织进攻。

学习资源（视频）

勾手发飘球　二传吊球　二步助跑步法　单脚起跳扣球

侧面下手发球　侧面传球　背向双手垫球　背面传球

背飞　3 号位扣梯次　2 号位扣梯次　“前交叉”进攻战术

“后交叉”进攻战术　“短平快掩护拉开”进攻战术　重叠进攻战术　中一二进攻战术

正面下手发球　正面双手垫球　正面上手发球　正面上手发飘球

正面扣球　正面传球　鱼跃垫球　掩护夹塞战术

位置差扣球　跳起单手二传　跳起传球　跳发球

体侧双手垫球　时间差扣球　前飞　拦网

拉三　跨步垫球　扣近体快球　扣短平快球

扣背平快球　扣背快球　集体拦网　横滚翻垫球

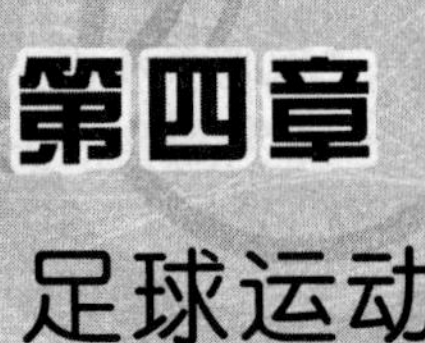

第四章 足球运动

第一节　足球运动概述

足球运动是以脚支配球为主，两个队在同一场地内进行攻守的体育运动项目。它是世界上最受人们喜爱、开展最广泛、影响最大的体育运动项目，被誉为“世界第一运动”。

一、足球运动的起源与发展

（一）古代足球运动的起源与发展

古代足球运动起源于春秋战国时期齐国的都城临淄，被称为“蹴鞠”或“踏鞠”。唐代是我国古代足球发展的鼎盛时期，“充气的毬”和“设立毬门”是在场地器材方面的两大创造，并发展到以射门为目标的两队对抗性比赛，规则也逐渐完善。2004 年 7 月 15 日，在北京展览馆举行的“第三届中国国际足球博览会”开幕式上，时任国际足联主席布拉特宣布：世界足球起源于中国。

（二）现代足球运动的起源与发展

现代足球运动起源于英国。1863 年 10 月 26 日，英国人在伦敦成立了世界上第一个足球运动组织——英格兰足球协会，并统一了足球规则。这一天被世界公认为现代足球的诞生日。1904 年 5 月 21 日，国际足球联合会（FIFA，简称国际足联）在巴黎成立了，现有协会会员 211 个。国际大型的足球比赛主要有国际足联世界杯（1930—2018 年，21 届）、奥运会足球赛（1896—2016 年，31 届）、国际足联女子世界杯（1991—2015 年，7 届）。

二、足球竞赛规则简介

（一）比赛场地和球

足球比赛场地必须是长方形的平整场地，其长为 90～120m，宽为 45～90m，国际比赛场地长为 105m，宽为 68m。场地由边线、端线、中线、球门线、球门区、罚球区、角球区、中点、罚球点、罚球弧和中圈组成。球为圆形，其周长为 68～70cm，重量为 410～450g。

（二）队员人数

每队上场队员不得多于 11 人，其中必须有一名守门员，任何一队少于 7 人时，该场比赛应为无效。在正式比赛中，每场比赛每队最多可使用3名替补队员。被替补出场的队员不得再上场比赛。在比赛中，队员被罚出场后，不得由其他队员替补。任何其他队员都可与守门员互换位置，但须事先通知裁判员，并应在球成死球时互换。

（三）比赛开始、进行及死球

1. 比赛开始 开球前，双方队员均应在本方半场内，球应放在中点上，在裁判员用哨声发出信号后，开球队员将球踢出并向前移动，比赛方为开始。如果球未向前踢出或者比赛开始前有队员越过中线进入对方半场或守方队员进入中圈，应令其重新开球。开球可以直接射门得分。

2. 比赛进行及死球 球的整体在地面或空中越出边线或球门线或裁判员鸣哨停止比赛时，即为死球。除此之外，比赛都在进行中。球触场内的裁判员、助理裁判员或门柱、横梁、角旗杆又弹回场内时，比赛继续。

（四）越位

队员在对方半场内较球和最后第二名对方队员更接近于对方球门线，即处于越位位置。队员处于越位位置本身并不是犯规。

队员在下列情况下不处于越位位置：在本方半场内；齐平于第二名对方队员；齐平于最后两名对方队员；他与球平行。

处于越位位置的队员，在同队队员踢或触及球的一瞬间，裁判员认为其就下列情况而言“卷入”了现实比赛中时才判为越位犯规：干扰比赛；干扰对方队员；利用越位位置获得利益。

如果队员直接接得球门球、界外球、角球，则没有越位犯规。

对于任何越位犯规，裁判员应判对方在犯规发生地点罚间接任意球。

（五）犯规与不正当行为

1. 判罚直接任意球

（1）裁判员认为，如果队员草率地、鲁莽地或使用过分的力量构成下列六种犯规中的任何一种，将判对方踢直接任意球：踢或企图踢对方队员；绊摔或企图绊摔对方队员；跳向对方队员；冲撞对方队员；打或企图打对方队员；推对方队员。

（2）如果队员行为构成下列四种犯规中的任何一种，也判对方踢直接任意球：为了得到对球的控制而抢截对方队员时，于触球前触及对方队员；拉扯对方队员；向对方队员吐唾沫；故意手球（不包括守门员在本方罚球区内）。

在比赛进行中无论球在什么位置，如果队员在本方罚球区内的行为构成了上述十种犯规中的任何一种，应被判罚球点球。

2. 判罚间接任意球

（1）如果守门员在本方罚球区内出现下列四种犯规中的任何一种，将判对方踢间接任意球：用手控制球后在发出球之前持球超过6s；在发出球之后未经其他队员触及，再次用手触球；用手触及同队队员故意踢给他的球；用手触及同队队员直接掷入的界外球。

（2）裁判员认为，队员在出现下列情况时，也将判对方踢间接任意球：动作具有危险性；阻挡对方队员；阻挡对方守门员从其手中发球。

3. 纪律制裁

（1）可警告的犯规（黄牌）。犯有非体育道德行为；以语言或行动表示异议；持续违反规则；因导致比赛重新开始；当以角球或任意球重新开始比赛时，不退出规定的距离；未得到裁判员许可进入或重新进入比赛场地；未得到裁判员许可故意离开比赛场地等。

（2）罚令出场的犯规（红牌）。严重犯规；暴力行为；向对方或其他任何人吐唾沫；故意用手球破坏对方的进球或明显的进球得分机会（不包括守门员在本方罚球区内）；用可判为任意球或球点球的犯规破坏对方向本方球门移动着的明显的进球得分机会；使用无礼的、侮辱的或辱骂性的语言及动作；在同一场比赛中得到第二次警告。

（六）任意球、罚球点球、掷界外球、球门球、角球

1. 任意球　任意球分为直接任意球和间接任意球两种。

（1）如果将直接任意球直接踢入对方球门，判为得分；如果将直接任意球直接踢入本方球门，判对方踢角球。

（2）如果将间接任意球直接踢入对方球门，判为球门球；如果将间接任意球直接踢入本方球门，判对方踢角球。

2. 罚球点球　罚球点球可以直接进球得分。除主罚队员及对方守门员外，其他队员应处于罚球点后、罚球区和罚球弧外的比赛场地内。

3. 掷界外球

（1）掷界外球不能直接进球得分。

（2）在掷出球的一瞬间，掷球者应：面向比赛场地；任何一只脚的部分站在边线上或站在边线外的地上；使用双手将球从头后经头上掷出。掷球队员在其他队员触球前不得再次触球。

4. 球门球

（1）球门球可以通过直接射入对方球门而得分。

（2）在踢球门球时，对方队员在球被踢出罚球区前应站在罚球区外，当球被直接踢出罚球区后，比赛即为进行。

（3）如果球未被直接踢出罚球区进入比赛，应重踢。

5. 角球　角球可以直接通过射入对方球门而得分。

第二节　足球运动基本技术

足球技术是指运动员在比赛中所采用的合理动作的总称，可分为有球技术和无球技术两大类。有球技术分为颠球、踢球、停球、运球、头顶球、抢截球、有球假动作、掷界外球和守门员技术等；无球技术分为起动、快跑、跳跃、急停、转身、无球假动作等。本节重点介绍有球技术。

一、颠球技术

颠球是指运动员用身体的各个有效部位连续地触击球，并加以控制尽量使球不落地的技术动作。颠球是运动员熟悉球性的一种练习手段，以增强对球的弹性、重量、旋转及触球部位、击球时用力轻重的感觉。

（一）颠球的技术动作要领

颠球大致可分为脚背正面颠球、脚内侧颠球、大腿颠球、头颠球等。

1. 脚背正面颠球 支撑腿膝关节微屈，身体重心移到支撑脚上，当球落至膝关节以下时，颠球腿的膝、踝关节适当放松，甩动小腿，脚尖稍翘起，用脚背轻击球的底部，将球向上颠起。

2. 脚内侧颠球 支撑腿膝关节微屈，身体重心移到支撑脚上，当球下落到膝关节高度时，颠球腿屈膝盘腿，脚内翻上摆，用脚内侧轻击球的底部，将球向上颠起。

3. 大腿颠球 支撑腿膝关节微屈，身体重心移到支撑脚上，当球落至接近髋关节高度时，颠球腿屈膝上摆，当大腿摆到水平状态时，击球的底部，将球向上颠起。

（二）练习方法

1. 一人一球颠球 体会触球的时间、触球的部位、触球的力量和整个动作的协调配合。

2. 两人一球颠球 用脚背、大腿以及身体各部位触球，掌握好触球的力量，尽量不让球落地。每人可触球一次颠给对方，也可触球多次互颠。

3. 4～5 人一组，围圈用两球颠球 可以规定每人触球的次数与部位，也可自由选择触球的次数与部位。颠传时要注意观察，防止两个球同时颠传给同一人。

二、踢球技术

踢球是足球技术中最重要的技术，主要用于传球和射门。其方法包括脚内侧踢球、脚背正面踢球、脚背内侧踢球、脚背外侧踢球以及脚尖和脚跟踢球等。

踢球的技术动作过程包括助跑—支撑脚站位—踢球腿摆动—脚击球—踢球后随前动作。

（一）脚内侧踢球

直线助跑，支撑脚踏在球的侧面 15cm 处，脚尖正对出球方向，支撑腿膝关节微屈。当支撑脚着地时，踢球腿大腿带动小腿由后向前摆动，在前摆的过程中大腿外展，踢球脚的内侧正对出球方向，当膝关节的摆动接近球的正上方时小腿做爆发式摆动，脚尖稍翘起，脚底与地面平行，用脚内侧部位击球的后中部，踢球脚随球前摆落地（图 2-4-1）。

图 2-4-1　脚内侧踢球

（二）脚背正面踢球

直线助跑，最后一步稍大，支撑脚踏在球的侧面 10cm 处，脚尖正对出球方向，膝关节微屈，踢球腿随跑动向后摆动，小腿屈曲，支撑的同时踢球腿以髋关节为轴，大腿带动小腿由后向前摆动。当膝关节摆至接近球的正上方时，小腿做爆发式摆动，脚趾屈，以脚背正面部位击球的后中部，击球后身体及踢球腿随球前移（图 2-4-2）。

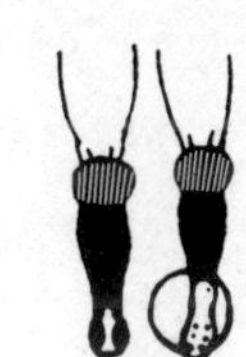
图 2-4-2　脚背正面踢球

（三）脚背内侧踢球

斜线助跑，助跑方向与出球方向约成 45°角，最后一步稍大，支撑脚先以脚掌外沿积极着地，踏在球的侧后方 25cm 左右处，膝关节微屈，脚尖指向出球方向。在支撑脚着地的同时踢球腿以髋关节为轴，大腿带动小腿由后向前摆。当膝关节摆至接近球的内侧上方时，小腿做爆发式前摆，脚尖稍外转，脚背绷直，以脚背内侧部位击球的后中部，击球后踢球腿及身体继

图 2-4-3　脚背内侧踢球

续随球向前（图 2-4-3）。

（四）脚背外侧踢球

助跑、支撑脚站位及踢球腿摆动均与脚背正面踢球技术相同，脚触球是用脚背外侧。此时要求膝关节和脚尖内转，脚面绷直，脚趾扣紧并提膝，击球后身体随踢球腿的摆动前移（图 2-4-4）。

图 2-4-4　脚背外侧踢球

（五）练习方法

（1）各种踢球动作的模仿练习。先做助跑和支撑脚站位的练习，然后再进行助跑、支撑脚站位、摆腿和脚触球的练习，最后做完整的踢球练习。

（2）二人一球，一人用脚掌挡球，另一人做助跑踢球练习。主要练习支撑脚站位、摆腿和体会脚触球的部位。

（3）对足球墙踢球练习。

（4）定位球踢准和踢远练习。

（5）二人一组，迎上去踢球和在后退中踢球的练习。

（6）二人一组，平行跑动传接球的练习。

（7）各种踢球技术的射门练习。

三、停球技术

（一）脚内侧停球

1. 脚内侧停地滚球　根据来球路线，及时移动到位，支撑脚脚尖正对来球，膝微屈，停球腿屈膝外展并前迎，脚尖翘起，在触球前的刹那开始后撤，在后撤过程中用脚内侧触球，把球控制在衔接下一个动作需要的位置上。

2. 脚内侧停反弹球　支撑脚踏在球的落点的侧前方，膝微屈，身体向接球后球运行的方向偏移，同时停球脚提起，踝关节放松，脚尖微翘，用脚内侧对准球的反弹路线。当球落地反弹刚离地面时，用脚内侧推压球的中上部（图 2-4-5）。

图 2-4-5　脚内侧停反弹球

（二）胸部停球

1. 挺胸式停球　面对来球，移动到位。稍收下颌，两臂屈肘自然张开，两脚前后（左右）开立，两膝微屈，重心在两脚间。当球与胸部接触前的刹那，两脚蹬地上挺的同时展腹、上体后仰，用胸大肌触球，使球落在需要的控制范围内。该技术适用于高于胸部的空中下落球（图 2-4-6）。

2. 收胸式停球　面对来球，移动到位。两臂屈肘自然张开，两脚前后开立，身体重心前移，挺胸迎球，在胸部触球前的刹那，重心迅速后移，同时收胸、收腹挡压球，把球停在需要的范围内。该技术一般用于停空中胸部高度的平直球。

图 2-4-6 挺胸式停球

（三）练习方法

（1）进行停球动作的模仿练习。

（2）停迎面来的地滚球练习。两人相对站立，相距 10m 左右，一人踢地滚球，另一人迎上去停球。

（3）对墙踢球，迎上去停反弹回来的球。

（4）自己抛球练习胸部停球，然后两人一组通过互抛球练习胸部停球。

（5）在移动中进行停球练习。

四、头顶球技术

头顶球分为前额正面顶球和前额侧面顶球。这两个部位都可以做原地顶球、跑动中顶球。

（一）原地顶球

身体正对来球，两脚前后站立，膝微屈，上体稍后仰，重心放在后脚上，两臂微屈自然张开，两眼注视来球。当球运行到身体垂直部位前的刹那，后脚用力蹬地，重心前移，同时向前摆体，收下颌，颈部紧张，快速甩头，用前额正面击球的后中部，上体随球继续前摆（图 2-4-7）。

图 2-4-7 原地顶球

（二）跑动中顶球

可做 3～5 步助跑，在助跑过程中判断来球的运行路线和起跳时间。起跳时，有力脚迅速蹬地，另一腿屈膝上摆，两臂自然上提，使身体向上跃起。当跳到最高点时，身体呈背弓。当球运行到身体垂直部位前的刹那，快速收腹，折体前摆并甩头，用前额正面将球击出，出球后，两腿屈膝缓冲落地。

（三）练习方法

（1）做顶球的模仿练习。

（2）二人一组，一人抛球，一人顶球练习。

（3）在移动中顶球练习。二人一组，一人抛球至另一人侧面，使其在移动中顶球。

五、运球技术

（一）脚内侧运球

支撑脚稍向前跨，踏在球的侧前方，膝微屈，上体稍前倾并向里转。随着身体前移，运球脚提起，用脚内侧推球前进。

（二）脚背正面运球

运球时身体保持正常跑动姿势，上体稍前倾，步幅不宜过大，运球腿提起，膝微屈，脚跟提起，脚尖向下，在迈步前伸着地前，用脚背正面推拨球前进。

（三）脚背外侧运球

上体稍前倾，运球脚提起，膝微屈，脚跟提起，脚尖稍内转，在迈步前伸着地前，用脚背外侧推拨球前进。

（四）脚背内侧运球

上体稍前倾并向运球方向扭转，膝微屈，脚跟提起，脚尖稍外转，在迈步前伸着地前，用脚背内侧推拨球前进。

（五）练习方法

（1）在慢速中用单脚推或拨球前进，然后逐渐过渡到两只脚交替推、拨球前进练习。

（2）一步一运球练习。直线运球，一步触一次球，速度由慢到快。

（3）绕圈运球练习。在中圈内，绕中圈用各个部位进行运球练习。

（4）绕杆运球练习。

（5）变速运球练习。先慢速运球，后突然加速、急停，最后再突然加速。

（6）二人一球，做一过一练习。

六、抢截球技术

（一）正面抢球

两脚前后开立，面向对手，在对手运球脚触球后即将着地或刚着地时，支撑脚用力后蹬，抢球脚以脚内侧对着球跨出，膝关节弯曲，上体前倾，身体重心移至抢球脚上。

（二）侧面抢球

抢球人与带球队员并肩跑动或双方队员争夺迎面而来的球时，先使身体重心降低，手臂贴近身体，在对方靠近自己的脚离地时立即用肩部冲撞对方肩部（做合理冲撞），使对方身体失去平衡，把球抢过来。

（三）练习方法

（1）两人一球，一人运球，另一人跨步用脚内侧抢球。

（2）两人相距 3～5m 面对面站立，球置于中间，听到信号后两人上去抢球。

（3）两人一组，一人运球，另一人从侧面合理冲撞抢球。

七、假动作技术

在踢、接和运球过程中，采用一些虚假动作使对手产生错误的判断，造成重心错误的偏移，形成对自己有利的形势以实现自己的目的。

做假动作要注意：假动作要给人以逼真的感觉，假动作与真动作的衔接要快速、连贯、突然。假动作必须在接近对方时运用才能生效。假动作没有统一的标准，在明确一般规律后，可以结合各种技术动作，创造具有本人特点的假动作。

八、掷界外球

（一）原地掷界外球

面对出球方向，两脚左右开立或前后开立，膝关节微屈，上体后仰呈背弓，重心在两脚之间（前后开立时，重心在后脚上），两手张开，拇指相对持球的后侧部位，屈肘上举，将球置于头后。掷球时，后脚用力蹬地，重心快速前移，两腿快速伸膝，同时收腹屈体，两臂急速前摆。当球摆至头上时，用力甩腕将球掷入场内（图 2-4-8）。在整个掷球过程中，注意两脚均不可离地或踏入场内。

图 2-4-8　原地掷界外球

（二）助跑掷界外球

双手持球于胸前，在助跑迈出最后一步时，上体后仰呈背弓，同时将球举至头后。掷球的动作与原地掷界外球相同。

（三）练习方法

（1）持球模仿掷界外球动作。

（2）对墙进行掷界外球练习。

（3）两人一球，相隔较远进行掷界外球练习。

（4）向规定的范围内进行掷准练习。

（5）进行掷远比赛练习。

九、守门员技术

守门员技术包括准备姿势、移动、接球、扑球、拳击球、托球、掷球和踢球等。其中，接球是守门员技术中最主要的技术，包括接地滚球、接平直球、接高球三种。

（一）准备姿势

两脚左右开立与肩同宽，两膝自然弯曲并稍内扣，脚跟稍提起，身体重心在前脚掌上，两臂自然屈肘于体前，手指自然张开，掌心向前，两眼注视来球。

（二）移动

守门员经常采用侧滑步和交叉步两种步法向两侧移动。

（三）接球

1. 接地滚球　有直腿式和单腿跪撑式两种。

2. 接平直球　指膝以上、胸以下的空中球，接球时面对来球，两手掌心向上，两手小指相靠，前迎接球。上体前屈，当手触球时稍后撤以缓冲来球力量，将球抱于胸前。

3. 接高球　在确定接球点后，迅速移动并跳起，两臂上伸并迎球，两手拇指相靠，手掌对球。当手触球时，手腕和手指适当用力将球接住，同时屈肘回缩并下引，顺势翻掌将球抱于胸前。

（四）扑球

扑球是守门员在移动接球来不及的情况下所采用的一种救球形式，也是守门员技术中难度较大的动作，分扑地面球、平直球和高球。

（五）发球

守门员组织和发动进攻的主要技术，分为手掷球和脚踢球两类。

（六）练习方法

（1）准备姿势和移动步伐练习。根据信号做前后、左右的移动练习。

（2）接球练习。原地或在移动中接同伴手抛、掷来的高平球、低平球等不同性质的来球，然后过渡到接同伴踢来的不同性质的球。

（3）扑球练习。在较柔软的地面或垫子上进行扑球练习。扑同伴手抛或掷来的平直球、地滚球，然后过渡到扑用脚踢来的球。

第三节　足球运动基本战术

一、比赛阵形

比赛阵形是指比赛场上队员的位置排列，是一个队攻守力量搭配和队员位置职责分工的形式，服务于一定的战术需要。在选用阵形时应以本队的需要及对方的特点来确定。随着足球运动的发展，阵形也不断演变，种类繁多，常用的比赛阵形如下：

（一）四四二式

这种阵形有4个后卫、4个前卫、2个前锋，防守坚固，有利于快速反击。

（二）四三三式

这种阵形有4个后卫、3个前卫、3个前锋，增强了机动性，同时也增强了进攻的潜力，是一种比较注重进攻的阵形。

（三）三五二式

这种阵形有3个后卫、5个前卫、2个前锋，强调中场的控制，攻守兼备。

（四）五三二式

这种阵形有5个后卫、3个前卫、2个前锋，注重防守，利于快速反击。

二、进攻战术

（一）个人进攻战术

个人进攻战术是指在比赛中为了战胜对手而采取的符合整体进攻目的的个人行动。个人进攻战术是构成局部和整体进攻战术的环节。个人进攻战术行动水平的高低直接影响着局部和整体进攻战术的质量。个人进攻战术包括传球、射门、运球突破和摆脱跑位等。

（二）集体进攻战术

集体进攻战术是指以两三个传球配合为基础的“二过一”“三过二”等基本战术的配合运用。

二过一战术配合是指在局部地区两个进攻队员通过两次传递球和跑位突破一个防守队员的配合。

（1）斜传直插二过一。⑨号传球给⑩号，并快速起动直插接⑩号的斜传球，突破 2 号的防守（图 2-4-9）。

（2）直传斜插二过一。⑧号横传球给⑦号，然后斜插接⑦号直传球突破 2 号的防守（图 2-4-10）。

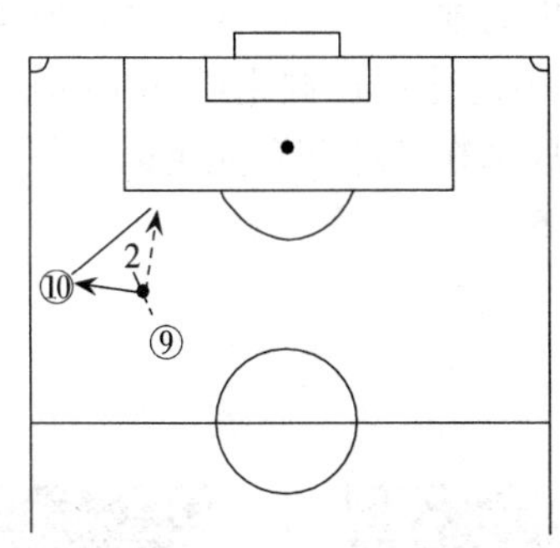

图 2-4-9 斜传直插二过一

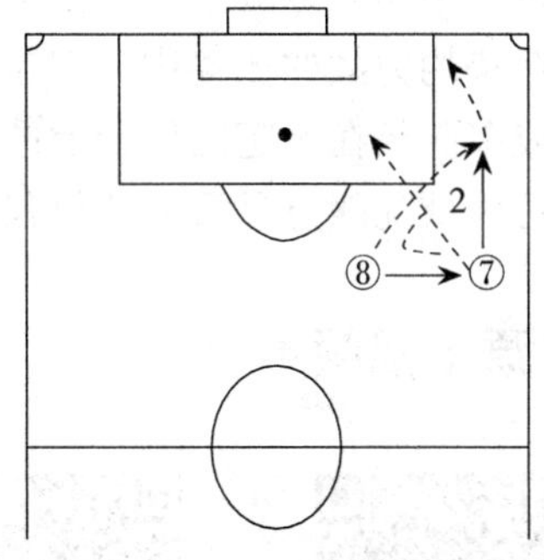

图 2-4-10 直传斜插二过一

（3）回传反切二过一。⑩号回撤接给⑥号传球，策动 2 号，⑩号将球回传给⑥号，并突然转身反切摆脱 2 号接⑥号传球（图 2-4-11）。

（4）交叉掩护配合。⑩号向侧面运球逼近 2 号，这时⑨号快速交叉跑动接运⑩号的球，摆脱 2 号防守（图 2-4-12）。

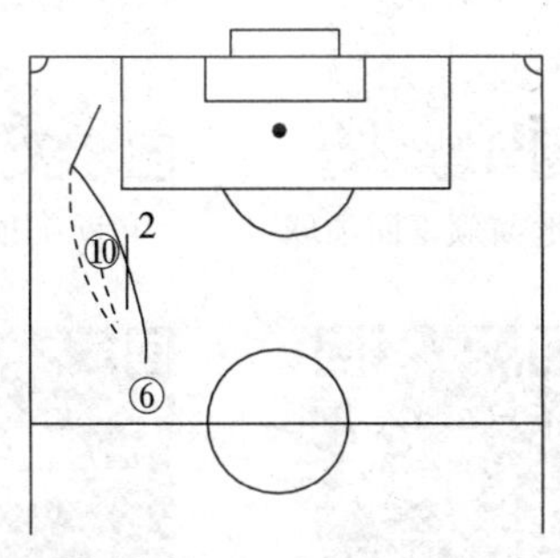

图 2-4-11 回传反切二过一

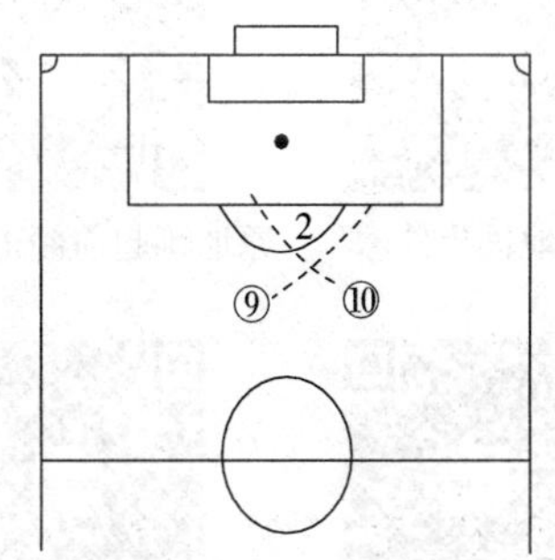

图 2-4-12 交叉掩护配合

三、防守战术

（一）个人防守战术

个人防守战术是指为了控制对手所采用的个人战术行动，包括选位、盯人等。

1. 选位 防守队员选位时，一般应站在对手与本方球门中心所构成的一条直线上，要根据球的位置，向前后左右移动，但要随时站在对手与球门之间。

2. 盯人 盯人是指防守者本身所处的位置能够限制、看守对手的活动，及时地封堵对手接球或传球路线。盯人时应采用“有球紧，无球松”和“远松近紧”的方法。

（二）集体防守战术

该战术主要有盯人防守、区域防守、混合防守。混合防守是人盯人防守和区域防守两种形式结合的防守打法，是比赛中运用较为普遍的防守形式之一。混合防守的运用通常选择体力好、个人作战能力强的队员以盯人防守盯住对方的核心或具有较大威胁的队员，限制其行动自由，其他队员采用区域防守。

四、定位球战术

定位球战术是指在比赛成死球局面时所采用的攻守战术方法，包括任意球、角球、掷界外球、球门球和中圈开球战术等。定位球在比赛中极为显要，它已成为决定比赛胜负的重要形式，尤其在势均力敌的比赛中，定位球有其特定的优势：在规定的 9.15m 内没有对手阻碍，可投入较多队员在预定的位置上进攻；定位球战术在开球前有充足的准备时间，进攻队员可以根据对手情况随意灵活地选位和商量进攻对策。

学习资源（视频）

助跑单脚起跳前额正面顶球　直传斜插二过一　运球时的常用动作　运球过人假动作

原地掷界外球　原地跳起前额正面顶球　原地前额正面顶球　鱼跃头顶球

原地前额侧面顶球　斜传直插二过一　挺胸停球　脚内侧停反弹球

脚内侧停地滚球　脚内侧踢球　脚内侧颠球　脚底停反弹球

脚背正面运球　脚背正面踢球　脚背正面颠球　脚背外侧停球

脚背外侧踢球

脚背内侧踢球

交叉掩护配合

回传反切二过一

大腿停球

大腿颠球

传切配合

第五章 乒乓球运动

第一节　乒乓球运动概述

一、乒乓球运动的起源

乒乓球运动起源于英格兰，是从中世纪网球运动直接派生出来的一项运动，英文名字是“桌上网球”（Table Tennis）。乒乓球最初是一种宫廷游戏，是欧洲一些国家贵族的娱乐活动，后来逐渐传入民间。1890 年，英格兰工程师詹姆斯·吉布从美国带回一种赛璐珞制成的空心玩具球，球轻而富有弹性，代替了橡胶实心球。20 世纪初，乒乓球运动逐渐在世界各国开展起来。到 20 世纪 20 年代，欧洲国家除举行全国性的比赛外，也举行一些国际性邀请赛。许多国家相继成立了乒乓球协会，对乒乓球运动的开展和提高起到了推动作用。

二、乒乓球运动的发展

乒乓球运动诞生后，日益兴旺，不断发展。1926 年 12 月国际乒乓球联合会（国际乒联）在英国伦敦正式成立，并举行第一届世界乒乓球锦标赛（以下简称“世乒赛”）。从 1957 年起，世乒赛开始改为每两年举行一届，设有 7 个项目：男子团体、女子团体、男子单打、女子单打、男子双打、女子双打和混合双打。1988 年乒乓球被列入奥运会比赛项目。乒乓球运动在亚洲的中国、日本、朝鲜、韩国，欧洲的瑞典、英国、法国、德国，北美洲的美国、加拿大，以及非洲部分地区都得到了不同的发展。乒乓球运动大体经历了以下几个重大的发展阶段：欧洲全盛阶段、日本队称雄世界乒坛阶段、中国队迅速崛起阶段、欧洲复兴和欧亚激烈争夺阶段。现代乒乓球技术将朝着“技术全面、特长突出、近台、快速、凶狠、速战速决”的方向发展。

三、中国乒乓球运动发展概况

1904 年，乒乓球运动从日本传入我国。1952 年 10 月由六大区（中南、华北、东北、西南、西北、华东）和铁路系统体协的 62 名男、女选手参加的“第一次全国乒乓球比赛大会”在北京举行，揭开了中华人民共和国乒乓球运动发展史上新的一页。与此同时，中国加入了国际乒联。从此，中国乒乓球群众活动迅速发展起来，每年都要举行各种全国性的乒乓球比赛。

1953年我国首次参加了第二十届世乒赛。1959年我国乒乓球运动员荣国团首次获得世乒赛男子单打世界冠军。1961年，我国举办了第二十六届世乒赛。随着乒乓球运动在我国的不断发展，我国已经成为世界公认的乒乓球强国。

四、乒乓球运动的特点和健身功能

乒乓球运动的基本技术易于学习，比赛规则容易掌握，而且器材设备简单经济，在室内、室外都可进行，运动量可大可小，适合不同年龄、性别和身体条件的人参加，所以易于开展和普及。乒乓球很小，用力扣杀，球速最高可达50m/s，速度快、旋转强。

乒乓球运动受到人们的喜爱，主要是集健身、竞技、娱乐性于一体，具有良好的健身价值。乒乓球运动是很好的健脑益智运动，可以调节和改善神经系统功能和情绪，增强中枢神经系统对所有系统与器官的调节能力，使人心情舒畅，想象力丰富；有助于培养果断、坚韧和自制的意志品质，以及独立主动和顽强拼搏的精神；还有利于提高学习和工作效率。打乒乓球有多方位、高层次的健身效果，可明显改善心血管系统和呼吸系统的机能，提高运动系统功能，提高心理素质。

五、乒乓球竞赛规则

（一）球台

球台为与水平面平行的长方形，长2.74m，宽1.525m，高0.76m。比赛台面应呈均匀的暗色，无光泽。沿着边线和端线的边缘有一条2cm的白线。

（二）球网

球网装置应包括球网、悬线绳及支架。整个球网的顶端距台面15.25cm。

（三）球

球直径为40.0～40.6mm，球重2.7g。球应用塑料或类似的材料制成，颜色为白色。不论何种材料，其弹性标准是一致的，即标准球从0.3m的高处落至台面，弹起的高度约为0.23m。

（四）球拍

球拍的大小、形状、重量不限，但底板应平整而坚硬。用来击球的拍面应该用一层颗粒胶覆盖，或用颗粒向内和颗粒向外的海绵覆盖，连同黏合剂的总厚度不得超过4mm。乒乓球拍上的胶皮厚度不得超过2mm，海绵和胶皮厚度不得超过4mm，底板厚度一般为6.5mm左右，反胶厚度为1.8～2.0mm，正胶厚度为0.8～1.0mm，长胶厚度在1.5mm以上。球拍两面无论是否有覆盖物，必须无光照，且一面为鲜红色，另一面为黑色。

（五）比赛中的几个规定

球处于比赛状态的这段时间，叫做一个“回合”。不予判分的“回合”叫做重发球，“判分”的回合叫得分。用握在手中的球拍或执拍手手腕部位触球叫击球。对方击球后，处于比赛状态的球尚未触及本方台面即击球叫“拦击”。对方击球后，处于比赛状态尚未触及本方台面，也未超过台面或其端线，即触及本方运动员或其穿戴的任何物品，叫“阻挡”。

（六）合法发球

（1）发球时，球应放在未执球拍手的手掌上，手掌伸平张开，球应是静止的，在发球员方的端线之后和比赛台面的水平面之上。

（2）发球员须用手把球垂直向上抛起，不得使球旋转，并使球在离开不执拍手掌后上升不少于16cm。

（3）当球从抛起的最高点下落时，发球员方可击球，使球首先触及本方台区，然后越过或绕过球网装置，再触及对方球员的台区。在双打中，球应先后触及发球员和接发球员的右半区。

（4）从抛球前静止的最后一刻到击球时，球和球拍应在比赛台面的水平面之上。

（5）从发球开始，到球被击出，球要始终在比赛台面的水平面以上和发球员的端线以外，而且不能被发球员或其双打同伴的身体或他们所穿戴（带）的任何物品挡住。

（6）不管是第一次还是在其他任何情况下，发球员明显没有按照合法发球的规定发球，将被判失1分，而无需给予警告。

（七）合法还击

对方发球或击球后，本方运动员必须击球，使球直接越过或绕过或触球网装置后，再触及对方台区。

（八）重发球

（1）合法发出去的球越过或绕过球网装置时，触及球网装置。

（2）如果接发球员未准备好，球已发出，而接发球员或同伴均没有企图去击球。

（3）发生了运动员无法控制的外界干扰。

（4）裁判员或副裁判员中断比赛。

（九）一分

（1）未能合法发球。

（2）未能合法还击。

（3）拦击或阻挡。

（4）连续两次击球。

（5）球连续两次触及本方台区。

（6）不执拍手触及比赛台面。

（7）实行轮换发球法时，发球方发出和还击的球被接发球方连续进行13次合法还击。

（十）一局比赛

在一局比赛中，先得11分的一方为胜，但打到10平以后，先多得2分者为胜方。

（十一）一场比赛

（1）一场比赛应采用五局三胜制或七局四胜制。

（2）一场比赛必须连续进行，但在局与局之间运动员有权要求获得不超过2min的休息时间。

第二节　乒乓球运动基本技术

乒乓球的基本技术是战术的基础。掌握的基本技术越多越全面，在实际比赛中反映出的能力就越强。

一、握拍方法

握拍方法正确与否，对掌握技术及击球动作有极其密切的关系。每个击球动作都是由手臂、手腕和手指相互协调配合用力来完成的。因此，握拍方法既要适合自己打法的特点，又要不影响手臂、手腕和手指的灵活性。

（一）直拍握拍法

1. 快攻类型握拍法 即钳形适中握拍法，是以食指的第二指关节和拇指的第一指关节压在球拍的两侧，球拍柄右侧贴在食指第三关节处，两指之间的距离要适中，其他三指弯曲重叠，以中指第一指关节托于球拍背面，使球拍保持平衡（图 2-5-1）。

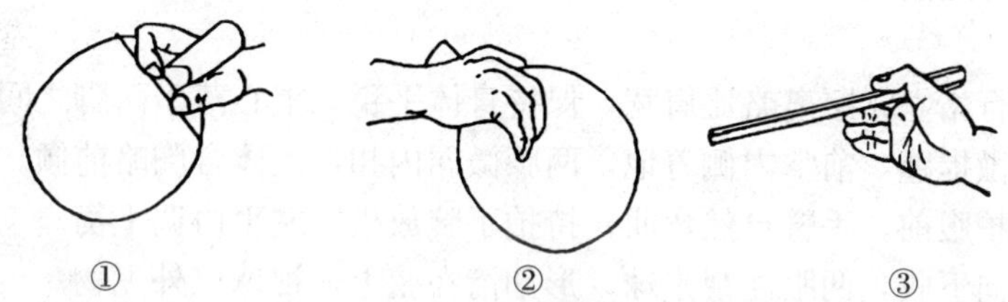

图 2-5-1 快攻类型握拍法

这种握拍法手腕比较灵活，发球时利用手腕动作，发出动作相似而旋转、落点各不相同的球，也可以随心所欲地打出斜、直线球，对台内的球的处理比较有利，也有利于正反手两项技术动作的协调配合。

2. 削球类型握拍法 直拍削球的握拍方法是拇指自然弯曲，紧贴拍柄的左侧，第一指关节用力下压，其余四指自然分开托住球拍背面。这种握拍法对削球的照顾面大，正反手削球时，以手臂的转动调节拍形，削中转攻或推挡时，要迅速改用快攻型握拍法。

（二）横拍握拍法

横拍握拍法是以中指、无名指、小指自然握住拍柄，大拇指在球拍的正面贴于中指旁，食指自然伸直斜放于球拍背面，虎口贴板（图 2-5-2）。

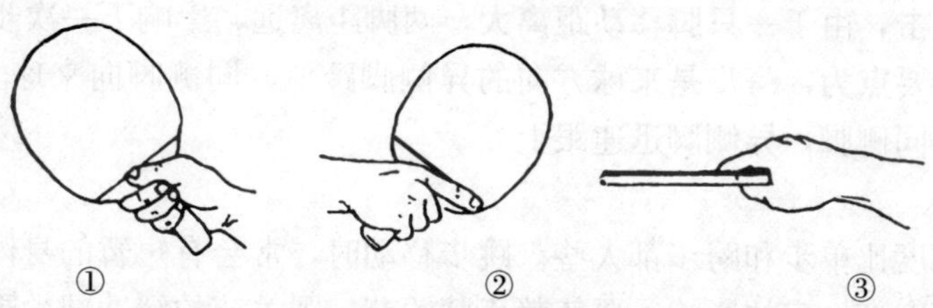

图 2-5-2 横拍握拍法

横拍握拍法可分为深握与浅握，两种握法基本相同，区别在于虎口贴在球拍的程度。浅握的优点是握拍较松，手腕灵活，对台内球的处理方法较多，发球时旋转变化动作小，对方不易判断，缺点是进攻时发力略受影响，削球时拍型不易固定。深握的优点是握拍较紧，拍形比较固定，进攻时，发力比较集中，扣杀球比较有力，削球时比较好控制球，缺点是灵活性较差，台内球的处理比较困难。

二、基本站位和基本姿势

（一）基本站位

乒乓球运动员的基本站位应根据不同类型的打法、个人技术特点和身体特点来选定。不同类型的运动员其基本站位也有所不同。一般情形如下：

（1）采用左推右攻打法的，基本站位在近台偏左，距球台 30～40cm。

（2）采用两面攻打法的，基本站位也在近台中间偏左，距球台 40～50cm。

（3）采用弧圈球打法的，基本站位在中台偏左，距球台 50cm 左右。

（4）采用两面拉弧圈球打法的，基本站位在中间略偏左。

（二）基本姿势

练习者在来球之前应保持正确的身体姿势，蓄势待发，以便快速起动，抢占合理的击球位置。

（1）两脚平行站立，距离略比肩宽，保持身体平稳，重心落于两脚之间。

（2）两脚稍微提踵，前掌内侧着地，两膝微屈内扣，上体含胸略前倾。

（3）右手握拍腹前，手臂自然弯曲，持拍手腕放松，左手协调平衡。

（4）下颌稍向下收，两眼注视来球，形如箭在弦上，视球以外无物。

三、步法

步法是乒乓球击球环节的一个重要组成部分。良好的步法能经常保持合适的击球位置，使击球速度、力量、旋转、落点、弧线得到充分的发挥，有利于提高击球的技术质量。只有做到以步带手，手步结合，打起球来才能得心应手。常用的步法有以下几种。

（一）单步

单步移动简单，范围小，在移动中重心比较平稳，是运动员最常用的步法，一般在来球距身体较近时使用。其动作要点为：以一脚为轴，另一脚向来球方向做前、后、左、右移动。要求移动时身体重心必须向击球方向移动，注意移动后的还原，保持准备姿势。

（二）跨步

跨步移动的范围较大，当来球距身体较远时，通常使用这种步法。这种步法移动速度快，多采用借力还击，由于一只脚移动距离大，两脚距离远，影响下一次步法的移动，不易连续使用。其动作要点为：跨步是来球方向的异侧脚蹬地，同侧脚向来球方向跨出一大步，身体重心随即移到同侧脚，异侧脚迅速跟上。

（三）跳步

跳步移动的幅度比单步和跨步都大些。跳步移动时，常会有短暂的身体腾空时间，这对保持身体重心的稳定有一定的影响，要依赖于膝关节、踝关节的缓冲减少重心的起伏。其动作要点为：以来球方向的脚用力蹬地，使两脚同时离地向来球的方向跳动，蹬地用力大的脚先着地，另一只脚紧随落地站稳，然后挥臂击球。

（四）并步

并步移动的幅度比单步大，但比跨步、跳步小，移动时没有腾空动作，有利于保持身体重心的稳定。其动作要点为：并步的移动方法基本上与跳步相同，只是不做腾空的跳动。移步时，先以来球方向的脚向同方向的脚并一步，然后同方向的脚再向来球方向迈一步，挥臂击球。

（五）交叉步

交叉步移动的幅度比前四种移动的幅度都大，主要用于处理离身体较远的来球，适合于主动发力进攻，动作过程要求上肢、腰、髋、下肢配合非常协调。其动作要点为：交叉步以靠近来球方向的脚作为支撑脚，远离来球的脚迅速向来球方向跨出一大步，支撑脚迅速跟上向前脚的移动方向再迈出一步，挥臂击球。

（六）小碎步

所谓小碎步，就是很小、很碎的一种步法。其最大的特点是重心稳，能够确保击球准，步法比较简单、时效性较强，可以起到衔接及调整步法的作用。小碎步的移动方法是在很小的范围内做前、后、左、右不停快速移动，借此将自身的位置调整至最佳击球位置。

四、手法

手法和步法是乒乓球运动的根本。乒乓球的手法分为发球手法、接发球手法、攻球手法、推挡球手法、弧圈球手法、搓球手法和削球手法等。

（一）发球手法

1. 平击发球 平击发球是一种几乎不带旋转、速度一般的发球，是初学者基本的入门发球，也是掌握其他复杂发球技术的基础。其动作要点如下：左脚稍前，身体略向右转，左手掌心托球置于身体右侧前方。左手将球向上抛起，同时右前臂内旋，使拍面角度略向前倾，向身体稍右转向右后方引拍。右臂从身体右后方向左前方挥动。当球从高点下降至稍高于球网时，球拍几乎与球台垂直或稍前倾，开始击球的中上部。击球后，手臂继续向左前方随势挥动，并迅速还原。发力部位为上臂带前臂，以前臂发力为主（图 2-5-3）。

图 2-5-3 平击发球示意

2. 正手发右侧上旋急球 这种发球球速快，落点小，冲力大，球的飞行弧线低，并向左侧偏斜，具有较强的右侧上旋。其动作要点如下：左脚稍前，身体略向左偏斜，左手掌托球置于身体偏右侧。左手将球向上抛起，同时右臂内旋，使球拍角度稍前倾，前臂手腕自然下垂，肘关节高于手前臂，向身体右后方引拍。上臂带动前臂，身体由右后方向左前方摆动。当球从高点下降至接近网高时，球拍前倾，击球右侧，向右侧上方摩擦。触球一瞬间拇指压拍，手腕从右后方向左上方抖动，球击出后第一落点靠近本方端线。击球后，手臂继续向左前方随势挥动，迅速还原。发力部位主要以前臂和手腕为主。

3. 正手发下旋球 球下旋，球速较慢。其动作要点如下：左脚稍前，身体略向右倾，左手掌心托球置于身体右前方。左手将球向上抛起，同时，右直握拍手腕作伸、横握拍手腕作略外展和伸的动作。

右臂从身体右后上方向左前下方挥动。当球从高点下降至稍高于或平于网高时，前臂加速向左前下方发力，直拍握法手腕作屈同时内收，球拍后仰，击球中下部向底部摩擦。球击出去后，第一落点接近于球网。击球后，手臂继续向左前下方随势挥动，并迅速还原。发力部位主要是前臂和手腕（图 2-5-4）。

图 2-5-4　正手发下旋球示意

（二）接发球

接发球的基本手法由点、拨、拉、攻、推、搓、削、摆短等各种技术组成。下面将介绍几种最基本的回接方法。

1. 接急上旋球　发过来的球速度快，带有一定的上旋力，应采用侧身回接。如果侧身回接困难，可采用反手推挡或采用反手攻球回接。右方急球可用正手推挡，正手攻球借力回接。如果用削球回接，则必须移动步法向后退一步，待来球力量有所减弱时再回接。

2. 接下旋球　发过来的球速度较慢，球触拍后向下反弹，用搓球回接时，注意球拍后仰，以增强向前上方的发力，用拉攻、弧圈球回接时，一定要注意向上用力。

3. 接左侧上旋球　左侧上旋球是左侧旋与上旋结合的旋转球。接这种球一般不采用推挡、攻球。回接时，拍面向左偏斜，以抵消来球的左侧旋。向左前下方用力要相对加大，防止球触拍时，向自己右上方反弹。注意提高引拍，也可用发力的方法抵消来球旋转。

4. 接右侧上旋球　这种发球是右侧旋与上旋结合的旋转球，接右侧上旋球时与接左侧上旋球时的方法基本相同，只是注意方向相反，回接时注意调整手腕、拍面所朝方向。

5. 接短球　由于对方发来的球是台内近网短球，回接时最主要的是注意判断，加快移动，及时上前，以获得最合适的击球位置。同时，注意到位后脚步的制动，控制好身体的前冲力量，以便接球后，快速回蹬还原。应特别注意充分依靠前臂和手腕的发力。要根据来球的旋转性能，调节拍面角度、击球部位、击球时间、用力方向。

（三）推、挡球手法

推、挡球是初学者首先应学习的技术。

1. 挡球　球速慢、力量轻，几乎没有旋转变化。动作小、简单、易掌握，是其他技术的基础。其动作要点（反手挡球）：两脚左右分开，身体与球台平行，距球台 30～50cm。前臂与上臂自然弯曲并作外旋，拍面角度稍前倾，前臂与台面平行，将球拍引于腹前（图 2-5-5）。

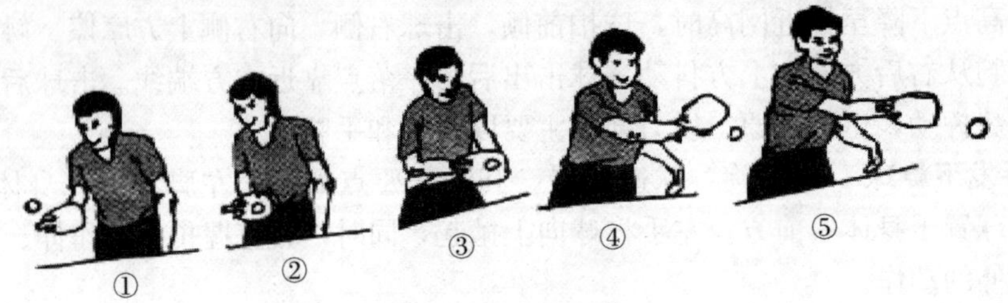

图 2-5-5　挡球示意

前臂由腹前伸向来球。当来球在球台跳至上升时，球拍稍前倾，前臂和手腕稍向前迎球击球的中部。击球主要借助对方来球的反弹力挡回。击球后，手臂手腕略微向前挥动，并迅速还原。发力部位以前臂为主，身体重心在两脚中间。

2. 快推球 球速快、力量中等，略带上旋，动作较易掌握，是初学者的入门技术，也是其他技术的基础。其动作要点：两脚平行或左脚稍前，身体距球台 30～50cm。前臂与上臂自然弯曲并作外旋，拍面角度稍前倾，臂和肘关节内收自然靠近身体右侧，将球拍引于腹前。前臂和手腕向来球方向挥动。当来球在球台跳至上升前期时，球拍稍前倾，前臂和手腕借力迅速向前略向上推出，击球的中上部。击球后，手臂和手腕继续向前上方随势挥动，并迅速还原成击球前的准备姿势。发力部位以前臂手腕为主。

（四）攻球手法

攻球是乒乓球技术最重要的部分，它既是初学者入门所必须掌握的技术，又是运动员取得比赛胜利的锐利武器，同时还是掌握所有技术的基础。因此，必须很好地掌握这项技术。

正手攻球的特点是站位近台，动作小，球速快，可借来球的反弹力还击，与落点配合可为得分创造机会。其动作要点：左脚稍前，身体距球台 30～50cm。手臂自然弯曲并作内旋，使拍面稍前倾，以前臂小幅度后引为主，将球拍引至身体右侧方。前臂向前上方略左迎球。当球跳至上升期或最高点时，球拍稍前倾，击球的中上部。发力以腰部带动大臂，大臂带动小臂，在大臂带动下，小臂快速向左前上方挥动。击球后球拍继续左前上方随势挥动，挥至头部高度，然后迅速还原成击球前的准备姿势。发力部位以前臂为主，手腕为辅，重心由右脚移到左脚协调发力（图 2-5-6、图 2-5-7）。

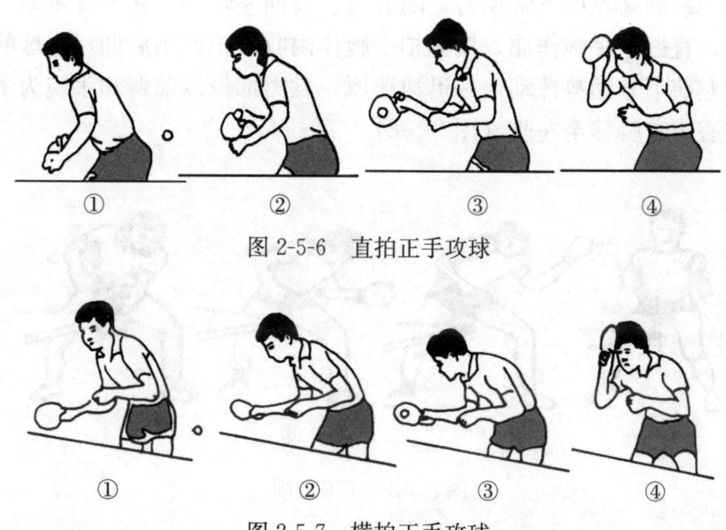

图 2-5-6 直拍正手攻球

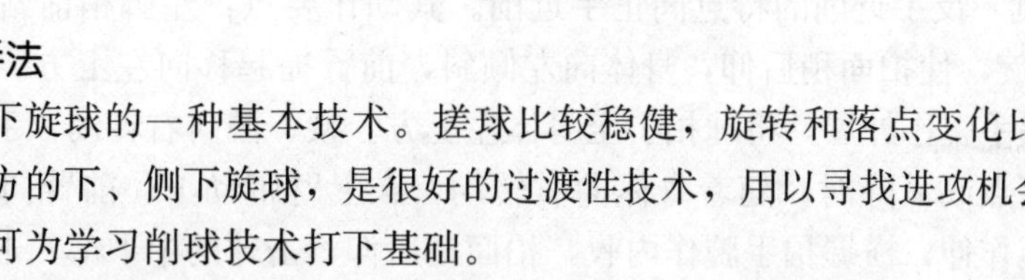

图 2-5-7 横拍正手攻球

（五）搓球手法

搓球是还击下旋球的一种基本技术。搓球比较稳健，旋转和落点变化比较多，简单易学，便于回接对方的下、侧下旋球，是很好的过渡性技术，用以寻找进攻机会。搓球动作与削球动作相近，可为学习削球技术打下基础。

1. 正手搓球 正手搓球动作较大，速度较慢，靠身体发力回击，有一定的旋转强度，与其他搓球技术结合能改变击球节奏，争取主动。其动作要点如下：左脚稍前立，身体距球台 30～50cm。手臂外旋，使拍面后仰，前臂提起转向右上方。同时，直握拍手腕作伸，横握拍手腕外展，将球拍引至身体右上方。腰髋左转，手臂向左前下方迎球。当球跳至下降前期，前臂加速向左前下方用力。同时，直握拍手腕作屈，横握拍手腕作内收，球拍后仰，击球的中下部。

击球后，手臂继续向左前下方随势挥动，并迅速还原。发力部位以前臂和手腕为主，身体重心由右脚移到左脚。

2. 反手慢搓 反手慢搓的特点同正手慢搓。其动作要点：两脚平行站立，身体距球台 30～50cm。手臂内旋，使拍面后仰，前臂上提移向左上方，同时，直握拍手腕作屈，横握拍手腕外展，将球拍引至身体左上方。腰、髋向右转动，手臂向右前下方迎球。当球跳至下降前期时，前臂加速向右前下方用力，同时，直握拍手腕作伸，横握拍手腕作内收，拍面后仰，击球中下部。击球后，手臂继续向前下方随势挥动，并迅速还原。发力部位以前臂和手腕为主，身体重心由左脚移至右脚。

（六）削球手法

削球通过旋转和落点的变化来控制对方、扰乱对方、调动对方，为进攻创造机会或使对方击球失误。

1. 正手近削 正手近削站位较近，动作较小，击球点高，回球速度较快。配合落点可调动对方，增加回球难度，伺机反攻或直接得分。其动作要点：左脚稍前站立，身体距球台约 1m。手臂外旋，使拍面稍后仰，身体向右倾斜，手臂向右上方移动，前臂提起。同时，直握拍手腕作伸，横握拍手腕作外展，将球拍引至身体右上方。腰、髋向左转动，手臂向左前下方迎球。当球跳制高点或下降期时，随着腰、髋向左转动，在上臂带动下，前臂向左前下方用力。同时，直握拍手腕作屈，横握拍手腕作内收，拍面稍后仰，击球的中下部。击球后，手臂继续向左前下方随势挥动，并迅速还原。发力部位以前臂和手腕为主，配合腰、髋的转动，身体重心由右脚移至左脚（图 2-5-8）。

图 2-5-8 正手近削

2. 反手近削 反手近削的特点同正手近削。其动作要点：左脚稍前站立，身体距球台约 1m。手臂内旋，使拍面稍后仰，身体向左倾斜，前臂提起移向左上方。同时，直握拍手腕作屈，横握拍手腕作外展，将球拍引至身体左上方。腰、髋向右转动，手臂向左前下方迎球。当球跳至高点或下降时，随着身体向右转动，在上臂带动下，前臂向前下方用力。同时，直握拍手腕作伸，横握拍手腕作内收，拍面稍后仰，击球的中下部。击球后，手臂继续向前下方随势挥动，并迅速还原。发力部位以前臂和手腕为主，配合腰、髋的转动，身体重心由左脚移至右脚（图 2-5-9）。

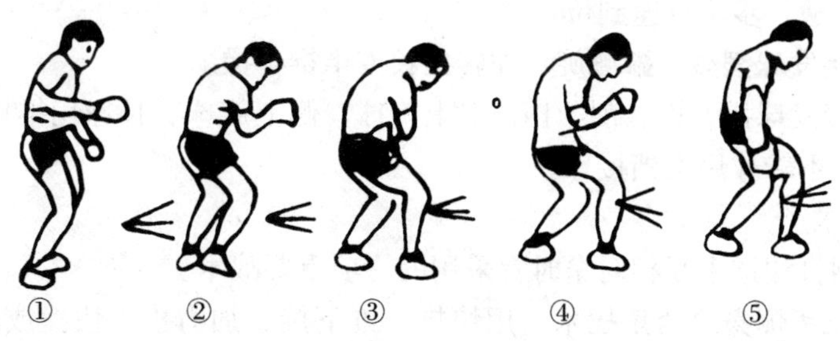

图 2-5-9　反手近削

第三节　乒乓球运动基本战术

运动员在比赛中根据自己和对方的具体情况，有目的有意识地运用技术，就构成乒乓球的战术。战术的运用，应体现以我为主、积极主动、机动灵活的思想，打出风格，打出水平。

一、战术的制定

比赛前，应对自己的技术情况做到心中有数，了解和分析对手的球拍性能，基本打法，技、战术运用情况，心理素质及体能状况等，有针对性地制定出正确的、切实可行的战术方案。做到知己知彼，有的放矢；机动灵活，随机应变；以己之长，制彼之短；勤于观察，善于分析；勇猛顽强，敢打敢拼。在比赛过程中，也可通过打各个不同落点的球试探对手的优缺点，然后攻击其弱点。

二、战术的种类及运用

（一）发球抢攻战术

发球抢攻是利用旋转、速度与落点的灵活多变制造机会进行抢攻的战术，是竞技双方开局、比赛先发制人的"第一战术"。

1. 正手发转与不转球抢攻　将球发至对方近网或中路，以不出台球为主，先发加转球后发不转球，找机会抢攻。落点以近网为主，为自己创造抢攻机会。

2. 发侧上、下旋球抢攻　以发侧下旋短球为主配合侧上旋至对方左、右方两大角近网处，迫使对方难以接发球抢攻，而给自己制造抢攻得分的机会。

3. 发急球与侧上、下旋球结合抢攻　发急球或急下旋球与侧上、下旋短球相结合，以发急球为主配合短球，发侧上、下旋与急球配合不同落点，长短结合，上、下旋结合，使对手难以防范。

（二）接发球抢攻战术

接发球战术一方面要降低发球抢攻的质量，形成相持状态；另一方面应从被动中求主动，占据有利地位，伺机抢攻。接发球战术是各类型打法的选手都必须掌握、必不可少的主要战术。

1. 主动法　在战术的运用中，要对发球技术特点熟悉，能正确地判断发球落点、旋转、速度，击球位置合适，步法迅速到位。

2. 相持法 接发球摆短、撇侧旋、加转搓长或半推半搓。

3. 稳健法 接发球搓、推、削、挡。对上旋球、侧上旋球、长球用推挡接球，下旋球、侧下旋球用搓球，不转球用推挡接球。

（三）对攻战术

对攻是进攻型打法选手互相对垒时常采用的一项重要战术。

1. 压反手，正手侧身攻两角战术 用快推、推下旋、加力推、快拨或反手攻压住对方反手位，压出机会球，侧身用正手进攻，对付反手弱的对手效果较好。

2. 压反手，变正手，专攻两角战术 用推、拨或反手攻、拉压住对方较弱的反手。

3. 中路突出，攻追身球或两角战术 用推、拨、拉中路追身球对付横拍或弧圈球打法选手，迫使对手离球台后退，再用减力调动对方上前，寻找空当正手攻追身球或两角。

4. 攻追身球战术 攻追身战术是用来对付横拍的常用战术。先攻对方身体，再攻对方左角或右角；亦可先攻对方两大角，当对方注意到左右两角时，可连续攻追身球，在连续进攻中伺机发力扣杀中路或两角。

（四）拉攻战术

拉攻战术是以攻为主打法对付削球类打法的主要战术。其与对攻战术有相同点，可以对角攻击，连攻左角，突袭右角；连攻右角，突袭左角；攻追身杀两角；拉长球配合搓、吊短球，调动对方，使对方露出空当，突击其破绽处。

（五）搓攻战术

搓攻就是用搓球还击对方击来的下旋球。搓球要用旋转和落点控制对方，寻机起板进攻。在对搓短球时，突然加力搓左角长球，然后侧身拉击。在连续搓对方反手后，突然搓正手短球，然后侧身拉攻对方反手。

（六）削攻结合战术

削攻结合战术是对付进攻型、弧圈球打法的战术。运用削球稳健、旋转、有节奏、落点变化大的特点控制对方攻势，并制造机会反攻。

（七）双打战术

为了加强配合、协同作战，双打选手在发球时可用手势相互暗示发球意图，尽量为同伴创造抢攻条件，力争主动。在接发球时则应以抢攻、抢拉为主。当发球或接发球时，可运用打一角的战术，迫使对方两人在一角匆忙换位，再突袭另一角；亦可交叉攻两角或以长短结合的战术，打乱对方的基本站位和走位，从而创造进攻机会。

学习资源（视频）

正手快拉

正手拉加转弧圈球

正手快攻

正手发左侧上(下)旋球

正手发转与不转球后抢攻　正手发下旋与不转球　推挡侧身攻　跳步

跨步　接发球战术　交叉步　横拍反手慢搓

横拍反手拉加转弧圈球　横拍反手拨球　反手平击发球　反手发右侧上(下)旋球

反手发下旋与不转球　单步　反手发右侧上(下)旋球后抢攻　左推右攻

直拍推挡技术　正手平击发球　正手慢搓　正手拉前冲弧圈球

第六章 羽毛球运动

第一节 羽毛球运动概述

羽毛球是一项相互进行击球对抗的球类项目。参加运动的双方以球网为界分处羽毛球场地的各自半场，用长柄网状球拍在空中击打一只由软塞和羽毛制成的球，每次击球后，球必须从网上方进入对方场区，以球落地或迫使对手回球时将球击出界为胜。

一、羽毛球运动起源和发展

羽毛球运动起源于民间体育活动。《民间体育集锦》记载："中国远古时期有类似羽毛球游戏的活动存在，这种活动分布在中国西南地区，至少有七个民族做过这种活动。"据英国《大不列颠百科全书》记载："原始的羽毛球游戏至少在2000年前或更早，即已在中国东南部民族和民间社会中流传了……"

现代羽毛球运动起源于英国，后盛行于欧洲及美洲。相传19世纪60年代，一批英国退役军人从印度带了一种"游戏"回英国，那是在印度浦那城内流行的一种活动，即用绒线编织成球，插上羽毛，人们手持木拍，隔网将球在空中来回对击，这些英国军官把这项活动称为"浦那游戏"。早期的场地呈葫芦状，后来加以改进成现代的羽毛球场地。1873年，在英国格拉斯哥郡的伯明顿镇有一位名叫鲍费特的公爵，他在自己的伯明顿庄园里举行了羽毛球表演活动，这项室内游戏很快就风行开来，传遍了英国。为了纪念，便以"伯明顿"命名这项活动，Badminton即成为羽毛球的英文名字。

羽毛球运动从英国流传到斯堪的纳维亚和英联邦各国，20世纪初流传到亚洲、美洲、大洋洲，最后传到非洲，至今已成为全世界盛行的体育项目。据记载，世界上第一部关于羽毛球比赛、装备、场地等内容的规定是于1873年草拟于印度的普那，被称为"普那规则"。比较完善的羽毛球比赛规则出现于1886年的英国。1893年，英国14家羽毛球俱乐部组成世界上第一个正规的羽毛球协会，并进一步修订规则，规定正式羽毛球场地为长方形，羽毛球确定用14～16根羽毛粘在软木托上，重4.74～5.50g。1899年举行了第一届全英羽毛球锦标赛。此后羽毛球运动从欧洲传到美洲、大洋洲、亚洲和非洲。1934年国际羽毛球联合会成立，并通过了第一部羽毛球竞赛规则。2006年更名为羽毛球世界联合会，目前共有会员163个，是国际奥林匹克运动委员会下属的一个单项体育运动组织。从1992年起羽毛球运动被列为夏季奥运会的正式比赛项目。

现代羽毛球运动于20世纪初传入中国，主要在上海、广州、天津、厦门等外国租界内和基督教青年会、教会学校中开展。1949年中华人民共和国成立后，我国竞技羽毛球运动开始起步。1958年9月，中国羽毛球协会正式成立。

随着羽毛球运动的发展，羽毛球竞赛越来越规范，比赛也越来越多，国际羽联已建立了奥运会羽毛球赛、世界男子/女子团体锦标赛（汤姆斯杯/尤伯杯赛）、世界锦标赛（5个单项赛）、世界混合团体锦标赛（苏迪曼杯赛）、世界系列大奖赛、世界青少年团体赛、世界青少年锦标赛和国际赛组成的世界羽毛球竞赛体制。

二、羽毛球运动的特点

1. 娱乐性 羽毛球作为一种体育运动，参与者在打球的过程中，通过不停地奔跑和身体的变化，努力地去把球击到对方的场地。每当击球者打出一个好球或得一分时都能使自己兴奋并体验到一种成功的喜悦。同时，球的飞翔又有快慢、轻重、高低、远近、飘转等变化，这些特点使羽毛球运动本身充满了无限的乐趣。

2. 观赏性 由于羽毛球技术的千变万化，使羽毛球运动有很高的观赏性。动若脱兔的步法，蛟龙出水般的起跳杀球，身如满弓的扣杀，犀牛望月似的抢扑救球，进攻时势如破竹，防守时绵绵细雨、固若金汤……这一切都在展示着羽毛球运动的力与美。

3. 健身性 羽毛球运动可以全面增强人的体质。前后场的快速移动、中后场的大力杀球、被动时的救球、双打的换位等技术动作都需要练习者有较好的力量素质、速度素质、耐力素质、灵敏素质、柔韧素质以及快速的反应能力。经常参加羽毛球运动，可以提高人体灵活性、协调性、人体上下肢及躯干的活动能力，改善呼吸系统和心血管系统的功能，提高有氧功能和无氧功能的能力，并能提高机体抗乳酸的能力。

三、羽毛球竞赛规则简介

（一）羽毛球场地、器材

1. 场地 羽毛球场地呈长方形，用宽40mm的线画出，场地内所有的线都是它所界定区域的组成部分。场地上空12m以内和四周4m以内不应有障碍物。球场中央网高1.524m，双打边线处网高1.55m（图2-6-1）。

2. 器材 羽毛球可由天然材料、人造材料或其混合材料制成。球重4.74～5.50g，由16根羽毛固定在半球形球托上。球拍框总长度不超过68cm，宽不超过23cm。拍弦面长不超过28cm，宽不超过22cm。

（二）羽毛球比赛方法及主要竞赛规则简介

1. 比赛项目 团体赛分为男子团体、女子团体、男女混合团体；单项赛分为男子单打、女子单打、男子双打、女子双打、混合双打。

2. 比赛方法 一般采用单淘汰赛和单循环赛两种。有时也可以综合这两种比赛方法的优点采用阶段赛，如：第一阶段为分组循环赛，第二阶段为淘汰赛。

3. 比赛的计分方法及主要竞赛规则

（1）挑边。比赛开始前应挑边来决定发球方和场区。挑边赢者将优先选择是发球、接发球以及在哪个场区开始比赛，输者在余下的一项中选择。

（2）计分方法。除非另有规定（“礼让比赛”和“其他计分方法”），一场比赛应以三局

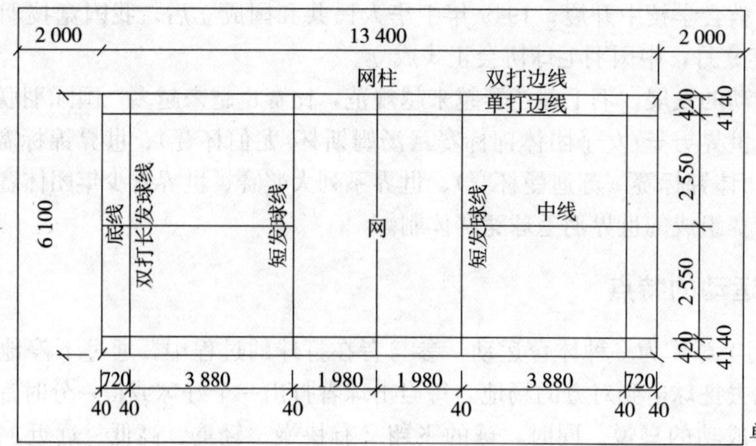

图 2-6-1　羽毛球的场地

两胜定胜负。先得 21 分的一方胜一局，20 平后领先 2 分的一方胜该局，29 平后先到 30 分的一方胜该局。一局的胜方在下一局首先发球。对方“违例”或球触及对方场区内的地面成死球，则本方胜这一回合并得一分。

（3）交换场区。第一局结束；第二局结束（如果有第三局）；在第三局比赛中，一方先得 11 分时，双方运动员应交换场区。如果运动员未按规则规定交换场区，一经发现，在死球后立即交换，已得比分有效。

（4）常见的违例情况（即判对方得分）。①发球不合法：脚违例；发球时未击中球；延误发球。②球落在球场界线外（球压线算为界内球）。③球触及屋顶或场外的障碍物。④球不过网或从网下进入对方场区。⑤球触及运动员的身体或衣服。⑥球触及运动员的球拍后继续向该运动员的后场飞去。⑦运动员的球拍或身体、衣服触及球网或网柱。⑧过网击球：球拍或身体从网上侵入对方场区，但击球时球拍与球的接触点在击球者这一方，而后球拍随球过网的情况除外。⑨运动员的身体或球拍从网下侵入对方场区，并影响对方击球。⑩连击：同一运动员两次挥拍连续击中球两次（但一次击球动作中被拍框和拍弦面击中除外），或双打比赛中，同方两名运动员连续各击中球一次。

第二节　羽毛球运动基本技术

一、握拍方法

（一）正手握拍

正确的握拍方法是先用左手拿住球拍杆，使拍面与地面垂直，然后张开右手，使手掌下部（小鱼际肌）靠在球拍握柄底托，虎口对着球拍柄窄的一面，小指、无名指、中指自然地并拢，食指与中指稍稍分开，自然地弯曲并贴在球拍柄上。在击球之前，握拍一定要放松、自然，在击球的一刹那才紧握球拍。

（二）反手握拍

一般来说，反手握拍有两种：一种是在正手握拍的基础上，把球拍框往外转，拇指伸直贴在拍柄的宽面上，食指、中指、无名指、小指并拢。另一种是正手握拍把球拍框外转，拇指贴在球拍柄的棱上，食指、中指、无名指、小指并拢。反手握拍时，手心与球拍柄之间要留有空隙，这样握拍有利于手腕力量和手指力量的灵活运用。

（三）常见的错误握拍法

1. 拳握法 五指并拢，使劲一把抓的握法，这种握法会使手臂肌肉僵硬，影响手指、手腕的灵活性。

2. 苍蝇拍握法 虎口对准拍面的握法，这种握法限制了屈腕动作，妨碍对拍面角度的控制。

二、发球技术

发球是羽毛球基本的技术之一。羽毛球发球虽不能像乒乓球发球那样使球产生各种旋转，但它可以通过不同的发球手法，发出不同弧度、不同落点的球，为本方创造进攻得分的机会。

发球可分为正手发球和反手发球两种。若按球在空中飞行的弧线，又可分为高远球、平高球、平快球和网前球等。

（一）正手发球

发球站位：单打发球站在靠近中线一侧，离前发球线约 1m 的位置上。双打发球站位可靠近前发球线。身体左肩侧对球网，左脚在前，右脚在后，重心在右脚上，右手持拍向右后侧举起，肘部放松微屈，左手拇指、食指和中指夹住球，举在腹部右前方。发球时，身体重心由右脚移至左脚。

用正手发球，不论是发何种弧线的球，其击球前准备和前期动作是基本一致的，只是击球时及击球后的动作有所不同。

1. 正手发高远球 球的运行轨迹又高又远、下落时与地面垂直、落点在对方场区底线附近的球叫高远球。单打比赛时，常采用这种发球迫使对方退到最远的底线去接发球。如果发出的高远球质量好，就可在一定程度上限制对方一些进攻技术的发挥，使对方在接高远球时不容易马上组织进攻。在对方体力不支时，发高远球也可以使对方消耗更多的体力。

发球动作要领：发球时，左手把球举在身体的右前方并自然放下，使球下落，右手同时持拍由大臂带动小臂，从右后方沿着身体向前并向左上方挥动。当球落到右手臂向前下方伸直能触到球的一刹那，握紧球拍，并利用手腕的力量向前上方发力击球。击球之后，球拍顺势向左上方挥动缓冲（图 2-6-2）。

2. 正手发平高球 这是一种比高远球低、速度较高远球快、具有一定攻击性的球。

发球动作要领：发球前准备姿势同发高远球。发球的动作大致同发高远球，只是在击球的一刹那，小臂加速带动手腕向前上方挥动，拍面要向前上方倾斜，以向前用力为主。发平高球时要注意发出球的弧线以对方接球时伸拍打不着球的高度为宜，并应发到对方场区底线。

3. 正手发网前球 发网前球是在双打中主要采用的发球技术。单打比赛时，如发高球怕遭到对方球速较快的直接攻击时，或为了主动改变发球方式借以调动对方时采用发网前球。

发球动作要领：准备姿势同发高远球。击球时，握拍要放松，大臂动作要小，主要靠小臂带动手腕向前切送，用力要轻。发网前球时应注意手腕不能有上挑动作，另外，落点要在

图 2-6-2　正手发高远球

前发球线附近，发出的球要贴网而过，这可免遭对方扑杀（图 2-6-3）。

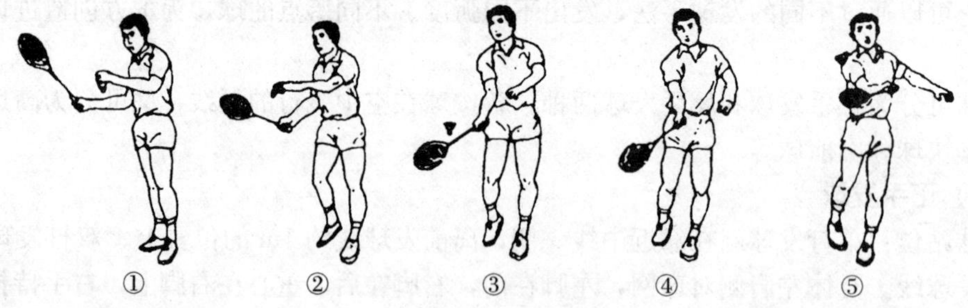

图 2-6-3　正手发网前球

（二）反手发球

反手发球的特点是动作幅度小、出球快、对方不易判断。在双打比赛中多采用此发球技术。

发球站位：站在前发球线后 10～50cm 及发球区中线的附近，也可以站在前发球线及场地边线附近的地方。

准备姿势：面向球网，两脚前后站立（左脚或右脚在前均可），上体稍前倾，身体重心在前脚上。右手反手握拍，左手拇指、食指和中指捏住球的 2～3 根羽毛，球托明显朝下（避免犯规），球体与拍面平行或球托对准拍面放在拍面前方。

发球动作要领：击球时，小臂带动手腕朝前横切推送。发网前球时，用力要轻，主要靠“切”送；发平快球时，发力要突然，击球时拍面要有“反压”动作（图 2-6-4）。

图 2-6-4　反手发球

三、接发球技术

发球与接发球是一对矛盾。发球方想方设法发出各种不同弧线的球，以此来控制对方；而接发球方则后发制人，来达到反控制的目的。

接发球的站位：不论是单打还是双打，都应选择一个合理的接发球站位。一般情况下，单打的接发球站位离前发球线约 1.5m 处；在右发球区应站在靠中线的位置，在左发球区则站在中间稍偏边线的位置，主要防备对方发球攻击反手部位。双打接发球时站位可靠近前发球线，因双打的后发球线距前发球线比单打短 0.76m，发高远球易被扣杀。所以，双打接发球时主要精力应用于对付网前球上。

接发球的准备姿势：单打接发球应左脚在前，右脚在后，侧身对网，重心在前脚，后脚脚跟稍提起，收腹含胸，持拍于右身前，两眼注视对方(图2-6-5)。双打接发球准备姿势基本同单打，但重心可随意放在任意一只脚上，球拍高举在肩上，注意力要高度集中。

图 2-6-5 接发球

四、后场击球技术

(一) 后场正手击高远球

击球前的准备动作要领：首先判断来球的方向和落点，侧身后退使球在自己右肩稍前上方的位置，左肩对网，左脚在前，右脚在后，重心在右脚上，左臂屈肘，左手自然高举，右手持拍，大小臂自然弯曲，将球拍举在右肩上方，两眼注视来球。击球时，由准备动作开始，大臂后引，随之肘关节上提明显高于肩部，将球拍后引至头后，自然伸腕（拳心朝上），然后在后脚蹬地、转体和腰腹的协调用力下，以肩为轴，大臂带动小臂快速向前上方甩动手腕，在手臂伸直的最高点击球。击球后，持拍手臂顺惯性往前下方挥动并收拍至体前。与此同时，左脚后撤，右脚向前迈出，身体重心由后脚移到前脚（图 2-6-6)。

图 2-6-6 后场正手击高远球

正手击高远球可以用不起跳或起跳进行击球，后者是为了争取高点击球，以赢得时间上的主动，但对步法和体力要求较高。因此，初学者一般先学不起跳正手击高远球，待熟练掌握后，再根据自己的特点和场上的情况综合运用这两种击球方式。

正手击高远球时易犯的错误：击球点选择不当，偏前或偏后，影响击球用力；击球时，不是以肩为轴挥臂，而是以肘为轴，影响大臂发力，造成用力不当；击球时不是用挥臂甩腕动作靠"爆发力"把球击出，而是将球"推"出；击球后球拍不是顺惯性朝前下方挥动并收拍至体前，而是将球拍朝下、朝右后方挥动，影响了手臂的用力；击球时全身用力不协调等。

（二）后场反手击高远球

动作要领：首先判断准对方来球的方向和落点，迅速将身体转向左后方，步法到位后，右脚前交叉跨到左侧底线，背对网，身体重心在右脚上，使球在身体的右肩上方。击球前，由正手握拍迅速换为反手握拍，并持拍于胸前，拍面朝上。击球时，以大臂带动小臂，通过手腕的闪动、自上而下的甩臂将球击出。在最后用力时，要注意拇指的侧压力与甩腕的配合，同时还要利用两腿的蹬地、转体等协调全身用力（图 2-6-7）。

图 2-6-7　后场反手击高远球

（三）头顶击高远球

在自己的左后场区，用正手在头顶中间部位或在左肩上方将来球击到对方底线去的高远球击球法为头顶击高远球。它较反手击球的主动性强，具有更大的攻击性，初学者应努力学好头顶击高远球技术。

动作要领：击球前的准备姿势以及击球动作同正手击高远球基本一致。不同的是头顶击高远球的击球点在左肩上方（因为球是飞向左后角的）。准备击球时，侧身（左肩对网）稍左后仰。击球时，大臂带动小臂使球拍绕过头顶，从左上方向前加速挥动，在用力击球时，注意发挥手腕的爆发力和充分利用蹬地以及收腹的力量。击球后，左脚在身后着地并立即回蹬，同时右脚前移，重心移至右脚（图 2-6-8）。

图 2-6-8　头顶击高远球

(四) 平高球

平高球的弧线较高远球低、速度较高远球快。这是一种在较主动情况下运用的击球技术。在实践中，质量较高的平高球常可以调动对方的站位，使其失去身体平衡，回球质量差，从而为己方创造更有力的进攻创造机会。在与基本技术较差、步法较慢的对手对阵时，一个突然的平高球往往会使对方后退不及而失分。

动作要领：同击高远球一样，只是在击球的一刹那，用力主要是向前方，使击出的球的弧线较低。

(五) 吊球

把对方击来的后场高球还击到对方的网前区的击球法谓之吊球。在后场若将吊球与高球或杀球结合起来运用，就能给对方以很大的威胁。

吊球可以用正手、反手或头顶击球技术来完成。对于初学者来说，首先要学好正手吊球技术，然后再学头顶吊球及反手吊球。吊球按球在空中飞行的弧线和击球动作的不同可分劈吊（快吊）和轻吊（拦截吊）两种。

1. 正手劈吊　击球前期动作同正手击高远球。击球时，拍面正面向内倾斜，手腕作快速切削下压动作。若劈吊斜线球，则球拍切削球托的右侧，并向左下方发力；若劈吊直线球，则拍面正对前方，向前下方切削。

2. 正手轻吊　击球前期动作同正手击高远球。击球时，一种轻吊时的拍面变化同劈吊基本一致，但用力要更小些；另一种是击球时，拍面正击球托或借助于来球的反弹力用球拍轻挡，使球过网后贴网而下。后者多用于拦截对方击来的平高球和半场高球。

3. 反手吊球　反手吊球其击球前的动作同反手击高远球，不同处在于触球时拍面的掌握和力量运用。吊直线球时，用球拍反面切削球托的后中部，向对方右网前发力；吊斜线球时，用球拍反面切削球托的左侧，朝对方左网前发力。

4. 头顶吊球　头顶吊球也可作劈吊和轻吊。其击球前的动作同头顶击高远球。不同的是球拍触球时拍面变化和力量的运用。吊直线球的动作同正手吊直线球基本一致，只是击球点不同；吊斜线球时，球拍正面向外转，切削球托的左侧，朝右前下方发力。

（六）杀球

把对方击来的高球全力向下扣压叫杀球。杀球的特点是力量大、速度快。它是主动进攻的重要技术。杀球分正手杀球、反手杀球和头顶杀球。

1. 正手杀球 其击球前的准备姿势和击球动作与正手击高远球基本一致。不同的是最后用力的方向朝下，而且要充分利用蹬地、转体、收腹以及手臂和手腕的爆发力全力地将球向下击出，击球的一刹那要紧握球拍。

2. 反手杀球 其准备姿势和击球动作与反手击高球一致。但最后用力的方向朝下，而且要加快手臂和手腕朝下的闪动。击球点应尽可能高一些、向前一些，这样便于力量的发挥。反手杀球虽然力量不大，但有其突发性。一般在实战中，趁对方不备，偶尔用反手杀球也会收到出奇制胜的效果。

3. 头顶杀球 准备姿势和击球动作与头顶击高远球一致。不同的是击球时要充分利用腰腹力量，以大小臂带动手腕快速下扣。头顶杀球是一种重要的进攻性技术，它弥补了反手击球力量不足的弱点。

五、前场网上击球技术

网上击球是调动对方、寻找战机的重要手段，并可直接得分。因它的技术动作轻松而细巧，运用力量要求控制适度，所以在学习网上击球时，除了要注意动作规范之外，还应细心体会击球时手腕、手指的细小感觉。

准备姿势：侧身对网，右脚跨步成弓箭步，左脚在后自然拉开，上体略向前倾，右手持拍前伸约与肩平，肘关节微屈。注意握拍要放松。

网上击球有：搓球、钩对角球、推球、扑球等。

1. 搓球 击球前准备姿势同上。击球时，拍面稍前倾，利用手腕和手指的力量向前“切削”球托底部或向后“提拉”，使球击出后旋转或滚动过网。搓球一般在对方来球较靠近网上时运用。正反手搓球除握拍不同外，其他要领相同。

2. 钩对角球 在网前把来球回击到对角线网前叫钩对角球。准备姿势同上。击球时，拍面斜向对方右（左）网前。正手钩对角线时击球托的右侧，手腕和手指带动球拍向左内钩动；反手钩对角时，击球托的左侧，同时向右内钩动。

3. 推球 在网上将来球用较平的弧线快速推到对方场区底线叫推球。准备姿势同上。击球时拍面前倾几乎与网平行。利用前臂带动手腕和手指的快速“闪动”将球击出。正手推球多用食指的力量，反手推球多用拇指的力量。

4. 扑球 在网上把高于网的来球迅速扑压下去叫扑球。击球时，拍面前倾，前臂带动手腕和手指的快速闪动发力，击球后立即收拍，以免触网犯规。扑球时要求判断准、上步快、抢点高、动作小。正反手均可。

六、下手击球技术

下手击球一般是在防守时所采用的击球技术。它虽然不像上手击球那样具有进攻性威胁，但如运用得当，往往也能起到守中有攻的效用。下手击球有：底线抽球、挑球、接杀球。

1. 正手底线抽球 移动时，右脚先向右后场区迈一小步，身体也随之转向右后方，左脚用并步或交叉步向右后场移动一步，右脚再向右后场跨一大步并成弓箭步，重心在右脚上。在移动的同时，持拍臂往右后方拉，拍面稍后仰，击球时，以躯干为竖轴，作半圆式挥拍击球。

2. 反手底线抽球 移动时，右脚先向左脚靠一小步，然后左脚向左后场跨一步，右脚向左后场跨一大步，身体重心在右脚上。击球前背朝网，大臂往左后方拉，击球时，利用大臂带动小臂及手腕向左后方前上方发力并利用蹬地、转腰的力量将球击出。底线反手抽球多在单打被动时或双打比赛中运用。

3. 挑球 把对方来的吊球或网前球还击到对方后场去叫挑球。它是在被动情况下为了争取回场时间而采取的一种过渡性质的击球。它虽然不能给对方造成威胁，但如果能将球挑得高、挑得远（靠近对方场地底线），就能为自己回到场地中心位置赢得时间。

动作要领：不论是正手挑球还是反手挑球，最后一步应是右脚在前。正手挑球时，以肘关节为轴，伸拍向前并以前臂带动手腕由下向上挥动。反手挑球时，以反手握拍法握拍，击球时，肘关节稍抬高，并以肘关节为轴，前臂带动手腕由下向上挥动。

挑球时应注意，如来球离网较远时，拍面可稍前倾向前上方用力击球；如来球较近网，拍面应接近向上，击球时要有向上的“提拉”，以免挑球不过网（图 2-6-9）。

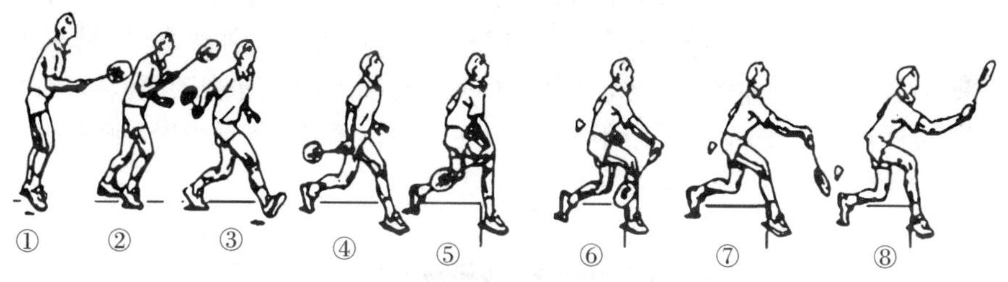

图 2-6-9 挑 球

七、羽毛球步法

初学者在学习和掌握了发球和原地击高远球技术之后就应该开始学习一些步法了，因为羽毛球的步法和手法（即各种击球法）是相辅相成、不可分割的。许多击球技术都是靠熟练、快速、准确的步法移动来完成的。不掌握正确的步法，就会影响各种击球手法的学习和掌握，而在比赛中如没有到位的步法，就会使手法失去应有的积极作用。主要的步法有：上网步法、后退步法、两侧移动步法、起跳腾空突击步法。

（一）上网步法

1. 跨步上网 判断准对方来球后，左脚掌内侧用力蹬地并侧身向来球方向迈出，接着右脚也向前迈一大步，以脚掌外侧和脚跟先落地，再过渡到前脚掌，右膝关节弯曲并成弓箭步。紧接左脚自然地向前脚着地方向靠上小半步。击球后，右脚蹬地用小步、交叉步或并步回到中心位置。

跨步上网时注意事项：右腿成弓箭步时，要防止因上网前冲力过大使重心越过右腿而失去身体平衡。另外，前脚脚尖应朝着边线方向，而不应朝向内侧。

2. 垫步或交叉步上网 判断准对方来球后，右脚先迈出一小步，左脚立即向右脚垫一小步（或从右脚后交叉迈出一小步），左脚着地后，脚内侧用力蹬地，右脚再向网前跨一大步成弓箭步，身体重心在前脚。击球后，前脚朝后蹬地，小步、交叉步或并步退回到中心位置。

垫步或交叉步上网的优点：步子调整能力强，在被动情况下，能利用蹬力强、速度快的特点迅速调整脚步，去迎击来球，垫步或交叉步上网的注意事项同跨步上网。

3. 蹬跳上网 蹬跳上网是在预先判断来球的基础上，利用脚的蹬地，迅速扑向球网，以争取在球刚越过网时立即进行还击。在单打或双打中常用此步法上网扑球。其步法是站位稍靠前，对方一有打网前球的意图后，右脚稍向前刚一点地便起蹬侧身扑向网前。击球后应立即退回中心位置。

（二）后退步法

1. 正手后退步法 判断准来球后，先调整重心至右脚，然后右脚蹬地迅速向右后撤一小步，同时上体右转，左肩对网，接着，左脚用并步靠近右脚（或从右脚交叉后撤一步），右脚再向后移至来球位置。在移动的同时，必须完成挥拍击球前预备动作，待球在右肩上方下落时，作正手原地或起跳击球。击球后，身体重心随右脚前移迅速用小步跑或并步回到中心位置。

2. 头顶后退步法 判断准来球后，右脚蹬地撤向左后方，同时，髋关节及上体向右后方转动（转动的幅度比正手后退要大些），且稍有后仰。接着，左脚用并步或交叉步后撤，右脚再退至来球位置用头顶击球技术击球。击球后，迅速回到中心位置。

3. 反手后退步法 如离球较近，可采用两步后退步法。一种是左脚先向左后方撤一步，接着，上体左转，右脚向左后方跨一步，背对网。另一种是右脚先向左脚并一步，然后，左脚向左后方跨一步，同时上体左转，右肩对网作反手击球。如离球较远，则要采取三步或五步后退步法。三步后退时，右脚先向左脚并一步，左脚再向左后方撤一步，同时上体左转，右脚再向左后方跨一步至来球位置，背对球网，作反手击球。如三步移动还未到来球位置，则左脚右脚再向后移动一步即成五步后退步法。

第三节　羽毛球运动基本战术

在实战中，战术是根据双方的打法和场上的具体情况而定的。“以己之长，攻彼之短”是一大原则，现简单介绍一些常用的战术：

一、单打战术

1. 发球抢攻战术 从发球的第一拍起，争取控制对方，以攻杀得分。这种战术，一般为发网前低球结合平快球、平高球，争取第三拍的主动进攻。用这种战术对付应变能力较差的对手，或实施于比赛的关键时刻，效果往往很好。实施这一战术时，应有高质量的发球予以保证，否则很难成功。

2. 攻后场战术 此战术是通过击高球、重复压对方的底线两角，使对方被动，然后寻找机会进攻。用它来对付初学者，或后场还击能力较差，或后退步子较慢以及急于上网的对手是很有效的。

3. 打四方球战术 若对手步子较慢、体力较差、技术不全面，可以快速准确的落点攻击对方场区的四个角落，寻找机会向空当进攻。此战术的主要目的是通过打落点，逼迫对方前后奔跑，被动应付，并在其回球质量下降或露出破绽时乘虚而入攻之。

4. 杀、吊上网战术 对手打来的后场高球，本方先以杀球配合吊球把球下压，落点选在场区的两条边线附近，致使对手被动回球。若对手回网前球时，本方迅速上网搓球、钩对角球或平推球，创造在中场大力扣杀的机会。这种战术必须能很好地控制杀、吊球的落点，在使对方被动回球时，才能主动迅速上网。

5. 防守反击战术 在对方主动进攻、我方被动防守时，我方可高质量地接杀挡网，或抓住对方攻杀力量减弱，或落点不好之机会，以平抽底线球还击对方后场，扭转被动局面，并进行反击。

二、双打战术

1. 攻人战术 集中攻击对方中有明显弱点的人，并伺机攻击另一人因疏忽而露出的空当，或对此人偷袭。双打比赛中的配对选手的技术，一般总有一人强一些，另一人稍差些。即便两人水平相差不多，但若能集中力量攻击其中一人，也可给其造成很大的心理压力，从而使其出现失误。

2. 攻中路战术 当对方分边站位防守时，将球攻击对方两人的中间；当对方前后站位时，可将球下压或平推两边半场。这样可使对方防守时互相争抢或互让而出现失误。

3. 攻后场战术 对方扣杀能力差，本方可采用平高球、推平球、接杀挑底线，把对方一人紧逼在底线两角移动。当对方被动还击时，则抓住机会大力扣杀。如另一对手后退支援时，即可攻网前空当。

4. 后攻前封战术 当本方处于主动进攻前后站位时，站在后场的队员见高球就杀或吊网前球，迫使对方接球挡网前，这为本方前场队员创造了封网扑杀机会。前场队员要积极封锁网前，迫使对方被动挑高球。一旦对手挑高球达不到后场，就为本方创造了再进攻的机会。

5. 防守反攻战术 在防守中寻找反攻的机会，以便摆脱困境，转被动为主动。如挑底线高球，即不论对方从哪里进攻，本方都应设法把球挑到进攻者的另一边底线。如对方正手后场攻直线就挑对角线，如对方攻对角就挑直线。这是一种较容易争得主动的防守战术，在女子双打中运用更为有效。时机有利，即可运用反抽或挡网前回击对方的杀球，从守中反攻，争得主动权。运用此战术时，要注意挑高球一定要挑到底线，否则将会出现对方连续攻杀而本方无力反击的局面。

三、合理运用羽毛球战术

在羽毛球比赛中，如何正确地运用战术是一个很重要的问题。要是运用得当，可使自己牢牢地掌握场上的主动权；相反，错误的战术则使自己处处被动。当然，在双方技术水平悬殊太大时，再合理的战术也无济于事。只有在技术水平相当的情况下，战术才能起到决定的作用。正确运用战术时应注意以下几个问题。

1. 知己知彼 知己知彼是制定战术的依据。如了解对方的网前技术较差，那么主要战术应当是攻前场；对手的身体灵活性较差，那就多运用打对角线战术。知己知彼，还有一层意思，即了解对方短处、己方长处的同时，了解对方的长处和自己的短处，以制定出避实就虚、扬长避短的战术。

2. 以我为主 不论运用哪种战术，都要坚持以我为主的打法。以我为主即比赛时坚持赛前所制定的战术，而不能因比赛中出现了一两次失误即盲目地改变战术。另外，以我为主还应在比赛中坚持自己的打法特点。因为每位选手的打法特点是经过各方面的选择后和在长期的练习中形成的，不能轻易更改，否则必将失去自身的优势。

3. 随机应变 球类比赛场上的情况是千变万化的，为此，对战术的运用也必须有应变的能力。在比赛中选手除了要坚持既定的战术之外，还要不断地检验战术的效果。如在比赛时频频得手，打得很顺当，就应当将战术坚持下去；如双方僵持不下或本方比分落后，本方应尽快找出原因，改变对策，制定新的战术。

学习资源（视频）

第七章 网球运动

第一节 网球运动概述

网球运动（Tennis）是一项优美而激烈的运动，网球运动的由来和发展可以用四句话来概括：孕育在法国，诞生在英国，开始普及和形成高潮在美国，现在盛行于全世界。网球被称为世界第二大球类运动。

一、网球运动的起源与发展

网球运动起源于法国，当时它是一种“掌中游戏”。进入 14 世纪中叶，网球运动传入英国。15 世纪，人们发明了用线编制的网球拍，场地也已成雏形，并制定了相应的比赛规则。1873 年，英国人温菲尔德少校改进了网球的打法，规定了球网的大小和高低，创造了简易的草地网球比赛。1877 年第一届温布尔登草地网球锦标赛举办，这被认为是现代网球运动的开端。

1913 年 3 月 1 日，国际网球联合会（ITF）在法国巴黎成立，总部设在伦敦。目前，在国际性的大赛中，比较知名的重大比赛有：温布尔登网球锦标赛、法国网球公开赛、美国网球公开赛、澳大利亚网球公开赛，均是每年一届的世界性网球单项比赛。以国家为单位参加的网球团体赛有戴维斯杯男子网球赛和联合会杯女子网球赛。在 1896 年的雅典奥运会上，网球被列为正式比赛项目，后被取消。1988 年汉城奥运会又将网球重新列为正式比赛项目。

二、网球运动的特点及作用

网球运动场地较大，球速快，而且是手握球拍击球，这就要求打球者必须集中注意力，准确判断来球的方向和落点，迅速移动，并根据来球的高度、速度，调整身体的位置和姿势挥拍应变处理。长期坚持打网球对提高人的速度、力量、耐力、灵敏、协调等素质的提高有积极的作用。

网球运动是一项老少皆宜的运动项目，上至 60～70 岁的老人下至 7～8 岁的儿童，都可根据自身的情况，从事这项运动。网球运动是隔网对抗的项目，没有身体接触，安全、文雅。另外，打网球需要有对手或球友，这样通过打网球可以增进友谊、加强团结、交流球艺、开展社交活动。

网球运动既是一种休闲、交友的娱乐项目，也是一种增进健康的手段，更是一种艺术追求和享受，还是一种扣人心弦、极富欣赏价值的竞赛项目，可见网球运动的价值很高。正因如此，在我国老年和青年中，特别是高等学校中，出现了“网球热”的势头，群众性的网球运动正在悄然兴起。网球这项运动在我国正在迅速普及，成为人们喜爱的体育运动。

三、网球竞赛规则

（一）网球比赛场地设施

国际网联颁布的《网球竞赛规则》规定，双打场地的标准尺寸是 23.77m（长）×10.97m（宽），单打场地的标准尺寸是 23.77m（长）×8.23m（宽）。在端线、边线后应分别留有不小于 6.40m、3.66m 的空余地。不同等级的比赛对于场地两侧和后面的空余地有不同的要求。在球场安装网柱，两个网柱间距离是 12.80m，网柱顶端距地平面是 1.07m，球网中心上沿距地平面是 0.914m。

（二）网球竞赛规则要点

1. 场地和发球的选择 场地的选择及第一局中作为发球员还是接球员的权利在准备活动前由掷硬币来决定。掷币获胜的一方可以选择：

（1）在第一局比赛中作为发球员或接球员，在这种情况下应由对方选择在比赛的第一局所处的场地。

（2）比赛第一局的场地选择权，在这种情况下应由对方选择第一局作为发球员或接球员。

（3）要求对手选择场地或发球（接发球）。

2. 发球 发球员在马上开始发球动作前应双脚站在端线后（即远离球网的一侧），中心标志和边线的假定延长线之内。接着发球员应用手将球抛向空中的任何方向并在球触地前用球拍将球击出。在球拍与球相接触或没击中球的那一刻，发球动作即被认为已经结束。只能使用一只手臂的运动员，可以用球拍抛送球。

3. 交换发球 每一发球局结束后，接发球员在下一局中成为发球员，而发球员则成为接发球员。在双打比赛中，每一盘的第一局先发球的那对选手应该决定哪一名运动员先发球。同样，对手也应该在第二局前作出由谁发球的决定。第一局先发球的运动员的队友在第三局发球；第二局发球的运动员的队友在第四局发球。在这一盘后面的比赛中都按照这样的顺序来发球。

4. 交换场地 运动员应该在每一盘中的第一局、第三局以及后面的单数局结束后交换场地。运动员也应在每盘结束后双方所得局数之和为奇数时交换场地。如果一盘结束后双方局数相加之和为偶数，则在下一盘第一局结束后再交换场地。在平局的决胜局中，运动员应在每 6 分后交换场地。

5. 失分 发生下列任何一种情况，均判失分：在球第二次着地前，未能还击过网；还击的球直接触及对方场区界线外的地面、固定物或其他物件；还击空中球失败；故意用球拍触球超过一次；运动员的身体、球拍，在活球期间触及球网；过网击球；抛拍击球。

6. 压线球 落在线上的球都算界内球。

7. 活球期 自球发出时起（除失误或重发外），至该球分胜负判定时止，为活球期。

8. 网球双打规则 单打规则均适用于双打，但双打规则也有自己的特殊的规定。

（1）发球次序。应在每盘开始之前决定发球次序，即每盘第一局开始时，由发球方决定由何人首先发球；对方则同样在第二局开始时决定由何人首先发球。第三局时由第一局未发球的球员发球，第四局由第二局未发球的球员发球。以下各局均按此次序轮换发球。

（2）接球次序。与发球次序一样，每盘比赛开始前要决定接球次序，即先接球的一方应在第一局开始时，决定由谁先接发球，并在这盘继续先接发球。对方同样应在第二局开始时决定由谁先接发球，并在这盘双数局继续先接发球。他们的同伴应在每局中轮流接发球。

（3）发球次序错误与接球次序错误。发球次序错误应在发觉时立即纠正，但已得的分数或已产生的失误都有效。如发觉时全局已经终了，此后发球次序就以该局为准轮流发球。接球次序错误发觉后仍按已错误的次序进行，等到下一接球局再行纠正。网球比赛时如设裁判员，则裁判员对场上事实的判定就是最后的判定。如设有裁判长，运动员对裁判员涉及有关规则判定有异议时，可提请裁判长解决，裁判长的判定就是最后的判定。

（三）计分方法

1. 一局

（1）每胜 1 球得 1 分，先胜 4 分者胜 1 局。

（2）双方各得 3 分时为“平分”，平分后，净胜两分为胜 1 局。

2. 一盘

（1）一方先胜 6 局为胜 1 盘。

（2）双方各胜 5 局时，一方净胜两局为胜 1 盘。

3. 决胜局计分制 在每盘的局数为 6 平时，有以下两种计分制。

（1）长盘制。一方净胜两局为胜 1 盘。

（2）短盘制（抢七）。决胜盘除外，除非赛前另有规定，一般应按以下办法执行。①先得 7 分者为胜该局及该盘（若分数为 6 平时，一方须净胜 2 分）。②首先发球员发第 1 分球，对方发第 2、3 分球，然后轮流发两分球，直到比赛结束。③第 1 分球在右区发，第 2 分球在左区发，第 3 分球在右区发。④每 6 分球和决胜局结束都要交换场地。

4. 短盘制的计分

（1）第 1 个球（0∶0），发球员 A 发 1 分球，1 分球之后换发球。

（2）第 2、3 个球（报 1∶0 或 0∶1，不报 15∶0 或 0∶15），由 B 发球，B 连发两分球后换发球，先从左区发球。

（3）第 4、5 个球（报 3∶0 或 1∶2，2∶1，不报 40∶0 或 15∶30，30∶15），由 A 发球，A 连发两球后换发球，先从左区发球。

（4）第 6、7 个球（报 3∶3 或 2∶4，4∶2 或 1∶5，5∶1 或 6∶0，0∶6），由 B 发 1 分球之后交换场地，若比赛未结束，B 继续发第 7 个球。

（5）比分打到 5∶5，6∶6，7∶7，8∶8……时，需连胜 2 分才能决定谁为胜方。但在记分表上则统一写为 7∶6。

（6）决胜局打完之后，双方队员交换场地。

（四）赛制

一场比赛中，男子比赛除大满贯赛事和部分大师系列赛决赛采用五盘三胜制以外，均使用三盘两胜制。女子比赛全部采用三盘两胜制。

第二节　网球运动基本技术

一、握拍法

（一）东方式握拍法

1. 正手握拍方法　以右手持拍为例。先使拍面与地面垂直，然后如同与球拍握手一样握住拍柄，这时虎口恰好在拍柄的上平面偏右的位置，掌根与拍柄端齐平。拇指第一关节扣住拍柄的左平面，食指则轻绕至拍柄右侧至下平面。中指、无名指和小指紧握，中指与大拇指接触（图 2-7-1 之①）。

2. 反手握拍法　东方式反手握拍是在正手握拍的基础上向左转动 1/4，虎口略偏左侧，位于左上斜面偏上位置，拇指末节贴在左下斜面上，食指下关节压在右上斜面的位置。

（二）西方式握拍法

1. 正手握拍方法　拍面与地面平行，用手从拍上面抓住拍柄，手掌根贴在拍柄右下斜面，拇指和食指都不前伸，拇指压在拍柄上平面，食指下关节握住拍柄的右下斜面（图 2-7-1 之②）。

2. 反手握拍法　即西方式正手握拍后，把球拍上下颠倒过来，置于身体反手一侧，用同一拍面击球。

（三）大陆式握拍法

1. 正手握拍方法　虎口正对拍柄的左上斜面，掌根部贴住上平面，大拇指扣压左平面，食指关节握住拍柄的上平面边缘和右上斜面的位置（图 2-7-1 之③）。

2. 反手握拍法　虎口的位置与大陆式正手握法相同，不同之处在于拇指略放松一些，而非紧扣拍柄。

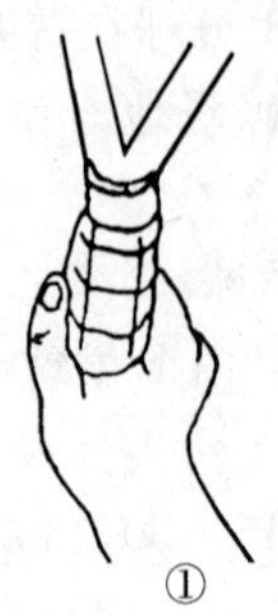

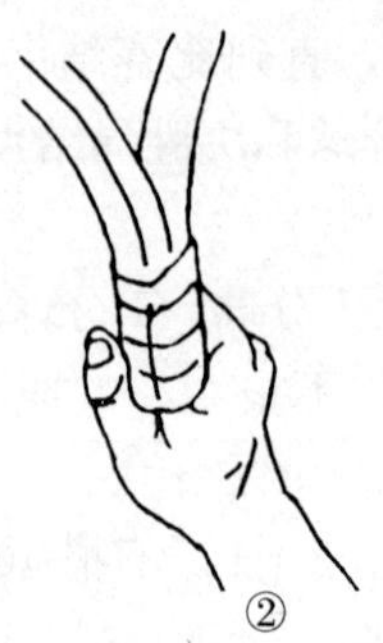

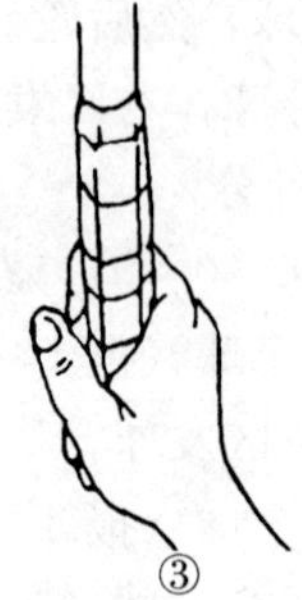

图 2-7-1　几种握拍法

二、准备姿势

（一）动作要领

双脚开立比肩略宽，脚掌着地，脚跟抬起，身体重心置于两脚前脚掌之间，两膝微屈，并保持膝关节的良好弹性，上体放松微前倾，两眼注视对手或来球。球拍置于腹前，拍头指向前方略偏左，拍头微上翘高于手腕。用正手握法轻握球拍，不持拍手轻扶拍颈，扶住并稳定球拍，减轻持拍手的腕部负担，辅助引拍，加快引拍速度。

要点：

(1) 前脚掌着地，足跟稍抬起。

(2) 上体放松稍前倾。

(3) 两眼注视对手或来球。

(二) 练习方法

(1) 保持准备姿势左（右）滑步。

(2) 从准备姿势开始左（右）交叉步，再成准备姿势。

(3) 从准备姿势开始听口令或看手势左（右）移动，再成准备姿势。

三、正手上旋球

(一) 动作要领

以右手“东方式”正手握拍法为例。从准备姿势开始，移动至距离击球点一拍远处停住，最后一步要保持左脚在前，身体左侧朝向来球方向，同时将球拍充分后引，拍头翘起，高于手腕，手臂伸展，拍面与上体几乎在一个平面上，注视来球，降低重心，重心落在右脚上。向前挥拍迎球过程中，右脚蹬地转体，重心移向左脚，大臂带动小臂向前上方挥拍，拍与球碰撞的击球点在腹前与左髋关节之间，高度保持在腰间。拍触球时，拍面垂直或稍前倾，击球中部或中上部，手握紧拍柄，手腕固定，击球后球拍向出球方向惯性随挥，动作完成后迅速还原，恢复成准备姿势（图 2-7-2）。

图 2-7-2　正手上旋球

要点：

(1) 从球过网到击球的全过程眼睛要盯住球。

(2) 尽早判断球的落点，调整身体位置，尽快引拍。

(3) 击球的下降期或弹起时最高点，击球点在小腹前和左髋关节之间。

(4) 发力顺序是蹬地、转体、挥拍。击球时绷紧手腕，握紧球拍。

(5) 球拍随球送出，随挥动作向前上方伸展。

(二) 练习方法

(1) 自己抛球，当球落地弹起下降时击球。

（2）他人抛球，调整身体位置及身体姿势挥拍击球。

（3）对墙练习。

（4）两人对打练习。

四、反手上旋球

（一）动作要领

以“东方式”反手握拍法为例。从准备姿势开始，移动至距离击球点一拍远处停住，最后一步要保持右脚在前。身体右侧朝向来球方向，球拍向左后方引拍，拍头至左肩处。这时持拍手臂肘部自然弯曲，注视来球，降低重心，重心落在左脚上。在迎球过程中，左脚蹬地转体，重心移向右脚，同时大臂带动小臂向前上方挥拍，拍与球碰撞的击球点在右髋关节与右膝关节之间，高度在腰间。拍触球时手腕固定，握紧球拍，拍面垂直或稍后仰，击球的后中部，击球后球拍向出球方向挥至体侧肩部以上。动作完成后迅速还原，恢复成准备姿势（图 2-7-3）。

图 2-7-3　反手上旋球

要点：

（1）从球过网到击球全过程眼睛要盯住球。

（2）尽早判断球的落点，调整身体位置，借着转体尽快引拍。

（3）击球的下降期或弹起最高点，击球点在右髋关节与右膝关节之间。

（4）发力顺序是蹬地、转体、挥拍。击球时绷紧手腕，握紧球拍。

（5）球拍随球送出，挥至体侧肩部以上。

（二）练习方法

（1）无球挥拍练习。

（2）自己抛球，当球落地弹起下降时击球。

（3）对墙练习。

（4）两人对打练习。

五、双手反手击打上旋球

（一）动作要领

以右手持拍者为例，右手用“东方式”反手握法，左手用“东方式”正手握法。当判断来球是飞向反手方向时，移动到位的最后一步应保持右脚在前，身体右侧朝向来球方向，双手握球拍向左后引拍，右臂伸展，左臂弯曲。在迎球过程中，挥臂与转体动作配合，使球拍由低向高挥动，击球点在右髋前，高度腰以下，击球下降期。拍触球时拍面垂直或稍后仰，击球的中部。击球后双手顺势挥至右侧头部高度，身体重心从左脚移至右脚，动作完成后迅速还原成准备姿势。

要点：

（1）盯住来球，迅速移动到击球位置，并正确做好后摆引拍。

（2）击球点要控制在右髋前，高度在腰以下，打下降期。

（3）击球时，前臂保持伸直，手腕绷紧。

（4）击球后球拍随球送出，在身体右侧头部高处结束随挥动作。

（二）练习方法

（1）无球挥拍练习。

（2）自己抛球，挥拍击球。

（3）他人抛球击球。

（4）对墙练习。

（5）两人对打练习。

六、发球

（一）发球的基本技术动作

1. 准备姿势 侧身站在端线外中场标记旁边，左肩对着左侧网柱，面向右边网柱，两脚分开约同肩宽，左脚与端线成45°角，右脚与端线平行，重心放在左脚上。

2. 抛球与后摆 抛球与后摆两个动作是同时进行的。当球拍向下向后引拍时，持球手同时降至右腿处。球拍从身后向头上方做大弧形摆动时，持球手于左前上方伸高及头顶平稳地将球抛向空中。

3. 击球动作 当左手抛球时，重心迅速前移，屈膝蹬地、转体，使向前转动的身体和右肩自动地使手臂产生一个完美的绕圈，持拍手腕带动小臂有一个旋内的“鞭打”动作，待球落至击球点时，迅速挥拍以拍面中心击球的后中上部（图2-7-4）。

图2-7-4 发球的基本技术动作

（二）发球的类型

1. 平击发球 发平击球时的击球点应在身体的右眼前上方，以拍面中心平直对准球，击球的后中上部。因此手腕的向前甩腕和前臂的“旋内鞭打”非常重要，身体充分向上向前伸展，以获得最高击球点，以提高发球命中率。

2. 切削发球 发球时把球抛到右侧斜上方，球拍快速从右侧中上方至左下方挥动。击球部位在球的中部偏右侧，使球产生右侧旋转。

3. 上旋发球 发上旋球时把球抛到头后偏左的位置，击球时身体尽量后仰呈背弓，利用杠杆力量对球加旋转，球拍快速从左向右上方挥动，从下向上擦击球的背面，并向右带出，使球产生右侧上旋。

（三）练习方法

（1）抛球练习。

（2）模仿动作练习。

（3）对墙发球练习。

七、接发球

（一）接发球的站位

一般站在对方发来的球的角度平分线上。接发球的站位要根据自己的击球特点和自己的反应、判断能力来选站在最有利的位置上。

（二）接发球的要点

（1）准备接发球时，身体重心稍高些。

（2）向前迎击球，要主动进攻，不要被动应付。

（3）挥拍后摆动作要小，把注意力集中在球上。

（4）击球时，手腕要固定，拍头不能掉在手腕下面。

八、截击球

（一）网前正手截击

1. 准备姿势 持拍于体前，拍头高于持拍手臂及球网。站位应站在发球区内，离发球线 30～60cm，跨立中线处。两脚自然的分开站立，面向球网，膝微屈。

2. 挥拍击球 挥拍动作短暂而有力，是快打动作。球拍后引时手腕微屈，幅度不得过肩，拍面稍开，当向前挥动球拍时恢复上翘，使拍面平直击球。击球时，眼睛盯住来球，击球点保持在身前，击球瞬间手腕必须紧固有力，击球后有微向下的随球动作（图 2-7-5）。

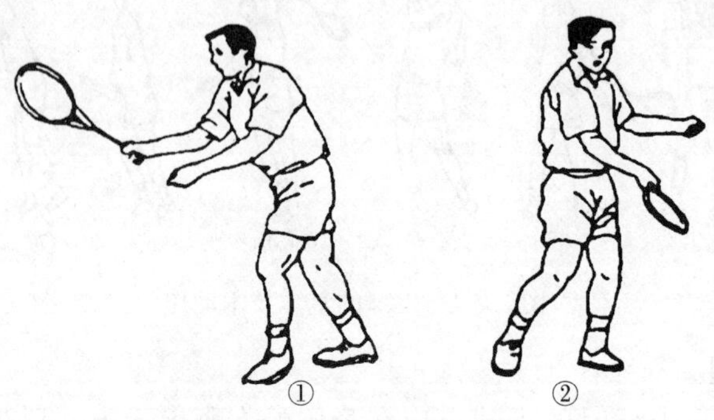

图 2-7-5 网前正手截击

（二）网前反手截击

1. 准备姿势 反手截击准备姿势与正手截击基本相同。

2. 挥拍击球 眼睛始终盯住来球，用非持拍手将球拍稍向后拉，双膝弯曲，身体重心前移。持拍手手腕向上、拍头上翘。击球时手腕固定，手臂伸直，在身体左侧撞击球。击球后球拍向撞击球方向送出（图 2-7-6）。

图 2-7-6 网前反手截击

（三）练习方法

（1）持拍模仿挥拍练习。

（2）多球进行单个动作的网前截击练习。

（3）一人底线抽击球，一人网前截击球练习。

九、高压球

高压球的动作与发球相似，握拍也与发球握拍相同。当对方挑高球时，立即侧身转体并用短促的垫步向后退，持拍手上举至头部向后引拍，非持拍手上举指向来球方向和高度，击球与发球击球一样，击球点在右眼前上方（图 2-7-7）。

图 2-7-7 高压球

十、挑高球

挑高球的动作要尽可能和底线正、反拍上旋抽击球动作一样。引拍时，手腕后屈。击球时，拍面垂直，拍头低于手腕的位置，采用手腕与前臂的滚翻动作，由后下向前上挥拍，做弧线形鞭击球动作，使球产生强力上旋。击球后，球拍朝挥拍方向充分跟进，随挥拍动作要放松并在身体左侧结束（图 2-7-8）。

图 2-7-8　挑高球

第三节　网球运动基本战术

一、单打战术

（一）发球战术

发球要考虑落点、力量和旋转因素的变化，才能有良好效果。如果接球者不需要移动就能还击，说明发球落点欠佳。若发出的球有角度，能反弹出边线，就可以迫使对手离开基本位置，则发球效果良好。若对手站位离中线较远，可发球至对方的中线附近，以牵制对手。

（二）把球打深

把球打深是指打出的球其落点要靠近球场端线附近。在单打比赛中，把球打深能将对手压到底线附近，这样可以防止对手上网，还能使自己有更充裕的时间为下次击球做好准备。

（三）调动对手

调动对手也就是把对手调离其能较好发力击球的位置，使其在场上出现空当，这样就能争取比赛的主动权。一般通过打斜线球和打直线球，打长球和放短球达到调动对手的目的。

二、双打战术

（一）双打的基本站位

双打时除发球和接发球的运动员在端线附近外，一般都站在网前位置。发球队员的同伴站在规定发球区一侧的网前，接发球队员的同伴则站在规定发球区的另一侧网前。有时发球队员的同伴也可以站在端线附近，位于发球人的另一侧。站在网前的队员随时准备截击除发球外的回击球。有时接发球同伴不直接站在网前，而是站在发球区的端线附近，当对手回球时再向前扑截球。

（二）双上网和双底线战术

双打是两人互相配合进行的比赛。一对优秀运动员双打时，采用的理想站位是两个在前，或是两个在后。如果两个人是处于双上网的位置，而同时对方也是双上网。在这种情况下双方都会向有球的一侧移动。很多球是在中场来回击打，因此球场另一部分就会出现一个很大的空当。这一空当往往是对手进攻偷袭的地区，比赛中应当有意识地注意这一区域。如果两个人是处于双底线位置，那么还击时就应当使球多落在对方中间场区。另外，双打比赛应重视保护中间地带，这一地带是被攻击的主要目标，所以要求两个人有很好的配合。

学习资源（视频）

第八章 橄榄球（英式）运动

第一节 橄榄球运动概述

橄榄球运动 1823 年起源于英国，原名拉格比足球（Rugby Football），简称拉格比（Rugby）。因其球形似橄榄，在中国被称为橄榄球。经过近 200 年的发展，橄榄球运动在世界范围内分为英式、美式和澳式橄榄球。美式和澳式属于区域性项目，目前全球开展最广泛的是英式橄榄球运动。该项运动以其比赛中的高强度对抗，快速多变，富有刺激性、观赏性而风靡全球。

拉格比是英国中部的一个城市，拉格比学校是橄榄球运动的诞生地。1823 年，在拉格比学校里举行了一场足球比赛，在比赛中，有个名叫威廉·韦伯·艾利斯的 16 岁学生，因一次踢球失误，竟不顾一切抱起球跑向对方球门，快接近足球门时就起脚射门。在之后学校足球比赛中，抱球跑的情况常有发生，虽然是一个犯规动作，却给人们一个新的启示：这种抱球跑的现象，增强了比赛激烈竞争的对抗气氛，时间一长便被人们所接受，成为一种合规的动作。这样，一项新兴的、有利于身体全面发展、具有很高锻炼价值的运动项目——橄榄球运动诞生了。现在这所拉格比学校门墙的一块石碑上雕刻着："此碑以纪念威谦·韦伯·艾利斯的勇敢行为，他不顾当时足球规则，用手抱球向前跑，这样创造了有显著特点的拉格比足球比赛，公元 1823 年。"

英式橄榄球依据上场人数不同分为十五人制、七人制和十人制比赛形式。国际橄榄球运动最高组织机构是国际橄榄球理事会，每四年举办一次世界杯（十五人制及七人制）。十五人制比赛每半场比赛时间为 40min，中场休息 10min；七人制比赛每半场比赛时间为 7min，中场休息 1min。

一、世界橄榄球运动发展概况

橄榄球运动从 1839 年逐渐在英国剑桥大学等学校开展起来，并相继成立了拉格比俱乐部，校际间比赛也渐渐活跃起来。1842 年一个名叫威廉姆·吉尔伯特（William Gilbert）的制球名匠在拉格比市 St. Matthew 街开了一座店铺。他将四块牛皮缝在一起，再将猪膀胱塞入其中，充足气后，球呈椭圆形，从而制造出了世界上第一个橄榄球。现在，以吉尔伯特名字命名的吉尔伯特牌橄榄球是国际著名的比赛用球。

1871 年英国橄榄球协会成立，并由当时参加协会的 17 个俱乐部共同商定了新的比赛规则。此后，橄榄球运动很快传入欧洲其他国家、美国、加拿大、澳大利亚和新西兰等地。1886 年国际橄榄球理事会成立，专司规则的制定、修订和统一解释以及比赛监督。我国于 1997 年加入国际橄榄球理事会，成为第 76 个会员国。目前，国际橄榄球理事会会址设在爱尔兰的都柏林。

1987 年国际橄榄球理事会举办了第一届世界男子橄榄球锦标赛，1991 年又举办了第一届世界女子橄榄球锦标赛。现在，橄榄球运动正以其独特的魅力风靡全球，七人制橄榄球成为 2016 年里约热内卢奥运会的正式比赛项目，橄榄球时隔 92 年后重返奥林匹克大家庭。

二、中国橄榄球运动发展概况

1990 年 12 月 15 日，北京农业大学曹锡璜教授以开拓创新的精神在外国朋友的帮助下，在北京市教委和北京农业大学领导的支持下，成立了国内第一支橄榄球队——北京农业大学橄榄球队。同时，该球队组织教练员先后赴日本、中国香港考察，在认真学习其他国家和地区的先进经验和技术的同时，努力探索自己的道路，球队的技战术水平逐步得到提高。

1992 年 3 月，华南农业大学、北京农业大学代表队同香港的 6 支队伍进行了 6 场友谊比赛。与此同时，橄榄球运动在北京、上海、沈阳、抚顺、大连、广州等地相继开展起来。1992 年 4 月，北京市高校橄榄球协会在北京农业大学成立。随后，沈阳和广州先后成立了东北橄榄球发展中心、广州橄榄球协会。

1992 年 10 月，沈阳农业大学橄榄球队成立。1994 年 7 月 13—19 日香港橄榄球总会为在中国北方进一步普及橄榄球运动的开展，委托沈阳农业大学（东北第一支橄榄球队的发源地）举办以全国体育院校、部队、公安系统及东北地区各高校的橄榄球教练员和裁判员初、中级学习班，共有全国各地 80 多人前来参加学习，并同时举办了地区性的橄榄球对抗赛暨第二届“丸龙仓”杯橄榄球赛，此次比赛共有 6 支代表队参加，是东北地区橄榄球历史上的首次比赛。

伴随七人制橄榄球运动的发展，国际橄榄球理事会亚洲地区总部由香港迁至上海，希望以设立官方机构的方式来带动英式橄榄球运动在中国地区的发展，通过在大学推广并开设更多的民间俱乐部，让更多的大学生参与到这项运动中来。

第二节　橄榄球运动基本技术

橄榄球技术，就是指运动员在橄榄球训练与比赛中根据需要和实际情况所采用的合理动作方法的总称，它是构成各种战术配合的基础。在橄榄球比赛中，要求运动员能够在快速敏捷的动作中和激烈对抗的条件下，准确地完成传、接、踢球及持球跑、扑搂、躲闪等技术动作。

橄榄球技术主要分为两大类，即个人技术和集团技术。橄榄球运动是一项技术性较强的运动项目，在比赛中每个队员既要熟练运用传、接、踢、盘、救球、扑搂、躲闪等个人技术，又要掌握集团争抢技术，包括勒克、冒尔、司克兰、争边球。

比赛中传、接球技术是在不同的情况下运用的，包括原地传、接球，慢跑中传、接球，快速跑中传、接球，还有在被扑搂及被擒抱的情况下进行传、接球。这些技术的熟练掌握是橄榄球运动的基础，橄榄球比赛最重要的一个规定是不允许前掉球，不允许向前传球，只有传好球、接好球才有可能参与此项运动。

一、传、接球技术

传、接球技术是在橄榄球比赛中运用最多的一项技术，它是组织进攻的纽带，是衔接其他各项技术的桥梁，是快速、多变、灵活战术的基础。传球是运动员有目的地用手把球传向预定目标的动作，传球不仅是给本队球员送去准确而好接的球，同时也是摆脱对方防守的最好手段。要把球传准确，就必须从持球的方法、摆臂的动作、用力的方向、手腕手指拨球等方面规范地掌握动作要领和要求。

（一）持球方法

动作要点：

（1）五指自然张开，拇指朝前，持球于球体两侧，两拇指相对似八字形，在球体横切面的中心部的位置（最凸的地方），两食指置于球体两侧，平行于球体纵轴线，其余手指自然伸张，置于球的侧下部。

（2）掌心空出，用两手的五指有力地控制球。

（3）两臂微屈，腕部伸直，使肘关节灵活自如地将球持于腰部的位置（图 2-8-1）。

（二）传球原理

以肩为轴，做 ABC 形的钟摆运动。

由球所画出的圆弧 ABC 的切线 LBM 是传出球的路线，如果想把球传得更远，则必须把轴点前移至 Y，并且球必须在切线上的 D 点出手才能实现。这些是依靠腰部的扭转，膝部的伸展及腕部顺序用力完成的（图 2-8-2）。

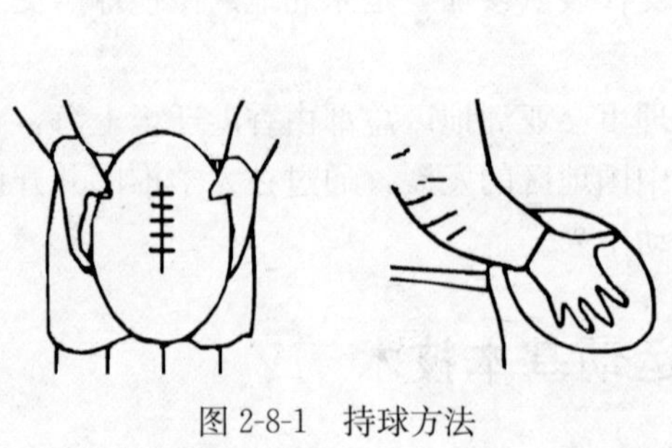

图 2-8-1　持球方法

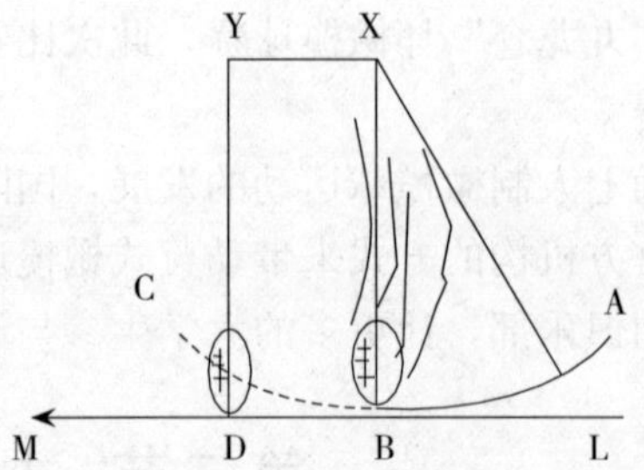

图 2-8-2　传球原理

二、摆动传、接球技术

持球方法如上文所述。

传球前，两脚左右开立，略宽于肩，两膝保持微屈，上体保持正直，挺胸收腹、肩部与腕部放松站立持球。

传球时（以向左侧方向传球为例），腰部向传球方向（左）扭转，重心移至右脚，注意上体不要后仰，同时右肩向前移动，两臂屈肘向后摆动，做侧向发力动作，通过下肢右脚的蹬地力量，使身体中心逐渐移至左脚，带动上体协调用力，使两臂以肩为轴摆动发力，当球摆至体前最低点时，腕部伸张开始发力，最后通过手指力量把球弹拨出去（图 2-8-3）。

图 2-8-3 站立摆动传球技术

传球时应该做到：传球时要以接球人伸在斜前方的手为目标，把球传在接球人体前，多为接球人着想，看着接球人。

(一) 传球技术

根据传球准确度的要求，不论传球者是直臂摆动传球还是屈臂摆动传球，出球点一定要在圆弧摆动的最低点，如果提前发力出球，会使传出的球向下掉落；如果出球过晚，会使球向上抛飞（图 2-8-4）。

球的控制是依靠手指和手腕来掌握的，初学者往往手指手腕的用力不够协调，使得球出手后出现旋转、上跳、下降、曲线等不规则运动现象。这需要在不断练习过程中，逐步加以改进和克服，加深屈腕深度，加强手指弹拨力量，加快出球速度，提高控制球的能力。发力的特点是大臂带动小臂侧摆由腕、指关节发力将球弹拨传出。指关节弹拨球的发力矢点必须穿过球体的中心点（图2-8-5）。如果想把球传得更远，则必须依靠腰的动作，即按髋、膝、踝、腕顺序协调用力完成。

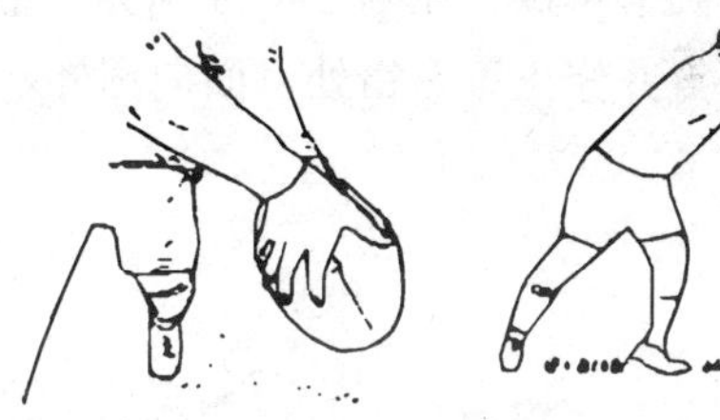

图 2-8-4 摆动传球技巧

在近距离传球或快传球时，传球者要依靠肘关节和腕关节快速屈伸，以便加快传球速度；在远距离传球时，要加大传球力量和加长摆臂半径（图 2-8-6）。在运用上，还需要上臂、小臂、手腕手指的协调发力来控制出球的方向和速度。

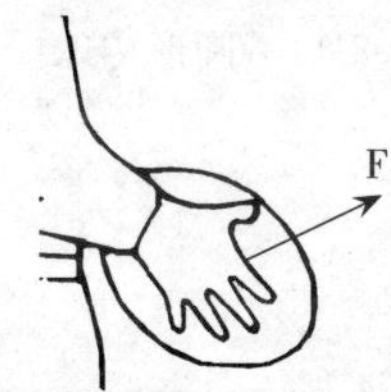

图 2-8-5 摆动传球发力特点

图 2-8-6 球的控制

(二) 接球技术

动作要点：

(1) 膝关节微屈，上体略前倾。

(2) 头和两肩对正传球者，两臂微屈，注视来球。

(3) 用离球较远的那只手来接球，另一只手迅速压住球。

（4）球干燥的时候用手腕力量接住球，球湿滑的时候把球抱入怀中。

（5）接球后立即准备成传球动作，接球与传球应成为连续动作。

（6）握持球的中部，用双手压牢，眼盯住球。接球的时候应做到：盯住球，看着球接入手中（图 2-8-7）。

图 2-8-7　接球技术

学练方法：

（1）面对面传接球。这是一种可提高手腕扭转，增加腕部力量并体会转髋与伸膝等一连串技术的练习。开始练习时，间距 4m，逐渐拉大传接球距离。

（2）一字传球。如图 2-8-8 所示，成一列横队间距 4～5m，传球到最后一人时全体向后转向回传球。

（3）Z 形传球。如图 2-8-9 所示，传球至最后一人时，向后转再倒过来向回传球。

（4）方阵传球。如图 2-8-10 所示，逆时针传球后再顺时针传球。

（5）圆形传球。如图 2-8-11 所示，面向圆心每人相距约 4m，顺时针和逆时针传球。强调技巧要点并修正每一错处。面向圆外，重复前面的练习。

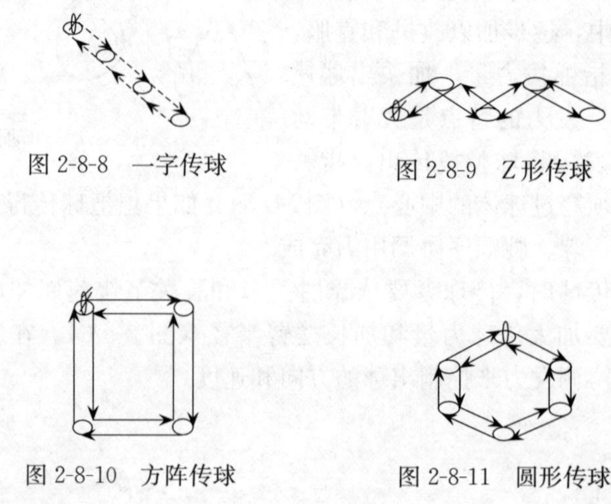

图 2-8-8　一字传球

图 2-8-9　Z 形传球

图 2-8-10　方阵传球

图 2-8-11　圆形传球

三、其他种类传球技术

（一）挡护传球

挡护传球是前锋通常使用的一种传球方法，其目的在于持球队员把球挡护住，不让对方抢走，然后由同伴来把球挖取走。虽然前锋经常采用但所有队员必须熟练掌握，才能应付必要的情况。这种挡护传球最能体现它的作用：既体现了在支援的情况下不断向前推进，同时还能牵制对方，从而产生有效的攻击时机。

挡护传球时，为了确保对球的控制，可用肩部去冲顶对方，双手持球把它放在髋部附近远离对手的位置上（图 2-8-12）。

挡护传球应做到：对着对方向前推进挡护住球，等待同伴支援。

（二）交叉传球

图 2-8-12　挡护传球

交叉传球是一种突然改变进攻方向的传球配合。其动作要求是：首先持球队员横向拉开跑动，吸引防守队员，而后突然向垂直于接球纵向的会合交点跑进，防守队员变向跟随，在会合交点处，将球隐蔽地传给由相反方向跑来的支援同伴以突然改变进攻方向的传球。在交叉传球中，持球队员必须跑向接球同伴，而且要把球交给他，使防守者看不到球，把交叉和假交叉混合起来，实战效果意义重大（图 2-8-13）。

图 2-8-13　交叉传球

交叉传球应做到：对于跟进支援队员，必须要接近持球队员，从持球队员的手中把球取走，有时要比近距离传球更稳妥。

（三）飞扑传球

飞扑传球常常被传锋采用，优点是传球出手快，不易被对方破坏，但技术难度较大。其动作要点是：持球者下蹲双手拾球后必须向传球目标再蹬地踏前一步，利用蹬地挥腕的力量，身体飞扑向前将球传出，而后以双手缓冲着地。飞扑传球可以提高传球的准确度、球速及增大传球距离（图 2-8-14）。

（四）扑搂中传球

这种传球技术没有一定的技术要求，主要是因为在被扑搂过程中，情况千变万化，这就要求传球者头脑清醒，传球的基本功要好，在急促短暂的情况下把球处理好。在扑搂中的传球要掌握以下技巧：

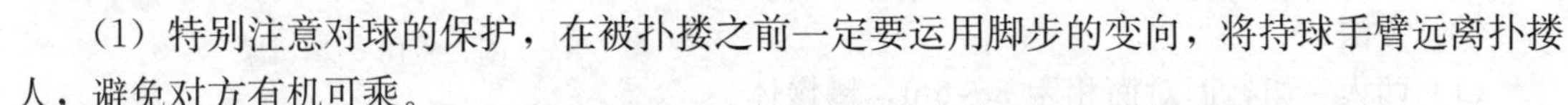

（1）特别注意对球的保护，在被扑搂之前一定要运用脚步的变向，将持球手臂远离扑搂人，避免对方有机可乘。

（2）被正面扑搂时，持球队员将持球双手躲避开正面来袭，也可以转身背向扑搂，或者让他冲过来，然后把球抬起，绕过他的头或身体稍微侧转身体将球传出（图 2-8-15）。

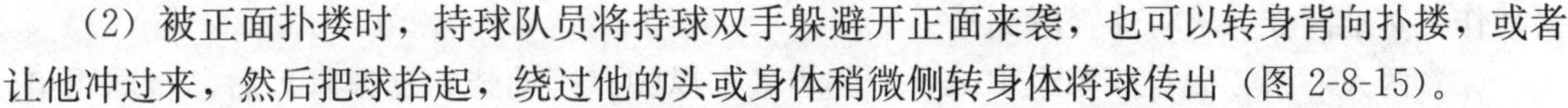

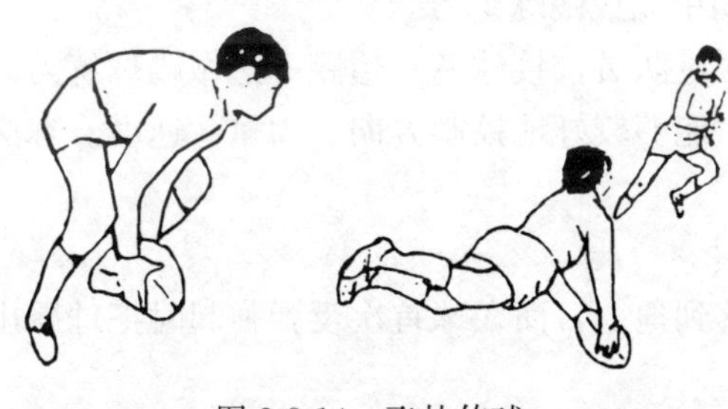

图 2-8-14　飞扑传球

图 2-8-15　扑搂中传球

（3）被从侧面或后面扑搂时，可以用双手把球传给队友，但记住最好到被扑搂时的冲撞力量停止以后才传球。

（4）被扑搂时，如果持球队员无法传球，一定要紧紧抱住球，倒地后再进行处理。毕竟掌控球权的重要性胜过一个坏的传球。

四、踢球与接踢球技术

踢球是具有攻击作用的技术。踢球是向自己进攻的前方，即向防守方的身后推进的最简捷的方法。踢球对扩大地域或缩小对方防线是较为有利的，但球权不易控制，同样存在一定的危险性。落踢球和定踢球也是得分的直接手段，所以提高踢球质量对取得胜利是十分重要的。

踢球是有意发动进攻的手段，是缓解对方攻击压力的一种防守手段，也是得分的一种手段。就技巧而言，基本的踢球有三种：碰踢、落踢和定踢。碰踢属于战略性的踢球，而落踢和定踢属于得分和比赛重新开始的踢球。

（一）碰踢

碰踢是指踢球者把球从手中放落，而在球碰触地面以前把球踢出的状况或踢球方式。

1. 持球方法 双（单）手持球，使球的纵轴指向踢送的目标，并使球的角度和踢球脚的角度相同。如果你是右脚踢球，则左手在前右手在后（图 2-8-16 之①）。

2. 放球 放球时，按持球时的目标角度两手让球自然下落，绝不可有上抛动作（图 2-8-16 之②）。

3. 踢球与维持平衡 充分地伸直脚趾，使脚背与球最大面积接触，并将球踢出，脚触球时膝关节完全伸直。踢球后触球脚伸直至极限，重心前移，支撑脚前脚掌撑地。踢出球的瞬间，双臂自然摆动，使它和脚成反方向，上体尽可能前倾。以双臂、支撑脚和摆动腿三方面维持身体平衡（图 2-8-16 之③）。

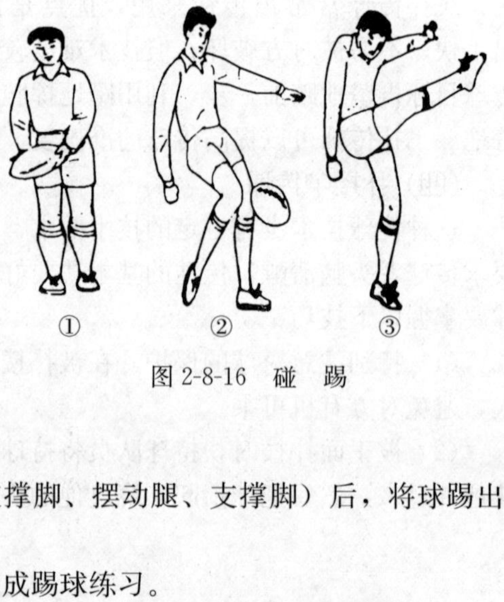

① ② ③

图 2-8-16 碰 踢

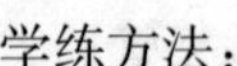

学练方法：

（1）两人一组，面对面相距 3～6m，慢慢体会动作，对准同伴力求将球轻踢到他手中。

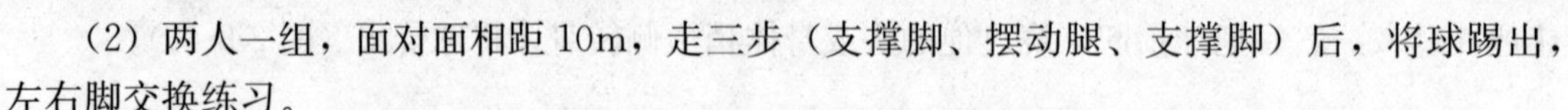

（2）两人一组，面对面相距 10m，走三步（支撑脚、摆动腿、支撑脚）后，将球踢出，左右脚交换练习。

（3）同上，距离拉大至 15～20m，在跑动中完成踢球练习。

（4）两人或四人一组，接球后传给后面跟进队员，接球者一边跑一边做踢球练习。

碰踢应做到：双脚均可任意自如地踢球，能够较好地控制方向、力量、速度。球必须从手中自然放落，不可上抛。

（二）落踢

落踢是指持球者将手中的球有目的地放落到地上，而在球首次反弹弹起时把球踢出的方式与动作。

在比赛进行中，运用落踢踢进球门可以得 3 分。得分后的重新开球要采用这种踢球方法。在 22m 线的反攻踢，也运用这种踢球方法。

1. 持球方法 双手持球，角度和踢球者期待球着地时的角度一样，使球稍微向后倾斜。

2. 放球 稍微把球的纵轴倾斜下来，对着前支撑脚的侧前方，放手以后让球能保持原来被持拿着的角度。

3. 踢球 趁着球反弹起的刹那，踝关节保持紧张，用脚尖或脚背部位迅速踢球。踢球后，摆动腿随之前送，身体重心前移。

学练方法：

（1）正确的放球落在脚的前面，用脚尖或脚背踢出，从站立开始做此练习。

（2）两人一组，一前一后，前面队员持球跑动后落踢，后面人跟进接球，重复前面人的动作，反复练习 2～3 次。

（3）从各种角度对着球门做落踢练习。

4. 踢球游戏 4 人分两组在 3 块 $8m^2$ 场地内做落踢练习。由一方用落踢将球踢至对方方格内，算是开球，对方接到球后落踢回去，如果漏接或者踢到对方阵地外及踩进中间方格为失 1 分。双方轮流开球（图 2-8-17）。

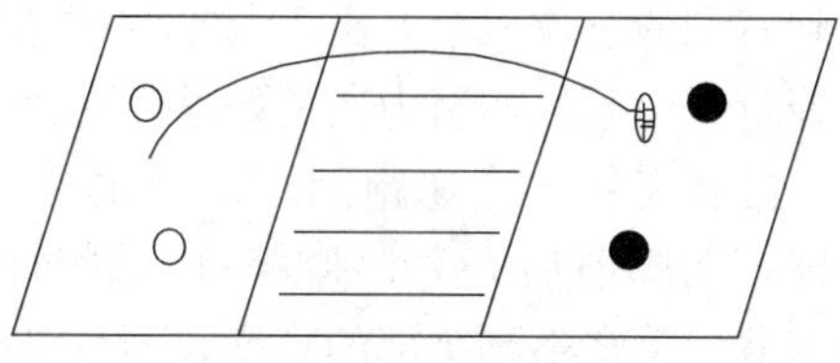

图 2-8-17 踢球游戏

落踢应做到：要掌握放球落地的瞬间时刻，从开始动作至结束，始终要低头看球。

（三）定踢

定踢是指球被以定踢为目的而放置在地上以后，被踢的状况或踢球方式。定踢时球的摆放有垂直形和斜置形两种（图 2-8-18）。

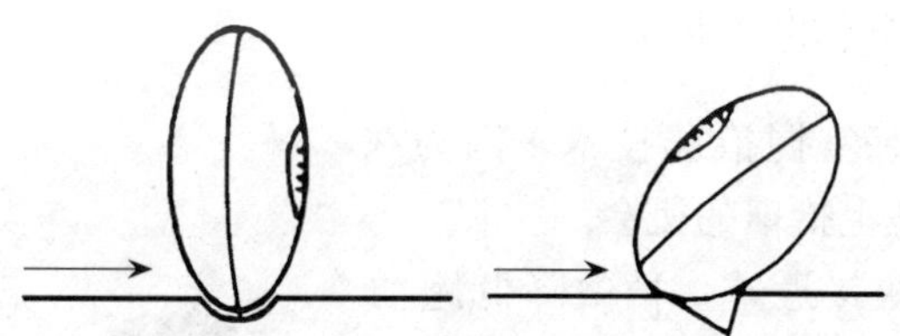

图 2-8-18 定踢球的摆放

垂直形，使用在短踢时；斜置形，使用在长踢时。

1. 助跑与步伐 助跑时掌握好助跑距离和步伐，目视球的位置和选择好球的飞行目标，按自己的习惯将球踢出。目前均采用球托或木屑形式摆放球。

2. 踢球方法 基本上采用脚尖、脚背和足弓部三种踢球方法（图 2-8-19）。

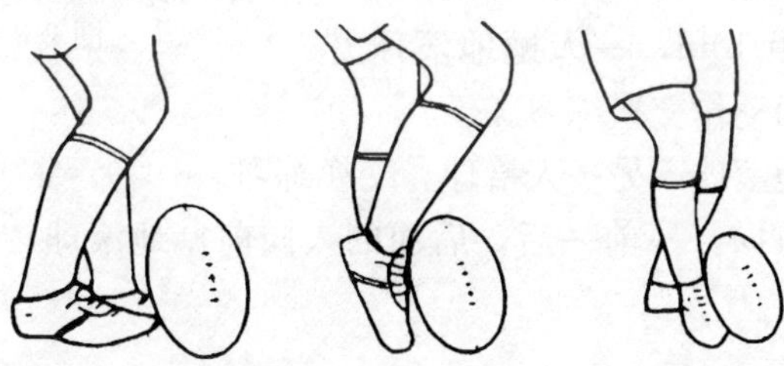

图 2-8-19 定踢球

（1）脚尖踢球是一种普遍采用的方法，要点是：脚背的弯曲处固定成直角。

（2）脚背踢球与碰踢是同一方法，支撑脚要踏在稍靠前一点的位置。

（3）足弓踢球与足球脚背内侧踢球方法大致相同，助跑距离稍长且斜线助跑。

学练方法：

（1）做无球的后退和助跑练习。

（2）两人交换定踢球与接球的练习。

（3）在不同角度，不同距离，反复进行定踢练习，踢过球门横杆。

定踢应做到：短踢助跑 3 步为宜，长踢助跑 5 步为宜。从助跑到踢球结束时应看准球，助跑时上体稍前倾，并富有弹性，根据风向调整角度。

（四）接踢球技术

接踢来的球看似容易，其实不然，往往在许多情况下是接不好的。一旦接到球，立即会得到有利的进攻机会。由于踢来的球速度、力量、方向、距离、高低不同，因此正确判断，选择位置、时机，努力去接好球，必须反复实践才能掌握。

准备姿势：全速跑到球下落的预想地点，对准球，两脚前后开立、膝弯曲、主动伸出双手张开迎球，手掌举到头部的高度，肘关节向内收紧。

接球动作：当球进入手中时，将两手向身体方向靠近，并柔和地弯曲，同时膝关节弯曲，用手牢牢压住球，抱入怀中，手指、手掌及膝关节放松、身体与两臂及手形成袋状，并富有弹性，使球得到很好的控制（图 2-8-20）。

图 2-8-20　接高踢球技术

五、拾球技术（接球的一种）

所有球员都必须熟练掌握拾球技术，因为在比赛中每个球员都有从地上拾球的机会。

动作要领：首先尽快接近球，稍微降低跑动速度，迅速弯下双膝（许多人无法干净利索地拾球，原因在于没有弯下双膝）。拾球前手指必须张开，瞄准球的下方，迅速把球捞起。拾球后传给同伴或持球跑动，如遇对方拦截应挡护传球（图 2-8-21）。

图 2-8-21　拾球技术

学练方法：

（1）两人一组，间距 10m，一人抛地滚球另一人迎面拾球，重复前面动作交换练习。

（2）同上，一人踢地滚球，另一人拾球，交换练习。

（3）两人一组同一方向，一前一后，后面的人向前抛地滚球，全力向前跑超过前面的人，并努力拾起地上的球。

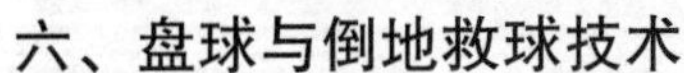

六、盘球与倒地救球技术

（一）盘球技术

盘球与足球运球动作大致相同，是由脚向前推进球的技术。盘球是一种非常有效的进攻手段，特别是雨天球滑时，经常使用这种技术。由于盘球技术难度较大，不易掌握，往往受到轻视，因此必须充分练习，熟练地掌握才能在比赛中灵活运用，收到良好效果。

盘球可分为个人盘球和集体盘球两种。

个人盘球动作要领：上体尽量前倾，目光注视着球，膝关节向外弯曲，使用脚内侧及小腿胫部来推动球，球不是踢出而是用脚拨动使球在地面上滚动。如果球跳起不高则用脚内侧压住它，如果球弹到腰部或大腿高度，与其继续盘带，不如把球抱起向前跑动（图 2-8-22）。

图 2-8-22　个人盘球技术

集体盘球是由两名以上队员组成一个小团体，以盘球方法将球向前推进，使球不断地从小团体中运转出去。

集体盘球动作要领：一人盘球向前，不做盘球的队员跟在其后方或者左右成三角形。如果球被漏掉或者改为传球时，盘球被取而代之。如后面队员要继续做盘球动作，原盘球队员可退至旁边，跟随在后面。除了球以反弹踢而跳起至一定高度外，不可把球拾回来。在比赛中，当面前守方只有一人时要骗过对方发动攻击或被扑搂倒处理时常采用盘球方法，在情况危机时将盘球改为短踢。

学练方法：

（1）每人一球，一列横队。一边走一边盘球，教练发出左右停止倒退、向左或向右把球盘出来的口令，队员按要求盘球。

（2）同上。在慢跑中完成，并逐渐过渡到绕标志杆左右曲线跑等动作。

（3）三人以上做集体盘球练习。

（4）在两人之间把球放在靠近一人身边，听哨音离球近的人首先跑近球来骗过对方。

（二）倒地救球技术

倒地救球是指用身体来压住球进而夺球，阻止对方盘球攻击，挡住对方队员正在追逐的地滚球的技术。

倒地救球时的原则：在己方出现危机时才能使用，在其他场合应拾球。救球可中断对方的盘球进攻，动作敏捷地站起来可使防守转为进攻，带着球倒在地上的球员必须即刻起身继续比赛或离开球。如果倒地救球后继续保持这种动作即为犯规。倒在地上操弄球也是犯规。

动作要领：从侧面接近，看着球和对方盘球脚步来测算距离。把身体跃起跳到球那边去，背对盘球者脚的前方。在跳上去的同时，用单手把球抱近腹部。正确地做这个动作时，对方就会被你绊倒在你的前方。救球后应立即带球站起来，或保持倒下姿势，迅速判断附近的支援同伴的位置，决定做传球或其他的行动。

倒地救球的动作要迅速而果断、准确到位，否则会造成危险。

学练方法：

（1）一人把球滚动传给另一人，再做倒地救球的动作。

（2）二人一组，一人做盘球动作，另一人做倒地救球动作。

（3）四人练习，三人做集体盘球后，另一人跳进去救球，逐渐过渡到救球后立即带球站立并做进攻动作。

（4）前锋对后锋来做。当前锋利用盘球想使球穿越后锋，后锋此时做倒地救球或拾球，给己方传球等动作。

倒地救球应做到：后锋的倒地救球，应向本队极阵倒地；前锋的倒地救球，应向对方极阵倒地（图 2-8-23）。

图 2-8-23　倒地救球技术

七、扑搂技术

扑搂是重要的防守技术，是指持球员在比赛中被一名或多名敌方球员所擒，而倒在地上或球触碰到地上的状况。即使持球队员单脚或双脚跪着或坐在地上，皆看成扑搂成立，持球队员必须即刻释放球。

在比赛中规则允许无球方队员对另一方的持球者进行扑搂，抱住并摔倒持球的队员，是阻止对方进攻的技术。所以防守方要以比对方快的速度接近持球队员，以无畏的勇气和正确的判断把持球者扑搂倒地。

（一）扑搂技术的形成特点

1. 扑搂必备的独特条件　扑搂动作要具备三要素，即果断、时间和技巧。果断需要专心，三心二意是完成不好扑搂动作的。果断能力的培养首先要以个人品德为前提，这种品德就是勇于奉献。时间，则必须在真正的比赛中体会。技巧是指用科学合理的身体技术动作，而达到实际目的，它包含着安全性，可靠性和实效性。具体的技巧将在扑搂的种类中介绍。

2. 形成扑搂技术的一般原则　在防守的跑位上，面对带球的进攻队员时，必须跑在带球队员的内侧，封锁内侧的空隙，逼迫他跑向外侧，然后再注意以低姿势果断地扑搂以防被掌推。

（二）扑搂技术种类

扑搂技术分为侧面扑搂、正面扑搂和后面扑搂三大基本技术。而其他种类的扑搂则为三大基本技术的扩展。

1. 侧面扑搂　侧面扑搂技术是扑搂的基本形式（图 2-8-24）。

图 2-8-24　侧面扑搂技术

动作要点：由侧面接近持球者，以持球人的大腿作为目标，单脚蹬地，用肩部冲撞持球人大腿，抬头并将头靠到持球人的臀部附近，同时双手环绕到对方膝关节部位，用力锁紧依靠肩部冲撞下滑拉倒持球人。同时锁膝下滑也可以弥补肩部撞击力量的不足，只要双手抱紧便能拉倒对方。

2. 正面扑搂　正面扑搂是指防守人对从正面跑来的持球人所采用的一种扑搂动作。

动作要点：扑搂者把自己的脚和身体移到对方的一边，停止移动以低姿势做好准备，使用内侧的肩部和手臂把对方搂住，并利用对方跑动的惯性把对方拉倒，把头部滑向外侧去贴近对方，并用双臂紧紧抱住对方的身体或大腿，当对方倒下时要扭转对方，使扑搂者身体翻到对方上面（图 2-8-25）。

3. 后面扑搂 后面扑搂冲撞对方的力量与跑进的方向一致，只有快速蹬地并紧紧地抱住对方大腿后，以肩部冲撞才会迫使对方倒下。如果时间不允许从后面撞倒对方时，用双手抓住对方的腰，然后用力抱紧，顺势下滑，抱紧脚踝阻止其前进（图 2-8-26）。

图 2-8-25 正面扑搂技术

图 2-8-26 后面扑搂技术

学练方法：

（1）两人一组成跪姿，前后相距 1m 左右，后面的队员双手抱住前面队员的腰部，同时肩膀顶到前面队员的臀部，因有稍微冲力，因此两人均会倒于地上。

（2）两人直立，相距 1m 左右，后面的队员练习以双手抱住前面队员的腰部，同时肩顶到前面队员的臀部，前面队员只要用脚用力撑着是不会倒地的。

（3）在静止跪姿状态下练习体会扑搂动作并逐渐过渡到慢走和慢跑移动中。

（4）以上练习结束后，使用扑搂包做各种扑搂动作练习。

（5）一人对三人的扑搂练习。

被扑搂者在 $8m^2$ 格子中移动，但不可跑出方格外。扑搂者依次将三人扑搂后交换练习，扑搂时被扑搂者不可掌推对方。

扑搂练习时应注意：扑搂和司克兰是橄榄球运动中最易受伤的技术，应给予特别重视，首先应建立正确而安全的技术理念，树立敢于实践的自信心和勇气，同时技术练习应由简入繁，循序渐进。

4. 压制扑搂 压制扑搂是一种连人带球抱住与扳倒，以防止对手传球、踢球或压球触地得分的擒抱技术。扑搂者根据自己的位置把对手的上半身连同手臂一起抱住为最理想，此时对手会用单手控制球而导致落下，这时扑搂者的头部必须紧贴在对手的背部。从正面扑搂时，则要斜滑到对方身体的一边（图 2-8-27）。

5. 鱼跃扑搂 鱼跃扑搂是一种飞身鱼跃上去扑搂的技术动作。鱼跃扑搂的技术较难，一旦掌握将会给对方很大的打击，成功率也很高。鱼跃扑搂多在对手可能压球触地得分时使用。

动作要点：从侧后面接近对手，在最后 2～3 步前提高速度，前脚蹬地使双脚离开地面，身体前冲至顶点时撞击对方，时间必须合适。扑搂时目光注视对手腰部或大腿部位，头要插到对手臀部附近，使用肩部撞击对方腰部或大腿。用双手抱住对方时效果更好（图 2-8-28）。

扑搂时应做到：最好将对手驱赶至边线附近使其难以逃脱，扑搂时必须有一定速度，撞击对方尽可能靠下，降低重心是十分重要的，同时要加强自我保护。被扑搂后马上向后放球倒地并抱头加强自我保护。

图 2-8-27　压制扑搂技术

图 2-8-28　鱼跃扑搂技术

八、跑动及其他技术

（一）跑动技术分类

在橄榄球运动中，大部分技术动作是在跑动中完成的。这种跑动技术与短跑技术大不相同，不但要求运动员具有绝对速度，而且应具有躲闪、急停、变向等应变能力，随时调整各种步伐。因此，灵活并富有弹性的跑动技术是橄榄球运动中所必需的。跑动技术可分为三类：

1. 持球跑动技术　当持球跑动时，对方一定会扑搂。要对付他们的阻截，必须运用基本步伐躲闪（左右跨步、交叉步等）技术，并运用正确的持球方法及合理运用掌推技术。

图 2-8-29　跑动中的持球方法

（1）持球方法。双手持球时，手腕向上推翻，持球于体前，配合基本步伐左右摇摆跑动。单手持球时，将球按压在胸前或夹在腕和上臂之间，不可让球掉落，另一只手随时准备做掌推动作。单手持球有两种方式，一种是持球的纵轴，另一种是持球的横轴（图 2-8-29）。

（2）变向跑。变换方向是用于自己与防守扑搂人之间保有一定距离时所采用的躲闪技术。对于正面来的防守者，可以任意变向到左或右边去，而对于斜前方来的防守者，原则上采用向内变向跑来摆脱，这是比较容易成功的(图2-8-30)。

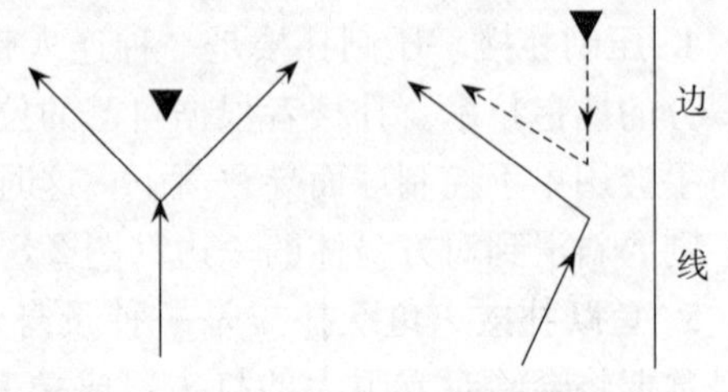

图 2-8-30　变向跑技术

在持球跑动中要故意向防守的右边做目标前进，目的在于吸引对方的注意力，然后用右脚内侧蹬地，把腰向左扭转，左脚跨向左边，将上体向左前方倾斜，同时把重心移至左脚上，右脚在左脚前踏出，此时左手抱球，右手准备掌推对方（向右侧变向其动作相反）。

（3）变速跑。通过速度或步幅的改变，以达到摆脱对手擒抱或扑搂的目的。通常是以一定速度接近对手又突然提高或放慢速度，牵制对手使之难以进行擒抱或扑搂。为摆脱对方的防守，经常结合变向手段更易获得成功。

（4）急停后变向跑（定人跑动）。跑动中常常是遇见防守者从侧面或侧后面全速追赶自己，此时持球者应急停，待防守者跟随急停（即定人）后，迅速改变方向加速摆脱防守者所采用的行之有效的跑动技术。

持球跑应做到：跑向防守队员的内侧或外侧；正面突破时要运用掌推技术；合理运用假动作。

2. 支援跑动技术 支援持球的同伴，跑法要机智。如大家都盲目地跑向持球者，反而会妨碍他的跑进与变向，甚至撞倒他。支援队员视野必须开阔，根据情况决定自己的行动。如支援者离持球队员太近，当发生失误时，自己处在越位位置上而无能为力。而相互间跑成一条线，当对方将持球者扑搂倒地时，这些队员全部越位也毫无办法。因此，支援跑动的位置一定要有层次，遇情况可随时变化处理。支援跑进时一定要有很好的判断能力，预先判断出将可能发生的情况。

3. 防守跑动技术 预测与判断在防守的跑动技术中也同样重要。首先要判断对方从何处发动进攻，并积极堵截给对方施加压力，不给予对方发动进攻的时间和空间，同时要把防守尽可能推进到对方的阵地上。加强协同防守，几个人围堵一个人不是好的方法，这样对方的其他队员就可抓住以多打少的战机。所以预测判断对方的下一步行动是非常重要的。防守者除掌握各种跑动技术外，扩大视野、纵观全局、提高战术意识也是非常重要的。

（二）跑动其他技术

1. 掌推技术 规则允许持球队员用手掌将企图来扑搂的队员推开，这是持球队员不能躲闪时常用的技术，但是只能用手掌而且手指必须分开，当持球者遇到犹豫不决的扑搂队员时，用掌推动作是非常有效的。掌推时队员必须能够正确迅速地转换持球手，在进攻时队员必须双手持球，当遇到扑搂者之前必须先转换持球方式，把球挟在远离防守队员的那只手中，腾出另一只手做掌推动作。换手的时机直接影响掌推动作的效果。太早对方会识破你的意图，太迟则没有时间来做掌推的准备动作。在掌推时手必须弯曲，才能做出有力的推击动作，掌推加上跑进速度，对扑搂队员形成极大的反向推力。对付防守队员较高的扑搂时应注意推其胸部或肩部，较低的扑搂则必须推其肩部（图2-8-31）。头部是掌推动作绝对禁止的部位。

图 2-8-31 掌推技术

2. 假传跑动技术 假传跑动技术是指持球队员做假传球动作，使防守队员失去重心或转移注意力，从而利用突破或变向传球骗过对方防守而获得机会的一种方法。防守有一条要领：捉住人和球，但在比赛中往往忽略了它，上了对方的当，持球队员必须让防守队员相信他将要传球，其技巧和基本传球的要点相同，只是没有真正把球传出手。这项技术（或者称比赛技巧）在激烈的比赛中是非常有效的。

第三节　橄榄球运动基本战术

一、正集团争球（司克兰）

十五人制橄榄球运动是以15人组成一队的集团运动项目。集团按不同位置将队员分为前锋、传接锋、中锋和殿锋。由于位置的不同在场上所要求队员掌握的技术则有所侧重，而战术运用的成功与否取决于个人技术掌握及发挥得如何。

（一）正集团位置及名称（图2-8-32）

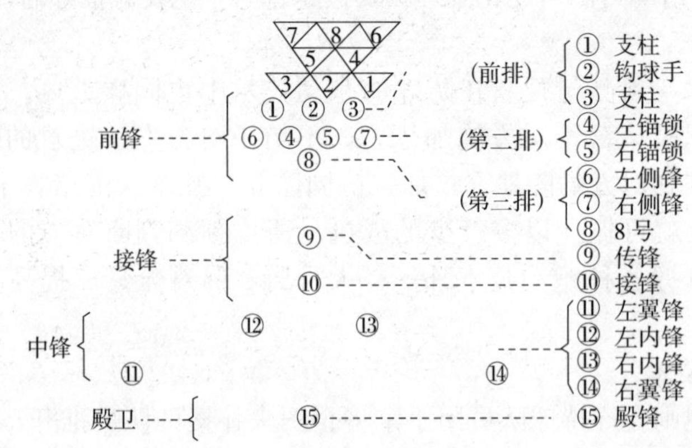

图2-8-32　正集团位置及名称

1. 前锋　①～⑧号为前锋，比赛中司克兰争球由这些队员组成。规则明确规定：司克兰前排由三名队员组成，①号、③号为前排的左右支柱（Prop），要求具有相当体重和力量；②号是钩球手（Hooker），由他将投入司克兰的球用脚钩进自己的阵形中，以便获取球权组织进攻，该队员应具备腰部的柔软性及很好的钩球能力。④号、⑤号是锚锁球员（Lock），身材高大健壮，是司克兰力量的中心。⑥号、⑦号是侧锋（Flanker），由非常敏捷与健壮的队员来担任的。⑧号是前锋的首脑人物，具备头脑清楚、战术意识强及身材高大机敏等素质。

2. 传锋和接锋　这是指前锋与后锋之间桥梁的位置。前后的连接构成集团的整体作战能力，以⑨号、⑩号队员组成。⑨号传锋（Scrum half）具有敏捷灵活、体力好的素质，他要完成对司克兰的投球、对接锋的传球，以及从司克兰、冒尔、勒克中将球传出的任务，传球技术应相当出色。⑩号接锋接⑨号从前锋集团传来的球，根据场上具体情况判断并组织各种进攻战术的展开。⑨号与⑩号的组织配合几乎能起到左右比赛胜负的作用。

3. 内锋与翼锋　⑫号、⑬号为内锋，它是锋位线上的核心，如何组织左右翼锋向前突破是他们技术的关键。首先应观察对方的动向，然后再发动进攻。⑪、⑭号为翼锋，是全队速度最快、动作最敏捷的队员，也是主要得分手，往往通过他们快速的突破而达阵。

4. 殿锋　⑮号为殿锋，位于本方的最末尾，防守是他的主要任务，同时肩负参加中锋线等攻击重任。个人传球、接踢球、踢球的技术较为全面，并勇敢果断，扑搂技术出色。

现代橄榄球运动要求所有队员尽可能胜任任何位置，尤其在形成冒尔和勒克时，往往后锋线上的队员被裹进去，其他队员就应根据具体情况改变自己的位置。通常争夺司克兰、冒尔或勒克球权时由前锋集团来完成，因为他们更具有所需要的专项素质及条件，而后锋队员则利用他们快速灵活的跑动传球或持球突破获得得分的机会。

（二）正集团技术分工

前锋站在本方的最前列，他们能不能比对方获得更多的控制球的机会，关系到比赛的胜负。如果前锋能够把球支配好，将会给后锋线上制造更多得分的机会。前锋除力量要胜过对方，速度也是相当重要的。

1. 司克兰的组成方法

（1）最前排。钩球员双臂上举，两边的支柱把钩球员夹在中间，用内侧的手臂及腕部缠绕在钩球队员的腰部并联结在一起，互相做拉过来的动作。两边的支柱把自己内侧的肩部插到钩球队员肋下。钩球队员用双手手臂及腕部分别抓住支柱队员外侧肋下部的衣服并拉紧，这样就坚实地夹扎成一整体（图 2-8-33）。

图 2-8-33　司克兰前排组成

（2）第二排锚锁。两个锚锁队员用内侧的手腕相互抓住腰部，外侧的手绕到前排队员的腰腹部，把手腕翻过来。外侧的肩部牢牢顶住支柱队员的臀部，推动的力量尽可能向着支柱队员一方，较少的力量推在钩球手这边，它们的比例最好是 7∶3（图 2-8-34），并且要抬头挺胸，两脚基本平行站立，或稍分前后，用脚掌鞋钉蹬牢地面，两人的用力方向一致向前。

（3）侧锋。⑥号和⑦号，分列锚锁队员两侧，用内侧的手臂抓住锚锁队员的腰或背部，将内侧的肩部顶住支柱队员外侧的臀部。这时锚锁队员的肘部在侧锋队员的胸部下面。侧锋外侧的手臂附在自己的膝部，或者为了固定前排将手放在支柱队员的背部或肋下。两脚前后站立尽可能用脚内侧蹬牢地面，向内侧方向用力推（图 2-8-35）。

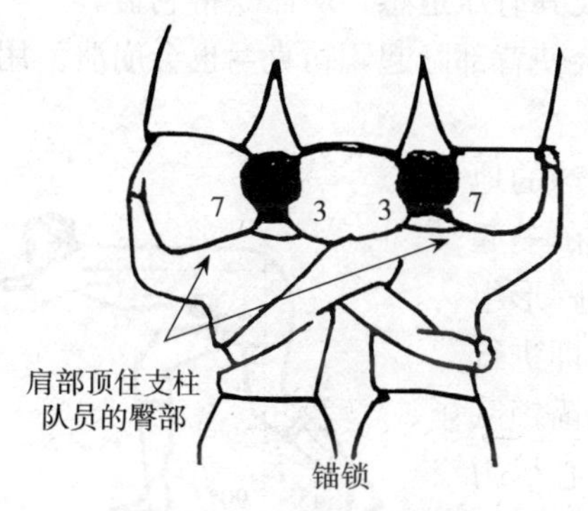

图 2-8-34　司克兰锚锁组成

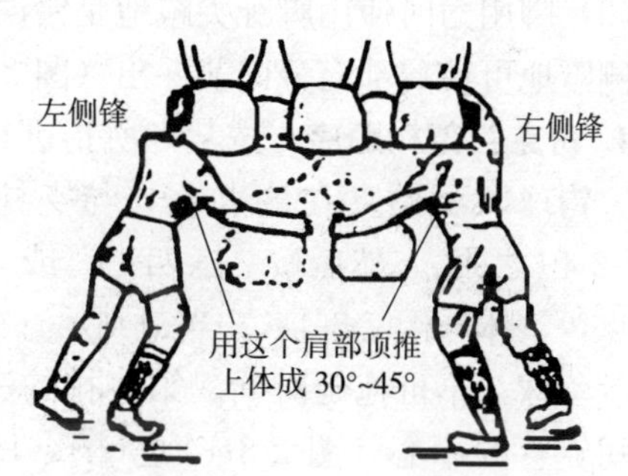

图 2-8-35　司克兰侧锋组成

（4）最后列中心（⑧号）。⑧号队员站在两锚锁队员后面，把头插入两锚锁队员髋部之间，用肩顶住两锚锁队员的臀部，双手抓住锚锁队员的腰部，两肘放下而抱紧，两脚左右开立，把体重顶在上面，两脚内侧蹬地，尽可能地使司克兰稳定（图 2-8-36）。

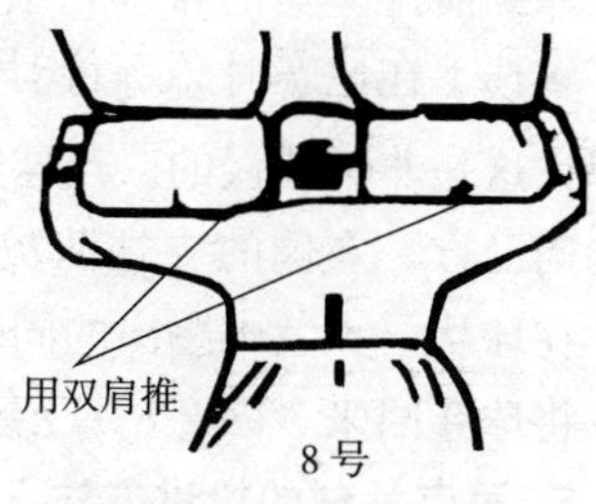

图 2-8-36　司克兰⑧号架构

2. 脚的站位　通常司克兰的组成有两种形式，一种为“三四一”组合，另一种为“三二三”组合。脚的站位如图 2-8-37、图 2-8-38 所示。

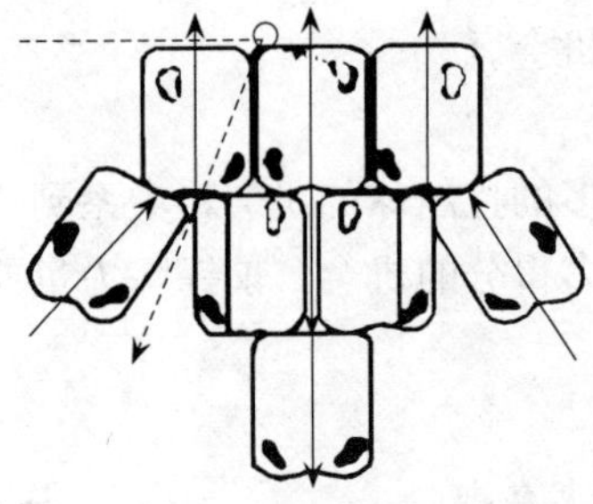
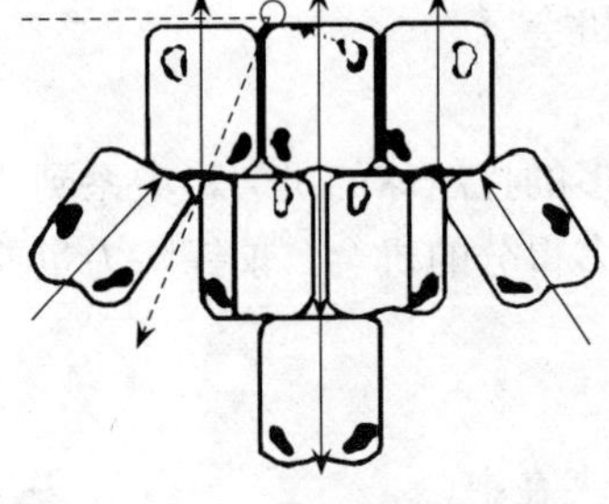

图 2-8-37　司克兰"三四一"组合脚的站位

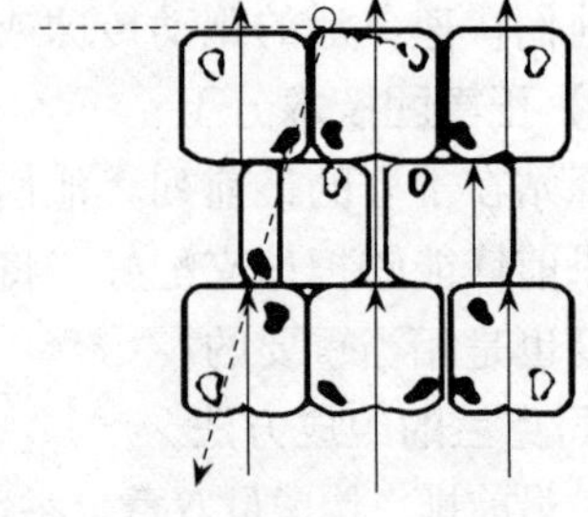

图 2-8-38　司克兰"三二三"组合脚的站位

从图示可以看出，支柱队员需将外侧的脚踏在前方、钩球队员的右脚可灵活抬起以便钩球，三个人都要用后脚用力蹬地。侧锋队员外侧脚踏在前方，内侧脚在后方，双脚内侧用力蹬地。锚锁队员要把内侧的脚向前踏出，摆正姿势，以备钩球队员用脚将球钩出。最后列中心⑧号队员把双脚拉开，摆好姿势，使体重放在两脚内侧。用脚内侧蹬地最能将力量发挥出来。

3. 顶推方法　以司克兰顶推的形式来争球这是橄榄球运动的特点。司克兰本身的意义在于通过双方的用力设法把球控制在己方阵形中。根据场上的不同情况（如争球地点）、双方力量对比采取不同的战术，达到取胜的目的。

司克兰顶推争球时应注意以下三点要领：

（1）顶推队员与地面平行成直角向前支撑用力，不可向上推挤，否则会产生危险。应始终保持背部与地面平行，腿部所用的力量与顶推的方向一致。

（2）切记不可低头，如果低头背部便会弯曲，导致司克兰崩溃，同时颈部容易受伤。头部应比臀部的位置高，并用力抬颈顶住对方的胸部使其有压迫感，从而获得利益。

（3）脚用力时使用脚趾尖蹬地是错误的，这样会使背部隆起，司克兰也会崩溃。用双脚掌内侧蹬地可使肩部充分向前探出（图 2-8-39）。

4. 司克兰架构顺序　按裁判所指进行司克兰争球的地点上，钩球队员站立在该点上先与支柱队员夹扎在一起（图 2-8-40 之①），然后按"三四一"或"三二三"阵形组架司克兰整体（图 2-8-41）。当裁判示意后，双方立即进行司克兰争球，不可拖延时间。第一排的三名队员和锚锁队员是司克兰的中心（图 2-8-40 之②），所以必须专心尽力支撑住才行。两侧锋队员和⑧号队员必须在开始时就把肩部顶靠到前排队员的臀部，组架司克兰（图 2-8-40 之③）。但许多选手在比赛时总等待对方抱成一团后才把肩部顶靠臀部，这是非常错误的。当球进入司克兰，同时全体前锋应将膝部尽量伸直，钩球手尽快把球钩向己方。左侧的支柱队员要使球从自己的两脚之间通过（图 2-8-40 之④）。钩球成功后，在球从司克兰中踢出的同时做解散动作，不成功时，全体前锋队员应全力继续向前推，争取将球夺回来（图 2-8-41）。

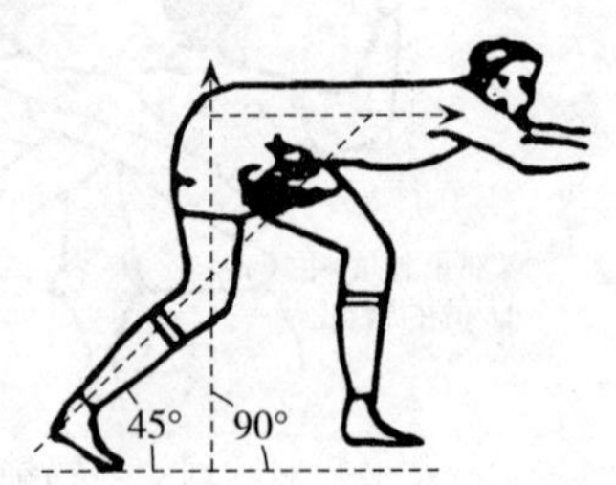

图 2-8-39　司克兰顶推方法

5. 司克兰球的投进方法　传锋需要站在本队自己的左手方向，距离司克兰中线标点 1m 的地方，双手拿球在膝盖与脚踝的中间高度上，使球的主轴在司克兰中线上，平行于地面与

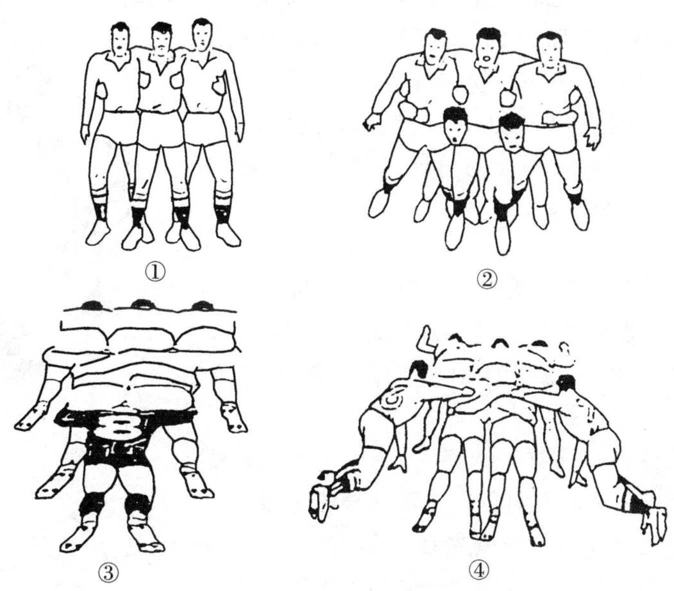

图 2-8-40　司克兰架构顺序

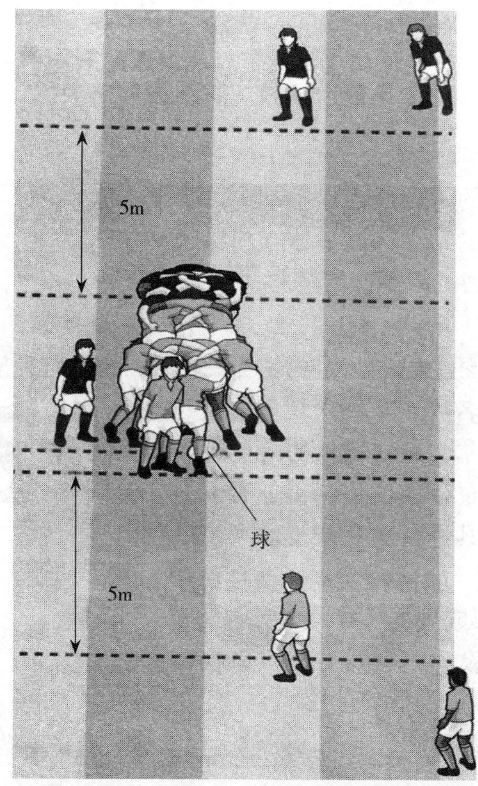

图 2-8-41　司克兰架构的阵形

边线，此时钩球队员或传锋要发出进球的信号，迅速将球用单一向前动作投进。投进的球必须沿双方前排队员肩部接触点的垂直投影线投进（图 2-8-42）。

6. 司克兰钩球的方法 球投进后，只要球一触地，钩球队员可以靠用任意的一只脚钩球。但最好用离球较远的那只脚（右脚）钩球比较好。钩球时用脚内侧向斜前方摆动，使传锋投进去的球速和落点与钩球速度和钩球点相一致，把球钩出，这时踝关节要注意弯曲的角度，必须和球的角度（曲面）接触才行，可较好地控制球（图 2-8-43）。

图 2-8-42 司克兰球的投进方法

学练方法：

(1) 个人技术练习。这是指一对一形式下的练习。

动作要领：始终保持抬头，腰、背、肩与地面平行，脚掌内侧用力蹬地，以头部顶住对方胸部，使其有压迫感。

(2) 多人技术练习。前排三人练习。按司克兰组架方法的要求，三对三练习，五对五、八对八整体练习。

动作要领：使几个人的力量凝聚在一起，成为一个强有力的整体，关键在于与对方接触的一瞬间突然用力。

(3) 钩球手技术练习。手扶支撑物与传锋投球相配合钩球练习。

动作要领：以信号提示传锋投进球，加强膝关节的灵活性以及脚形的训练。

图 2-8-43 司克兰钩球的方法

二、冒尔

冒尔是橄榄球比赛中的一种集团战术结构，是指持球队员被两队各一名或更多的站立队员身体互相接触夹扎在该持球员的周围时所形成的（图 2-8-44）。

（一）冒尔的形成

冒尔的形成在赛场内至少由三人组成。当一名持球队员及一名己方队员和一名敌方队员，双脚站立身体相互夹扎接触时便形成了冒尔。参加冒尔的队员的头和肩膀不得低于臀部，在冒尔过程中任何队员如有倒地，包括膝着地时，裁判会责令其进行司克兰争球（如果在倒地前球返回比赛例外）。

图 2-8-44 冒 尔

（二）比赛中冒尔的形成过程

(1) 持球队员与敌方队员身体接触时，肩膀要顶住维持有动力的推挤，再转身用身体保护球。

(2) 队友要尽快赶到持球队员处支援，前去保护球并在持球队员两侧形成楔形阵形向前推进。

(3) 加入队员必须用手臂夹扎冒尔中队员的身体，维持稳固的夹扎用力向前推进。

(4) 在稳定的态势中，把球从持球者手中传出（图 2-8-45）。

图 2-8-45　冒尔形成

(三) 冒尔运用技巧

(1) 永远将冒尔向前推进，假如球留在冒尔里出不来，向前推进的一队便可获得司克兰的投球权。

(2) 持球队员只有在不能再向前继续推进时才可以转身面向队友。

(3) 分开双脚，维持稳定的站立，并将身体重心不断地左右摇摆和移动。

(4) 根据情况需要，应紧抱球于怀中并把头向上挺，让队友可以集结于身体两侧保持向前推进。

三、勒克

勒克是由两队各一名或多名队员，双脚站立，在身体接触状态下，紧密围绕着地上的球所形成的一种战术局面。其目的是未倒地者用他们的脚将球钩出以获取球权（图 2-8-46）。

技术说明：持球队员在进攻中受到对方阻击转身背向进攻方向将球放至腹部附近的地上，其他队员立即上前支援，加固本方力量，其他队员再加固并稳固地向前推进，最终露出勒克阵形，获取球权以便组织进攻。

(一) 比赛中勒克的形成过程（图 2-8-47）

(1) 持球队员横向与防守队员身体接触时，肩膀要顶推向前推挤，在无法前进的情况下，主动侧卧倒地后放球。侧卧时必须使自己的身体面向本方阵线方向。

(2) 同伴队员跟进支援、屈身、夹扎、顶推。

图 2-8-46 勒 克

图 2-8-47 勒克形成

（3）支援队员跨过倒地同伴和球，停留在球的前面，控制对方向前冲击的队员。

（4）使勒克有前冲的动力，用脚把球向后拨出或传锋把球取出。

（二）勒克的运用技巧

（1）支援队员尽力向前推进，注意使双腿保持坚强有力及向前顶推的动作。

（2）被擒抱时以臀部及肩部先着地，一般故意滑跌于地上，上身要与阵线平行并背向对方。

（3）除非队友的支援近在咫尺，不要有意识制造勒克。如果前锋有足够支援，持球队员身体着地时让球微微滚后。

（4）留意向前冲的时候身体的角度尽量向前俯冲。

（三）勒克的学练方法

（1）一对一，以步行的速度前进，持球队员在倒地前先要向前顶推。

（2）持球队员面对 2 名防守队员，练习倒地前的向前冲撞及保持双脚支撑。

（3）持球队员面对 3 名防守队员，方法同练习（2）。

（4）双方各 5～6 人相距 2～3m，各成两排面对面站立，当球抛至两队中间时，双方争球并形成勒克。当持球队员靠在对方队员身上并感到支持不住时顺势侧倒，背部对着进攻方向着地，同时将球放在自己腹部前 1m 内的地面上。其他队员立即形成勒克并设法钩出勒克中的球。

注意：在持球队员倒地的同时一定放开球，支援队员要跨越倒地队员身体，同时挡推住对方的冲击。其余队员立即支援，形成坚强的勒克楔形阵形。

四、争边球

在橄榄球比赛中，当球被踢、传或拍击在边线上或线外时以及持球队员脚踏线或线外时均属出界，这时以争边球的形式重新开始比赛，凡未使球出界一方在出界地点发球。争边球的阵形由各队排一纵队在距边线 5m 线后，每队至少由两名队员组成争边球阵列，发球一方有权决定争边球阵列人数，对方只能与其相等或少于对方。凡参加争边球阵列的队员必须在 5m 线和 15m 线之间排列，两队之间必须保持 1m 的间距，各队队员前后距离不限，发球时由一名队员站立在两队中间的边线外用单手或双手向两队的阵列中间直线投入球，球的高低不限，阵列中的接球员将球从争边球阵列传出或拍出，争边球战术随即结束（图 2-8-48）。

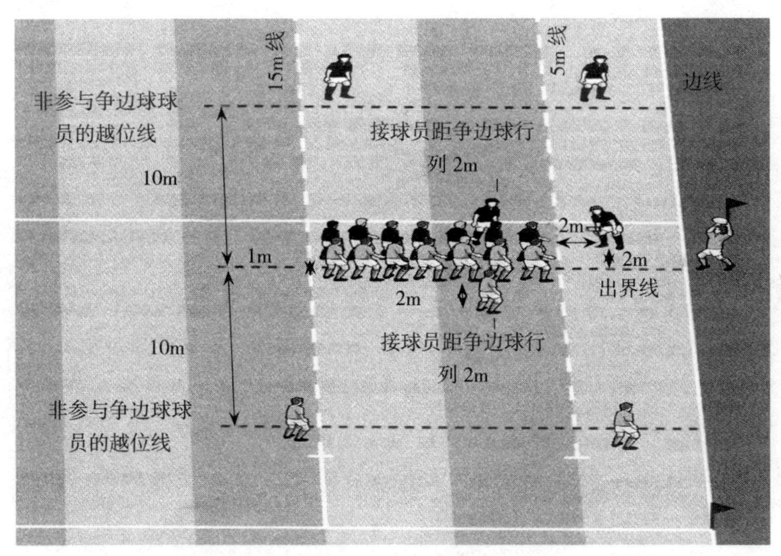

图 2-8-48 争边球阵列

争边球技术要点：

（1）争边球投进前，起跳队员的身体重心在外侧脚，并注意来球。

（2）上步（向前或向后），内侧脚（靠近敌方队员的脚）踏出一步，另一只脚向内并拢后，内侧脚再踏一步然后跳起（反之向后）。

（3）接球员跳起后在空中高举两手去持拿球，接到球后要转身，使身体着地时面向传锋，球要控制在腹前。前后其他队员做相应的保护措施（图 2-8-49）。

学练方法：

（1）徒手练习上步起跳动作，要熟练左、右脚的上步起跳。

图 2-8-49　争边球接球

（2）练习上步接抛球，再过渡接投球。

（3）设对手练习，注意脚部动作和着地动作要正确。

第九章 游泳运动

游泳是一种凭借自身肢体动作和水的相互作用力，在水上漂浮前进或在水中潜游的有意识的技能活动。

游泳运动是人类自身为了生存不断地与大自然进行搏斗的过程中，逐渐形成的一项集人的力量、速度、灵活性和柔韧性于一身的极具挑战性和刺激性的竞技运动。游泳对人体锻炼最全面，是一项真正促进人发展与健康的运动，也是一种生存技能。

游泳运动可分为竞技游泳和实用游泳，竞技游泳是指有特定技术要求，按游泳竞赛规则规定进行竞赛的游泳项目，是奥运会中的第二大项目，包括蝶泳（也称海豚泳）、仰泳（也称背泳）、蛙泳和捷泳（也称爬泳/自由泳）四种泳姿的竞速项目，以及花样游泳等。军事上、生产上、生活服务上使用价值较大的游泳方式被称为实用游泳，如侧泳、潜泳、踩水（立泳）、水上救护、武装泅渡、反蛙泳等。

一、国外游泳运动的发展概况

居住在江、河、湖、海附近的古代人为了生存，必然要在水中捕捉水鸟和鱼类作为食物，通过观察和模仿鱼类、青蛙等动物在水中游动的动作，逐渐学会了游泳。

无论是为了捕猎、逃避猛兽或是遇上海难时自救，游泳都是重要的求生技能之一。远在公元前 2500 年，古埃及已有类似捷泳的活动。古罗马人兴建的巨大浴池，更是上流社会人士作为余暇游泳及社交活动之场所。早期的游泳活动只被视为贵族子女教育及士兵训练的一个重要部分，直至 18 世纪末期，工人阶级参与游泳的时间及机会增多后，游泳才开始成为一种大众普及的活动。

1828 年，英国利物浦乔治码头修造了第一个室内游泳池，这种泳池到 19 世纪 30 年代在英国各大城市相继出现。

1837 年，英国伦敦成立了第一个游泳组织，同时举办了英国最早的游泳比赛。

19 世纪中期至 20 世纪初，世界各国的游泳比赛开始普遍起来，游泳总会亦相继成立。英国业余游泳总会（前身为都会游泳总会）于 1869 年成立，是第一个成立的国家游泳总会。国际奥林匹克委员会于 1894 年 6 月 16 日在巴黎成立时，就将游泳列为奥运项目之一，分为在游泳池比赛和在公开水域比赛两大类。

二、中国游泳运动的发展概况

我国水域辽阔，游泳有着悠久的历史。有记载的游泳，始于五千年前。游泳流传范围很广，无论是在与水的斗争中，在渔猎生活中，在军事训练中，在战争中，在民间娱乐活动中，在宫廷表演中，还是在采集珍珠的生产中，都有一定的表现形式。但游泳作为一个体育项目得以发展还是近一两百年的事。

中华人民共和国成立之后，我国游泳事业蓬勃发展，成绩迅速提高。

1952 年，中华人民共和国举行了第一次全国游泳比赛。

1953 年，在罗马尼亚首都布加勒斯特举行的第一届国际青年友谊运动会游泳比赛中，我国优秀运动员吴玉传夺得男子 100m 仰泳金牌，成为重大国际比赛中第一个获得冠军的中国运动员。

1991 年，在第六届世界游泳锦标赛上，林莉获得 200m 混合泳、400m 混合泳双料冠军，成为中国游泳的第一个世界冠军。

1992 年，中国游泳史上的首枚奥运金牌由庄泳获得，项目为 100m 自由泳。随后，林莉打破女子 200m 混合泳世界纪录，再获金牌。此次奥运会中国女子游泳队获得 4 金 5 银的骄人战绩。

2008 年，在北京奥运会游泳比赛中，刘子歌获女子 200m 蝶泳金牌。

2012 年，在伦敦奥运会游泳比赛中，中国队获得 5 金 2 银 3 铜的好成绩。其中，孙杨获 400m 和 1 500m 自由泳冠军，并打破 1 500m 自由泳世界纪录；焦刘洋获 200m 蝶泳冠军；叶诗文获 200m 和 400m 混合泳冠军，并打破 200m 混合泳奥运会纪录、400m 混合泳世界纪录。

2016 年，在里约奥运会游泳比赛中，中国队获得 1 金 2 银 3 铜的成绩，位于游泳奖牌榜第六名。其中，孙杨获得男子 200 米自由泳冠军。

奥运会游泳比赛和世界游泳锦标赛作为最重要的游泳赛事，包含项目见表 2-9-1、表 2-9-2。

表 2-9-1 奥运会游泳比赛项目

项目	50m	100m	200m	400m	800m	1 500m	10km
自由泳	●	●	●	●	女子	男子	
仰泳		●	●				
蛙泳		●	●				
蝶泳		●	●				
个人混合泳			●	●			
自由泳接力		●	●				
混合泳接力		●					
公开水域							●

表 2-9-2 世界游泳锦标赛比赛项目

项目	50m	100m	200m	400m	800m	1 500m	5km	10km	25km
自由泳	●	●	●	●	●	●			

（续）

项目	50m	100m	200m	400m	800m	1 500m	5km	10km	25km
仰泳	●	●	●						
蛙泳	●	●	●						
蝶泳	●	●	●						
个人混合泳			●	●					
自由泳接力		●	●						
混合泳接力		●							
公开水域							●	●	●

第一节　熟悉水性

根据游泳的特点，初学者必须首先进行熟悉水性的练习，然后学习腿部动作、手臂动作及呼吸，最后学习手与腿部动作的配合和完整动作。熟悉水性的目的是体会和了解水的特征，逐步适应水的环境，习惯于在水中活动，消除怕水的心理，培养对游泳的兴趣，并掌握一些游泳中的最基本动作，如呼吸、漂浮、滑行和站立等，为以后学习各种游泳技术打下基础。熟悉水性练习时，应选择在齐腰深的水中进行，重点练习呼吸和漂浮这两个动作。熟悉水性练习可按下面的步骤和方法进行。

一、水中行走练习

水中行走是熟悉水性的第一步，目的是初步体会水的阻力、浮力、压力，消除怕水心理。水中行走应选择齐腰深的水域，做各种方向的行走或跑的练习，也可做跳跃动作。练习方法如下：手扶池边向前向后行走；二人或集体拉手向前、向后行走；向上、向前跳跃；在水中做集体接力和游戏等。

二、水中闭气与呼吸练习

用口深吸气后把头浸入水中，在水中用口和鼻均匀呼气。这一练习是初学者学会游泳呼吸最基本的方法。学练方法如下：

扶池壁或在同伴的帮助下，用口深吸气后闭气，然后慢慢下蹲把头浸入水中，停留片刻后起立，在水面换气（图 2-9-1）。

同上练习，要求把头慢慢浸入水中，稍闭气片刻，即用嘴鼻同时呼气，一直呼到快完，然后起立在水面上用口吸气（图 2-9-2）。

两脚原地开立，按以上要求独立完成有节奏的连续吸、闭、呼的动作20～30 次。稍作休息后，再重复此练习。

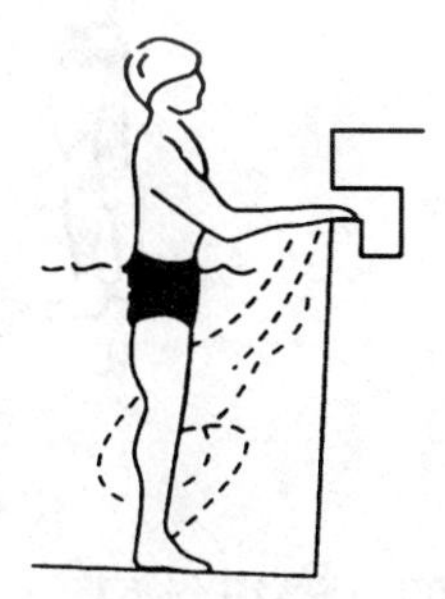

图 2-9-1　扶壁换气

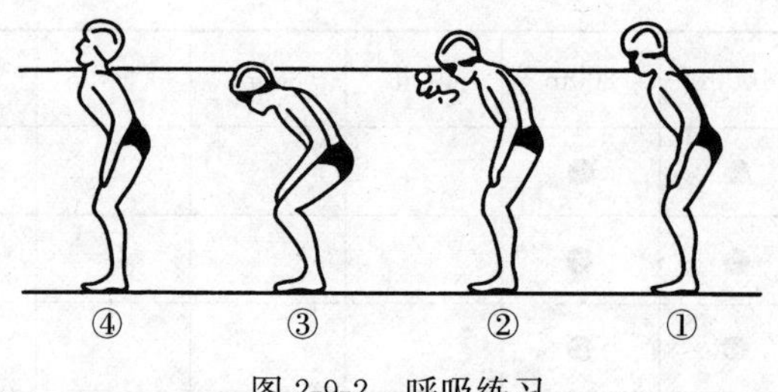

图 2-9-2　呼吸练习

三、水中漂浮与站立练习

水中漂浮与站立的目的是体会水的浮力，掌握在水中控制身体平衡的能力，消除怕水心理，增强学会游泳的信心。学练方法如下：

（一）抱膝漂浮

原地站立，深吸气后，下蹲低头抱膝，双膝尽量靠近胸部，下颌靠近膝盖，前脚掌蹬离池底，成抱膝团身姿势，使自己自然漂浮于水中（图 2-9-3）。

图 2-9-3　抱膝漂浮

（二）伸展漂浮

两脚并立，两臂放松向前伸出。吸气后，身体前倒并低头，两脚轻轻蹬离池底，成俯卧姿势漂浮于水中，两臂两腿自然伸直。站立时收腹、收腿，两臂向下按压水并抬头，两脚伸直，脚触池底站立（图 2-9-4）。

图 2-9-4　伸展漂浮

四、滑行练习

滑行练习是为各种泳姿打基础的动作，是熟悉水性练习的重点，目的是进一步体会水中的平衡和身体滑行的姿势。学练方法如下：

（一）蹬池壁滑行

背向池壁，一手拉水槽，一手前伸，同时，一脚站立，一脚贴池壁。深吸气后低头，上体在水中前倾成俯卧姿势，大小腿尽量收紧，臀部靠近池壁，两脚掌贴住池壁。拉水槽的一臂向前伸出与前臂并拢，头置于两臂之间，这时两脚用力蹬出，成流线型向前滑行（图 2-9-5）。

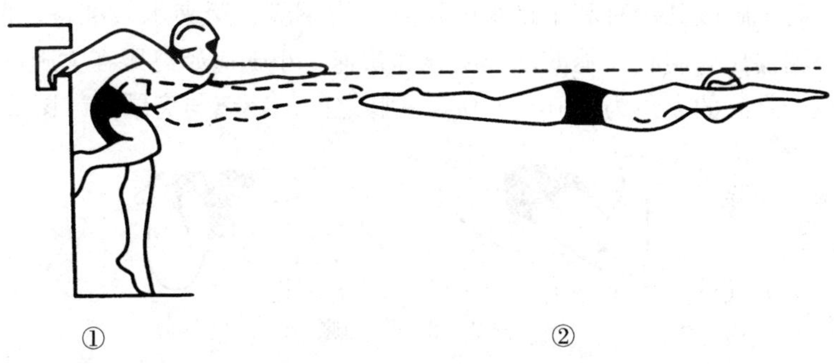

图 2-9-5　蹬池壁滑行

（二）提双腿蹬池壁滑行

背对池壁站立，两臂前伸，深吸气后上体前倒并屈膝提双腿，当头、肩浸入水中时前脚掌用力蹬离池壁，随后两脚并拢，使身体呈流线型向前滑行（图 2-9-6）。

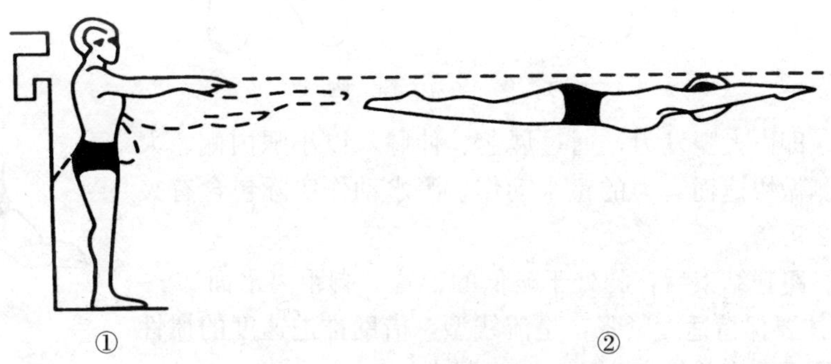

图 2-9-6　提双腿蹬池壁滑行

第二节　游泳技术

一、蛙泳

蛙泳是模仿青蛙游泳动作的一种游泳姿势，也是一种最古老的泳姿。蛙泳呼吸方便、省力、持久、便于观察，且可以负载重物，因此是一种具有实用价值的游泳技术，也是学习游泳的基础泳姿。

（一）蛙泳的基本技术

1. 蛙泳的身体姿势　蛙泳时，身体俯卧在水中，两腿伸直并拢，两臂并拢前伸，头略抬起，水浸于前额处，腰腿部肌肉适度紧张，身体必须保持较好的流线型姿势，身体纵轴与水平面夹角为 5°～10°（图 2-9-7）。

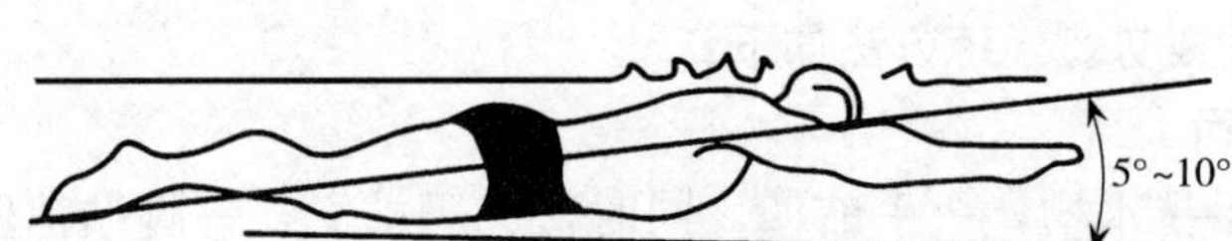

图 2-9-7　蛙泳的身体姿势

2. 蛙泳的腿部动作　蛙泳腿部动作是推动身体前进的主要力量之一。整个动作是由收腿、翻脚、蹬腿、滑行四个部分组成。

（1）收腿。要把腿收到最有利于蹬水的位置，为翻脚、蹬夹水做准备。两腿同时慢收，慢分。屈膝收小腿要比屈髋收大腿的动作明显和快速，小腿应始终跟在大腿的后面，收腿完成时，大腿与躯干之间的夹角为 120°～140°，两膝之间的距离与肩同宽（图 2-9-8）。

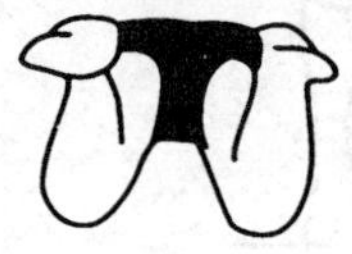

图 2-9-8　收　腿

（2）翻脚。收腿将结束时，脚仍向臀部靠近，这时膝关节向内，同时两脚向外侧翻开，使脚和小腿内侧对好蹬水方向（图 2-9-9）。

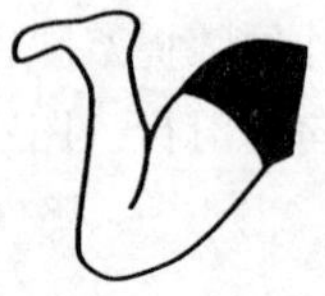
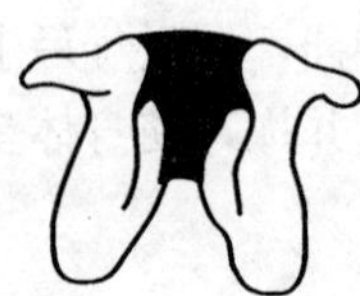

图 2-9-9　翻　脚

（3）蹬腿。即由大腿发力，通过展髋、伸膝，以小腿内侧、大腿内侧及脚内侧做快速而有力的蹬水动作，蹬水动作实际包含有夹水的动作（图 2-9-10）。

（4）滑行。蹬腿结束后，腿处于略低的位置，脚距离水面 30～40cm，这时身体要保持适度紧张，呈流线型，借助推进速度的惯性向前滑行，使腿迅速恢复较高位置，减少阻力。

腿部动作要点：边收边分慢收腿，向外翻脚对准水，用力向后蹬夹水，并拢伸直漂一会儿。

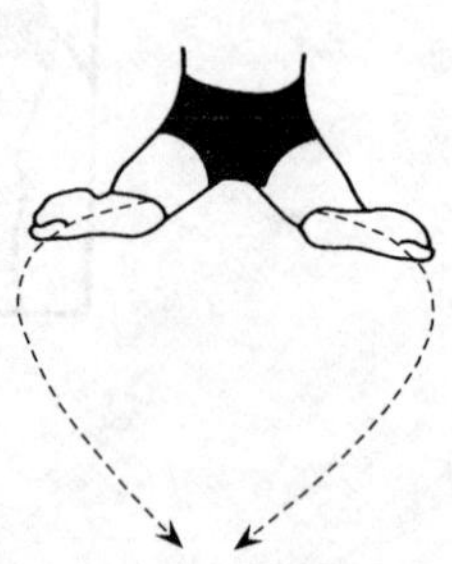

图 2-9-10　蹬　腿

3. 蛙泳的手臂动作　该动作由抓水、划水、收手和向前伸臂四个部分组成。蛙泳的划水路线从水下看像一个“倒心形”（图 2-9-11）。

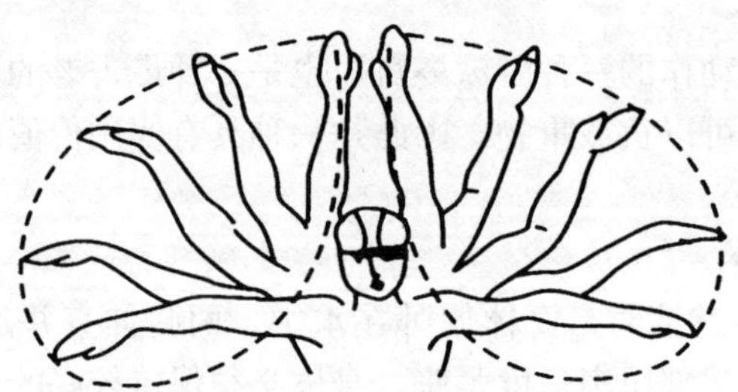

图 2-9-11　手臂动作

（1）抓水。手臂先前伸，并使重心向前，同时肩关节略内旋，掌心向外斜下方并稍勾手腕，两手分开向侧斜下方压水，当手掌及前臂感到有压力时，就开始划水（图 2-9-12）。

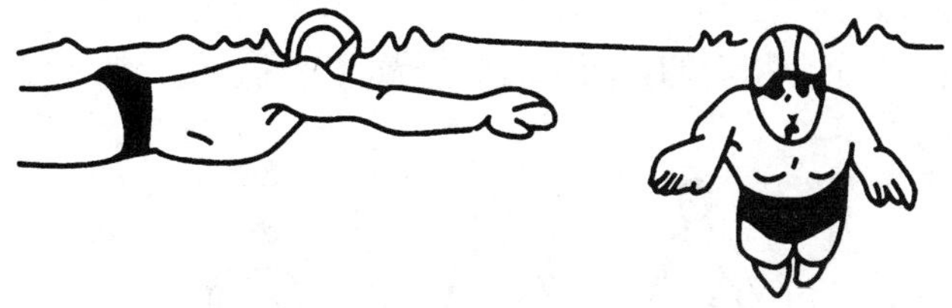

图 2-9-12 抓 水

（2）划水。划水是产生推进力最有效阶段，在紧接抓水动作后，加速向后划水，肘部保持较高位置，蛙泳划水方向是向侧、下、后、内方屈臂划水，划水路线是椭圆曲线（图 2-9-13）。

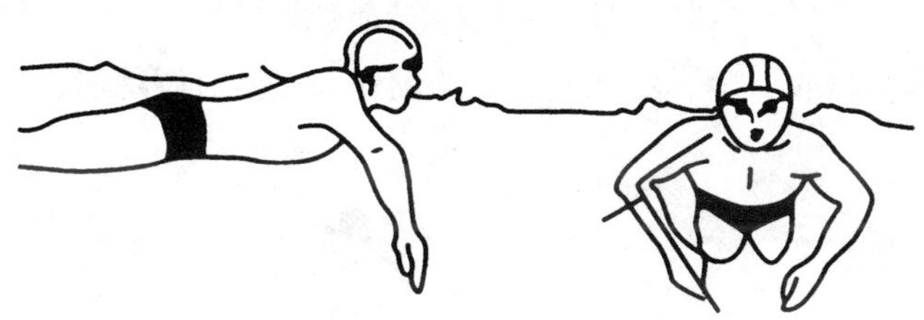

图 2-9-13 划 水

（3）收手。收手是划水阶段的继续，它能产生较大的推进力和上升力。动作是由向内到向前，手掌是由前向后，继而成相对，最后掌心向下并前伸，在整个过程中，手的动作应积极地、快速地、圆滑地来完成，收手结束时，肘关节低于手，大小臂成锐角（图 2-9-14）。

图 2-9-14 收 手

（4）伸臂。伸臂动作是由伸直肘关节、肩关节来完成，掌心向下，两拇指并拢伸出。在收手和伸臂之间，动作不应有停顿现象。

4. 臂、腿和呼吸的配合 蛙泳的呼吸是和手臂划水动作紧密配合的，它是用口吸气，用口和鼻呼气。蛙泳的呼吸形式有两种，即“早呼吸”和“晚呼吸”。早呼吸是从两臂划水开始，头和口露出水面，做吸气动作。由于整个呼吸过程较长，宜于初学者采用。晚呼吸是随着臂的有力划水动作，头和肩上升时吸气，这对掌握动作的连贯性和加强划水效果有利，一般为基础较好的人使用。

蛙泳的完整配合技术是一次腿部蹬夹水，一次划臂，一次呼吸。配合技术可概括为：划水腿不动，收手再收腿，先伸胳膊再蹬腿，腿臂伸直漂一会儿。

（二）蛙泳的学练方法

1. 腿部动作

（1）陆上模仿练习。

练习一：坐在池边，上体稍后仰，两手后撑，做收、翻、蹬、夹、停的动作（图 2-9-15）。

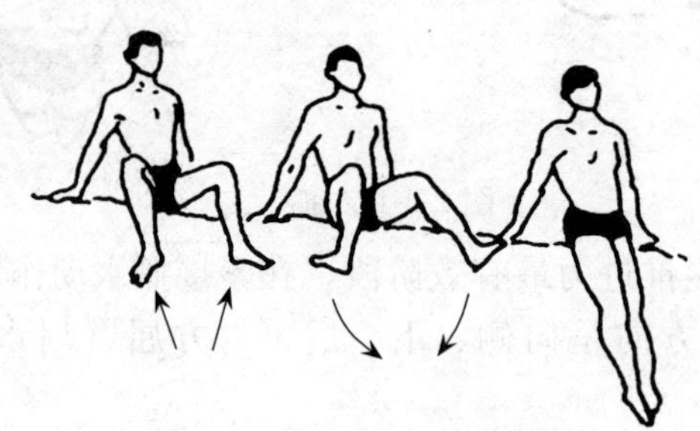

图 2-9-15　陆上池边腿部动作练习

练习二：俯卧凳上做收、翻、蹬、夹、停的动作。先做分解练习，然后过渡到完整动作练习（图 2-9-16）。

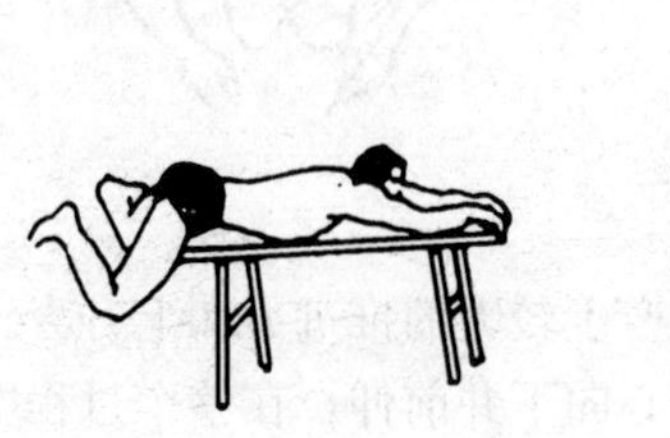

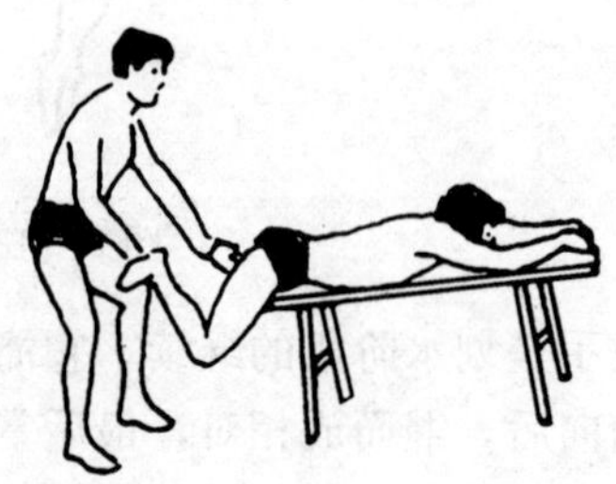

图 2-9-16　陆上俯凳腿部动作练习

（2）水中练习。

练习一：一手抓住水槽，一手撑在池壁上，身体成俯卧浮于水中，做蹬腿练习，或在同伴帮助下做蹬腿练习（图 2-9-17）。

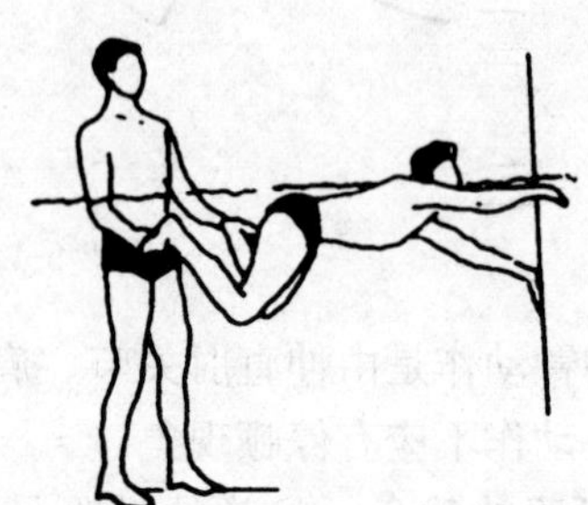

图 2-9-17　水中练习

练习二：在水中靠池壁站立，蹬池边滑行后做蹬腿动作。要求边收边分，及时翻脚，用力蹬夹，动作连贯。

2. 臂部动作

练习一：在陆地上做手臂划水动作模仿练习。

练习二：两脚前后开立，向前弯腰，两臂两肩浸没水中，边走边做水中划水动作，并结合呼吸进行练习（图 2-9-18）。

图 2-9-18　臂部动作练习

3. 完整配合动作

（1）陆上模仿练习。

练习一：站立，两臂向上伸直并拢。一腿支撑，另一腿做模仿练习。配合动作是：划臂、收手、收腿、伸臂、蹬腿。

练习二：动作同上，配合抬头呼吸动作。

（2）水中练习。

练习一：蹬池边滑行后闭气做臂腿配合。划一次臂后蹬一次腿，臂和腿依次交替进行。

练习二：闭气滑行做划臂动作，腿伸直，收手同时收腿，臂伸直时蹬腿。

练习三：在练习二的基础上加呼吸配合，做两次蹬腿、一次划臂、一次呼吸的练习。

练习四：一次臂、一次腿和一次呼吸的完整配合。

练习五：逐渐增加游泳距离，在长距离游泳中注意改进技术动作。

二、自由泳

游泳规则规定，自由泳项目的比赛可以采用任何姿势。由于爬泳是四种竞技游泳技术中速度最快的一种姿势，在自由泳比赛中运动员都采用爬泳技术，因此爬泳也称自由泳。爬泳时身体俯卧在水中，几乎与水面平行，依靠两臂轮流向后划水，两腿不停地上下向后方打水，侧面呼吸而游进的。由于两臂动作如爬行，故称爬泳。这种姿势所受到的迎面阻力最小，划水效果好，动作配合自如，既省力又能发挥最大速度。

（一）自由泳的基本技术

1. 身体姿势　爬泳时，身体应伸直成流线型，几乎水平地俯卧在水面。稍收腹，脸部和前额浸入水中，身体纵轴与水面构成 3°～5°夹角，头与身体的纵轴成 20°～30°夹角，呼吸时自然转动一侧（图 2-9-19）。

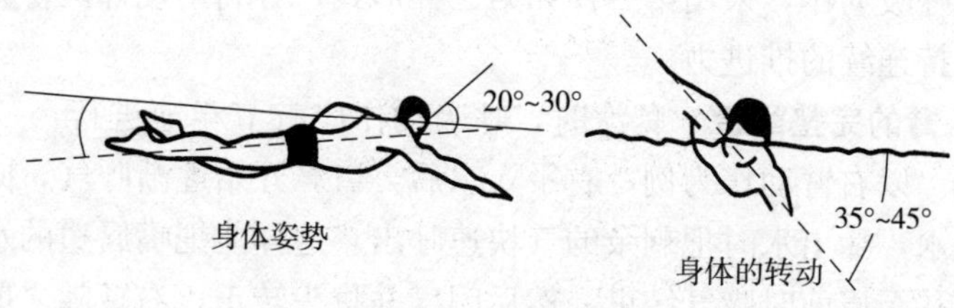

图 2-9-19　身体姿势

2. 腿部动作 爬泳腿的动作，主要是起到维持身体平衡，并产生一定的推动作用，保持身体的稳定和协调，两臂做有力的划水。

爬泳打水时，两腿自然伸直，两脚稍向内扣，踝关节放松，打水动作应该从髋关节开始，由大腿发力，带动小腿和脚做鞭打动作。两腿分开的距离为 30～40cm。向下打水时，膝关节弯曲成 160°角，小腿和脚背向后下方打水，同时产生身体向前进和上浮两个力量。向上打水时，大腿带动小腿向上移，髋关节逐渐展开，腿自然伸直到屈膝。推动力主要来自由上向下打水，打水动作要快速有力，但不宜用力过大，两腿打水要交替连贯，富有节奏（图 2-9-20）。

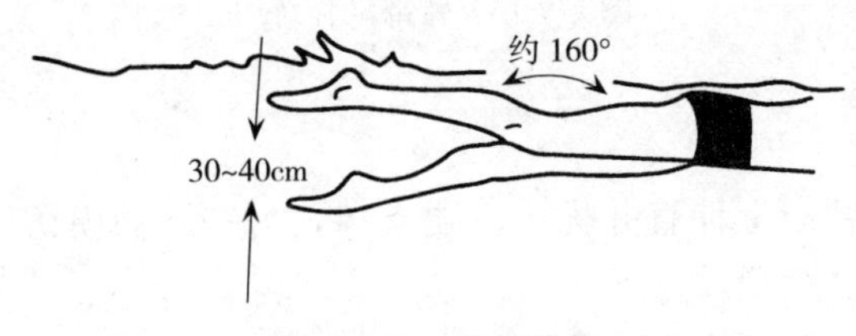

图 2-9-20 腿部动作

3. 手臂动作 爬泳时，划臂是推动身体前进的主要力量，臂的技术是由入水、抱水、划水、出水、移臂五个部分组成。

（1）入水。臂入水时，肘关节略屈并高于手，手自然伸直并拢，拇指向下，手掌向外，在肩的延长线上或身体中线与肩延长线中间斜插入水。按手、前臂、大臂顺序入水。

（2）抱水。臂入水后，积极插向前下方，并逐渐开始屈腕，屈肘对水，拉开肩带肌群，造成前臂和手向后划水的有利条件。到划水开始，手臂与水平面成 40°时，手和前臂已经接近垂直对水，肘关节屈至 150°左右。

（3）划水。划水是整个臂部动作产生推动力的主要环节，并分为拉水、推水两个过程。拉水是直臂到屈臂，这时前臂的速度快于上臂；当臂划至肩下方时，手在体下靠近身体中线，屈肘向内 90°～120°，整个拉水应保持高肘姿势。当臂经过肩下垂线时，应使上臂与前臂同时向后划动，肩部后移，以加长有效的划水路线。从拉水到推水，应是连贯加速完成。

（4）出水。划水结束后，将肘部向上方提起，并迅速将臂提出水面，出水的顺序依次是肩、上臂、前臂、手，前臂和手应尽量放松。

（5）移臂。臂在空中前移的动作是手臂出水的继续，移臂时动作应放松自如，尽量不破坏身体的流线型，要和另一臂的划水动作协调一致。

爬泳两臂的正确配合是前进速度均匀性的最重要条件之一，划水时依照两臂所处的位置不同，可以分为前交叉、中交叉、后交叉三种形式。对初学者来说，可采用第一种形式，以便掌握爬泳动作和呼吸动作，采用第二种和第三种形式，有利于发挥两臂力量和提高动作频率，加快速度，保持连续的推进力。

4. 呼吸与腿、臂的完整配合 爬泳时，呼吸动作应有节奏地进行，一般是在两臂各划一次后做一次呼吸。以右臂动作为例，右手入水后，口鼻开始逐渐呼气，同时向右转头，右臂划水结束提肘出水，嘴出水时把剩余的气快速呼出。这样能把嘴唇边的水吹开，以便立即吸气。右臂出水前移至肩前时吸气结束，然后闭气并将头转正，右臂随之前移入水。

目前爬泳的配合动作有三种：第一种是两腿打水六次，两臂划水各一次，呼吸一次的配合方法，简称 6：2：1；第二种是两腿打水四次，两臂划水各一次，呼吸一次的配合方法，简称 4：2：1；第三种是两腿打水两次，两臂各划水一次，呼吸一次的配合方法，简称 2：2：1。这三种不同配合均被广泛采用，但是对初学者来说，腿部动作比较重要，采用第一种配合更容易保持平衡和协调（图 2-9-21）。

图 2-9-21　配合动作

（二）自由泳的学练方法

1. 腿部动作练习

（1）陆地模仿练习。

坐姿打水练习：坐在池边或地上，两手后撑，两腿伸直，腿内旋使脚尖相对，脚跟分开成八字形，两腿放松，以髋为轴，大腿带动小腿，上下交替打水（图 2-9-22）。

卧姿打水练习：俯卧在池边，做两腿上下交替打水练习。要求同上(图 2-9-23)。

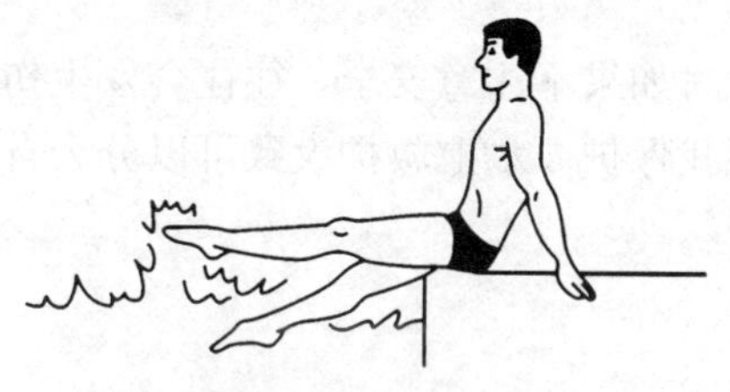

图 2-9-22　坐姿打水练习

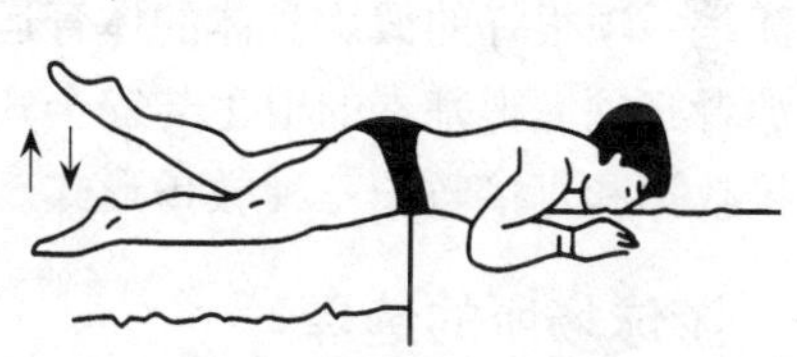

图 2-9-23　卧姿打水练习

（2）水中练习。

俯卧打水练习：手抓池槽，或由同伴托其腹部，呈水平姿势，两腿伸直，做直腿打水或屈腿打水练习。

滑行打水练习：蹬边滑行做直腿或屈腿的打水练习（图 2-9-24）。练习时要求闭气，两臂伸直并拢，头夹于两臂之间，打水时腿要放松。

2. 手臂与呼吸配合练习

（1）陆上模仿练习。

练习一：两脚开立，上体前屈，做臂划水的模仿练习。

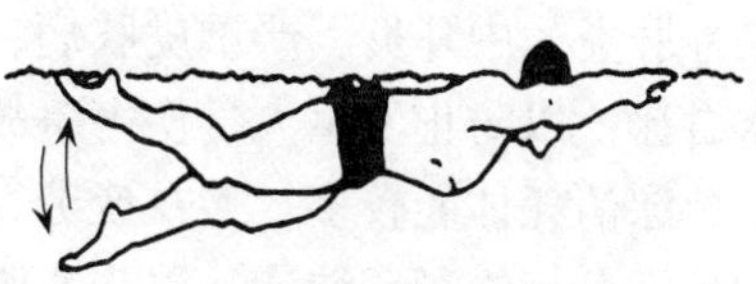

图 2-9-24　水中练习

练习二：同上练习，结合呼吸配合。

（2）水中练习。

练习一：站立于水中，上体前倾，肩浸入水，做臂划水动作，边做边走，同时转头呼吸。

练习二：蹬边滑行后闭气，做两臂配合动作。

3. 完整动作配合练习

（1）蹬池壁滑行，双臂自然前伸，双腿交替打水。一臂前伸，一臂划水，交替进行。

（2）由划臂数次，呼吸一次，逐渐过渡到两臂各划水一次，呼吸一次。

（3）划臂、腿打水与呼吸配合练习，重点突出以呼吸为主，通过增加距离改进动作。

三、仰泳和蝶泳

仰泳又名背泳，是一种人体仰卧在水中的游泳姿势。仰泳包括反蛙泳和反爬泳，因为脸在水面上，呼吸很方便，但是游泳者看不到行进方向，容易偏离路线。仰泳是唯一一种运动员在水中出发的姿势，其他游姿都是跳水出发。仰泳的完整动作为每划水两次，打腿六次，呼吸一次。

蝶泳是在蛙泳技术动作基础上演变而来的。当蛙泳技术发展到第二阶段时，也就是1937—1952年这一时期，在游泳比赛中，有些运动员采用两臂划水到大腿后提出水面，再从空中迁移的技术，从外形看，好像蝴蝶展翅飞舞，所以人们称它为“蝶泳”。蝶泳在四种竞技游泳姿势中是最后发展起来的泳姿。由于它的腿部动作酷似海豚，所以又称为“海豚泳”。蝶泳的完整动作为每划水一次，打水两次，呼吸一次。

四种泳姿中爬泳速度最快，蛙泳姿势比较优美，蝶泳爆发力最强，仰泳最省体力。

第三节　水上救护

游泳是一项很好的锻炼身体的体育运动，但锻炼时如果不注意安全，往往会发生伤害事故。游泳者必须懂得基本的卫生与安全知识，加强自我保护。水上救护大致可以分为自我救护、间接救护和直接救护三种救护形式。

一、游泳场所的选择

初学游泳者应到游泳池的浅水区学习，应选择水质比较好、没有污染的水域。选择水域时要注意水的深度和流速，还要了解水底情况，不宜在杂草丛生，有淤泥、急流漩涡、暗礁的水域游泳。

二、游泳卫生常识

初学游泳和每年游泳前应进行身体检查。心脏病、严重高血压病、精神病、急性肾炎、传染性肝炎、中耳炎、严重皮肤病、口腔病、腹泻、发烧、外伤未愈者和癫痫等病患者严禁下水游泳，以防止发生人身伤害事故和疾病传染。女性在月经期不宜游泳。

游泳消耗体能较多，人在疲劳、饥饿时血糖较低，此时下水游泳容易引起大脑缺氧，甚至发生窒息。饱餐后游泳，胃与心肺负担过重，容易引起呕吐甚至昏迷，一般以饭后1h游泳为宜。另外，剧烈运动后不宜立即下水游泳。游泳时要注意天气变化，禁止在暴风雨时户外游泳。冬泳应从夏天开始，一直坚持到冬天。

三、游泳安全常识

由于水中的温度低于人体的体温，人体在入水后热量迅速散发，容易发生肌肉痉挛。因此，游泳前必须做好充分的准备活动，提高神经系统的兴奋性和协调性，以保证身体更好、更快地适应游泳活动的需要。

下水游泳前首先要了解游泳水域的水深。初学者误入深水区有生命危险；练习游泳时不要盲目潜泳和跳水，以免发生伤害事故。

初学游泳者在水中练习时间不宜太长，一般每隔 30～40min 上岸休息一次，总时间一般以 2～3h 为宜。

四、突发事件的应对与处置

（一）溺水的救治

遇到有人溺水时应尽快报警并大声呼救，争取多人集体救助。救助者应在保证自身安全的前提下尽快采取救助措施。

第一，救助者可利用竹竿、救生圈、救生板、绳索等进行救助。

第二，在没有救助器材或救助器材无法有效救助溺水者时，应采用下水对溺水者抢救的方法。下水救助时应根据溺水者距岸边的距离、水情、溺水者神态，及时采取接近、托运措施（图 2-9-25）。

图 2-9-25　溺水救助措施

第三，岸上救治。将溺水者救上岸后，要尽快进行急救处理。轻度溺水者，先清除口中杂草和呕吐物等，使呼吸畅通，接着对溺水者进行排水处理。对已经昏迷、呼吸很弱或刚停止呼吸的溺水者，应立即进行心肺复苏。做人工呼吸时，首先要清除溺水者口中的污物，保持气道通畅。然后用拇指和食指捏住其鼻子，吸足气，口对口慢慢持续吹气，同时放开捏着的鼻子，每分钟做 16～18 次（图 2-9-26）。必要时采用胸外心脏按压，两手叠放，十指相扣下压。下压要用力均匀，按压速度每分钟 60～80 次。也可采用每 2 次人工呼吸、按压心脏 15 次的方法进行救助（图 2-9-27）。

图 2-9-26　人工呼吸

图 2-9-27　胸外心脏按压

为了争取时间，岸上急救应抓住主要环节进行处理，可以同时用几个方法进行抢救。

（二）肌肉痉挛的处置

练习游泳有时会发生肌肉痉挛，因此我们应该了解和掌握一些处置知识，进行自我保护，防止发生意外。

1. 手指痉挛　将手握成拳头，然后再用力张开，这样迅速交替做几次，直到解脱。

2. 大腿肌肉痉挛　可仰浮在水面，举起痉挛的腿部与身体成直角，双手抱住小腿用力拉贴在痉挛的大腿上，随即向前伸直，连续重复几次，直至恢复。

3. 小腿或脚趾痉挛 先深吸一口气，仰浮在水中，用对侧的手握住痉挛腿的脚趾，并用力向身体方向拉，同时另一手掌压在痉挛腿膝盖上，帮助小腿伸直，使痉挛现象消除（图 2-9-28）。

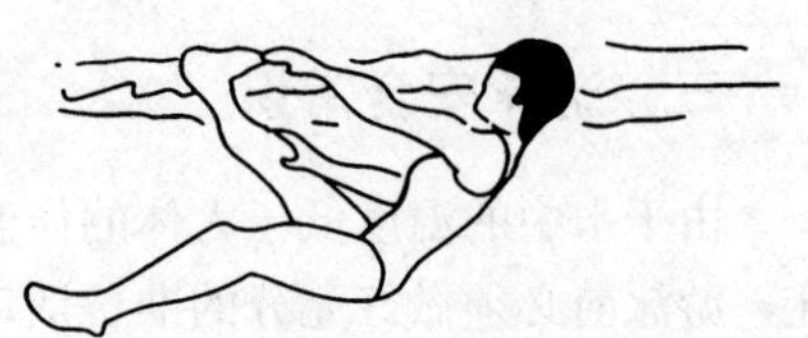

图 2-9-28 小腿或脚趾痉挛的处置

第十章 轮滑、滑冰与滑雪运动

第一节 轮滑运动

轮滑，又称滚轴溜冰、滑旱冰，是穿着带滚轮的特制鞋在坚硬的场地上滑行的运动。

一、轮滑运动起源与发展

轮滑运动是从滑冰运动过渡而来，据有关资料记载，轮滑在 18 世纪由荷兰人发明。最初是为了在不结冰的季节能够继续进行溜冰训练，尝试把木线轴安在皮鞋下，试图在平坦的地面上滑行，伴随试验的不断改进终于取得成功，创造了用轮子鞋“滑冰”的历史。从此轮滑运动在欧洲诞生、兴起并得到了较快的发展。

1860 年，比利时一位乐器制造工人约瑟夫·默林手工制作了一双轮滑鞋。1863 年，美国人詹姆斯·普利姆普顿利用金属轮子代替木质轮子，发明了真正意义上的轮滑。1884 年，美国理查森和雷蒙德发明了滚珠轴承，对改进轮滑技术起了极大的作用。

1924 年 4 月 21 日，德国、法国、英国和瑞士四国的代表相约在瑞士的蒙特勒市成立了世界上最早的国际滚轮溜冰联合会。

随着轮滑运动的发展，1940 年 4 月国际奥林匹克委员会，正式承认了国际滚轮溜冰联合会，从此轮滑运动在世界各地得到广泛的开展，尤其在欧美更为普及。

1936 年，瑞士举行了首届世界轮滑锦标赛。同时国际滚轮溜冰联合会决定每年举行一次世界速度轮滑锦标赛（包括场地赛和公路赛）、世界花样轮滑锦标赛和世界轮滑球锦标赛。目前，美国、意大利、德国、阿根廷等国的轮滑运动水平处在世界领先地位。

1952 年，国际滚轮溜冰联合会正式改名为如今的国际轮滑联合会。1980 年 9 月，国际轮滑联合会第 36 次全会通过决议，正式接纳中国轮滑协会为该联合会的会员。目前国际轮滑联合会有 134 个会员。

轮滑运动在我国北方叫“滑旱冰”，在南方叫“溜冰运动”。它在我国有较长的历史。20 世纪初期，轮滑运动由欧美传入我国，当时它仅作为一般的娱乐性体育活动或杂技表演节目。直到 1978 年后，全国各地纷纷开设了溜冰场，吸引了广大青少年参加这项运动，轮滑得以蓬勃发展。1985 年，我国首次在河南举行全国速度轮滑、花样轮滑锦标赛，1988 年举办了首届轮滑球比赛。2016 年 2 月，国际轮滑联合会授予南京“世界滑轮之都”的称号，南京成为世界上第一个也是唯一一个被授予该荣誉的城市。

二、轮滑运动的特点与作用

轮滑运动是一项有益身体健康的体育项目，对场地、器材要求不高，只要一块平整的地面和一双轮滑鞋就可以开展。

轮滑运动具有较强的趣味性，速度轮滑充分体现了速度与力量的结合。花样轮滑是在音乐的伴奏下，把跳跃、旋转、步法与优美的舞蹈动作有机地结合在一起。而轮滑球则富有竞争性、对抗性，给人以美的享受。

经常参加轮滑运动，对改善人的心脑血管系统和呼吸系统的机能，增强躯干和四肢的肌肉力量，提高身体的协调能力和平衡能力具有积极的作用。同时，轮滑既可以陶冶人的情操，又可丰富人们的业余文化生活，对培养敏锐、顽强的性格品质也有着积极的影响。

三、轮滑运动的分类

现代轮滑运动分为速度轮滑、花样轮滑和轮滑球 3 大项。

（一）速度轮滑

速度轮滑的比赛分为两种，一种是在椭圆形的场地上进行的比赛，称为场地速度轮滑比赛；另一种是在公路上进行的比赛，称为公路速度轮滑比赛。正式比赛距离为 300m、500m、1 000 m、1 500 m、2 000 m、3 000 m、5 000 m、10km、15km、20km、50km 等。

（二）花样轮滑

花样轮滑是体育与艺术相结合的运动项目。它的技巧性极强，与花样滑冰有相同性质，两者除使用的滑行器材不同之外，两项运动性质几乎完全一样。花样轮滑包括单人滑、双人滑和冰上舞蹈。

（三）轮滑球

轮滑球是冰球和曲棍球的结合体，打法同冰球打法相似。运动员脚穿轮滑球鞋，手持曲形球棍，在场上进行滑行、运球、传球、射门，相互争夺、相互进攻与防守，最终以进球多者为胜的比赛项目。

另外，极限轮滑运动、U 形池、滑杆、轮舞、自由轮滑、平地花式、速降等项目虽说都是轮滑，但不同项目给参与者带来的感觉是不同的。

四、轮滑运动基本技术

由于轮滑运动的项目种类很多，所用轮滑鞋的形状及功能有所区别，本书以花样轮滑为例进行轮滑运动基本技术的介绍。

（一）站立与平衡

初学者在第一次穿上轮滑鞋后，应该手扶栏杆或在同伴扶持下，慢慢站起，使身体重心尽量落在轮子形成的长方形的支撑面内，做好站立姿势。然后放开支撑杆的手，逐渐体会身体在滚动的轮子上如何维持平衡。

1. 原地站立 手扶栏杆或在同伴扶持下，两脚向外分开呈八字形，两腿稍弯曲，两臂自然下垂，上体稍向前倾，但不要低头弯腰，两眼要向前看。

2. 原地提踵练习 在有保护的情况下，原地做双脚和单脚提踵练习，感受两个前轮和制动器的位置，维持好身体平衡。

3. 原地两脚交替前后移动 在有保护的情况下，两脚平行站立，在原地做两脚交替前后移动，体会轮子在脚下的位置和滚动时的感觉。

4. 原地踏步 在有保护的情况下，原地做身体重心向左移至左脚上，提起右脚，然后右脚着地，重心向右移至右脚上，提起左脚，依次两脚交替提起、放下，慢慢加快速度到正常走路节奏，体会轮子在脚下的位置，控制身体重心，保持平衡直到可以独立完成。

（二）直线滑行

练习者站立，不做任何用力动作时，依靠身体重心移动，带动双脚平行滑行，体会滑动的感觉和滑动状态下的身体平衡感受。如果双脚能借助惯性前滑时，说明身体已经适应滑动状态，初步具有在滑动条件下控制自身平衡的能力。

1. 直线前滑

（1）双脚滑行。原地站立两脚分呈八字形站立，用右脚内侧向侧轮后方蹬地，把身体重心移到左脚上，蹬地后的右脚迅速收回与左脚平行成双脚向前滑行。两臂向侧前方伸出，以便保持身体平衡。当向前滑行将要停止时，再用左脚内侧轮向侧后方蹬地，蹬地后迅速收回与右脚平行成双脚向前滑行。练习熟练后，即进行两脚轮换蹬地的双脚滑行。

（2）前葫芦步。原地双脚内侧站立，起滑时身体稍前倾，两膝弯曲用力，两脚尖向外，两臂左右伸开，以保持身体平衡。当双脚向前外滑出至最大弧线时，两脚尖迅速内收并靠拢，恢复到开始姿势。连续做双脚的分开与靠拢，便可不断向前滑行。

（3）单脚向前直线滑行。原地两脚呈 T 形站立，左脚在前，右脚在后，两腿稍弯曲，用右脚内侧蹬地，重心慢慢移至左腿，右腿蹬直后右脚离开地面，形成左脚向前单脚滑行。然后收回右脚在左脚侧面落地后，左脚蹬地重复以前动作，成右脚单脚向前滑行。两脚交替向前直线滑行时，两手分开侧举保持身体平衡。

2. 直线倒滑

（1）后葫芦滑行。两脚分开，平行站立，脚尖稍向内，两腿弯曲，用两脚内侧向前蹬地，同时两脚跟向两侧分开，向后外滑至最大弧线时，两脚跟并拢，两膝用力伸直，恢复到开始姿势，然后可重复上述滑行动作即可连续向后滑行。

（2）蛇形向后滑行。两脚分开站立，两腿弯曲，脚尖稍向内。用右脚内侧轮蹬地，身体重心移向左侧，用左脚向后滑行。右腿在体前伸直，右脚快速放在左脚侧面，恢复开始姿势。然后再用左脚蹬地，身体重心移向右侧，成右脚的身后滑行。左腿在体前伸直，随即左脚放在右脚的侧面。可依次重复上述动作，做蛇形后滑。注意在滑行中上体始终保持稍前倾姿势，两膝保持弯曲，两手分开侧举。

（三）停止法

在掌握滑行方法后，就应该学习停止滑行的方法。停止方法种类很多，在此介绍内八字停止法、T 形停止法、向后滑行停止法。

1. 内八字停止法 在向前滑行时，两脚分开平行惯性滑行，随后双脚脚尖快速内扣，两脚以内侧轮压紧地面，两腿弯曲，两膝内扣，上体稍前倾，臀部下坐，两臂前伸保持身体平衡，逐渐减速至停止。

2. T 形停止法 单脚向前滑行过程中，蹬冰腿在支撑脚的后跟处呈 T 形后，将蹬冰脚慢慢放在地面上，以内侧轮压紧地面，减缓向前滑行速度，直至停止。

3. 向后滑行停止法　向后滑行时，利于轮滑鞋前端的制动器做停止。在向后滑行过程中，抬起两脚脚跟，用两脚的制动器摩擦地面，即可立刻停止。停止时，身体前倾，两臂侧举保持平衡。

第二节　滑冰运动

冰上运动是人们借助冰刀或其他器材在冰面上进行的一种运动。它主要包括速度滑冰、短道速度滑冰、花样滑冰、冰球和冰壶等。通常，人们所提及的滑冰运动是指速度滑冰、短道速度滑冰、花样滑冰和冰球。

一、滑冰运动的起源与发展

（一）国外滑冰运动的起源与发展

人类最早的冰上运动可追溯到远古新石器时代。据考证，冰上运动起源于荷兰。当时人们以木制的爬犁作为冰面上的运输工具，后来用更易于滑行的兽骨替代了木头作为滑行工具。荷兰人将马骨磨成光滑的底面，用皮带将两头钻孔并打磨后的马骨绑在鞋上，借助手杖支撑滑行，这就是人类最原始的冰上滑行工具——骨制冰刀。不但在荷兰，而且在瑞士、英国和斯堪的纳维亚等一些国家12世纪的文献中，也有关于将兽骨绑在脚上滑行于冰面的记载。虽然这些活动在当时只是一种游戏或简单的工作方式，但却为现代冰上运动的形成奠定了基础。

大约在公元1250年，一种安装在木板上的冰刀在荷兰出现。这种冰刀比兽骨绑在鞋上滑行快很多，很快盛行于荷兰和欧洲其他国家。19世纪，铁制冰刀有了改进，有人发明了管式铁制冰刀，使速滑运动有了新的发展。

20世纪90年代中期，速度滑冰冰刀又经历了一次改革。当时有人发明了一种被称为“时利波”（Slipper）的新式冰刀。这种冰刀的最大特点就是在结构上更加符合运动学、动力学和人体形态学的要求，使速度滑冰成绩得到了提高。

1892年，国际滑冰联合会在荷兰成立了，并规定每年举行一次世界速度滑冰比赛。1924年，在法国的夏蒙尼举行了第一届冬季奥林匹克运动会。

随着社会的发展和人们文化生活水平的不断提高，滑冰运动从娱乐到竞技不断发展而形成了项目繁多的现代冰上运动，而且各项目的规则日趋完善，技术也愈加完美。目前，速度滑冰、短道速度滑冰、花样滑冰、冰球和冰壶已被列为冬奥会项目。

（二）我国滑冰运动的起源与发展

《宋史》记载：皇帝“幸后苑，观冰嬉”。这项“冰嬉”运动延续了几个朝代经久不衰，到了清朝已经成了民间普遍的文体娱乐活动。根据乾隆年间出版的《帝京岁时纪胜》记载：“冰上滑擦者所著之履，皆有铁齿。流行冰上，如星驰电掣，争先夺标取胜。”这就是现在的速滑比赛。

中国现代冰上运动始于19世纪末，当时欧洲的滑冰运动传入中国，速滑运动逐渐流行并成为北方人民群众所爱好的冬季运动项目。我国最早的滑冰比赛是1935年举办的第十九届华北运动会。中华人民共和国成立以后，我国的冬季运动也由此进入了全新的发展时期。

1978 年，短道速度滑冰传入中国。1980 年，中国奥委会首次派出冬季体育代表团参加了第 13 届冬奥会。1980—2018 年，中国在冬奥会上共获得金牌 13 枚、银牌 28 枚、铜牌 21 枚。

二、滑冰运动的意义及健身功能

（1）经常在寒冷的环境中进行滑冰运动可以培养人的意志力、自控力，培养勇敢顽强、勇于克服困难、团结协作等能力。有利于良好的心理品质及思想品德的形成，对自身良好性格的形成能产生巨大的影响。

（2）经常参加滑冰运动可以提高人体体温的调节能力，使机体对抗寒冷的适应能力得到改善。可发展腿部及腹背部肌肉的力量，改善各关节的灵活性。能促进心血管系统和呼吸系统机能的提高，可以提高神经系统条件反射的灵活性，改善各器官间相互配合的协调能力，同时提高平衡能力。

三、速度滑冰

（一）速度滑冰的概念

速度滑冰是以冰刀为工具，按照一定的规则在冰面上进行的一种竞速运动。按场地大小的不同，可分为速度滑冰和短道速度滑冰。

（二）速度滑冰场地与器材

1. 速度滑冰场地要求 标准速滑竞赛跑道最大周长为 400m，最小为 333.33m，内弯道半径不能小于 25m 或大于 26m，每条跑道宽 5m，最窄 4m。短道速滑跑道周长 111.12m，弯道半径 8m，直道长 28.85m。冰场分为人工浇灌和自然结冰两种。其中人工浇灌也分为人工制冷与自然制冷。

2. 速度滑冰器材要求 参加速度滑冰比赛或练习，应选择较好的滑冰器材。

（1）冰刀及冰鞋。速滑冰刀刀长刃窄，用滑度好、耐磨、硬度适宜的轻合金材料制成，冰鞋用优质厚牛皮缝成，冰刀刀刃厚薄要均匀，两刀刃高度要相同，刀刃要笔直，没有凹凸不平等问题。冰刀与鞋号相同或比鞋大一号。鞋穿在脚上要感到舒适，贴脚，又不太紧。刀尖比鞋尖要长 8～9cm，刀跟比鞋跟长 5～6cm，左脚刀刃与鞋的纵向中线吻合，右脚刀尖稍偏左。

（2）滑冰服装。速滑运动员穿尼龙紧身全连服（衣、裤、帽、袜、手套连在一起）。由于尼龙服保温不好，在温度较低的气候条件下，运动员需穿贴身的棉毛内衣。男运动员还要穿三角裤衩或护身。天气奇寒时则应在膝、胸等部位垫上防风物品。做准备活动时，冰鞋要套上保温较好的鞋套，以防脚冻伤。练习时要穿保暖服，裤子两侧缝上拉锁，以利穿脱。

（3）应当有优质的金属或木质磨刀架、各种种类的磨刀石、油石、机油等。

（三）速度滑冰比赛规则简介

运动员必须按逆时针方向滑跑。内道起跑的运动员，滑行到换道区时应换到外道滑跑，外道运动员要换到内道。在换道区争道时，出内弯道运动员要主动让道。起跑时，在“各就位”口令下达后，运动员要在起跑线与预备线之间静止站好；“预备”口令下达后，立即做好起跑姿势，鸣枪前不准活动，保持静止，枪响后即起跑。在弯道滑跑中，冰刀不准切入雪线。2 名以上运动员在同一条跑道滑跑时，后面运动员必须与前面运动员相距 5m 之外，在不影响前面选手正常滑跑情况下，可以超越。运动员的冰刀触及终点线，才算到达终点。运动员在比赛中由于不属于自身的原因而影响了正常滑跑或摔倒时，经裁判长允许，可以休息30min后，重新参加该项比赛，但因冰场不洁或冰刀损坏，则不能重新比赛。在比赛过程中，运动员可随时越过对手，但如采用不法手段（故意推挤其他对手、偷跑、滑出跑道等）会被取消比赛资格。

（四）速度滑冰基本技术与练习方法

速滑的合理技术是练习者以最快的速度滑完规定距离所采用的协调、省力的全身动作。滑行速度和保持速度的能力，是鉴别滑行技术合理程度的主要标志。它要求练习者滑行时上体前倾，两腿深屈，身体呈流线型，双足交替进行单足支撑惯性滑行、单足支撑蹬冰和双足支撑蹬冰3个阶段进行循环，各动作结构严谨，协调自如，节奏自然流畅。练习主要是发展下肢肌肉力量和专项素质，提高平衡能力，尤其发展踝关节肌肉韧带的力量。要严格按技术要领积极地去完成各项练习。

1. 直道滑行

（1）直道滑行姿势是速滑的基本技术。合理的滑行姿势应是：上体放松前倾，自然团身与冰面平行或略高于臀部，腿部深屈，膝关节成90°～110°夹角，踝关节成50°～70°夹角，两臂放松置于背后，头微抬起。滑行姿势根据个人形态素质特点、滑行距离、冰场条件、天气情况等而有所不同。直道滑行，关键在于要能掌握适宜的蹬冰时间。冰刀切入冰面，获得牢固支点，同时即应开始蹬冰，最大用力蹬冰，应在两腿交接体重的刹那间完成。为了利用体重蹬冰，倾倒时体重应牢牢压在支撑腿上，不要过早交接体重。收腿动作要利用蹬冰后的弹力立即放松后腿，积极靠拢支撑腿，不要有停顿和后引的动作。下刀动作应注意膝关节领先，与前进方向一致，向前提拉要快，落冰后动作要轻巧。

（2）练习方法。

①上体前倾，膝关节弯曲，两臂自然垂于身体两侧。两冰刀平刃呈外八字或丁字形，立于冰面，做原地踏步或前后左右的行走练习，以提高身体对重心移动的掌握能力。

②冰上行走熟练时，就可以做向前滑行练习，迈步向前行走。练习时，要小步幅慢速行走，重心移动及时、稳妥，收回后刀时借助后蹬冰的力量。

③上述练习熟练后，可练习进行单蹬双滑练习。用一只冰刀的内刃向侧方用力蹬冰。蹬冰后，将重心迅速移动至支撑腿上，并将蹬冰后的后引腿收到支撑腿的内侧落冰，将重心落在两腿之间，进行双脚支撑惯性滑行。这样双脚依次用单脚蹬冰、双脚支撑滑行练习。

2. 弯道滑行

（1）弯道滑行技术比直道滑行技术更复杂，滑跑速度也大于直道滑跑速度。基本姿势与直道滑行大致相同，但由于向心力作用，弯道与直道动作又有很大区别。弯道滑行时，身体始终向左倾倒，用左脚外刃、右脚内刃蹬冰。弯道滑行中的惯性滑行阶段很短，右脚尤为短暂，在短距离滑行中几乎不存在惯性滑行阶段。其主要动作要求是：进弯道时右脚最后一步要进入直道和弯道交接处，左脚紧贴右脚下刀，指向切线方向，着冰时脚尖开始逐渐顺送，用外刃紧紧咬住冰面，左肩与新的切线方向一致，不要扭腰摆臂。收腿动作在蹬冰后即放松，积极向支撑腿方向提拉，膝关节领先，以利形成前弓角度。在浮腿收回过程中促进身体向左倾倒，两腿成边收边蹬形式。蹬冰方向，两脚要有“侧送蹬”感觉，上体纵轴与浮脚着冰方向一致。

（2）练习方法。

①二人牵手进行辅助练习。一人牵练习者的右手，做原地压步的练习，体会身体向左侧倒，左脚外刃着冰的感觉。

②压步练习。在滑行时，以左脚冰刀下刀时外刃着冰，右脚冰刀下刀时，越过左脚，在左脚外侧着冰。逐步提高左脚单脚外刃支撑滑行能力。

3. 起跑技术

(1) 在速度滑冰竞赛中，尤其在短距离项目中，起跑技术的优劣决定着整个比赛成绩的好坏。起跑的目的就是使身体以最短的时间由静止获得一个最理想的初速度，给全程滑行打下好的基础。

起跑技术主要有两种：一是正面前脚点冰起跑法，二是侧面起跑法。优秀运动员多采用第一种方法。其主要动作是由静止状态，运用合理技术，迅速转入快速滑行的技术动作。起跑技术对提高中短距离项目成绩尤为重要。前脚点冰起跑技术要领是：前脚刀尖为支点，后脚全内刃着冰，两刀距离略比肩宽，面向前方。蹲屈姿势略高于其他起跑姿势，重心在两脚之间或稍前。起动时，大腿高抬，上体前倾，冰刀着冰时要紧紧切住冰面，头几步不要滑动。

(2) 练习方法。

①根据各人的特点，可采用1～7步或1～9步练习。起跑后，衔接3～5步的滑行即可。

②起跑经一刀踏出后，就进入急跑阶段，随着步数的增加，踏切动作的成分逐渐减少，滑跑成分逐渐增大，最后完全过渡到滑行阶段。

4. 摆臂动作

(1) 主要是用于中短距离滑行，可起到协调、加大蹬冰力量的作用。现在长距离滑行中采用单臂摆动的人越来越多，摆臂用力程度较小，摆动方向要与滑行方向一致。中短距离无论采用双摆臂或单摆臂，都要用力，特别要注意向侧前摆动的速度和力量。

(2) 练习方法。

①直道摆臂。前摆时与身体纵轴方向一致，微屈肘，摆至与肩同高的位置；后摆时，臂伸直，摆至稍高一肩的位置。

②弯道摆臂。在弯道上滑行，两臂的摆动是不一样的，其作用也不相同。右臂摆动与直道相比，更向前及稍侧后些。左臂上臂贴着上体，只前后摆动前臂，起协调作用。

5. 停止方法

(1) 停止方法很多，初学者只要掌握以下一种方法就可以在滑行中降低滑行速度直至停止滑行。

①内八字停止法。在滑行时，身体下蹲，重心向后坐，两膝内扣，两冰刀刀跟外撇，双脚形成内八字开。用两刀内刃蹬冰，加大两刀刃与冰面摩擦面积和压力，降低滑行速度直到停止。

②平行式停止法。两腿并拢，两刀平行向左（右）转体90°，同时后坐，上体前倾，身体向左（右）倾倒，用右刀内刃、左刀外刃，或左刀外刃、右刀内刃逐渐用力压切冰面，即可停下来。此种停止法可在高速滑跑中使用。

③单脚外刃停止法。在单脚滑行时，上体和支撑腿向外侧转体90°，下蹲用冰刀的外刃压切冰面，使身体停止滑行。

(2) 练习方法。开始练习时，滑行速度不要过快，在转体时，扭转角度要适当，体会身体重心的移动以及刀刃和冰面的摩擦感觉。熟练后，加大转体的角度和压切冰面的力量，缩短急停距离，掌握各种停止方法。

四、花样滑冰

（一）花样滑冰的概念

花样滑冰是技巧与艺术性相结合的一个冰上运动项目。在音乐伴奏下，在冰面上滑出各种图案、表演各种技巧和舞蹈动作，裁判员根据动作评分，决定名次。国际滑冰联盟规定的比赛项目有单人花样滑冰、双人花样滑冰和冰上舞蹈等项目。

（二）花样滑冰场地及器材

1. 花样滑冰场地要求 根据花样滑冰竞赛规则的规定，花样滑冰比赛是在长 60m、宽 30m 的长方形冰场上进行，非国际滑联举办的比赛其场地最小不得小于 56m×26m。冰面应该光洁，冰的厚度不得小于 6cm。场内应有足够的照明设备、音乐播放设备、裁判员席等设备，以保证比赛的顺利进行。

2. 冰刀及冰鞋 花样滑冰的冰鞋用优质牛皮制成，高腰高跟硬底，男鞋为黑色，女鞋为白色。冰刀固定在鞋底上，冰刀较矮，刀刃、刀托一体。刀身有一定弧度，刃较厚，呈浅凹沟形，沟两边刀刃锋利，既便于滑行又能使冰刀在冰面上留下清晰的图案。刀刃前端有 5～6 个锯齿，根据锯齿的大小分为图形刀和自由滑刀两种。图形刀的锯齿较小，以免滑图形时刮冰。自由滑刀锯齿较大，便于急停、跳跃或迅速改变动作。冰刀应与鞋的大小相适应，一般刀身前端的刀齿应在鞋底前端的边缘处，刀身前端安装在脚的大脚趾与二脚趾之间的正下方，刀跟装在脚跟正中间的下方，刀尾应超出鞋后跟 1～2cm。

3. 滑冰服装 花样滑冰选手练习时通常穿紧身柔软的长裤。比赛中，女选手可以穿短裙、长裤或体操服，裙装下穿不透明的肉色紧身裤或长袜，有时会以此来覆盖冰鞋；男选手则必须穿长裤，不能穿紧身裤。如今服装已成为选手节目的重要组成部分，色彩选择、搭配和设计与音乐特点和舞蹈风格息息相关，从而大大增强了选手的表演效果。

（三）花样滑冰比赛规则简介

花样滑冰是技巧性与艺术性高度结合的冰上运动项目。裁判员根据动作质量和艺术表现分别给予技术水平分和表演分。花样滑冰比赛裁判分为 5～9 人不等的裁判制，所有裁判员的评分均为有效分。每名裁判员每项满分为 6 分，即从 0.0～6.0。两分相加之和为该运动员得分。在比赛中除完成规定图形和创编的节目外，还可由运动员自选音乐，在规定时间内完成一套自由滑动作。滑行时间按照短节目、自由滑以及冰上舞蹈等比赛要求，分别在 2min 40s～4min 30s 内完成比赛动作。

（四）花样滑冰的基本滑行技术及练习方法

1. 冰上站立 初学滑冰者，主要是练习在冰上站立和行走。开始时两脚稍分开与肩同宽，平稳站立，冰刀与冰面保持垂直，两膝微屈，上体保持正直或稍前倾，两臂在体侧前伸，控制身体平衡，目视前方，练习站立与下蹲。双脚交替抬起，练习身体重心的移动。也可向前后左右进行行走练习。

2. 直线滑行

（1）单蹬、双脚向前滑行。双脚平等站立，膝微屈，用右脚内刃前半部分蹬冰。开始蹬冰时，将身体重心移向左脚。蹬冰后，迅速将蹬冰脚收回原位，双脚形成平行向前滑行动作，此时身体重心落在双脚中间。然后再换左脚蹬冰，如此反复交替。

（2）单蹬单脚向前滑行。准备姿势与双脚相同，在蹬冰结束后要保持重心不变和单脚向前滑行姿势，蹬冰脚放在支撑腿后，保持身体重心平衡。两臂在两侧自然伸展。

（3）双脚向后滑行。双脚成内八字形站立，身体重心在冰刀前半部，双膝微屈。开始时双刀同时用内刃向后蹬冰。双刀之间距离同肩宽时，将双脚脚跟向内收紧，形成双刀平行向后滑，此时两膝伸直，靠拢后再次蹬冰。如此反复脚下的动作和滑行路线。

3. 弧线滑行 弧线滑行是花样滑冰最基本的技术，包括前外、前内、后外、后内四种。

（1）前外弧线。以左脚滑前外弧线开始，右脚内刃蹬冰，用左脚外刃滑出，身体稍向左侧倾斜，重心落在左脚上，左臂在前，右臂在后，左髋在前，右腿伸直在左腿后后举，左腿滑行时微屈膝。滑行中，两肩缓慢左转，右腿由后前移。滑到圆形弧线一半时，两肩与弧线成垂直位置，右腿靠近滑足，两臂在身体两侧平举。在滑过弧线一半时，右臂向前，左臂向后，右髋向前，右脚在滑足前。当滑行速度减慢时，右脚落地滑前外弧线，左脚内刃蹬冰，身体向右侧倾斜移至右腿上，左臂在前、右臂在后，右髋在前，左腿伸直在右腿后后举。其他动作与左脚滑前外弧线完全相同，只是左右位置互换，身体姿势随之也进行变换，两脚交替反复滑行。

（2）前内弧线。以左脚滑前内弧线开始，用右脚内刃蹬冰，身体重心落在左脚内刃滑出，开始姿势右臂在前，左臂在体侧，右腿伸直后举。滑过弧线一半时，两臂交换前后位置，右脚移至滑足前面，在滑行速度减慢时，右脚落地以内刃向前滑出，身体右移，重心落在右脚内刃上，左臂在前，右臂在体侧，其他动作除左右变换外与前相同。

（3）后外弧线。以右脚滑后外弧线，可先向右做后压步。左脚用内刃蹬冰后，用右脚外刃落地向后滑弧线，动作开始时，将左脚留在右脚前面，头由右肩上向后看，右臂在后，左臂在前，身体向右倾，滑腿稍屈膝。当滑过弧线一半时，头仍向右看，两臂随身体左转互换前后位置，滑腿逐渐伸直，左脚放到体后。当滑行速度减慢时，再做后压步，然后再进行右后外弧线滑行。

（4）后内弧线。以右脚内刃做向后弧线滑行。先做向左的后压步，左脚蹬冰后，右脚内刃着冰向后滑弧线时，右臂在前，左臂在后，身体稍向左倾，头从左肩上向后看。滑过弧线一半时，浮足移至滑腿的侧前方，上体姿势不变。当滑行速度减慢时，再做向左后压步，继续做右后内弧线滑行。

4. 前后交叉步滑行 前后交叉步滑行是花样滑冰所有项目中最基础和应用最多的滑行动作。

（1）前交叉步滑行。在向左做前交叉步时，左脚刀用外刃，右脚刀用内刃，身体向左侧倾斜，左臂在后，右臂在前，面向滑行方向。首先用右脚刀内刃蹬冰，左脚刀前外刃滑行，然后将右脚刀经左腿前交叉放在左脚刀左前方。同时重心由左腿移向右腿，成右脚刀前内刃滑行，并用左脚刀前外刃向右后侧方蹬冰，后腿屈膝，左腿伸直，两腿成交叉状。如果反复蹬冰滑行，便形成了左前外、右前内交叉步滑行。再用相同方法、相反的姿势和动作，做右前外、左前内交叉步的练习。

（2）后交叉步滑行。在向右后交叉步滑行时，背向滑行方向，左肩臂在前，右肩臂在后，左脚刀向侧方用后内刃蹬冰，右腿屈膝用外刃向后滑行，左脚刀后内刃滑行，然后右脚刀用外刃向左侧蹬冰，左脚刀在右脚刀前交叉着冰向后滑行。右腿伸直，离开冰面后，收回到右侧用外刃着冰，同时左脚刀内刃蹬冰，上体姿势不变，左右刀交替蹬冰，开始左后内、右后外交叉滑行。再用相同方法相反姿势进行左后外、右后内交叉步滑行。

5. 急停方法 急停动作是所有滑冰项目中必须掌握的一种技术。花样滑冰的急停分为双脚急停及单脚急停。

（1）双脚内八字急停。在向前滑行时，快速将脚尖靠拢，脚跟分开，身体重心后倾，两腿微屈，双膝靠近，形成用双脚冰刀内刃向前刮冰的急停动作。

（2）双脚外八字急停。在向后滑行时，快速将双脚脚尖分开，脚跟靠近，双腿伸直，身体重心稍向前倾，形成双脚冰刀内刃向后刮冰的急停动作。

（3）双脚向左右转平行急停。在向前滑行时，身体突然向左转体 90°，双腿微屈，两臂前伸，左脚刀用外刃，右脚刀用内刃，同时向滑行方向刮冰做急停动作。用相同方法，相反姿势和动作，做向右平行急停。

（4）单脚前外刃急停。在向前滑行时，快速用左脚或右脚冰刀前外刃做横向刮冰急停动作，身体稍向后倾，另一脚离开冰面。

（5）单脚前内刃急停。在向前滑行时，快速用左脚或右脚冰刀前内刃做横向刮冰急停动作，身体稍后仰，另一脚离开冰面。

（6）单脚后内刃急停。在向后滑行时，快速用左脚或右脚冰刀后内刃做横向刮冰急停动作，身体向前倾，另一脚抬离冰面。

五、冰球运动

（一）冰球运动概念

冰球运动是以冰刀和冰球杆为工具在冰上进行的一种相互对抗的集体性竞技运动。冰球运动由多变的滑冰技艺和敏捷娴熟的曲棍球技艺相结合，是对抗性较强的集体冰上运动项目之一，也是冬季奥运会的正式比赛项目。

冰球运动起源于加拿大，19 世纪 50 年代，每当冬季来临，加拿大金斯顿地区的一些体育爱好者经常集聚在冰封的湖面上，手中拿着曲棍，脚上绑着冰刀，互相追逐击打木质圆饼，后演变成为现代冰球运动。19 世纪 90 年代，冰球运动风靡加拿大。20 世纪初，冰球传入欧洲，并在欧洲流行起来。1908 年国际冰球联合会成立了。在 1924 年第一届冬季奥运会上，冰球被列为正式比赛项目。女子冰球始于 19 世纪 80 年代，1892 年在加拿大安大略省的多伦多首次举行了女子冰球赛，1990 年起举行世界女子冰球锦标赛。

（二）冰球场地及器材

1. 冰球场地要求 冰球比赛的场地为长 56～61m，宽 26～30m。场地四周设有从水泥地面算起 1.17～1.22m 高的界墙，界墙四角圆弧的半径为 7～8.5m。规则规定，界墙必须用木材或经国际冰联批准的可塑材料制成。界墙里面要涂以白色。球场的中间有一条宽 30cm 的横贯全场的红色线为中线。在中线的两侧各有一条宽 30cm 与中线相平行的蓝色线为分区线，将整个球场划分为攻、中、守 3 个区。本队球门所在的区称守区，对方球门所在的区为攻区。假如队员先于球进入攻区，即为越位，须重新争球开始比赛。在球场两端距离界墙 4m 处各有一条平行于端墙的 5cm 宽的红色线，称球门线，冰球门就安放在这条线的中间。冰球门是用铁管焊接而成。球门柱和横梁铁管的直径为 5cm，支撑球门的其他支架为 3cm。从铁管的内缘算起，球门的垂直高度距离冰面 1.22m，宽 1.83m，球门网的后部至球门线前沿 0.6～1m。球门支架后面应覆盖门网，门内悬挂垂网，以便把球挡在门内。在冰场一侧的界墙外设有分开的、供比赛队使用的队员席，对面边线界墙外设裁判席和受罚席。为使比赛顺利进行，冰球场必须备有信号装置、公开计时装置和光线充足良好的照明设备。

2. 冰球 为黑色硬橡胶或经国际冰联批准的其他材料制成。球厚 2.54cm，直径 7.62cm，重量为 156～170g。

3. 冰球装备 冰球运动员的用具包括冰球鞋、冰球刀、护具、冰球杆。

（1）冰球鞋及冰球刀。冰球鞋为高腰，鞋头、鞋帮、两踝、后跟等外层均为硬质。冰球鞋原为优质牛皮缝制，现在国际上多用尼龙纤维鞋帮、塑料底的冰球鞋。鞋底安装冰刀，刀用优质合金钢制成，刀身有一定弧度，根据个人爱好及比赛中的分工，冰刀形态有所不同，队员所用冰刀的后尖均装有安全保护装置。

（2）护具。为防止在紧张激烈的对抗中受伤，运动员全身穿戴符合国际冰联规定的护具，包括头盔、面罩、护肩、护胸、护腰、护裆、护肘、手套、护腿等。一般多采用轻体硬质塑料外壳，内衬海绵或泡沫塑料软垫。守门员戴特制的面罩、手套，加厚的护胸及加厚加宽的护腿。

（3）冰球杆。冰球杆是以木材或经国际冰联批准的其他材料制成。普通杆长 140～147cm，杆刃从根部到端部不得超过 32cm。杆刃的任何部分不得宽于 7.5cm。守门员球杆的杆刃除后根部分不得宽于 11.5cm 外，其他部分不得宽于 9cm，杆刃长不超过 39cm，杆柄的放宽部分从根部向上不得长于 71cm，不宽于 9cm。

（三）冰球比赛规则简介

冰球比赛每队有 22 人，双方上场各 6 人，有守门员、左后卫、右后卫、左前锋、右前锋和中锋。运动员穿冰鞋，手持冰杆，身穿国际冰联规定的护胸、护肘、护裆、护腿、头盔等护具。每场比赛 60min，分 3 局进行，每局实际比赛 20min，每局中间休息 15min。每射中对方球门一球得 1 分。比赛结束时以得分多者为胜。比赛进行中可以不通过裁判随时替换队员和守门员。每场比赛设有场内裁判员 1 名，边线裁判员 2 名。

运动员不许用冰球杆打人或用杆刃刺人或用杆柄杵人、钩人，不准抱人、绊人、横杆推人，抛扔球杆和用肘顶人，用脚踢人，不许干扰裁判员和工作人员。违者根据情节给予小罚（2min）、大罚（5min）、违例、严重违例、取消比赛资格以及罚任意球等。处以小罚或大罚的队员在受罚时间内要离场到队员受罚席接受相应时间的处罚，并不得替补。防守队员可以用肩、胸、臀部对控制球的进攻队员进行合理冲撞，也可用身体贴挤和阻挡。

（四）冰球运动技术简介

1. 冰球滑行技术 冰球的基本技术可分为滑跑技术和攻防技术两大类。滑跑是冰球运动员必须熟练掌握的最基本技术，包括起跑、正滑、倒滑、惯性转弯、左右压步转弯、急停、转体、跳跃等。滑行姿势应是上体抬起，稍前倾，眼睛向前看，两脚蹬冰频率稍快。这种滑行姿势有利于在场内骤然急跑、急停和频繁变换方向。

2. 球杆技术 冰球比赛中的，球杆的应用是冰球运动最基本和最常用的技术，主要包括传球、接球、运球、射门、假动作等球杆技术。

（1）常用传球技术。包括正拍传球、反拍传球、反弹传球等。

（2）常用接球技术。包括正拍接球、反拍接球、冰刀接球和杆柄接球等。

（3）常用的射门技术。包括正手拉射、反拍推射、弹射、击射、挑射、垫射等。

3. 冰球战术 战术是比赛中为了战胜对方而采取的攻防方法。它包括：

（1）进攻战术。有个人、2～3 人和全队的进攻战术，全队进攻战术又可分为快攻和阵地进攻。

（2）防守战术。分为个人防守、2～3 人防守和全队防守战术。

（3）“多打少”和“少打多”战术。冰球规则中有罚出场 2min 和 5min 的规定，场上可能形成 6 打 5 或 6 打 4 以多打少局面，这是得分的最好时机，多打少战术就是针对这一情况采取的一种特殊形式的进攻战术；反之少打多则是因队员被罚出场而被迫采取的特殊形式的防守战术。

第三节　滑雪运动

滑雪运动最早出现在欧亚大陆北部，那里冬季冰天雪地，天气异常寒冷。人们为了获取食物，找到在冰雪上前行的办法——将大片的兽骨绑在皮靴上，用来在雪地上滑行以追赶猎物或从事生产活动。之后，随着技术及工具的逐渐改进和提高，滑雪逐渐演变成为现代竞技体育项目。

滑雪运动在我国也有悠久的历史。“气候严寒，雪深没马，地高积雪，惧陷坑阱，骑木而行”就描述了唐代人脚踩木板在雪地上走路的场景。此外，《山海经》《北史》《隋书》《新唐书》等书也详细记载了我国古代人民通过滑雪进行狩猎及生产的活动。

一、滑雪运动的特点与价值

滑雪是一项非常时尚的休闲运动。滑雪运动者可以远离喧嚣的都市，穿行在林海雪原，呼吸着清新的空气，体会从山坡上急速滑降时那种风驰电掣般的感觉，获得无限的乐趣。在众多的户外运动中，滑雪是对人的身心都很有益处的一项运动。

随着人们生活节奏的加快，滑雪日益受到人们的青睐。工作之余，人们离开喧闹的都市，自由滑行在广阔的雪原上，享受着从高坡快速滑降的刺激感，身心都得到了极大的放松。长期坚持滑雪锻炼，不仅能有效锻炼腿部肌肉，还能使肺活量得到明显提高，从而达到增强体质的目的。此外，滑雪对于提高运动者的心理素质也有非常好的作用。很多滑雪运动者尤其是初学者站在雪道顶端时，会感到恐惧，但当他们顺利滑过陡坡时，就会感到无比的轻松和愉悦，进而享受运动带来的乐趣。

二、滑雪运动的分类

滑雪运动项目很多，以下主要介绍越野滑雪、高山滑雪、跳台滑雪、单板滑雪、自由式滑雪五个项目。

（一）越野滑雪

越野滑雪又称“北欧滑雪”，因最早出现在北欧地区而得名，是运用登山、滑降、回转、滑行等技术，在起伏不平的山丘雪原上滑行的滑雪项目。越野滑雪出现时间较早，在滑雪运动中有最悠久的历史，在 1924 年的首届冬季奥运会上即被列为正式比赛项目。

（二）高山滑雪

高山滑雪又称“阿尔卑斯滑雪”或“山地滑雪”，是在越野滑雪的基础上逐步形成的，是运用滑雪板和滑雪杖，在山坡专设的线路上快速回转、滑降的一种雪上项目。英国人阿诺德·卢恩爵士和奥地利人海因斯·施耐德发明了现代高山滑雪比赛。1936年高山滑雪被列为冬季奥运会正式比赛项目。

（三）跳台滑雪

跳台滑雪又称“跳雪”，起源于挪威。1860年挪威德拉门地区的两位农民在首届全国滑雪比赛上表演了飞跃动作，之后这项运动逐渐得到推广并成为独立项目。1924年跳台滑雪被列入首届冬季奥运会比赛项目。在跳台滑雪比赛中，运动员不借助任何外力，从站台出发，以其体重通过助滑坡获得的速度比飞跃距离和动作姿势。

（四）单板滑雪

单板滑雪起源于20世纪60年代的美国。当时，人们把两个滑雪板绑在一起，发明了两脚踩踏在一块板上的滑雪方式。单板滑雪有“雪上冲浪”之感。因为与传统滑雪有所区别，单板滑雪显得有些“另类”。但正是因为它所特有的刺激感和优美的姿势，单板滑雪在20世纪80年代开始兴起，并经过20年的发展，风靡全球，受到无数滑雪者的喜爱。1994年，单板滑雪被列为冬季奥运会正式比赛项目。

（五）自由式滑雪

自由式滑雪20世纪60年代诞生于美国，是将高山滑雪和技巧融合在一起的滑雪项目。运动者在斜坡上自由滑降，在空中展示技巧，也被称为“雪原的杂耍”。与高山滑雪不同，自由式滑雪比赛比的不是速度，而是运动者后空翻、转体的技巧等，具有很强的观赏性。自由式滑雪最早是冬季奥运会的表演项目，1994年被列为正式比赛项目。

三、滑雪运动基础动作

（一）基本站姿

在开始学习滑雪时，因为不能控制速度与滑行方向，初学者往往恐惧那些即使看起来非常平缓的小坡。所以，首先要选择一个安全的准备姿势和位置。其次，站在垂直滚落线的位置上，身体放松站立，两脚平行，即双雪板平行，两腿微屈压靠滑雪鞋。身体重心放在山下板，两手位于体侧，滑雪杖插入雪地，两眼平视前方。初学者往往会犯一个同样的错误，由于心理过于紧张，上身前倾或后仰过多，而且两眼只看着脚下的滑雪板，两手僵硬，两腿也伸得直直的。

（二）行走

穿上滑雪鞋，拿好滑雪杖后，第一个要做的练习——行走。行走不是很难，就像平时走路一样，重心从一条腿换到另一条腿。开始先慢一点，等走顺之后，可以用滑雪杖推动向前移动得快一点。初学者可以先用一根雪杖两边交替撑地向后推，然后再用两根滑雪杖同时撑地，让滑雪板向前滑。

（三）平行移动技术

将滑雪板垂直于坡面，两滑雪板保持平行。重心移到山下板上，用力压住山下板的内侧，立刃，使其能固定，不至于滑下，然后平行向上移动山上板。再移重心到山上板，用力压住山上板的内侧，立刃。固定山上板不让它滑下后，平行向上移动下边的滑雪板，回到基本站姿。这样重复进行，就是平行移动技术。

（四）八字行走技术

八字行走是爬坡时使用的一项技术，特别是爬一些比较平缓的斜坡时。运动者基本掌握了平行移动技术后，就可以开始练习八字行走技术。将两脚张开一定的角度，形如外八字。向上爬坡时，用左（右）腿的内侧使劲压滑雪板的内侧，立刃，让该滑雪板内侧插入雪中，重心落在左（右）板。保证身体站稳后，抬右（左）腿移向上方。抬起的右（左）腿落地后，重心从左（右）板移到右（左）板。使劲压刚落地的腿内侧滑雪板，立刃，让其固定，然后移左（右）腿向上。这样交替进行，就是八字行走技术。

（五）安全摔倒与站起的技术

1. 安全摔倒的技术 摔倒前急剧下蹲，降低重心。臀部向后侧方坐下，臀部一侧触及雪面，头朝上，向山下滑动。防止头部触地或向前摔倒。可能时双脚举起，双臂外展，尽可能地使滑雪板、雪杖离开雪面。

2. 站起的技术 摔倒后，尤其是被动摔倒后的体位会是多种形态的。首先要调整体位，将头部调向山上侧，脚朝山下，侧坐在雪面上。将滑雪板收到臀下，越贴近越好，使得滑雪板平行放置并垂直插入雪中，保证它不再滑。然后，用雪杖支撑着身体的前上方，或用两根滑雪杖撑在身体的背后或用手部支撑，同时用力伸腿让身体站起来。

3. 原地掉头的技术 首先，身体呈一般的站立姿势，然后抬起左（右）腿让滑雪板与地面垂直，让这条腿转 180°的弯，对向另一面。然后，另一条腿转向与其平行。

四、滑雪运动基本技术

（一）直滑降技术

预备姿势是基本站姿，即站在雪道起点的位置上。基本放松站立，两脚平行即双雪板平行，两腿微屈，压靠滑雪鞋，两手位于体侧，滑雪杖插入雪地，两眼平视前方。

靠滑雪杖的支撑逐渐前移，直到最后进入雪道，滑雪板平行于滚落线向下滑行。此时身体重心应该落在两脚中间。先屈膝，让小腿压滑雪鞋，收起滑雪杖，置于体侧，与腰部同高，杖尖不落地。臀部上提，收腹，上体前倾，目视前方。

直滑降技术要领：重心落在两脚的中间，使两个滑雪板受力均匀。为保持最大的稳定性，将两脚分开与臀同宽。保持基本的站立姿势。两眼目视前方几米以外。如果只看到自己的脚下，不可能来得及判断地势的变化，并做出反应。直滑降的初期虽然是加速的，但再快也是有限的，所以不用害怕，一定要放松。

（二）横滑技术

为了能横滑，必须让山上侧板插入雪中防止下滑。双板平行，膝盖弯屈对着山下，臀部朝着山上，上体侧转朝着山下，身体呈逗号的姿势。随后，雪杖撑地，全脚使劲向前滑，山下腿负重大于山上腿。

动作要领：始终保持逗号的姿势，上体向山下侧转，髋朝向山上，膝关节朝山下。双板山上侧刃卡住雪，全脚踩住雪板，山下板多负重。两肩放松，膝关节、踝关节放松。

（三）横滑降技术

横滑降是指双雪板横在山坡上，与滚路线垂直，沿着滚路线的方向下滑。

动作要领：呈横滑基本姿势，两板平行，山上板可稍向前，双雪板山上侧立刃刻住雪面。放平雪板的立刃角，膝关节向山下移动，雪板开始下滑，保持雪板垂直滚落线。放慢或停止横滑降时，山上侧立刃刻住雪面，膝盖向山下移动。眼睛注视前方路面的情况。

（四）犁式直滑降技术

犁式直滑降技术是将两只雪板后部向外推出，呈内八字，用两只雪板的内刃卡住雪面向下直线滑行。滑雪者正向面对滚落线下方。肘关节向体前弯曲，轻轻握住滑雪杖，滑雪杖指向体后。两腿分开，两腿略弯曲，双膝稍屈并内扣，双腿与雪面几乎呈等腰三角形。板尖分开约 10cm，滑雪板尾对称分开，板型呈犁状，重心在两板的中间。

动作要领：移到滑道起点，摆好犁式的站姿后，膝盖下压滑雪板，平衡用力，滑雪板会自然因重力下滑。滑雪板尾分开的大小，可以根据自己感觉舒服的程度来定。一般而言，板尾分开越大，控制滑雪速度的力度也越大，速度也越慢，直至停止。总之，在犁式直滑降中，身体左右对称，均匀用力。除了板尾分开的程度能减速外，用劲压滑雪板内刃也可以帮助减速。在直滑降过程中，保持上半身不变。重心位于两板之间，通过压脚来控制雪板的内刃。身体要对称用力。重心向前还是向后，要根据速度、坡度、雪质的不同，随时做相应的改变。上身一定要放松，眼睛要注意前方。

（五）犁式转弯技术

犁式转弯是在犁式直滑降的基础上，通过移动重心，加强一侧腿部蹬转力，改变雪板迎角，达到左右转弯的目的。简单而言，向左边转，重心移到右边的雪板上；向右边转，重心移到左边的雪板上。

以犁式直滑降的基本姿势，垂直站在滚落线上。脚用力让雪板转向滚落线方向。慢慢下滑，重心降低并移动到外侧板，将压力转向外侧板。外侧腿用力蹬转，让雪板转向。继续用力蹬转，直到雪板横在滚落线上。完成转弯后，恢复到犁式直滑降的姿势。

动作要领：保持犁式的基本姿势，不要后坐。在转弯过程中，当逐渐向外侧雪板移动重心时，内侧板应减轻负重，甚至不负重。外侧板自然转弯，成为转弯的主动板，内侧板被动的跟随转动，成为从动板。转弯完成之后，有一段延续犁式斜滑降过程，随后又开始重复以上的转弯动作。在转弯的过程中，保持一定的节奏。

（六）停滑转动技术

练习从横滑站立开始，用力将雪板向外推成犁式，然后犁式转弯。继续犁式转弯，顺利完成转弯后，将雪板收回，平行双板。再次将雪板推成犁式，进行下一个转弯，这样有节奏的反复进行。开始横滑，两脚用力将雪板变成犁式，准备转弯。继续犁式转弯，完成转弯后，将雪板收回，使其平行，呈横滑的基本站姿。

动作要领：在转弯的连接中，一定要保持横滑的基本站姿。收板时，上体保持不变。开始时山下板轻轻负重，呈犁式后，逐渐将重心移到外侧板。

（七）基本摆动转弯技术

基本摆动转弯是从犁式转弯过渡到平行转弯的一个自然过程。它能帮助应付高速度和大坡度的滑行。基本摆动转弯的基本原理同犁式转弯一样，只不过将滑板连接得更紧密。从容易练的场地开始，逐步过渡到难练的场地。

动作要领：横滑的站立姿势，重心在两脚之间。腿向外蹬，将滑雪板分开呈犁式，即内八字形。继续犁式滑行，直到面对滚路线下方，才将重心移到外侧板。外侧板用力加压，立刃，伸腿，屈膝，将内侧板平行靠向外雪板。继续转弯，双板平行，保持外侧板用力。回到横滑站立位置，准备下一个转弯。

（八）小回转技术

小回转的基本技术原理与平行转弯一样，是指围绕滚落线做小半径的转弯。小回转能较好地让滑雪者在狭窄、陡峭的山坡上滑行，适用于所有的山势。它与滚落线的夹角较小，转弯更加频繁。

动作要领：快速用力屈膝，双板刃同时刻雪旋转，重心放在外侧板内刃上 。身体向上慢慢移动，同时准备点杖。腿部放松以便滑雪板收平。提起内侧板，让外侧板承担身体的重量，脚跟用力转外侧板，内侧板平行靠着外侧板。上半身对着滚路线方向，臀部朝着山。

（九）大回转技术

大回转增加了上体对转弯的倾斜功能，身体的倾斜可以减少离心力，保持在高速下的转弯。

动作要领：在前一个转弯结束前，准备下一个转弯。伸直外侧腿，内侧板轻轻地提起，外侧板承重。在上一个弯快要完成时，开始点杖，同时轻轻放松腿，屈膝。屈膝以减少雪板的立刃角时，开始移动腿和身体朝着山下。雪板几乎平行于雪面时，将身体正对着山下，重心在两脚之间。准备转弯时，双雪板内侧板开始立刃，立刃角到只有脚的大拇指支撑地。腿顺着立刃的力，顺势向圆的中心摆动。放松内侧板承重，外侧板继续增加立刃，顺势身体向地面倾斜，内侧胳膊向前。外侧脚跟蹬转，完成转弯，准备下一个转弯。

五、滑雪的装备

（一）滑雪服装

1. 滑雪袜　滑雪袜不但保暖还不能太厚，让脚更好地适应滑雪靴。

2. 手套　在滑雪中，滑雪杖一直要握在手里。因此，需要一双既保暖又合适的手套。

3. 滑雪镜　太阳照射的紫外线和雪的反射会对眼镜造成极大的刺激，滑雪时带上滑雪镜极为重要。

4. 帽子　选择颜色同白色呈鲜明对比、保暖且能紧包住头的帽子就可以了。

5. 滑雪服　滑雪服可分为两类：连体套衫和两件套衫。

（二）滑雪器材

1. 滑雪鞋　滑雪鞋种类很多，有前扣式，中置式，后拉式。

2. 滑雪板　初学的男生可选用 160cm 长的雪板，女生可选用 150cm 长的雪板。

（1）穿上滑雪板。滑雪板上板之前要检查鞋底是否有积雪和冰。如果有，要将它去除，鞋底平滑、干净后才能上板。上板时，首先将滑雪靴的前端插入前部固定器的凹槽内，将脚从上向下对准固定器的中间压下去，听见“啪”的一声，表明固定器已将滑雪靴的两端紧紧地卡在滑雪板上了。同时止滑器会收起来，后部的固定器也会抬起来。要确保鞋的位置一定是位于固定器的正中间，否则会造成危险。

（2）脱下滑雪板。用滑雪杖按住滑雪鞋后部固定器并用力下压，随着固定器的下压，滑雪鞋脱离固定器，滑雪鞋与滑雪板就自然分离了。

3. 固定器　固定器是将滑雪鞋固定在滑雪板上的装置。它的重要作用是保证当上下的冲击力超过你设定的数值时，滑雪板与滑雪靴自动分离，从而能在适当的时候让滑雪鞋脱离滑雪板，以减少滑雪摔倒时可能造成腿和脚损伤的危险。

4. 滑雪杖　滑雪杖可以辅助推动和转弯，协助保持平衡，帮助滑倒后的站立等。选择滑雪杖时，一般以本人手臂下垂后肘部距地面的高度的滑雪杖为宜。

第十一章 形体运动

第一节 健美运动

一、健美运动的起源与发展

健美运动（Body building）是一项徒手和各种器械运用专门的动作方式和方法进行锻炼，以发达肌肉、增强体力、改善形体和陶冶情操为目的的运动项目。它是举重运动的一个分支，也是一个独立的竞赛项目。

古希腊人崇尚体育运动，会为体育比赛中的优胜者雕刻塑像，作为崇高的奖赏。在古希腊，人们对健康的崇拜与对美的追求，都被认为是一种高尚的文化修养和艺术思想的飞跃和升华。

20 世纪初叶，德国体育家尤金·山道用毕生的精力创建了科学系统的健美训练方法，并著书立说，到世界各地进行宣传表演、组织比赛，从而奠定了现代健美运动的基础。他因此被称为“现代健美运动之父”。他还制定出当时最为先进的评分标准和竞赛方法，为今天完整的发展健美运动奠定坚实的基础。1946 年在加拿大人本·韦德倡导下发起成立了国际健美联合会（IFBB），1969 年国际健美联合会加入国际单项体育联合会总会。从 20 世纪 70 年代开始，国际健美联合会正式举办一年一度的国际业余健美锦标赛。我国在 20 世纪 30 年代末到 50 年代初开展健美运动，“文化大革命”期间运动受到影响，20 世纪 80 年代开始复兴。1985 年 11 月，中国正式加入国际健美联合会。1986 年 11 月，中国成立健美运动委员会，至今已组织成功举办多次国际和国内重要赛事。

二、健美运动的特点

健美运动作为单项体育运动项目，有其自身的特点，概括起来有以下几点：

（1）健美运动既能锻炼身体，增进健康，又可陶冶情操，美化身心，将体育和美育融为一体。

（2）健美运动能使肌肉发达。

（3）健美运动对设备要求不高，易于开展。

（4）健美运动练习方式方法灵活、机动、多样，男女老少皆宜。

三、健美运动锻炼方法

运动负荷及其主要因素：

（1）强度。强度即负重阻抗的大小。其中：大为 85％以上；极限为 100％或 100％以上；中为70%～85%；小为40%～69%。

（2）组数。组数是指使用器械的回数。全组为8组；中组为4～6组；少组为2～4组。

（3）次数。次数是指一组中所完成动作的数量。少为1～3次；中为6～12次；多为15次以上。

（4）密度。密度是指每组之间的间歇。2～3min为小；1～1.5min为中；30s以内为大。

（5）动作速度。动作速度指动作的快慢。快速动作对爆发力有好处；慢速动作和中速动作对发展肌肉有益；混合速度对发展力量有利。

四、发达肌肉的训练方法

以下主要介绍动力训练法、静力训练法、退让训练法。

（1）动力训练法。动力训练法是肌肉收缩时，长度在缩短，肌肉的起止点向中心靠拢，因而又称向心练习。可用杠铃、哑铃、壶铃、拉力器及综合力量练习器等器械进行练习。

（2）静力训练法。静力训练法又称等长训练法。它是让肌肉维持在一定姿势上静止用力，肌肉长度不变，但张力发生变化。通常做6～10s，促进肌肉纤维中蛋白质含量的增加，对某一肌群有更深的刺激起到很好的作用。它具有节省时间、局部耗能大、总体耗能低、使用器械少等优点。

（3）退让训练法。退让训练法又称反向练习法，指在快速发力做功之后，接着顺器械的阻力作慢速退让用力做功的一种训练方法。这种练习，对肌肉刺激强，使肌肉发达得更快、更充分、更完美。退让练习用的时间要比动力练习长一倍，因而对肌肉的作用大。

五、健美运动训练基本动作

（一）胸部肌肉练习

（1）卧推。仰卧在卧推凳上，两手可采用不同握距（中、宽、窄）握住横杠，双脚平放地面，双眼位于支架正下端，将杠铃自头上拿至胸上后，前臂、手腕和双手成直线，杠铃慢速放下，将杠铃放在胸部乳头上，吸气，然后肘部平衡伸展，臀部紧贴长凳，直至两臂伸直，呼气。杠铃卧推是使胸大肌发达的常用方法（图2-11-1），也用于发展三角肌前部、肱三头肌和前锯肌。做此动作可躺在斜板上，卧推凳上进行或在综合力量练习器上进行。

（2）仰卧飞鸟。仰卧在凳上或斜板上，两手握哑铃并置铃于胸前（拳心相对），双肘略弯，双腿弯曲，两膝分开，脚踏地面，两臂缓缓向两侧分开，上臂与躯干垂直，双肘略弯，吸气。腰部离凳，然后胸大肌用力收缩，平衡上举哑铃，将两臂内收至胸上，肘部保持略弯，防止哑铃撞击，呼气（图2-11-2）。此动作的主要作用是发展胸大肌、前锯肌和三角肌前部。

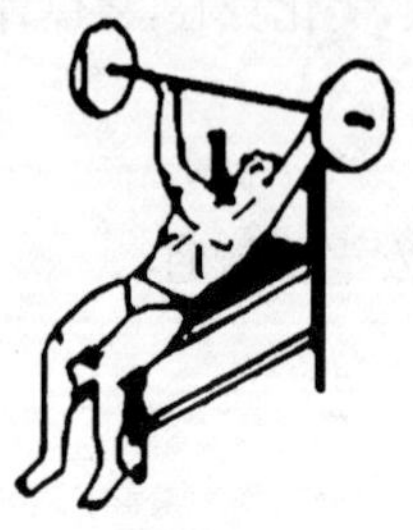

图2-11-1 卧 推

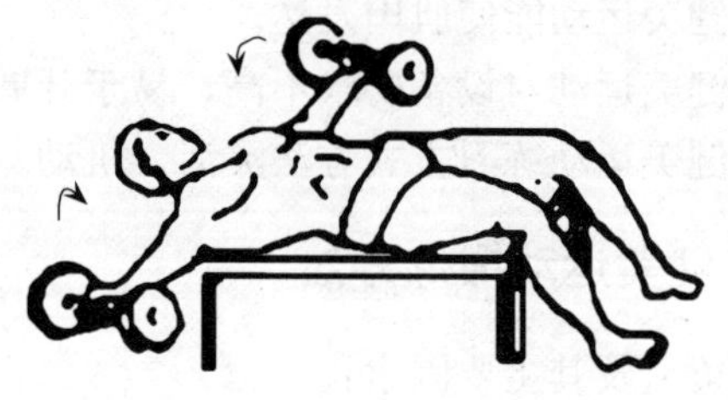

图2-11-2 仰卧飞鸟

（3）弹簧棒胸前内收（图 2-11-3）。

（4）各种俯卧撑（图 2-11-4）。

（5）双杠支持摆动臂屈伸（图 2-11-5）。

图 2-11-3 弹簧棒胸前内收

图 2-11-4 各种俯卧撑

（二）背部肌肉练习

（1）直臂扩胸。手握哑铃，两臂由前平举向两侧做平举扩胸，然后复原再做，直至肌肉疲劳（图 2-11-6）。

（2）直立提肘拉。两腿开立同肩宽，两臂下垂，手握杠铃（或哑铃），抬肩提肘，肩放下慢慢复原。抬时吸气，放下时呼气（图 2-11-7）。

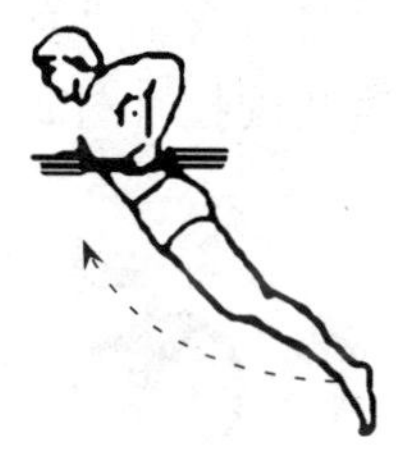

图 2-11-5 双杠支持摆动臂屈伸

（3）下拉（在综合力量练习器上做）。两臂拉住拉力架的把手，跪在地上或直立，尔后用力下拉拉力器，使肘关节下降贴近身体两侧，把手靠近第七颈椎（图 2-11-8）。

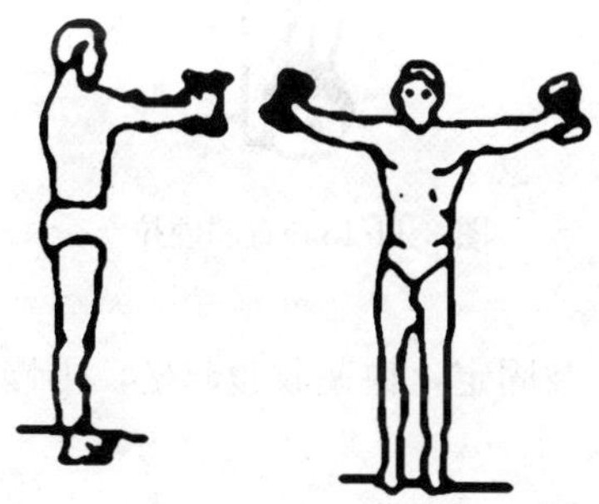

图 2-11-6 直臂扩胸

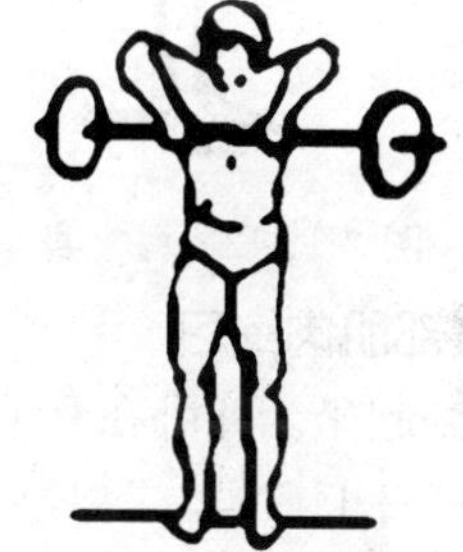

图 2-11-7 直立提肘拉

（4）俯卧抬上体。俯卧在凳上或垫上，两手抱头或两手背后，下肢固定，快速收背肌抬上体，再慢慢还原后重复做（图 2-11-9）。

图 2-11-8 下 拉

图 2-11-9 俯卧抬上体

（5）屈体划船（图 2-11-10）。

（6）跨铃屈体拉铃（图 2-11-11）。

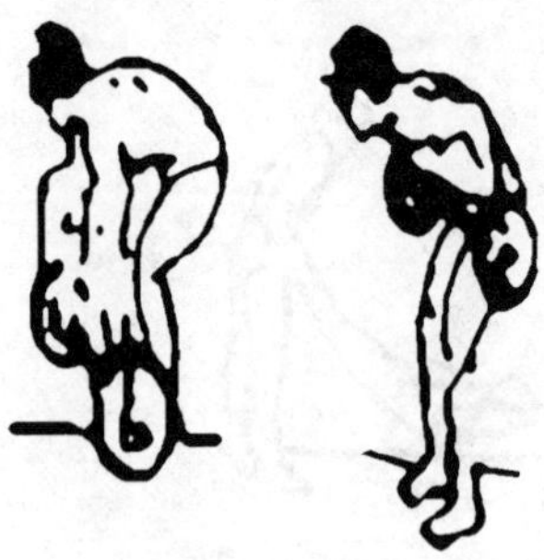

图 2-11-10　屈体划船

图 2-11-11　跨铃屈体拉铃

（7）弓身（含坐弓身）（图 2-11-12）。

（8）直腿硬拉（图 2-11-13）。

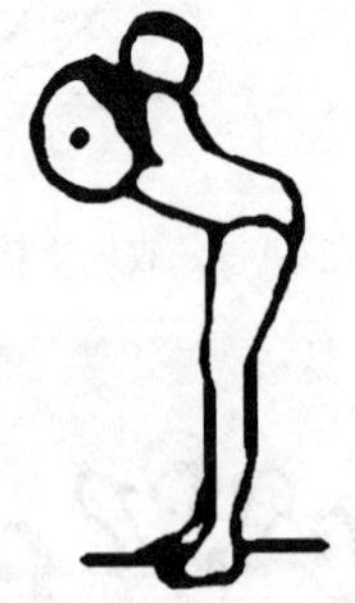

图 2-11-12　弓　身

图 2-11-13　直腿硬拉

（三）腹部肌肉练习

（1）仰卧起坐。仰卧在凳上或垫上。两手抱头，下肢固定，快速收腹起坐，再慢慢还原后重复做（图 2-11-14）。

（2）双人对拉坐起（图 2-11-15）。

（3）体旋转（图 2-11-16）。

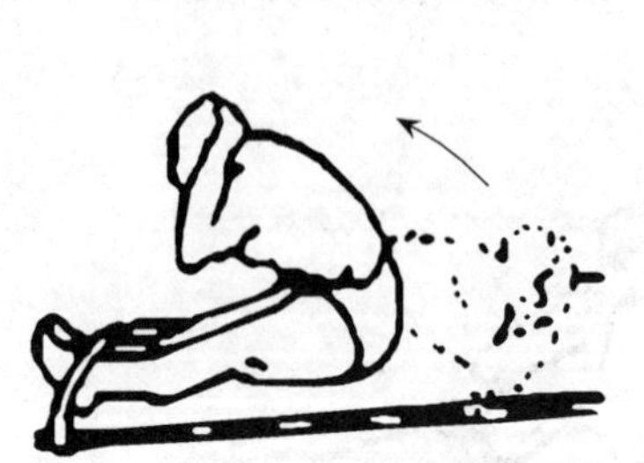

图 2-11-14　仰卧起坐

图 2-11-15　双人对拉坐起

图 2-11-16　体旋转

（四）颈部肌肉练习

1. 左右转动或摆动 双腿开立同肩宽，双手叉腰。头由右向左用力绕圈，再由左向右用力绕圈。仰头时吸气，低头时呼气。

图 2-11-17 头后伸

2. 头后伸 先戴好头套、低头，然后用力后伸。将悬挂在地上的重物拉起。该动作可在综合力量练习器上做（图 2-11-17）。

3. 头前屈 仰卧在长凳上，头枕部触凳端即用力前屈直至腭部紧贴前胸。该动作可在综合力量练习器上做（图 2-11-18）。

图 2-11-18 头前屈

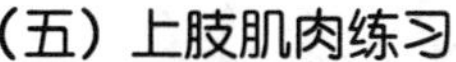

（五）上肢肌肉练习

1. 发展三角肌的练习

（1）直臂侧平举（图 2-11-19）。

（2）直臂前平举并上举（图 2-11-20）。

（3）宽握颈后推（图 2-11-21）。

（4）宽握坐推（图 2-11-22）。

图 2-11-19 直臂侧平举

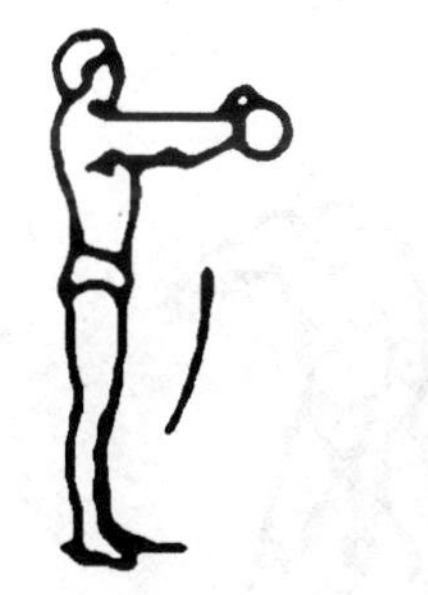
图 2-11-20 直臂前平举并上举

图 2-11-21 宽握颈后推

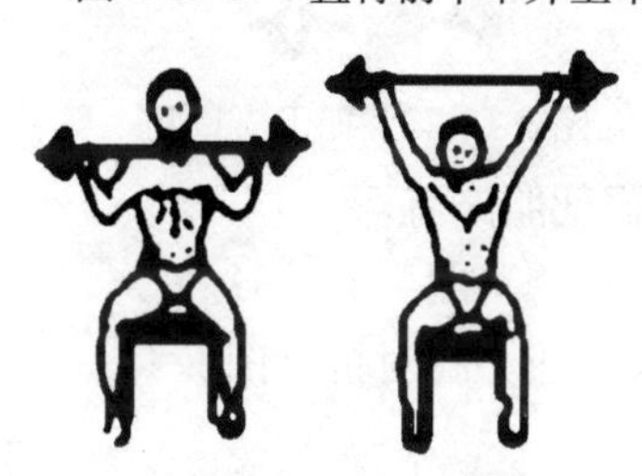
图 2-11-22 宽握坐推

2. 发展肱二头肌的练习

（1）胸前弯举（杠铃或哑铃）（图 2-11-23）。

（2）单臂板上弯举（图 2-11-24）。

3. 发展肱三头肌的练习

（1）弓身臂屈伸（图 2-11-25）。

（2）颈后臂屈伸（图 2-11-26）。

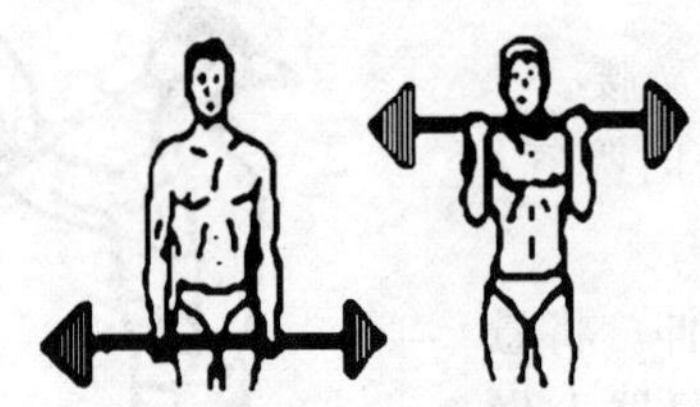
图 2-11-23　胸前弯举

图 2-11-24　单臂板上弯举

图 2-11-25　弓身臂屈伸

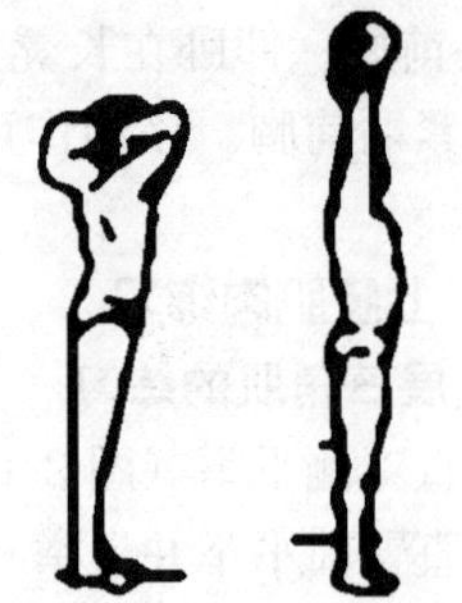
图 2-11-26　颈后臂屈伸

4. 发展前臂肌群及手肌的练习

（1）抓下落重物（图 2-11-27）。

（2）正握弯举（图 2-11-28）。

图 2-11-27　抓下落重物

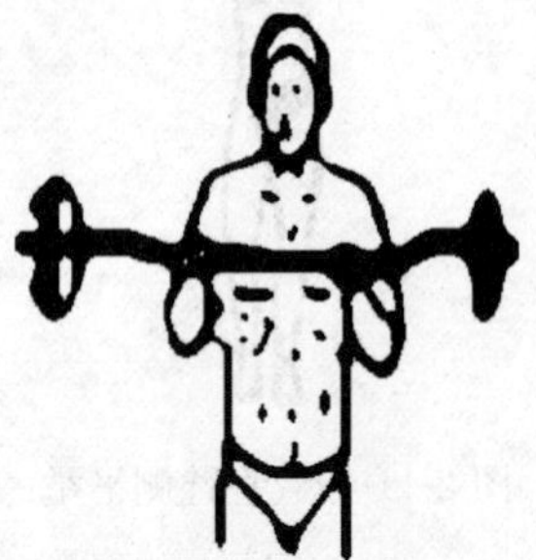
图 2-11-28　正握弯举

（六）腿部肌肉练习

（1）后深蹲（图 2-11-29）。

（2）双人屈小腿对抗（图 2-11-30）。

图 2-11-29　后深蹲

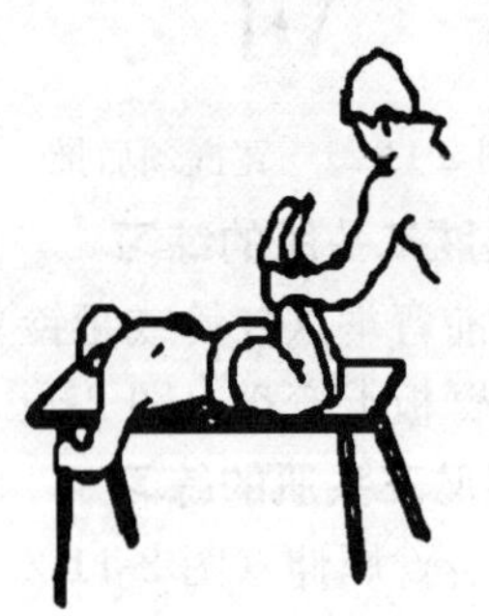
图 2-11-30　双人屈小腿对抗

(3) 负重提踵(图 2-11-31)。
(4) 壶铃蹲跳(图 2-11-32)。
(5) 站立后摆腿(图 2-11-33)。

图 2-11-31 负重提踵

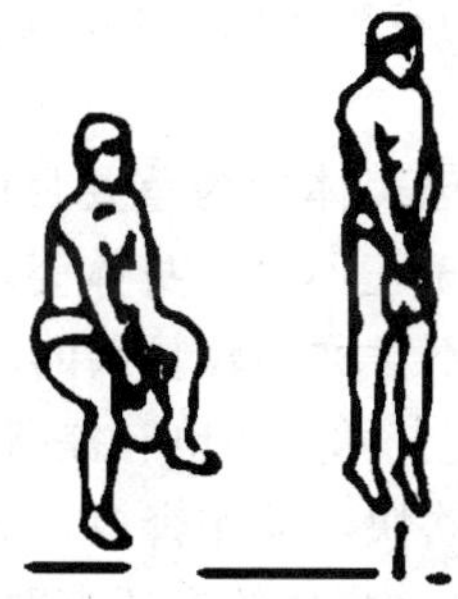
图 2-11-32 壶铃蹲跳

图 2-11-33 站立后摆腿

六、健美锻炼注意事项

(1) 体格检查。在参加健美运动锻炼以前,要请医生和教练员对自己进行一次体格检查。
(2) 要做好准备活动和放松活动。
(3) 要注意呼吸与肌肉用力的关系。
(4) 要有适当的强度和密度,循序渐进。
(5) 要选择好练习方法。
(6) 注意营养调配。
(7) 注意合理的生活作息。
(8) 要持之以恒。

第二节 健 美 操

一、健美操运动的起源与发展

健美操是一项以有氧运动为基础,以健、力、美为特征,集体操、舞蹈、音乐于一体的体育运动,是健身美体、陶冶情操的大众健身方式,又是竞技运动的一个项目。健美操作为新兴的体育运动项目,起源于生活及人们对人体健美的追求,是体操、舞蹈、音乐逐步结合发展的产物。20 世纪 70 年代末以来,健美操运动以其强大的生命力风靡世界,特别是 20 世纪 80 年代初,美国健身影视明星简·方达根据自身的健身经验和体会编写出版了《简·方达健身术》,这对健美操在全世界的发展起到了积极的作用。

20 世纪 80 年代初,健美操热传到了我国。1987 年 5 月,我国首次举行了竞技健美操比赛,此后每年举行一次全国健美操锦标赛。1992 年 2 月,中国大学生体协健美操分会在北京成立,每年举行一次大学生健美操比赛。1992 年 9 月,中国健美操协会在北京成立。如今,健美操已成为深受我国各级各类学校师生喜爱的教学内容和锻炼方式,已进入一个崭新的发展阶段。

二、健美操的锻炼价值与特点

（一）健美操的锻炼价值

1. 增强体质 健美操是以有氧代谢为基础的运动项目，能全面、有针对性地锻炼身体。经常进行健美操锻炼，能提高人体的有氧代谢能力，促进人体新陈代谢，提高人体的灵活性和协调性，全面增强人的体质。

2. 健美形体 健美操是以塑造健美体形为重要目的而编排的操，它追求的目标更高，经常进行有针对性的动作练习可以矫正不良的身体姿势，使身体健美匀称，举止得体。

3. 提高素质 健美操中有许多不对称和较复杂的动作。经常进行健美操练习，不但能提高人的身体素质，而且对人的文化艺术素质也有提高。

4. 陶冶性情 健美操音乐强劲欢快，动作奔放，充满活力。经常进行健美操练习，可使人的身心得到全面协调健康的发展。集体练习还有助于增进友谊，增强团队意识。

健美操锻炼对人的身心健康、形体健美、素质提高具有良好的促进作用。

（二）健美操的特点

1. 健美的特效性 健美操对塑造健美的形体，陶冶情操起到了良好作用，以达到健身美体和美化心灵的目的。

2. 鲜明的节奏性 健美操的节奏鲜明强劲，加之讲力度、求速度、变化快的肢体动作，使健美操体现出一种鲜明的律动感，充满着青春活力，激发了人们积极向上的精神。

3. 广泛的群众性 健美操是人体自身的活动，练习形式多样，运动负荷、难度可自由选择，男女老少皆宜，对场地、器材条件要求不高，练习起来简便安全。练习不仅锻炼了身体，还能从中找到乐趣，所以具有广泛的群众基础和非常强的生命力。

三、健美操的分类

健美操内容丰富，形式多样，种类繁多。根据不同的目的和任务，健美操可分为健身健美操和竞技健美操两大类。

（一）健身健美操

健身健美操是以健身为目的，面对大众，强度和难度相对较低，可为社会不同人群所选用。将健身健美操列为大学体育教学的主要内容，目的在于培养大学生健美的体魄，提高大学生的健康意识，使其掌握正确的健身方法。

（二）竞技健美操

竞技健美操是一项在音乐伴奏下，能够表现连续、复杂、高强度动作、成套动作的运动项目。竞技健美操起源于20世纪60年代传统的有氧运动。1983年首届健美操比赛在美国举行，1984年首届远东区健美操大赛在日本举行，由于两次大赛的成功举办，健美操运动在世界各地兴起。每年国际上举办的比赛主要有健美操世界锦标赛、世界杯赛、世界冠军赛、世界巡回赛。比赛按性质分锦标赛和冠军赛两类。

四、健身健美操

全操共五个组合，共36×8拍。

预备姿势：直立。

第一组合

1×8 拍（图 2-11-34）：

图 2-11-34 1×8 拍

①右脚向左前方（十字步）同时右臂经胸前打开至侧平举（拳心向下），左臂侧下伸。

②左脚向右前方上步，同时左臂经胸前至侧举（拳心向下）。

③右脚向后退步，同时两臂经胸前向上伸至上举（五指并拢，掌心向前）。

④右脚在前，成前后开立，同时两臂腰间屈（拳心相对）。

⑤～⑧右脚起向后退四步走，同时两臂屈前后自然摆动。

2×8 拍同 1×8 拍。

3×8 拍：

①右脚向左前 45°上步，左腿向后屈腿，同时头向右看，右臂经肩侧屈至左前举（五指张开，掌心向内），左臂腰间屈。

②左脚落地，同时左臂腰间屈，右臂前举。

③两腿开立，同时两手从腰间收回。

④同①，动作相同，方向相反。

⑤右脚落地，成后点地，同时两臂胸前交叉（拳心向内）。

⑥同⑤，动作相同，方向相反。

⑦左腿向上抬起，同时两臂侧下伸，握拳。

⑧右脚后点地重心移前，同时两臂落体侧。

4×8 拍（图 2-11-35）：

图 2-11-35 4×8 拍

①右脚向右前方 45°上步，同时右臂侧下伸，左臂肩侧屈握拳。

②两腿跳起成并步跳，头看右前方（立拳），同时右臂侧下伸，左臂肩侧屈。

③左脚向右前方上步，右腿向后屈腿，同时两臂向前平振臂 1 次。

④左脚在前，成开立，同时两臂向前平振臂 1 次。

⑤～⑥两腿成左右开立，同时两臂经胸前打开至侧举（拳心向下）。

⑦左脚向右后交叉点地，右腿抬起，同时两臂腰间屈。

⑧左脚后点地重心移至前，同时两臂腰间屈。

5×8 拍～8×8 拍与 1×8 拍～4×8 拍动作相同，方向相反。

第二组合

1×8 拍（图 2-11-36）：

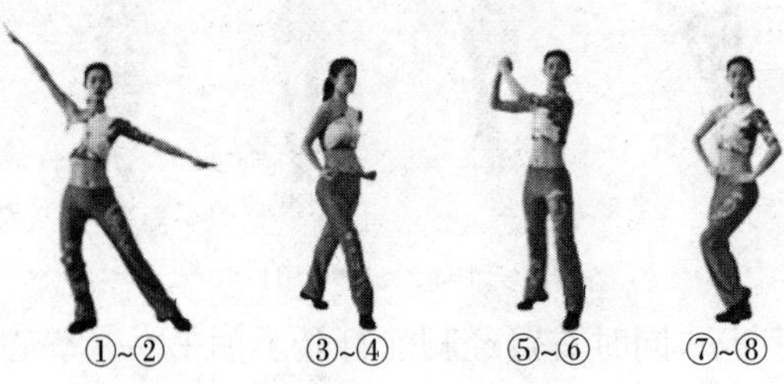

图 2-11-36　1×8 拍

①～②右脚向侧成滑步，同时两臂经下至右臂侧上举，左臂侧下举（五指并拢，掌心向下）。

③～④左脚向右后交叉，同时两臂自然腰间收回，拳心向上。

⑤～⑥左脚向前 45°成左并步，同时两臂胸前击掌 3 次。

⑦～⑧右脚向后 45°成右并步，同时两臂叉腰，头向前看。

2×8 拍①～④同上⑤～⑧，⑤～⑧同上①～④，动作相同，方向相反。

3×8 拍（图 2-11-37）：

图 2-11-37　3×8 拍

①身体向右转 90°，右脚前上步成右弓步，同时两臂向前平举（拳心向下）。

②左吸腿，右腿微屈，同时两臂腰间收回（掌心向上）。

③同①。

④同②。

⑤身体左转 90°，左脚向前成左 V 字步，同时右臂侧举，左臂前举（五指并拢，掌心向下）。

⑥左右两腿微屈，身体向前方，同时左臂侧举，右臂前举（五指并拢，掌心向下）。

⑦左脚向后退步点，同时两臂落至体侧。

⑧还原成直立。

4×8 拍（图 2-11-38）：

①左吸腿，同时两臂胸前平屈（拳心向下）。

②右弓步侧点，同时右臂上举，左臂下伸（掌心相对）。

③同①。

图 2-11-38　4×8 拍

④还原成并立。

⑤～⑧同①～④，动作相同，方向相反。

5×8 拍～8×8 拍与 1×8 拍～4×8 拍动作相同，方向相反。

第三组合

1×8 拍（图 2-11-39）：

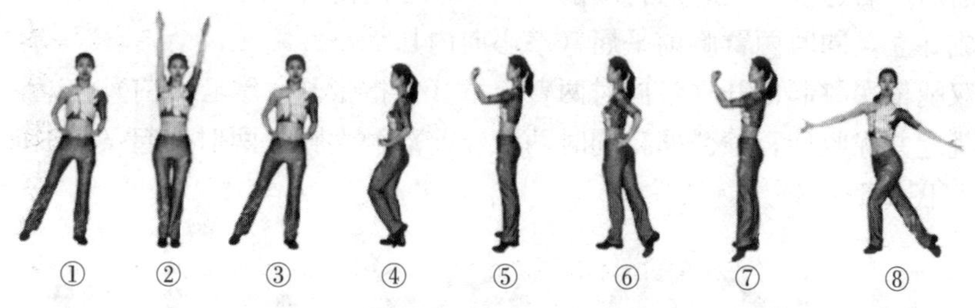

图 2-11-39　1×8 拍

①右脚向右侧点，同时两臂腰间屈（握拳，拳心向上）。

②两脚向上跳起，成并步跳，同时两臂经前摆至上推手（五指并拢，掌心向前）。

③同①。

④左脚成并步点，同时身体向右转体 90°两臂收回腰间（拳心向上）。

⑤左脚向侧，成左右开立，同时两臂屈向前自然摆。

⑥右脚左后交叉步，同时两臂屈向后自然摆。

⑦同⑤。

⑧右脚向后交叉伸，同时身体向左转动 90°两臂向侧下伸（五指张开，掌心向前）。

2×8 拍（图 2-11-40）：

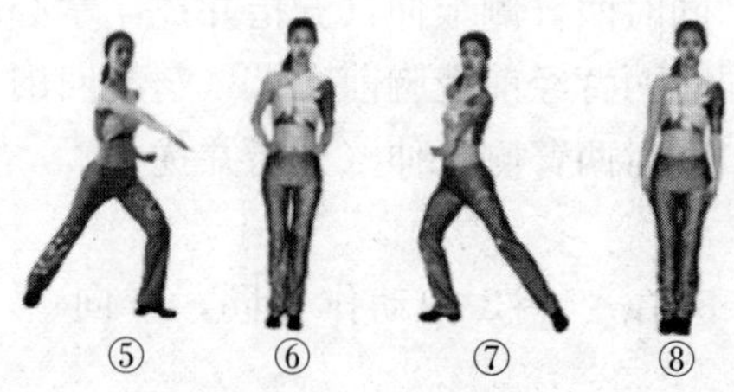

图 2-11-40　2×8 拍

①～④同 1×8 拍①～④。

⑤左脚向侧成左弓步，同时右臂向左前伸出并掌，左臂腰间屈（拳心向上）。

⑥右脚并拢左脚，同时两臂腰间屈。

⑦同⑤，动作相同，方向相反。

⑧同⑥。

3×8 拍（图 2-11-41）：

图 2-11-41　3×8 拍

①左脚向前成一字步，同时两臂胸前平屈（拳心向前）。

②右脚并拢左脚，两膝微屈，同时两臂肩侧屈（拳心相对）。

③左脚向后成后退步，同时两臂胸前平屈（拳心向内）。

④两脚成并立，同时两臂胸前平屈（拳心向内）。

⑤～⑥双腿依次跳起成开立，同时两臂上举（五指张开，掌心向前）。

⑦～⑧跳起并拢收回，膝微屈，同时两臂经前落触大腿，两肘架起（掌根向外）。

4×8 拍（图 2-11-42）：

图 2-11-42　4×8 拍

①左脚向后成后一字步，同时两臂侧下伸握拳。

②右脚并拢左脚，同时两臂侧下伸握拳。

③左脚向前上步，同时两臂胸前交叉。

④右脚并拢左脚，同时两臂胸前交叉。

⑤两腿依次跳起成开立，同时两臂侧上伸（五指并拢，掌心向前）。

⑥依次跳起并拢双腿，同时两臂经前至胸前交叉（拳心向内）。

⑦两腿依次跳起成开立，同时两臂侧下伸（五指并拢）。

⑧还原成直立。

5×8 拍～8×8 拍与 1×8 拍～4×8 拍动作相同，方向相反。

第四组合

1×8 拍（图 2-11-43）：

图 2-11-43　1×8 拍

①～②右腿向侧成小马跳，同时右臂右侧前绕两圈握拳，

左臂背后屈（掌心向后）。

③～④左腿向前成小马跳，同时转体90°，左臂左侧前绕两圈握拳，右臂背后屈（掌心向后）。

⑤～⑥同①～②。

⑦～⑧同③～④。

2×8拍（图2-11-44）：

图2-11-44　2×8拍

①～②左脚后踢腿跑，同时转体45°，两臂屈前后摆臂握拳。

③～④右脚后踢腿跑，同时转体45°，两臂屈前后摆臂握拳。

⑤～⑥双腿跳起成半蹲，同时两臂触大腿，两肘架起（掌根向外）。

⑦～⑧双腿跳起并拢，同时转体90°面向前，两臂胸前屈击掌两次。

图2-11-45　3×8拍

3×8拍（图2-11-45）：

①右脚向前上步，同时两臂胸前交叉（拳心向内）。

②左腿向后屈，同时右臂前举（掌心向上，花掌），左臂上举（花掌）。

③同①。

④还原成直立。

⑤～⑧同①～④，动作相同，方向相反。

4×8拍（图2-11-46）：

图2-11-46　4×8拍

①右脚向后成左弓步，同时右臂经下前伸并掌，左臂腰间屈握拳。

②右脚并拢左脚，同时两臂腰间屈。

③同①，动作相同，方向相反。

④同②。

⑤右脚向前，成前后开立，两膝微屈，两臂腰间屈（拳心向上）。

⑥～⑦两脚提踵向右压跟一次，同时转体45°收回，两臂向前平举，冲拳内旋转（掌心向下）。

⑧还原成直立。

5×8拍～8×8拍与1×8拍～4×8拍动作相同，方向相反。

第五组合

1×8拍（图2-11-47）：

图2-11-47　1×8拍

①～②右脚向侧，左脚点地立，同时右臂上举，左臂前举（五指张开，掌心相对）。

③～④左脚向后交叉步，同时两臂胸前交叉（拳心向内）。

⑤右脚后点地，成左弓步，同时右臂侧下伸握拳，左臂触大腿架肘。

⑥两腿左右分开蹲，同时两臂侧下伸。

⑦～⑧右腿在前成大弓步，同时右转90°，两臂下伸，身体前倾。

2×8拍（图2-11-48）：

图2-11-48　2×8拍

①～④成俯卧支撑姿势。

⑤～⑧俯卧支撑姿势，左右腿各抬一次。

3×8拍（图2-11-49）：

图2-11-49　3×8拍

①～②成跪立俯撑姿势。

③～④成肘膝支撑姿势。

⑤～⑧成两肘支撑姿势。

4×8拍（图2-11-50）：

图 2-11-50　4×8 拍

①～②成跪立俯撑姿势。

③～④两腿伸直向左转动 180°，成直角坐。

⑤右腿在上，向左转 180°，左膝跪立起，同时左臂支撑，右臂侧举。

⑥左弓步，同时左臂支撑，右臂侧举。

⑦～⑧两腿开立，身体 45°转，同时右臂上举（掌心向外），左臂前屈掌触腰间。

第三节　体育舞蹈

一、体育舞蹈的起源与发展

体育舞蹈作为一项新兴的体育运动项目是以健身为基础，集动作美、服装美、音乐美、舞蹈美于一身，具有健身、竞技性质兼文化娱乐内涵的运动。

体育舞蹈，又称国际标准舞，它的前身是社交舞，也称交际舞、交谊舞。欧美舞蹈界人士在广泛研究传统宫廷舞、交谊舞及拉美国家的各式土风舞的基础上进行了规范和美化，于 1925 年正式颁布了华尔兹、探戈、狐步、快步四种舞的步法，总称标准舞（摩登舞）。1950 年，在英国北部小镇黑池举办了世界性的大赛——黑池舞蹈节，把规范后的舞蹈命名为国际标准交谊舞，并确定以后每年的五月底都在黑池举办一届世界性的大赛。随着此舞蹈在世界的不断推广，自身也得到了发展。标准舞（摩登舞）中又增加了维也纳华尔兹。1960 年，非洲和拉美一些国家的民间舞经过了加工后又增加了拉丁舞。拉丁舞有五种舞：伦巴、恰恰恰、桑巴、牛仔、斗牛。标准舞（摩登舞）和拉丁舞风格迥异。体育舞蹈作为一项高贵优雅的运动，不但可以帮助现代人调节忙碌的生活，舒展身心，而且具有良好的社交功能。

之后，世界各国纷纷将国际标准舞易名为体育舞蹈，欲将体育舞蹈纳入体育运动项目。拥有 79 个会员国的国际标准舞蹈联合会（IDSF）于 1997 年 9 月 4 号正式成为国际奥林匹克委员会会员。1986 年，中国国际标准舞学会成立，并举办了第一届全国国际标准舞汇演，自此每 3 年举办一届。1991 年 5 月 3 日，以中国体育舞蹈运动协会为前身的中国体育舞蹈联合会宣布成立，各省市纷纷成立了体育舞蹈协会。此后，我国每年举办一次全国体育舞蹈锦标赛，体育舞蹈以其特有的魅力在中国开辟了崭新的篇章。

二、体育舞蹈的特点

体育舞蹈是兼有文艺和体育的特点，介于文艺和体育之间，以竞赛为目的，具有自娱性和表演观赏性的竞技舞蹈。它具有以下特点：

1. 科学性　在体育舞蹈的各种舞蹈技术中蕴含着很多原理和知识。要想跳好体育舞蹈，要了解欧洲和美洲的历史文化。要学会体育舞蹈容易，要跳好体育舞蹈难。

2. 严格的规范性 首先，体育舞蹈是一个完整的舞蹈体系，它是经过数百年历史的锤炼、几代人的加工而成；其次，在技术的规范性上，它严格到多一分嫌过，少一点欠火。

3. 表演的观赏性 体育舞蹈融音乐、舞蹈、服装、风度、体态美于一体，既有观赏的价值又有参与的可能，被认为是一种“真正的艺术”。

4. 体育性 体育性一方面体现在竞技性上，即通过取得优异的比赛成绩，为国争光；另一方面体现在锻炼价值上，即体育舞蹈引起人的生理变化是明显的，它是陶冶情操、锻炼体魄的一种极好形式。

5. 高度的技巧性 在体育舞蹈中，标准舞和拉丁舞有各自的技巧，运用好这些技巧会达到事半功倍的效果。

6. 较强的娱乐性 体育舞蹈符合人类的生理规律。同时，它又是在音乐的伴奏下进行的舞蹈，而且老少皆宜，具有较强的娱乐性。

7. 广泛的社交性 社交舞本身就是社会交往的一种手段，而体育舞蹈就是由社交舞演变而来的，因此自然具有广泛的社交性。

现在许多大学已把体育舞蹈列入体育教学。它对增强学生体质、培养审美能力、矫正体形、陶冶情操、建立友谊、调节心理等有良好的作用，尤其是在增强大学生的健康意识、培养锻炼身体的习惯及提高体育技能等方面具有显著效果。

三、体育舞蹈的分类

体育舞蹈按舞蹈的风格和技术结构可分为标准舞（Standard）和拉丁舞（Latin）两大类。按竞赛项目可分为三类，即标准舞（Standard）、拉丁舞（Latin）和团体舞(Formation Dancing)。

（一）标准舞

标准舞（又称现代舞、摩登舞）起源于欧洲，具有端庄、含蓄、稳重、典雅的风格。舞步流畅、轻柔、洒脱，舞姿优美、起伏有序，音乐节奏清晰。舞蹈富于技巧性，是老少皆宜的舞系。标准舞包括：风格庄重典雅、华丽多彩，动作流畅起伏、婉转多变，舞姿飘逸优美、文静柔和的华尔兹（Waltz）舞；潇洒豪放、刚进挺拔、静动别致的探戈舞（Tango）；平稳大方、从容恬适、舞步轻柔圆滑、流畅的狐步舞（Slow Foxtrot）；轻快活泼、富于激情、舞步洒脱自由的快步舞（Quick Step）；动作舒展大方、连绵起伏，节奏清晰，舞步轻快流畅、旋转多姿的维也纳华尔兹（Viennese Waltz）。

（二）拉丁舞

拉丁舞起源于非洲和拉丁美洲，具有热情、奔放、浪漫的风格。舞蹈动作豪放粗犷、速度多变、手势和脚步内容丰富、充满激情，音乐节奏鲜明强烈，尤为中青年人所喜爱。拉丁舞包括：风格柔媚抒情、舞型成熟、独特的异国情调、被誉为“拉丁舞之魂”的伦巴舞(Rumba)；热烈欢快、风格诙谐花哨、拉丁舞中最流行的恰恰恰舞（Cha-Cha-Cha）；动作粗犷、起伏强烈、舞步奔放、敏捷、步伐摇曳绵密的桑巴舞（Samba）；强壮英武、豪迈昂扬、舞态威猛、步法悍厉奋张的斗牛舞（Paso Doble）；自由奔放、舞步丰富多变的牛仔舞(Tive)。

（三）团体舞

团体舞是标准舞或拉丁舞的混合舞，由 8 对选手组成，借助音乐的引导，将 5 种舞蹈在变化莫测的队形变动中编织出丰富多样的图案。它将音乐、舞姿、队形、图案和选手们的和谐配合融为一体，达到完美的统一，使体育舞蹈的风格特点得到了更为鲜明的表现。

同一系列的舞种除在风格和内容上有其共同特点外，每个舞种在步法、节奏、技术处理以至风格上都有自己的独特之处。

第四节　瑜　　伽

一、瑜伽的起源与发展

“瑜伽”一词，是从印度梵语“yug”或“yuj”而来，其含意为“结合”“连接”或“一致”。瑜伽是一项通过提升意识，帮助人类充分发挥潜能，通过练习达到一种大脑活动和身体和谐统一的状态，集哲学、科学和艺术于一身的运动。古印度人相信人可以与天合一，他们将不同的瑜伽修炼方法融入日常生活且奉行不渝。

瑜伽发源于印度北部的喜马拉雅山麓，在刚开始出现时，只有少数人在瑜伽师的教导下进行修持。场所一般选择在寺院、乡间小舍、喜马拉雅山洞穴和密林的中心地带。后来，瑜伽逐步在普通印度人中流传开来。而现在，瑜伽已经成为一项任何人都可以修习的运动，不受种族、年龄、性别、宗教信仰和种姓的限制。

二、练习瑜伽的功效

瑜伽作为一种古老文化，强身健体仅仅是其表面功效。实际上，它更注重心灵修炼，而它之所以能够在全世界广泛传播，也是因为它具有一套从肉体到精神极其完备的修炼方法，并且疗效显著。经常修习瑜伽有以下功效：

1. 延缓衰老　瑜伽认为衰老的原因是身体长年积存了大量毒素，无法排出体外所致。而练习瑜伽能够调节人体脏腑器官，加速血液循环和新陈代谢，快速排出体内毒素，提升和恢复元气，使人显得更年轻。

2. 提神醒脑　瑜伽调息法是一种呼吸技巧，可为脑部提供更多氧气，令人变得平静和积极，它甚至可以在缩短每日所需睡眠时间的同时，让头脑长久保持清醒。

3. 放松身心　现代人生活节奏快，身心长期处于紧张状态。瑜伽的放松术有极大的放松及静心作用，练习久了，不仅能健身，更能培养出一种平和、博爱的心态。

三、练习瑜伽要遵循的原则

（1）任何运动前都应做热身操，以避免运动损伤，瑜伽也不例外。

（2）以愉悦、平和的心情来进行瑜伽练习，可配上轻松的舒缓的音乐。

（3）每一个瑜伽动作都应平缓地完成，并配合规律的深呼吸来帮助身体放松。

（4）练习时要将意识专注到被伸展和被刺激的部位上，不可存有杂念，不可说笑。

（5）练习时不要过分逞强，要在自己所能承受的极限范围内，使被伸展的部位稍有些拉伸感即可，保证每个动作舒适地完成。

（6）练习中如果肌肉颤抖或抽筋，应立即停止，加以按摩，放松后方可再练。

（7）练习时不要跟别人比，只跟自己的过去比，即使每天只进步一点点，也是进步，日积月累也会有效。

（8）每做完一个瑜伽姿势后，应马上做“无空式”来放松身心，并深呼吸 5～6 次。

（9）当日完成所有的瑜伽练习后，必须做“无空式”10～15min，来缓解瑜伽动作造成的紧张感，帮助自己进入冥想状态。

四、瑜伽的热身动作

瑜伽有大量伸展和收紧肌肉的动作。在练习的时候，必须确保肌肉和关节有一定的灵活性。因此，在练习瑜伽时，要先用 10～15min 来做热身运动。比较实用的热身动作包括：拜日式热身、眼运动、颈部运动、指关节运动、手腕运动、肘部运动、肩部旋转运动、脚踝运动、开膝运动、下背部旋转运动、中背部运动、肺部练习。

（一）拜日式热身

拜日式也称向太阳致敬式或者向太阳礼拜式，是在开始瑜伽前的热身运动，也是瑜伽基础柔软术。拜日式是由一组瑜伽姿势组成的动作，堪称最合理有效的全身调试法，适用于各种运动前的暖身。拜日式共有 12 个动作，先后运动了头、胸、腰、脸、腿、臀，对全身进行了彻底按摩，全身的筋骨变得柔软。热身动作包括（图 2-11-51）：

图 2-11-51　拜日式热身

（1）祈祷式。姿势要领：站直，脊柱伸展，两脚并拢，双手在胸前合掌，大拇指抵在胸骨上。

（2）展臂式。姿势要领：吸气，将双臂向上伸展高举，举过头，上半身向后仰，姿势保持不动，可屏息，也可自然呼吸。

（3）前屈式。姿势要领：吸气，上半身慢慢回正后，向下弯曲，直到双手触及双脚两侧的地面。

（4）骑马式。姿势要领：吸气时，同时双手放在脚两侧的地面上，右脚向正后方延伸出去，伸直，屈左膝。呼气时，上半身挺直，动作末尾时，身体重量由双手、左脚、右膝、右脚脚趾支撑（可脚面着地），头后仰，眼睛向上看。

（5）顶峰式。姿势要领：吸气，抬起臂部，左脚向后移动，放在右脚旁边，呼气的同时将臀部向后移动，脚跟着地，贴住地板，背脊朝下挺直，注意不要太过用力。

（6）八体投地式。姿势要领：上半身朝地，慢慢放低身体，膝盖和肘部触地，同时双膝、胸部、下巴贴地。下巴拉出，双手夹紧腋下，保持均匀呼吸。

（7）眼镜蛇式。姿势要领：吸气，上身继续向前，手脚同时拉直，伸直双肘，胸前挺，背部向后弯曲，呼气，上半身尽量向后仰。

（8）顶峰式。

（9）骑马式。

（10）前屈式。

（11）展臂式。

（12）祈祷式。

拜日式是伸展、调理整个身体的有效方式，能让身体变得更加柔软，还能促进身体各个部分的血液循环、呼吸和动作的协调，会给人平衡、优雅的感觉，使人精力充沛。

（二）眼运动

头部保持在中间位置，向上、下、左、右以及对角线的方向看过去，顺时针转动眼球3～4次，然后再逆时针重复这个动作。

（三）颈部运动

盘腿坐或站立，挺直背部，把注意力放在颈部，吸气仰头向后，呼气向前。

（四）指关节运动

慢慢地将手臂举到和肩一样高，保持呼吸，用力握拳和伸展手指。

（五）手腕运动

并拢手指，抓住大拇指、握拳，以手腕为轴，先顺时针转动，再逆时针转动，吸气上，呼气下。

（六）肘部运动

吸气，折叠手臂向内，手指尖轻触肩膀，呼气，伸直手臂。

（七）肩部旋转运动

双臂打开，以肩为轴，吸气，手臂从前向后，呼气，落臂。反方向，吸气，手臂从后向前，呼气落臂。

（八）脚踝运动

伸展脚踝，吸气，向上勾脚尖，呼气，向下绷脚尖，旋转脚踝，保持呼吸。

（九）开膝运动

上身向下，双手放在膝盖上，深吸气，呼气时下蹲，将一条腿的膝盖去靠另一侧的脚心侧面，吸气还原回正，呼气时下蹲。

（十）下背部旋转运动

两腿分开站立，两手扶在髋部上。向顺时针、逆时针各转动4圈，转动时尽量用髋部画圈。

（十一）中背部运动

双臂侧平举，吸气，呼气时向左后方转动，吸气回正面。呼气时向右后方转动，吸气回正面。

（十二）肺部练习

折叠手臂于胸前，呼气，肘部向外打开胸。吸气，伸直手臂向两旁打开，尽量打开胸，踮起脚尖。

五、瑜伽基本姿势

瑜伽姿势大致分为：坐姿（前倾、后仰和转身），站姿，平衡站姿，手的平衡，倒立和放松姿势。

（一）猫式（图 2-11-52）

动作要领：跪下，臀坐在脚跟上，伸直背部抬起臀部，两手平放地面上，形成一种“四脚姿势”。吸气抬头，凹下腰背部，然后呼气垂下头，拱起脊柱，两臂伸直垂直于地面，把凹背和拱背两种姿势重复动态 6～8 次，然后交替地吸气和呼气。

图 2-11-52　猫　式

益处和功效：有效缓解背部疼痛和疲劳，使脊柱更加富有弹性并放松颈项和肩膀，有利于增强神经系统功能，改善血液循环，促进消化，可以缓解便秘。

（二）蛇式（图 2-11-53）

动作要领：俯躺，腹部和额头着地，双腿并拢，双手平放在地面上，手肘在身体两侧，吸气，使用面部和颈部的肌肉慢慢把头翘起，使用背部和腹部肌肉的力量向后仰，同时用手臂来支撑身体，尽可能向后翘，呼气，逐渐把躯干放回到地面上，重复动作 3～6 次，然后交替地吸气和呼气。

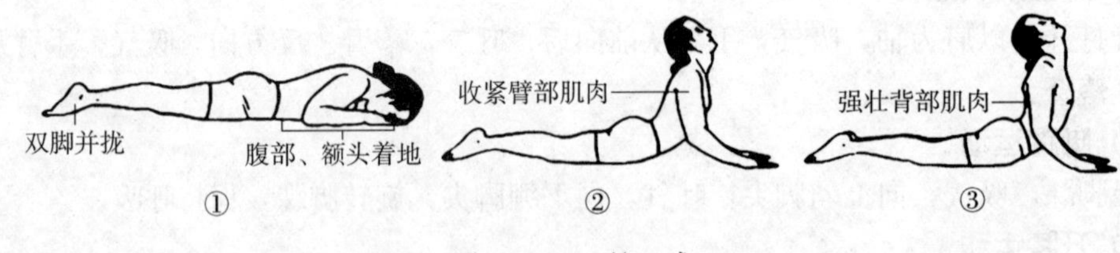

图 2-11-53　蛇　式

益处和功效：可促进血液循环，伸展并增强脖子和肩膀的肌肉力量，帮助消化并缓解胃肠气胀，增强肾上腺的功能，增加骨盆区域的血液流动和滋养。

（三）蝴蝶式（图 2-11-54）

动作要领：坐直，使膝盖弯曲朝身体两侧打开，伸展脊柱，脚底相互接触，脚后跟尽量靠近身体。把两边的膝盖向下压，靠近地面。用手抓住自己的脚踝，把脚后跟往身体方向拉，吸气，挺胸，肩膀打开，把脊柱和头往上抬。呼气，从胯开始向前倾，把脊椎下半部分往前推，伸展脊椎和背部。胸部开阔，向前微倾。让手肘向两侧打开。把膝盖往地面方向压，调息 6～10 次。头部与脊椎成一条直线，看向前面的地面，或看前方。重复 3～5 次。

益处和功效：增强胯部关节的灵活性，促进血液流入背部和腹部，有利于消除泌尿功能失调，调理生殖系统和膀胱，排出体内毒素。

图 2-11-54　蝴蝶式

(四) 半脊椎扭转式（图 2-11-55）

动作要领：背挺直长坐，双手放于体侧，掌心贴地，双腿并拢伸直，把右脚底放在左腿外侧的地面上。把右脚后跟靠近左胯，向上伸展脊椎和头部，左手抓住右脚踝，左手肘抵住右膝外侧，把头向右转，视线看右肩方向，肩膀保持水平，保持姿势进行 3～8 次呼吸。如果恢复原状呼气，反向实施以上步骤，另一侧重复这组动作。两侧扭曲后，保持一个对称的反姿势 2～5 次呼吸的时间。

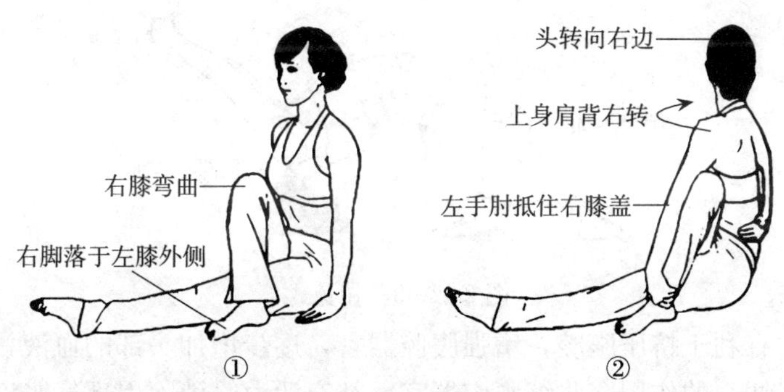

图 2-11-55　半脊椎扭转式

益处和功效：使背部更加坚实，温柔地挤压腹部器官，例如胃、肝脏、肾脏和胰腺，并促进肠蠕动。调整自律神经，塑造腰部线条。

(五) 船式（图 2-11-56）

动作要领：双腿并拢坐直，身体向后仰把双腿从地面上抬起来，平衡重心，扩展到双脚。注意伸直脊椎。头部和脖子与脊椎保持在一条直线上。保持这个姿势，伸直双腿，身体呈 V 形，脚尖绷紧。保持这个姿势进行 3～8 次呼吸。

图 2-11-56　船　式

益处和功效：加固和调养腹部、腿部、背部的肌肉。增强身体平衡感，滋养胃肠。

（六）坐立山式（图 2-11-57）

动作要领：跪坐，双臂放体侧挺直身体，两眼平视前方。吸气，双臂向上伸展，十指相交调息，转动手腕掌心向上。呼气，低头下巴靠向锁骨，感觉脊椎在向上无限拉伸，调息。最后吸气，头部还原正中，手臂放于体侧，放松。重复 2～3 次以上的动作。

图 2-11-57　坐立山式

益处和功效：能拉伸肩部和背部，充分伸展脊椎，有助于消除双肩僵硬感和风湿痛，有效促进下背部和腹部的血液循环，同时舒展胸部。配合深长而平稳的呼吸，有助于神经安宁。

（七）扣兔式（图 2-11-58）

动作要领：跪坐，臀部放在两脚跟上，双手放在大腿上，脊椎伸展，颈部挺直呼气，上半身前屈，用额头放在地面上，手臂向前伸直，放在小腿两侧手掌朝上。抬起臀部，头顶触地，大腿与地面垂直，双手背后交叉，向头的方向伸展。平稳地呼吸，保持这个姿势 10～15s 后恢复到原来的跪坐姿势。

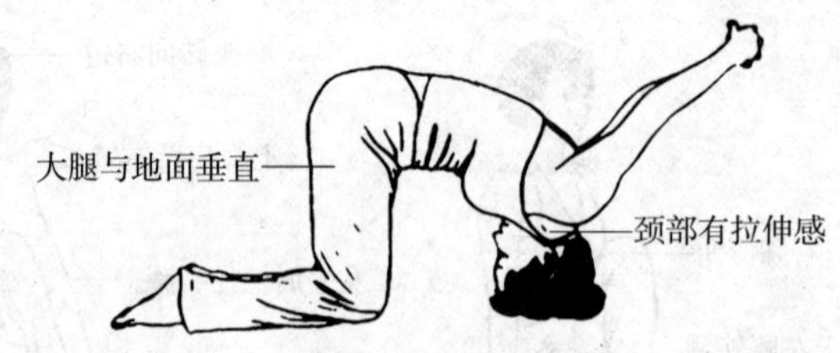

图 2-11-58　扣兔式

益处和功效：有利于挤压腹腔，增强腹腔器官，逐步增加头部的血液，允许头部慢慢地适应，达到调息、调心的作用。收缩腹腔器官，补充活力，消除胃部气胀疼痛，可以使肌肤更加嫩白、红润。

（八）侧三角伸展式（图 2-11-59）

动作要领：双腿尽量分开，右脚顺时针转 90°，左脚从平行稍向内转一点，双腿伸直。吸气，双臂举到与肩膀同高度的位置，双臂伸直，呼气。右膝弯曲成弓步姿势，双脚平放地面上，吸气，身体保持平衡。呼气，身体向右侧弯曲，右手支撑右腿前方或后方地面上，与右脚保持一条直线上，身体保持平衡，左臂垂直地面向上伸展，固定右膝与右脚踝和左胯之间的位置，使左臂更轻松向上伸展，保持 2～8 次呼吸的时间。在两侧都得到伸展后进行一个对称的反姿势。

①

②

③

④

图 2-11-59　侧三角伸展式

益处和功效：增强腿部、胯部、腰部和肩部的弹性，使它们更强壮。调理和修正腰部，滋养脊椎和脊椎神经，按摩腹部器官。

（九）树式（图 2-11-60）

动作要领：使右膝弯曲，右脚后跟放在左腿内侧尽量高的位置，也可放在左腹股沟里。脚趾指向下方，膝盖和大腿从胯部打开，膝盖指向右侧，抬起右胯。胯部、身体躯干和肩膀持平，手放在胸前，做祈祷姿势，两臂伸直高举过头，保持 30s，然后还原，另一方向重复这组动作。

图 2-11-60　树　式

益处和功效：缓解工作带来的压力，加强两踝、腿部、背部和胸部的肌肉力量，使注意力更容易集中，提高中枢神经系统活力，增强平衡能力，改变体态和站姿。

（十）仰卧休息术（图 2-11-61）

动作要领：仰卧，两腿放松分开大约 70cm，大拇指和食指内扣，轻轻合上双眼。享受没有杂念、没有压力，让呼吸变得缓慢而悠长，既能强身健体，又能得到心灵的平和安宁、全身放松的感觉。从繁琐的事务中暂时解脱出来，从脚趾到头顶一个部位一个部位地缓慢放松，然后放松腹腔、内脏、心脏等部位。然后把膝盖弯曲，放松脚踝、肘、手腕，掌心揉搓以后轻轻地盖在眼睛上，按摩头部、耳朵、颈部，用手指梳几下头发，然后慢慢转动身体，两腿收拢靠近胸前稍作停留，缓缓坐起来，成简易坐姿势。

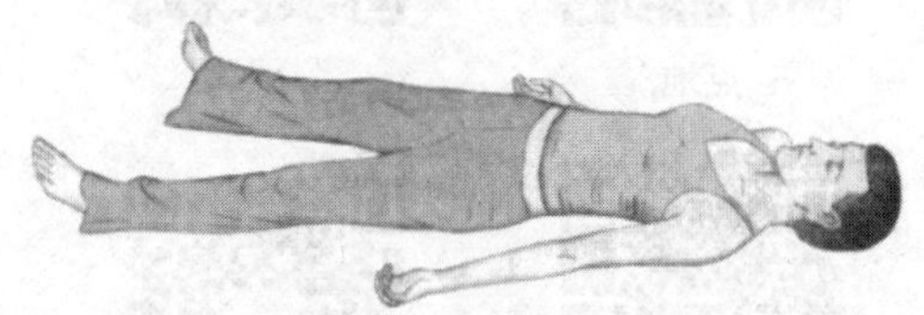

图 2-11-61　仰卧休息术

六、练习瑜伽的注意事项

瑜伽是一项内外兼修的运动，没有年龄与性别的限制，任何人都可以学习。但是只有在正确的练习方法的指导下，才能让人体会到瑜伽的精髓，达到身、心、灵的统一。因此在练习瑜伽的整个过程中，应该注意瑜伽的相关宜与忌（表 2-11-1）。

表 2-11-1　练习瑜伽注意事项

宜	忌
选择安静、洁净、通风的环境，地面不要太硬	不洁、不静、空气污浊

（续）

宜	忌
穿宽松舒适的衣服，取下所有饰物	穿有腰带的裤子，戴饰物
空腹，最好在饭后 3～4h	过饱或过饿
练习后至少过 10min 再洗浴	洗浴或桑拿前后 30min 内做瑜伽
了解体能，清楚自己的运动限度	勉强做自身体能所不及的姿势或者运动过度
先做一些瑜伽热身动作	不热身，开始就做高难度的动作
每一步都按部就班，尽量舒缓，保持整体动作的平衡	操之过急，动作过度，过于追求完美
注重自我感受，不舒服应立即停止	不舒服硬撑，可能造成伤害
专注，不要说话	大笑或说话
做完一个完整瑜伽动作后无空式休息	从不休息

学习资源（视频）

直角支撑和分角支撑
一字步
吸腿跳
团身跳和屈体分腿跳
提踵
踢腿跳
踢腿
踏步
曼步
迈步吸腿
迈步后屈腿
迈步点地
开合跳
交叉步
混双
后踢腿跑

第十二章

武术搏击类运动

第一节　太 极 拳

太极拳是集技击防身、祛病防病、美体健身、修身养性功能于一体的拳种。它的文化内涵很深厚，蕴含着中国的古典哲学，集中了中国的儒学、道学和佛学的思想，又巧妙地将中医的经络学说运用到了武术锻炼的套路之中。它承载着厚重的中国传统文化，用肢体语言表述着这些优秀的文化思想。现在，世界上有上亿的人在演练太极拳，太极拳又成了中国同外国进行文化交流的载体。

一、二十四式简化太极拳动作名称

（1）第一组：起势；左右野马分鬃；白鹤亮翅。

（2）第二组：左右搂膝拗步；手挥琵琶；左右倒卷肱。

（3）第三组：左揽雀尾；右揽雀尾。

（4）第四组：单鞭；云手；单鞭。

（5）第五组：高探马；右蹬脚；双峰贯耳；转身左蹬脚。

（6）第六组：左下势独立；右下势独立。

（7）第七组：左右穿梭；海底针；闪通背。

（8）第八组：转身搬拦捶；如封似闭；十字手；收势。

二、二十四式简化太极拳动作图解

第　一　组

（一）起势

（1）身体自然直立，两脚开立，与肩同宽，脚尖向前；两臂自然下垂，两手放在大腿外侧；眼向前平视（图 2-12-1 之①）。

要点：头颈挺直，下颌微向后收，不要故意挺胸或收腹。

（2）两臂慢慢向前平举，两手高与肩平，与肩同宽，手心向下（图 2-12-1 之②、③）。

（3）上体保持正直，两腿屈膝下蹲；同时两掌轻轻下按，两肘下垂与两膝相对；眼平视前方（图 2-12-1 之④）。

要点：要沉肩垂肘，手指自然微屈。上体重心落于两腿中间。两臂下落和身体下蹲的动作要协调一致。

图 2-12-1

（二）左右野马分鬃

（1）上体微向右转，上体重心移至右腿上；同时右臂收在胸前平屈，手心向下，左手经体前向右下化弧放在右手下，手心向上，两手心相对呈抱球状；左脚随即收到右脚内侧，脚尖点地；眼看右手（图 2-12-2）。

图 2-12-2

（2）上体微向左转，左脚向左前方迈出，右脚跟后蹬，右腿自然伸直，成左弓步；同时上体继续向左转，左右手随转体慢慢分别向左上、右下分开，左手高于眼平，手心斜向上，肘微屈；右手落在右胯旁，肘也微屈，手心向下，指尖向前，眼看左手（图 2-12-3）。

图 2-12-3

（3）上体慢慢后坐，身体重心移至右腿，左脚尖翘起，微向外撇（45°～60°）随后脚掌慢慢踏实，左腿慢慢前弓，身体左转，身体重心再移至左腿；同时左手翻转向下，左臂收在胸前平屈，右手向左上划弧放在左手下，两手心相对呈抱球状；右脚随即收到左脚内侧，脚尖点地；眼看左手（图 2-12-4）。

（4）右腿向右前方迈出，左腿自然伸直，成右弓步；同时上体右转，左、右手随转体分别慢慢向左下、右上分开，右手高于眼平，手心斜向上，肘微屈；左手落在左胯旁，肘也微屈，手心向下，指尖向前；眼看右手（图 2-12-5）。

（5）与（3）解同，唯左右相反（图 2-12-6 之①、②、③）。

（6）与（4）解同，唯左右相反（图 2-12-6 之④、⑤）。

图 2-12-4

图 2-12-5

图 2-12-6

要点：上体不可前俯后仰，胸部必须宽松舒展，两臂分开时要保持弧形，身体转动时要以腰为轴。做弓步时，迈出的脚先是脚跟着地，然后脚掌慢慢踏实，脚尖向前，膝盖不要超过脚尖，后腿自然伸直，前后脚夹角为 45°～60°。野马分鬃式的弓步，前后脚的脚跟要分在中轴线的两侧，它们之间的横向距离应该保持在 10～30cm。

（三）白鹤亮翅

（1）上体微向左传，左手翻掌向下，左臂平屈胸前，右手向左上划弧，手心转向上，与左手抱成球状；眼看左手（图 2-12-7 之①）。

（2）右脚跟进半步，上体后坐，身体重心移至右腿，上体先向右转，面向右前方，眼看右手（图 2-12-7 之②）。

（3）左脚稍向前移，脚尖点地，成左虚步；同时上体再微向左转，面向前方，两手随转体慢慢向右上、左下分开，右手上提停于右额前亮掌，手心向左后方；左手落于左胯前，手心向下，指尖向前，眼睛平视前方（图 2-12-7 之③）。

要点：身体重心后移和右手上提、左手下按要协调一致。

图 2-12-7

第　二　组

(四) 左右搂膝拗步

(1) 右手从体前下落，由下向后上方划弧至右肩外侧，肘微屈，手与耳同高手心斜向上；左手由左下向上、向右下方划弧至右胸前，手心斜向下；同时上体先微向左再向右转；左脚收至右脚内侧，脚尖点地，眼看右手（图 2-12-8 之①、②、③)。

(2) 上体微向左转，左脚向左前方迈出，右脚跟后蹬，右腿自然伸直，成左弓步；同时上体继续向左转，左右手随转体慢慢分别向左上、右下分开，左手高于眼平，肘微屈；右手落在右胯旁，肘也微屈，手心向下，指尖向前，眼看左手（图 2-12-8 之④、⑤)。

图 2-12-8

(3) 右腿慢慢屈膝，上体后坐，身体重心移至右腿，左脚尖翘起微向外撇，随后左脚慢慢踏实，左腿前弓，身体左转，身体重心移至左腿，右脚收至左脚内侧，脚尖点地同时左手向外翻掌由左后向上划弧至左肩外侧，肘微屈，手与耳同高，手心斜向下；右手随转体向上向左下划弧落于左胸前，手心斜向下；眼看左手（图 2-12-9 之①、②、③)。

(4) 与 (2) 同解，唯左右动作方向相反（图 2-12-9 之④、⑤)。

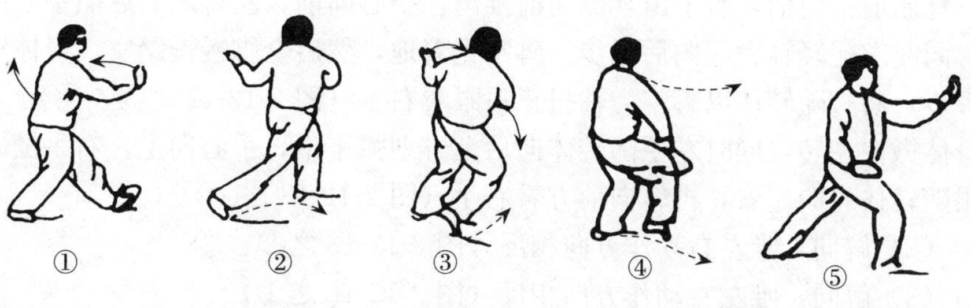

图 2-12-9

（5）与（3）解同，唯左右动作方向相反（图 2-12-10 之①、②、③）。

（6）与（2）解同（图 2-12-10 之④、⑤）。

要点：前手推出时，身体不可前俯后仰，要松腰松胯。推掌时要沉肩垂肘，坐腕舒掌，同时须与松腰、弓腿上下协调一致。

图 2-12-10

（五）手挥琵琶

右脚跟进半步，上体后坐，身体重心转至右腿上，上体半面向右转，左脚略提起稍向前移，变成左虚步，脚跟着地，脚尖翘起，膝部微屈；同时左手由左下向上挑举，高与鼻尖平，掌心向右，臂微屈；右手收回放在左臂肘部内侧，掌心向左；目视左手食指（图 2-12-11）。

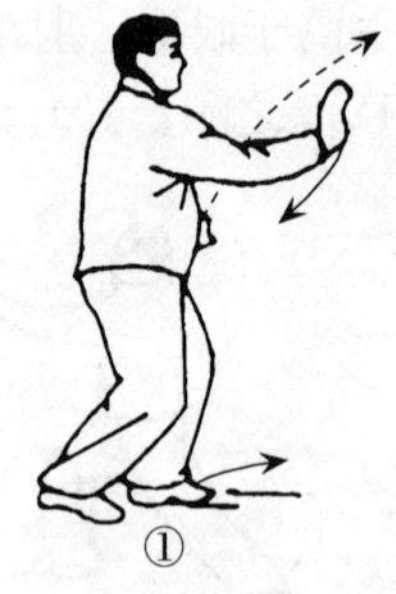

图 2-12-11

要点：身体要平稳自然，沉肩垂肘，胸部放松。左手抬起时不要直向上挑，要由左向上、向前，微带弧形。右脚跟进时，脚掌先着地，再全脚踏实。身体重心后移和左手抬起、右手回收要协调一致。

（六）左右倒卷肱

（1）上体右转，右手翻掌（手心向上）经腹前由下向后上方划弧平举，臂微屈，左手随即翻掌向上，眼随转体先向右看，再转向前方看左手（图 2-12-12 之①、②）。

（2）右臂屈肘折向前，右手由耳侧向前推出，手心向前，左臂屈肘后撤手心向上，撤至左肋外侧；同时左腿轻轻提起向后退步，脚掌先着地，然后全脚慢慢踏实，身体重心移至左腿，成右虚步，右脚随转体以脚掌为轴扭正；眼看右手（图 2-12-12 之③、④）。

（3）身体微向左转，同时左手随转体向后上方划弧平举，手心向上，右手随即翻掌，掌心向上；眼随转体先向左看，再转向前方看右手（图 2-12-13 之①）。

（4）与（2）解同，唯左右动作方向相反（图 2-12-13 之②、③）。

（5）与（3）解同，唯左右动作方向相反（图 2-12-14 之①）。

（6）与（2）解同（图 2-12-14 之②、③）。

图 2-12-12

图 2-12-13

图 2-12-14

（7）与（3）解同（图 2-12-15 之①）。

（8）与（2）解同，唯左右动作方向相反（图 2-12-15 之②、③）。

图 2-12-15

要点：前推时，要转腰松胯，两手速度要一致，避免僵硬。退步时，脚掌先着地，再慢慢全脚踏实，同时前脚随转体以脚掌为轴扭正。退左脚略向左后斜，退右脚略向右后斜，避免双脚落在一条直线上。后退时，眼随转体动作先向左右看，然后再转看前手。最后退右脚时，脚尖外撇的角度略大些，便于接做“左揽雀尾”的动作。

第　三　组

（七）左揽雀尾

（1）上体微向右转，同时右手随转体向后上方划弧平举，手心向上，左手放松，手心向下；目视左手（图 2-12-16 之①）。

（2）上体继续向右转，左手自然下落逐渐翻掌经腹前划弧至右肋前，手心向上，右臂屈肘，手心转向下收至右胸前，两手相对成抱球状；同时，身体重心落在右腿上，左脚收至右脚内侧，脚尖点地；目视右手（图 2-12-16 之②、③）。

（3）上体微向左转，左脚向前迈出，上体继续向左转，右腿自然蹬直，左腿屈膝，成左弓步；同时，左臂向左前方掤出，高与肩平，手心向内；右手向右下落放于右胯旁，手心向下，指尖向前；目视左前臂（图 2-12-16 之④、⑤）。

图 2-12-16

要点：掤出时，两臂前后均保持弧形。分手、松腰、弓步三者必须协调一致。

（4）上体微向左转，左手随之前伸翻掌向下，右手翻掌向上，经腹前向上、向前伸至左前臂下方；然后两手下捋，即上体向右转。两手经腹前向右后上方划弧，直至右手手心向上，高与肩平，左臂平屈于胸前，手心向后；同时身体重心移至右腿；目视右手（图 2-12-17 之①、②）。

要点：下捋时，上体不可前倾，臀部不要凸出。两臂下捋要随腰旋转，仍走弧线。左脚全掌着地。

（5）上体微向左转，右臂屈肘折回，右手附于左手腕里侧（相距约 5cm），上体继续向左转，双手同时向前慢慢挤出，左前臂要保持半圆；同时，身体重心逐渐移至左弓步；目视左手腕部（图 2-12-17 之③、④）。

要点：向前挤时，上体要挺直，挤的动作要与松腰，弓腿相一致。

图 2-12-17

（6）左手翻掌，手心向下，右手经左手腕上方向前、向右伸出，高与左手平，手心向下，两手左右分开，与肩同宽；然后右腿屈膝，上体慢慢后坐，身体重心移至右腿上，左脚尖翘起，成左虚步；同时，两手屈肘回收至腹前，手心均向前下方；目向前平视（图 2-12-18 之①、②、③）。

（7）上式不停，身体重心慢慢前移，同时两手向前，向上推按，掌心向前；左腿前弓成左弓步；目平视前方（图 2-12-18 之④）。

要点：向前推按时，两手必须走曲线，手腕高与肩平，两肘微屈。

图 2-12-18

（八）右揽雀尾

（1）上体后坐并向右转，重心移至右腿，左脚尖内扣；右手向右平行划弧至右侧，目视右手（图 2-12-19 之①、②）。

（2）右手由右侧向下经腹前向左上划弧至左肋前，手心向上；左臂平屈胸前，左手手心向下与右手呈抱球状；同时，身体重心再移至左腿上，右脚收至左脚内侧，脚尖点地；目视左手（图 2-12-19 之③、④）。

图 2-12-19

（3）同“左揽雀尾”（2）解，唯左右动作方向相反（图 2-12-20 之①、②）。

（4）同“左揽雀尾”（3）解，唯左右动作方向相反（图 2-12-20 之③）。

（5）同“左揽雀尾”（4）解，唯左右动作方向相反（图 2-12-20 之④）。

图 2-12-20

（6）同“左揽雀尾”（5）解，唯左右动作方向相反（图 2-12-21）。

（7）同“左揽雀尾”（6）解，唯左右动作方向相反（图 2-12-22 之①、②、③）。

①　　②

图 2-12-21

（8）同“左揽雀尾”（7）解，唯左右动作方向相反（图 2-12-22 之④）。

①　　②　　③　　④

图 2-12-22

第　四　组

（九）单鞭

（1）上体后坐，身体重心逐渐移至左腿上，右脚尖内扣；同时上体左转，两手（左高右低）向左划弧运转，直至左臂平举伸于身体左侧，手心向左，右手经腹前运至左肋前，手心向后上方；目视左手（图 2-12-23 之①、②）。

（2）身体重心再逐渐移至右腿上，上体右转，左脚向右脚靠拢，脚尖点地；同时，右手向右上方划弧（手心由里转向外）至右侧方时变勾手，臂与肩平；左手向下经腹前向右上划弧停于右肩前，手心向里；目视左手（图 2-12-23 之③、④）。

（3）上体微向左转，左脚向左前侧方迈出，右脚跟后蹬，成左弓步；在身体重心移向左腿的同时，左掌随上体的继续左转慢慢翻转向前推出，手心向前，手指与眼齐平，臂微屈；目视左手（图 2-12-23 之⑤、⑥）。

①　　②　　③　　④　　⑤　　⑥

图 2-12-23

要点：上体保持挺直，松腰。完成时，右臂肘部微下垂，左肘与左膝上下相对，两肩下沉。左手向外翻掌前推时，要随转体边翻边推出，不要翻掌太快或最后突然翻掌，全部过渡动作要上下协调一致。

（十）云手

（1）身体重心移至右腿上，身体渐向右转，左脚尖内扣；左手经腹前向右上划弧至右肩前，手心斜向后，同时右手变掌，手心向右前；目视左手（图2-12-24 之①、②、③）。

（2）上体慢慢左转，身体重心随之左移；左手由脸前向左侧运转，手心渐渐转向左方；右手由右下经腹前向左上划弧，至左肩前，手心斜向后；同时右脚靠近左脚，成小开立步（两脚距离 10～20cm）；目视右手（图 2-12-24 之④、⑤）。

图 2-12-24

（3）上体再向右转，同时左手经腹前向右上划弧至右肩前，手心斜向后；右手向右侧运转，手心翻转向右；随之左腿向左横跨一步；目视左手（图 2-12-25）。

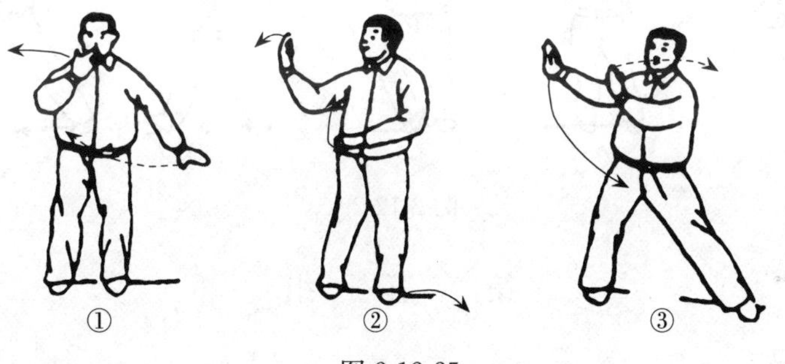

图 2-12-25

（4）同（2）解（图 2-12-26）。

图 2-12-26

（5）同（3）解（图 2-12-27）。

（6）同（2）解（图 2-12-28）。

要点：身体转动要以腰脊为轴，松腰、松胯，不可忽高忽低。两臂随腰的转动而运转，要自然圆活，速度要缓慢均匀。下肢移动时，身体重心稳定，两脚掌先着地再踏实，脚尖向前。第三个云手，右脚最后跟步时，脚尖微向内扣，便于接“单鞭”动作。

图 2-12-27　　图 2-12-28

（十一）单鞭

（1）上体右转，右手随之向右运转，至右侧方时变成勾手；左手经腹前向右上划弧至右肩前，手心向内；身体重心落在右腿上，左脚尖点地；目视左手（图 2-12-29 之①、②、③）。

（2）上体微向左转，左脚向左前侧方迈出，右脚跟后蹬，成左弓步；在身体重心移向左腿的同时，上体继续左转，左掌慢慢翻转向前推出，成单鞭式（图2-12-29 之④、⑤）。

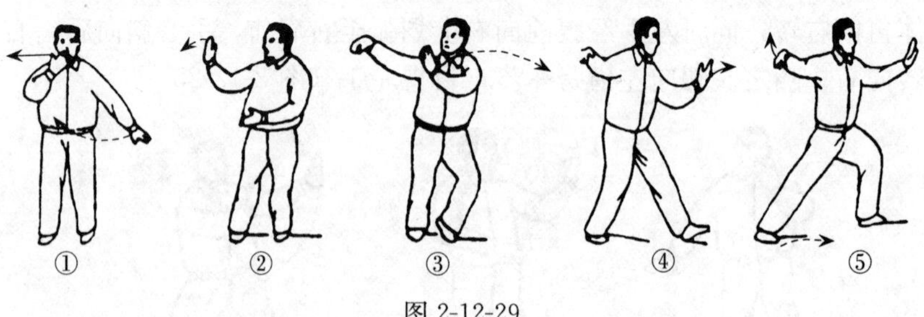

图 2-12-29

第　五　组

（十二）高探马

（1）右脚跟进半步，身体重心逐渐移至右腿上；右勾手变成掌，两手心翻掌向上，两肘微屈；同时身体微向右转，左脚跟渐渐离地；目视左前方（图 2-12-30 之①）。

图 2-12-30

（2）上体微向左转，面向前方；右掌经右耳旁向前推出，手心向前，手指与眼同高；左手收至左侧腰前，手心向上，同时，左脚微向前移，脚尖点地，成左虚步；目视右手（图 2-12-30 之②）。

要点：跟步移换重心时，身体不要起伏。

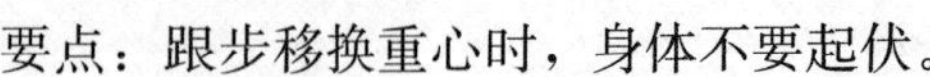

（十三）右蹬脚

（1）右膝稍提起的同时，左手手心向上前伸从右手腕背面穿出，两手交叉，随即两手向两侧分开并向下划弧，手心斜向下；同时左脚提起向左前方迈步成左弓步，脚尖稍外撇；目视前方（图 2-12-31 之①、②、③）。

（2）两手由外圈向里圈划弧，两手交叉合抱于胸前，右手在外，手心均向后；同时右脚向左脚靠拢，脚尖点地；目平视右前方（图 2-12-31 之④）。

（3）两臂左右划弧分开平举，肘部微屈，手心均向外；同时右腿屈膝提起，右脚向右前方慢慢蹬出，目视右手（图 2-12-31 之⑤、⑥）。

图 2-12-31

要点：身体要稳，不可前俯后仰。两手分开时腕部与肩齐平。蹬脚时，左腿微屈，右脚尖回勾，用力在脚跟。分手和蹬脚要协调一致。右臂和左腿上下相对。

（十四）双峰贯耳

（1）右腿收回，屈膝平举，左手由后向上，向前下落至体前，两手心均翻转向上并向下划弧分落于右膝盖两侧；目视前方（图 2-12-32 之①、②）。

（2）右脚向右前方落下，身体重心渐渐前移，成右弓步，面向右前方；同时两手下落，慢慢变拳，分别从两侧向上、向前划弧至面部前方，呈钳形，两拳相对，高与耳齐，拳眼都斜向内下（两拳间距 10～20cm）；目视右拳（图 2-12-32 之③、④）。

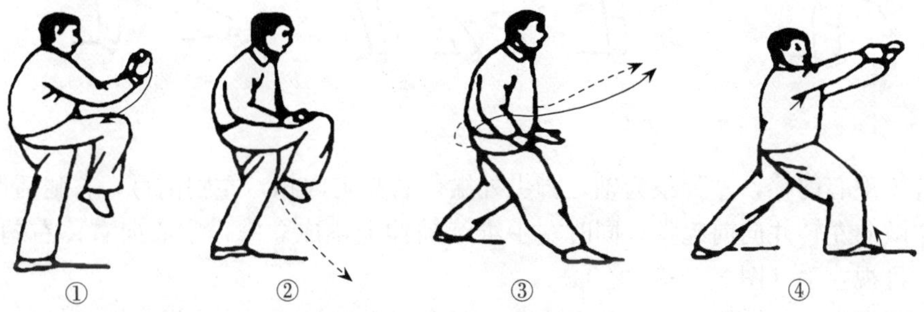

图 2-12-32

要点：完成时，头颈正直，松腰松垮，两拳松握，沉肩垂肘，两臂均保持弧形。双峰贯耳式的弓步和身体方向与右蹬脚方向相同。弓步的两脚跟横向距离同“揽雀尾”式。

（十五）转身左蹬脚

（1）左腿屈膝后坐，身体重心移至左腿，上体左转，右脚尖内扣；同时两拳变掌，由上向左右划弧分开平举，手心向前；目视左手（图 2-12-33 之①、②）。

（2）身体重心再移至右腿，左脚收到右脚内侧，脚尖点地；同时两手由外向里划弧合抱于胸前，左手在外，手心均向后；目平视左方（图 2-12-33 之③、④）。

（3）两臂左右划弧分开平举，肘部微屈，两手心均向外；同时左腿屈膝提起，左脚向前方慢慢蹬出；目视左手（图 2-12-33 之⑤、⑥）。

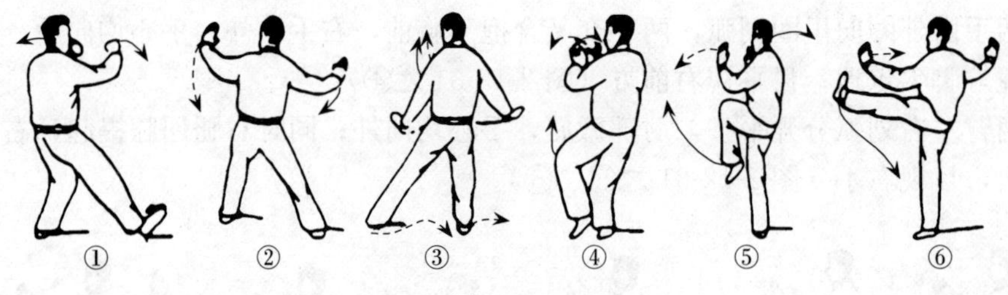

图 2-12-33

第　六　组

（十六）左下势独立

（1）左腿收回平屈，上体右转；右掌变成勾手，左掌向上、向右划弧下落，立于右肩前，掌心斜向后；目视右手（图 2-12-34 之①、②）。

（2）右腿慢慢屈膝下蹲，左腿由内向左侧偏后伸出，成左仆步；左手掌心向外，下落并向左下顺左腿内侧向前穿出；眼看左手（图 2-12-34 之③、④）。

要点：右腿全蹲时，上体不可过于前倾。左腿伸直，左脚尖要内扣，两脚脚掌全部着地。左脚尖与右脚跟踏在中轴线上。

图 2-12-34

（3）身体重心前移，左脚跟为轴，脚尖外撇，右脚尖内扣，左腿前弓，右腿后蹬，成左弓步；上体微向左转并向前起身；同时左手继续前伸上挑成立掌，掌心向右；右勾手下落，钩尖向后；目视左手（图 2-12-35 之①）。

（4）右腿慢慢提起平屈，成左独立式；同时右勾手变掌由后下方顺右腿外侧向前弧形摆出，挑掌并屈肘立于右腿上方，肘与膝相对，手心向左；左手落于左胯旁，手心向下，指尖向前；目视右手（图 2-12-35 之②、③）。

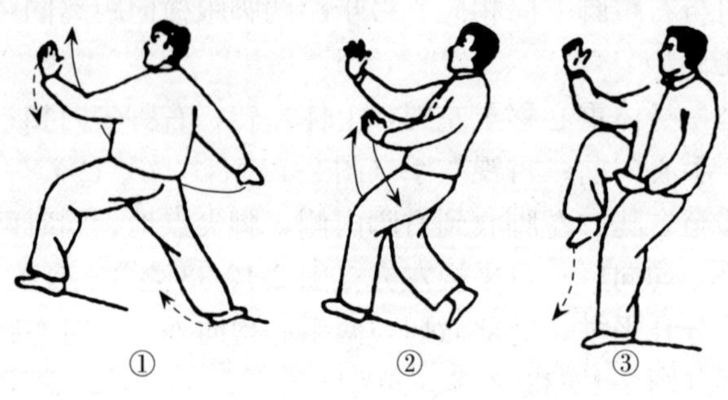

图 2-12-35

（十七）右下势独立

（1）右脚下落于左脚前，脚掌着地，自然以左脚前脚掌为轴脚跟转动，身体随之左转；同时左手向后平举变成勾手，右掌随着转体向左侧划弧，立于左肩前，掌心斜向后；目视左手（图 2-12-36 之①、②）。

（2）同“左下势独立”（2）解，唯左右动作方向相反（图 2-12-36 之③、④）。

（3）同“左下势独立”（3）解，唯左右动作方向相反（图 2-12-36 之⑤）。

（4）同“左下势独立”（4）解，唯左右动作方向相反（图 2-12-36 之⑥、⑦）。

要点：右脚尖触地后必须稍微提起，然后再向下仆腿。

图 2-12-36

第 七 组

（十八）左右穿梭

（1）身体微向左转，左脚脚尖外撇向前落地，右脚跟离地，两腿屈膝成半坐盘式；同时两手左上右下在左胸前成抱球状；随之右脚收到左脚的内侧，脚尖点地成右丁步；目视左前臂（图 2-12-37）。

图 2-12-37

（2）身体右转，右脚向右前方迈出，屈膝弓腿，成右弓步；同时右手由脸前向上架掌停在右额前，手心斜向上；左手先向左下再经体前向前推出，高与鼻尖平，手心向前；目视左手（图 2-12-38）。

（3）身体重心略向后移，右脚尖稍外撇，随即身体重心再移至右腿，左脚跟进停于右脚内侧，脚尖点地，成左丁步；同时两手右上左下在右胸前成抱球状；目视右前臂（图 2-12-39）。

（4）同（2）解，唯左右动作方向相反（图 2-12-40）。

要点：手推出后，上体不可前俯。手上举时，防止引肩上耸，一手上举一手前推，要与弓腿松腰上下协调一致。

图 2-12-38

图 2-12-39

图 2-12-40

（十九）海底针

（1）右脚向前跟进半步，前脚掌先着地，随后全脚掌着地踏实，身体重心移至右腿；左膝略提起，同时身体稍向右转，右臂屈肘将手向上提至耳侧，左手经体前下落，手心向下，指尖斜向前，目视前下方（图 2-12-41 之①）。

图 2-12-41

（2）上体稍左转，左脚稍向前落步，脚尖点地成左虚步；同时，右手从耳侧向斜前下方插掌，掌心向左，指尖斜向下；左手向左下划弧落于左胯旁，手心向下，指尖向前；目视前下方（图 2-12-41 之②）。

要点：完成动作时左臂不要完全伸直，推掌，举掌和弓腿动作要协调一致。

（二十）闪通臂

上体稍向右转，左脚向前迈出，屈膝弓腿成左弓步；同时，右臂屈肘由体前上提至右额前上方架掌，掌心斜向上，拇指朝下；左手上起经胸前推出，高与鼻尖平，手心向前；目视左手（图 2-12-42）。

图 2-12-42

要点：完成动作时左臂不要完全伸直，推掌，举掌和弓腿动作要协调一致。

第　八　组

（二十一）转身搬拦捶

（1）上体后坐，身体重心移至右腿上，左脚尖内扣，身体向右后转，然后身体重心再移至左腿上；同时，右手随着转体向右、向下（变拳）经腹前划弧至左肋旁，拳心向下；左掌上举于头前，掌心斜向上；目视前方（图 2-12-43）。

图 2-12-43

（2）向右转体，右脚收回后即向前迈出，脚尖外撇；同时，右拳经胸前向前翻转搬出，拳心向上；左掌落按于左胯旁，掌心向下，指尖向前；目视右拳（图 2-12-44）。

图 2-12-44

（3）身体稍右转，重心移至右腿，左脚向前上步；同时，右拳向右划弧收抱腰间，拳心向上；左手随左脚上步经左侧向前上划弧拦出，掌心向前下方；目视左手（图 2-12-45 之①、②、③）。

（4）左腿前弓成左弓步，同时右拳向前冲出，拳眼向上，高与胸平，左手附于右前臂里侧；目视右拳（图 2-12-45 之④）。

要点：右拳回收时，前臂慢慢内旋划弧，然后再外旋停于右腰旁，拳心向上。向前打拳

图 2-12-45

时，右肩随拳略向前引伸，右臂要微屈。

（二十二）如封似闭

（1）左手由右腕下向前穿出，右拳变掌，两手逐渐翻转并慢慢手心向上；目平视（图 2-12-46 之①）。

（2）上体后坐，左脚尖翘起，身体重心移至右腿；同时两臂屈肘，两手慢慢分开回收至胸前翻掌，落于两肋前；目视前方（图 2-12-46 之②、③、④）。

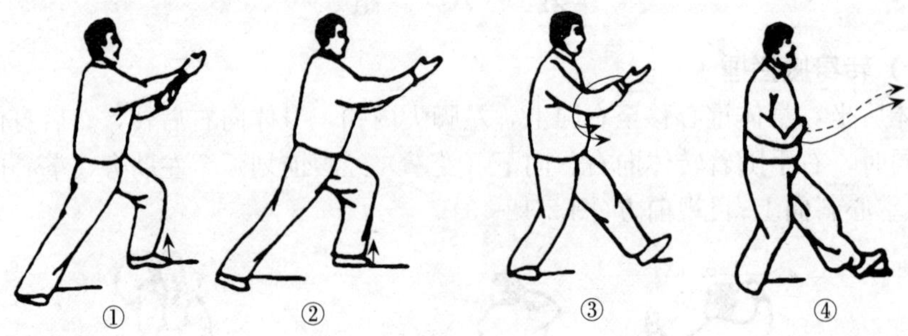

图 2-12-46

（3）两手向下经腹前再向上、向前推出，腕部与肩平，手心向前；同时左腿前弓成左弓步；目视前方（图 2-12-47）。

图 2-12-47

要点：两臂随身体回收时，肩、肘部略向外松开，不要直着抽回。两手推出宽度不要超过两肩。

（二十三）十字手

（1）屈膝后坐，身体重心移至右腿，左脚尖内扣，向右转体；右手随着转体动作向右平摆划弧，与左手成两臂侧平举，掌心向前，肘部微屈；同时右脚尖随着转体稍向外撇，成右侧弓步；目视右手（图 2-12-48 之①、②）。

（2）身体重心慢慢移至左腿，右脚尖内扣，随即向左收回，两脚距离与肩同宽，两腿逐渐蹬直，成开立步；同时两手向下经腹前向上划弧交叉合抱于胸前，两臂撑圆，腕高与肩平，右手在外，成十字手，手心均向后；目视前方（图 2-12-48 之③、④）。

要点：两手分开和合抱时，上体不要前俯。两臂环抱时要圆满舒适，沉肩垂肘。

图 2-12-48

（二十四）收势

两手向外翻掌，手心向下，两臂慢慢下落，停于身体两侧；左腿收回，两脚并立，目视前方（图 2-12-49）。

图 2-12-49

要点：两手左右分开下落时，要注意全身放松，同时气也徐徐下沉（呼气加长）。呼吸平稳后把左脚收至右脚旁。

第二节　散　　打

散打也叫散手，古时称之为相搏、手搏、技击等。简单而言，就是两人徒手面对面地打斗。散打是中华武术的精华，是具有独特民族风格的体育项目，多年来在民间流传发展，深受广大青少年的喜爱。散打的起源与发展是和中华民族悠久历史同步的。它从先辈的生产劳动、生存斗争开始，又服务于此，演化至今成为中华民族灿烂文化遗产中的瑰宝。散打是一项对抗性很强的运动，练习散打能培养机智、顽强、勇敢、灵活、果断等意志品质。现在的散打是两人按照一定的规则，运用武术中的踢、打、摔和防守等方法，进行徒手对抗的现代体育竞技项目。

一、散打基本技术

（一）实战姿势

实战姿势通常也叫做预备势或格斗势，是格斗前所采用的临战运动姿势。它不但能使身体处于强有力的状态，而且有利于快速移动发起进攻和防守，并且暴露面少，能有效地保护自己的要害部位。

实战姿势分为左势和右势。左脚在前为左势（图 2-12-50 之①），右脚在前为右势（图 2-12-50 之②）。以左势为例，两脚前后开立，前脚跟与后脚尖之间为一脚半距离，前脚与后脚间横向距离稍宽于肩，前脚尖略向内侧转，后脚尖斜朝前，脚跟稍离地面，两臂自然弯曲，左臂内屈约 90°，左拳置于体前略低于眼睛，拳面斜朝前，拳眼斜朝上，右臂内屈约 45°，右拳置于右肋前略高于下颌，两肘自然下垂并稍向里合，上体稍前倾，下颌微收，目视前方。

图 2-12-50　实战姿势

（二）基本步法

散打步法是为保持与对手间的距离，实施进攻与防守动作或破坏对手的进攻与防守意图，而进行的专门脚步移动方法。有滑步、垫步、上步、撤步、插步、旋转步等。在此，主要以最常用的滑步和垫步为介绍内容。

1. 滑步

（1）前滑步。实战势，后脚蹬地，前脚向前移动，落地时以前脚掌先落地，随之后脚前移，落地后与原基本姿势相同（图 2-12-51 之①、②）。后滑步反之（图 2-12-51 之③、④）。

（2）左滑步。实战势，后脚蹬地，前脚向左平移，后脚随之向左移动，完成后与原实战势相同（图 2-12-51 之⑤）。右滑步反之（图 2-12-51 之⑥）。

图 2-12-51　滑　步

2. 垫步

（1）前垫步。实战势，前脚蹬地，后脚前移，在前脚里侧处落地的同时前脚前移，落步后还原成实战姿势（图 2-12-52 之①、②）。

（2）后垫步。实战势，后脚蹬地，前脚后移，在前脚里侧落地的同时后脚后移，落步后还原成实战姿势（图 2-12-52 之③、④）。

（三）基本拳法

拳法在实战中具有速度快和灵活多变的特点，往往能以最短的距离，最快的速度击中对方。拳法的主要技法有：冲拳、掼拳、抄拳、鞭拳等。在此，主要介绍最常用的冲拳、掼拳和抄拳。

1. 冲拳　冲拳是散打中最常用的拳法，出击路线为直线，主要用于攻击对方头部。以后腿蹬地，拧腰转胯所发出的力，速度快，力量大，变化多是冲拳的主要特点。

图 2-12-52 垫 步

以左冲拳为例：实战姿势站立，左脚在前右脚在后，左脚跟稍外转，重心移至左脚，上体略左转，同时，左臂顺肩伸肘，使拳面向前直线冲击，力达拳面，拳心向下，右拳置下颌处，目视前方，然后左拳压肘收回，还原成实战姿势（图 2-12-53 之①）。右冲拳反之（图 2-12-53 之②）。

图 2-12-53 冲 拳

2. 掼拳 中距离拳法，用于攻击对方的头部和胸部。其击打力主要来自于脚蹬地，拧腰转胯，以及肩、臂旋转力的合力。所以，其力度大，攻击力强。

以左掼拳为例：实战姿势站立，右脚蹬地，身体重心移向左脚，左脚跟略离地外转，并蹍转脚掌，上体右转同时左臂内旋，抬肘与肩平，使拳由左向右横击，高与肩平，然后还原成实战姿势（图 2-12-54 之①）。右掼拳反之（图 2-12-54 之②）。

3. 抄拳 从方向上分，抄拳有上抄拳、下抄拳、左抄拳等多种击法。路线不同其攻击点也不同，主要为头、胸、腹、下颌、体侧要害等部位。多用于连续攻击和防守反击。

以左抄拳为例：实战姿势站立，右脚蹬地，重心移向左脚，左脚跟略抬外转，脚掌蹍地，上体左转略下沉后，左膝及上体瞬间挺伸并向右转体。同时，左臂外旋由下向上击拳，拳面朝上，拳心朝右内，力达拳面，右拳仍置下颌前，目视左拳，然后还原成实战姿势（图 2-12-55 之①）。右抄拳反之（图2-12-55 之②）。

图 2-12-54 掼 拳　　图 2-12-55 抄 拳

（四）基本腿法

腿法是散打技术中最重要的技法之一，在散打中占有很重要的地位。腿法有踢、踹、弹、扫、摆等 20 多种，进攻变化多，攻击距离远，力度大，还具有隐蔽性。在此，主要以散打中最常用的正蹬、侧踹和弹腿为介绍对象。

1. 正蹬 以左正蹬腿为例：左势站立，身体重心移至后腿，后腿略屈，左腿屈膝上抬，含胸，收腹，下腿贴近胸部，脚尖勾起，脚底朝前下，随即左腿由屈而伸向前上方蹬出，力达脚跟，当脚触击目标时伸胯，并使脚尖猛向前下方压踩，使力达全脚掌，两拳自然下落置于体前（图 2-12-56 之①、②）。右蹬腿反之（图 2-12-56 之③、④）。

图 2-12-56 正 踢

2. 侧踹 以左侧踹腿为例：左势站立，重心移至后腿，膝略屈，脚尖外展，左腿屈膝上抬，膝高于腰，脚尖勾起，脚底朝外侧下，随即小腿外翻，脚底朝向攻击点挺膝踹出，力达脚跟（图 2-12-57 之①、②、③）。右侧踹腿反之（图 2-12-57 之④、⑤、⑥）。

图 2-12-57 侧 踹

3. 弹腿 以左侧弹腿为例：左势站立，上体稍向右侧倾，重心移至右腿，同时左腿屈膝展髋，大小腿自然折叠，脚背绷直，随即由屈到伸，大腿带动小腿向右侧横弹，力达脚背（图 2-12-58 之①、②）。右侧弹腿反之（图 2-12-58 之③、④）。

图 2-12-58 弹 腿

（五）基本摔法

“远者拳打脚踢，近者贴身快摔。”快摔在武术散打中占有重要位置，不仅是得分制胜的有效手段，也能使对方承受巨大的精神压力和极大的体力耗费，限制对方技术、战术的发挥。

1. 抱腿过顶摔 可分为抱双腿过顶摔（图 2-12-59 之①、②）和抱单腿过顶摔（图 2-12-59 之③、④），在此以抱双腿为例，进行讲解。

图 2-12-59 抱腿过顶摔

在格斗中，当对方用冲拳攻击头部时，迅速下潜躲闪，同时上左步，屈膝，弓腰，两手由外向内抱其双腿膝关节后部，左肩前顶其髋腹部；随即右步跟上，蹬腿，挺腰，抬头，将对手抱起向后摔。抱单腿过顶摔，是在下潜后单抱前腿，其余动作相同。

2. 抱双腿前顶摔 在格斗中，双手抱住对方双腿后。对手重心下降防守时，两手屈肘迅猛用力回拉，同时左肩向前用力顶对方髋腹部，将其摔倒（图 2-12-60）。

图 2-12-60 抱双腿前顶摔

3. 抱单腿挫膝摔 在格斗中，两手抱住对手左腿后，当对手重心下降用力按压后背反抗时，迅速用右手回拉对手小腿下端，同时用左肩下压其大腿根部，使对手小腿受挫而倒地（图 2-12-61）。

图 2-12-61 抱单腿挫膝摔

4. 切摔 当对方用左掼拳攻击时，迅速用右前臂向外格挡，并搂住其手臂；随即上左腿至对手左腿后方别住其左腿，同时左臂由对手右肩上穿过，向前下方切压其颈部，上体前俯并向右拧转，将对手摔倒（图 2-12-62）。

5. 夹颈过背摔 当对手用右掼拳攻击时，迅速用左前臂格挡，并搂抓其手臂；随即上右步于对手右脚前，同时右臂屈肘夹其颈部；继之向左转体，背转向对方，两腿屈膝，用右

①　　②

图 2-12-62　切　摔

侧臂部抵住对手腹部；随即两腿深蹲，向下弯腰低头，将对手背起后摔倒（图 2-12-63）。

①　　②　　③

图 2-12-63　夹颈过背摔

6. 接腿上托摔　格斗中，对方用右腿正蹬攻击时，迅速用两手抓住对手小腿或脚踝处；随即屈臂上抬，两手挟托对手右脚后，向前上方猛力推举，将对手摔倒（图 2-12-64）。

①　　②

图 2-12-64　接腿上托摔

7. 接腿勾踢摔

当对手用右侧边腿攻击时，迅速上左步，左手抄抱其小腿，右手从对手右肩上穿过，下压其颈部，同时左手上抬，右脚从右向左，猛力勾踢对方支撑脚脚踝关节处，将其摔倒（图 2-12-65）。

二、散打训练方法与注意事项

（一）散打训练方法

1. 徒手练习

（1）慢速度原地练习。对动作表象有一定了解之后，缓慢地用肢体将动作路线、要求、要领表达出来，从而通过缓慢的动作来体会动作要领是否到位，身体各部位配合是否协调。

（2）结合步法练习。经过原地练习基本掌握动作方法后，根据实战的需要，结合步法进

①

②

图 2-12-65 接腿勾踢摔

行练习。目的是使技术和实战联系在一起，使练习者在步法进退中施展动作技术及有效控制身体重心，保持平衡。

（3）“假想敌”练习。“假想敌”练习是从实战出发，根据假想对手的进攻或防守方法和所处的状态，做有效的主动进攻或防守反击的打法练习。

2. 打靶练习

（1）打沙包练习。能有效地提高练习者的击打力量，增强攻击耐力和攻击能力。可采用连续击打或间歇击打的方法，选用单一动作或连击来击打。

（2）打手靶、脚靶练习。可分为打固定靶、活动靶和移动靶三种形式，主要作用在于使练习者在练习中增强动作质量，促进动作定型。

3. 攻防练习

（1）不接触的攻防练习。即两人一组在非对抗条件下进行的进攻、防守与反击的练习。其目的是改进与巩固技术动作，熟练技法在实战中运用的方法与时机，以及消除初学者的害怕心理。

（2）条件攻防练习。条件攻防练习是一种有条件限制的进攻或防守的练习方式。目的是提高练习者技术运用的熟练程度和主动进攻、防守反击等技能实战应用的能动性、实效性和针对性。

4. 实战练习

（1）条件实战。条件实战是指针对练习目的设置一定条件限制的练习方法。根据训练内容、技术的特点和要求或提高练习者的某种能力而设置的一种训练手段，有很强的针对性。

（2）实战比赛。在激烈的对抗条件下，在限制与反限制、发挥与反发挥的剧烈争夺中来检验和全面提高练习者技战术运用的能动性和实效性。

（二）训练散打的要求和注意事项

1. 加强武德修养，明确锻炼目的 武德是指尚武崇德的精神，是武术界共同的信仰和遵守的言行准则。学习散打的目的是强身、自卫，锻炼自身意志品质，切不可以自身的武技打架斗殴，扰乱治安、寻衅滋事、恃强凌弱。

2. 持之以恒，坚持不懈 练习散打只有经历长期艰苦的训练才能奠定娴熟的动作、技术基础。在练习过程中，会遇到各种各样的困难，所以只有坚持吃苦耐劳，持之以恒的态度，才能不断进步，学有所成。

3. 从易到难，循序渐进 散打技术、动作的学习要遵循从易到难、由简到繁的动作技能形成的基本规律。从基本功、基本动作、技术入手，在较熟练地掌握基本技术、动作之后，再进行组合连击和实战练习，逐步提高难度，不可急于求成。

4. 想练结合，力求动作准确 真正掌握一个动作，要经过无数次反复的训练，在纠正和提高中达到动力定型。在练习过程中，要想练结合，不断修正自己的错误动作，看是否符合规范和标准，争取做到精益求精。

5. 技术切合实际，从实战出发 散打是以实战为根本目的的一项搏击运动。所以在学习、练习过程中都要从实战出发，切合实际，为实战的目标服务。在平时练习中，要根据自己的特点和长处，形成自己风格独特的“绝招”。

6. 注意安全，预防安全事故 散打运动对抗激烈，很容易受伤。所以在平时的学习、训练和对抗中要注意安全，预防安全事故的发生。在练习之前要充分做好准备活动，防止意外事故发生；运动着装、场地、护具等要合乎要求等。

第三节 跆拳道

跆拳道起源于朝鲜半岛，是一项运用手脚技术进行格斗的民族传统体育项目。“跆”是用脚踢之；“拳”是用拳打之；“道”是方法、艺术。跆拳道是一种以脚为主（占70%），手脚并用的技击术，所以也有人称之为“脚的艺术”。其特点是迅速有力、准确灵活。跆拳道共有25种套路，另外还有兵器、擒拿、摔锁、对拆自卫术及10余种基本功夫。练习者身穿专用的白色跆拳道道服，腰系代表不同段位的腰带进行训练或比赛。

跆拳道运动推崇“以礼始，以礼终”的尚武精神，练习中要以“礼义廉耻，忍耐克己，百折不屈”为宗旨。谦逊和正确的语言、忍让和友好的态度、虚心和好学的作风是跆拳道练习者应遵循的重要礼仪。因此，练习跆拳道可以内修性情，外修技术、身体，培养人顽强果断、吃苦耐劳的精神，坚韧不拔、积极向上的品质，礼让谦逊、宽厚待人的美德。

一、跆拳道基本技术

（一）实战姿势

跆拳道的实战姿势是进攻的起点和终点，左脚在前称为左势实战姿势，右脚在前称为右势实战姿势。

动作要领：以左势实战姿势为例，两脚前后分开与肩同宽，左脚尖内扣约45°，斜向前方；右脚略偏右，脚跟抬起，重心落于两脚之间；双手握拳，左拳高与肩平，右拳置于胸前；肘关节自然下垂（图2-12-66）。

图2-12-66　实战姿势

（二）步法

1. 前滑步（后滑步） 前脚先动，向前小距离迈步，后脚迅速跟进（有力而有弹性地跟进，而非被前脚拖进）。后滑步反之。

2. 前垫步（后垫步） 和前滑步相反，后脚先动，向前有力而有弹性地垫向前脚，同时前脚迅速向前小距离迈步。后垫步反之。

3. 前进步和后退步 属于大距离前进的步法。前脚后拉半小步，后腿迅速越过前脚，交叉大跨步前进。后退步反之。

4. 侧闪步 和前滑步类似，区别在于是向左右移动。向左移则左脚先动，右移则右脚先动。

（三）腿法

1. 前踢 以左势实战姿势开始。右脚向后蹬地，身体重心前移至左脚；右脚蹬地顺势屈膝提起，左脚以前脚掌为轴外旋约 90°；同时，右腿迅速以膝关节为轴伸膝、送髋、顶髋，把小腿快速向前踢出，力达脚尖或前脚掌。踢击目标后右腿迅速放松弹回，落回原地仍成左势实战姿势（图 2-12-67）。

要点：膝关节上提时大小腿折叠，膝关节夹紧，小腿和踝关节放松，有弹性；踢击时顺势往前送髋；高踢时往上送髋。

图 2-12-67 前 踢

2. 横踢 右脚蹬地，重心移至左脚，右脚屈膝上提，两拳置之于胸前；左脚前脚掌踾地内旋，髋关节左转，左膝内扣；随即左脚掌继续内旋 180°，右腿膝关节向前抬至水平状态；小腿快速向左前横踢出；击打目标后迅速放松收回小腿。右脚落回成实战姿势（图 2-12-68）。

图 2-12-68 横 踢

要点：膝关节夹紧，向前提膝，尽量走直线；支撑脚外旋 180°；髋关节往前顺，身体与大小腿成直线，严格注意击打的力点在正脚背；踝关节适当紧张。

3. 下劈 以左势实战姿势开始。右脚蹬地，重心前移，右脚上举至头部上方时，迅速向前下方劈落，用脚跟或脚掌击打目标后，放松落地，成右势实战姿势（图 2-12-69）。

要点：腿尽量往高、往后举，身体重心往高起；起腿要快速、果断；支撑脚脚跟离地，尽量向前上方送髋；踝关节放松，脚向前下劈落；落地要有控制，放松。

图 2-12-69　下　劈

4. 后踢　以左势实战姿势开始。左脚以脚掌为轴内旋成脚跟正对对手，上身旋转，右膝向腹部靠近，大小腿折叠。右腿用力向攻击目标直线踢出，重心前移落下，成右势实战姿势（图 2-12-70）。

要点：起腿后上身与大小腿收紧；转身、提膝、出腿一次性完成，不能停顿。

图 2-12-70　后　踢

5. 双飞踢　从左势实战姿势开始。先用右横踢攻击对方左肋部，同时，左脚蹬地起跳，身体腾空右转，腾空高度在膝关节以上，但不宜过高；左脚起跳后在空中用左横踢迅速踢击对方胸部或腹部；左右脚交换，右脚落地支撑，左脚横踢目标后迅速前落，成左势实战姿势（图 2-12-71）。

图 2-12-71　双飞踢

要点：右腿横踢目标的同时，左脚蹬地起跳；左脚起跳后迅速随身体右转横踢目标；两腿在空中交换，右脚先落地。

6. 后旋踢 实战姿势开始。两脚以两脚掌为轴均内旋约 180°，身体随之右转约 90°，两拳置于胸前。上体右转，与双腿拧成一定角度。右脚蹬地将蹬地的力量与上体拧转的力量合在一起，将右腿向后上以髋关节为轴直腿摆起，右腿继续向右后旋摆鞭打，同时上体向右转，带动右腿以弧形摆至身体右侧，右腿屈膝回收；右脚落至右后成实战姿势（图 2-12-72）。

要领：转身、旋转、踢腿连贯进行，一气呵成，中间没有停顿；击打点应在正前方，呈水平弧线；屈膝起腿的旋转速度要快；重心在原地旋转 360°。

图 2-12-72 后旋踢

7. 推踢 以实战姿势开始。右脚蹬地，重心前移，右腿以髋关节为轴提膝前蹬，用右脚脚掌向前蹬推，力点在脚掌，推力向正前方（图 2-12-73）。

图 2-12-73 推 踢

要点：提膝后尽量收紧膝关节；重心往前移，利用身体的重量；推的时候腿往前伸展、送髋；推的路线水平往前。

（四）拳法

在跆拳道竞技比赛中，主要用腿攻击，且只允许使用直线拳法。在此只介绍冲拳技术。

冲拳动作要领：两脚左右开立，与肩同宽；两手握拳收于腰间，拳心朝上。左脚向前上步成左弓步；同时右拳从腰间由屈到伸，臂内旋向前平冲，用拳面击打对手的身体。右冲拳时，左脚在前为逆攻，右脚在前为顺攻，此外还有侧冲、下冲等方法。

（五）格挡

1. 上格挡 格挡来自上方往下的攻击力量。

2. 上段外格挡、中段外格档、下段外格挡 分别格挡来自上段、中段和下段的侧向或前方的打击。例如，对方用拳从侧面攻击自己头部、用拳从侧面攻击自己胸腹部、用脚踢击自己髋部。格挡方向由内至外，有利于另一口手反攻，或抓摔对方。

3. 上段内格挡、中段内格挡 和外格挡作用类似，但方向相反，是由外而内格挡，有利于用格挡手的肘部迅速反攻。

4. 立体防守（提膝防守） 最实用的经典防守动作。提膝并配合手部的防守，使全身得到立体型的全面保护，特别有利于对付强有力的鞭腿扫踢等。因为下段格挡用小臂挡腿的危险性很大，而提膝对抗则相对有效。

（六）品势

品势指练习者以技击为主要内容，通过攻守进退的动作编排，达到强身健体、培养意志的一种练习形式。它与中国武术所说的套路相似，即将一定数量的动作编排起来，形成固定模式的套路。

通过品势练习，可使身体各部位得到较为全面的训练，并能有效地锻炼体质。跆拳道的品势有许多种，基本品势有太极、高丽、金刚等。

二、跆拳道技术练习的主要方法

（一）自我训练法

1. 对镜子练习法 即自己面对镜子练习各种技术动作。边练习、边自我观察，通过个人的对镜练习，可以正确地掌握基本动作，体会各种攻防的路线、方向、角度、力点等。

2. 模仿练习法 模仿优秀运动员或有效技术组合进行技术练习。通过模仿，了解和掌握技术动作的特点和优势，既利于自己运用，又可从中发现规律，创造出新的技术组合。模仿的形式多种多样，可以模仿单个技术动作也可以模仿组合技术动作。

（二）配合练习法

1. 听口令完成技术动作 练习者按教练员或同伴的不同口令，完成相应的技术动作。

2. 踢脚靶练习法 教练员或同伴手持脚靶，让练习者进行攻击性技术动作踢击练习。踢靶练习可以先从固定靶开始，熟练和具有一定的力度后，再进行移动靶的踢击练习。

3. 踢组合靶练习 由 4～6 名同伴持不同高度、不同放置角度的固定靶，站成每人相距不超过 2m 的两条直线，由练习者各从一端踢向另一端。要求练习者根据靶位的高低和靶面的角度，运用不同的方法踢击。

（三）踢打沙袋练习法

沙袋练习是跆拳道训练的一种重要方法。通过踢打沙袋，可以提高腿法技术的完成速度和击打力度，从而提高技术训练的质量。踢打沙袋练习技术时，应注意三个方面的问题：一是技术动作的规格，不要猛踢猛打，使技术动作变形；二是体会完成技术动作的本体感觉，即进行正确合理而又有效的技术动作时自己的感觉是怎样的，并将这种感觉保持下去；三是将技术训练、打击力度训练、时间空间感觉训练以及准确性训练有机结合起来，逐渐向实战过渡。

（四）主要技术的脚靶训练法

不同技术动作的练习采用不同的拿靶方法。踢靶时要踢靶的中心，也称靶心位置。拿靶时拿靶柄的中间稍靠前端的部位。

1. 前踢 握靶柄的前端部位，靶面分别在水平位置的上下，靶柄后端与靶前边缘在持靶人的体前右、左方。前踢时用正脚背踢击靶心位置。如果技术正确，部位准确，踢击的瞬间脚靶的两面相互撞击，会发出清脆洪亮的声音。

2. 横踢 握靶柄的前端，靶面与水平面成15°～45°的夹角，靶的两面分别指向左斜下方和右斜上方（踢另一侧时相反），靶的前边缘在前斜上方；整个靶位在人体前方。横踢分中段和上段两个高度，中段在腹胸之间，上段即为头的高度。踢击时用正脚背击打靶心，产生清脆洪亮的声音。

3. 劈踢 靶位在持靶人的体侧，握靶柄的前端，靶身和地面平行，靶面微向斜上方。另一种握法是靶柄指向上方，靶前边缘在下方，靶面与地面垂直。劈踢时靶位与头同高，用脚掌击打脚靶发出清脆声响。

4. 侧踢和推踢 侧踢和推踢时的握靶方法是握靶柄的中间，靶柄、靶前边缘与水平面垂直，靶面面对踢靶人。

5. 后踢 练习后踢靶时有两种握靶，一种是单手靶，握靶柄的中间，靶柄、靶前边缘与地面垂直，靶面正对踢靶人，靶位在握靶人的身体侧面；另一种方法是双手靶，握靶人双手各握一个，两个靶心贴紧，靶位在握靶人的胸部以下和髋关节以上的位置，靶在握靶人的身体正前方。后踢时，分中、高两个高度。中段后踢时用双靶，上段后踢时用单靶，都是击打靶心的位置。

6. 后旋踢 后旋踢靶时有两种握靶方法，一种是单手靶，另一种是双手靶。单手握靶时，握靶柄的前端，靶柄与水平面垂直，靶面微向外侧倾斜，靶位在握靶人的正前方。双手握靶时，握靶柄的前端，两靶柄与水平面成垂自方向，两靶面向左、右方向，两靶间隔约15cm，与踢靶人的头部同高。后旋踢时用脚掌击打靶心位置，产生清脆洪亮的声音。

7. 冲拳攻击 握靶柄的前端，靶柄、靶前边缘与水平面垂直，靶面微向内侧斜。用拳面击打靶心位置发出声音。

学习资源（视频）

太极八章　太极二章　太极六章　太极七章

太极三章　太极四章　太极五章　太极一章

右侧移步　原地换步　左侧移步

第十三章
户外休闲运动与拓展训练

第一节　慢跑与快走

一、慢跑

（一）慢跑的特点与功能

慢跑是我国群众性体育活动中开展较普遍的运动，在田径场、公路、树林、公园及田间小路常可见到跑步者。慢跑技术简单、易掌握，男女老少均可参加。

现代医学认为，慢跑有利于大脑疲劳的消除，能增强心脏功能，预防心血管系统疾病。慢跑时冠状动脉血流量较安静时可增加10倍，即每分钟血流量可达1 200～1 400mL。慢跑时所供给的氧气较静坐时可多8～12倍。练慢跑的人，平时心跳频率可降到每分钟50～60次，这可使心肌得到较长时间的休整。最大吸氧量不但显著高于不锻炼的同龄人，而且还高于参加一般性锻炼的人。慢跑还能促进人体的新陈代谢，减少体内多余的水分，加速体内多余脂肪和胆固醇的消耗，进而达到增强体质、提高抗病能力的目的。

（二）注意事项

1. 医务监督　练习者，尤其是心血管疾病患者，应在医院身体检查以后，听从医生的指导，制订合理的锻炼计划。

2. 训练安排

（1）循序渐进。开始锻炼时，距离可以短一些，速度不能太快，逐渐增加时间，以锻炼后身体微感疲劳为宜。

（2）负荷适当。跑时应精神愉快、心情舒畅，若烦躁不安、难受苦恼，就应停止。在慢跑过程中，心率以每分钟不超过180减去自己的年龄数为宜。

（3）跑的时间。时间在20～40min较为合适。慢跑不要求快，只要使全身肌肉得到震动即可。

（4）最理想的是每天慢跑1次，如果做不到，每星期至少也要2～3次。

（5）空腹时和刚吃完饭时，不要进行慢跑，正确的做法是用餐后休息30～60min再去慢跑。

3. 训练形式　开始时先单独一个人跑，因为如果有几个人一起跑，会不由自主地产生竞争感，容易产生超过自己体力标准的跑步速度。

4. 技术要点

（1）呼吸顺畅。慢跑时呼吸要自然、深长、协调，不应有憋气感。向前跑两三步吸气，再跑两三步之后呼出。正确的呼吸方法是用鼻子和嘴巴同时吸进空气，吐气时要用力。如果感觉有点呼吸困难，要稍微降低速度。若呼吸急促、上气不接下气，可能是跑速过快或身体不适应，应降低跑速。若跑时呼吸困难、胸闷难受，就应停跑，请医生检查。

（2）做好准备活动。可缓慢地屈伸肢体，舒展全身的肌肉，并注意活动好踝关节、膝关节等部位。

（3）跑步时，步伐轻快富有弹性，脚掌柔和着地，身体重心起伏小，左右晃动不大，步幅小，上下肢协调配合，直线性好。上体正直稍前倾，头部自然，眼平视。摆臂以肩为轴，两手半握拳，前后摆动。

（4）结束后不宜立即停止不动，应当再做一些轻缓的调整运动。

5. 服装、鞋和路面

（1）尽量穿运动服装或宽松的休闲服装，衣服穿在身上不能过紧或过于肥大。

（2）穿一双好的慢跑鞋。长期跑步对关节的冲击较大，易出现急、慢性下肢损伤，如髌骨软骨病、踝关节扭伤、跟腱炎、骨刺综合征等。为减轻脚和膝关节的负担，跑步时最好穿一双好的慢跑鞋。慢跑鞋重量要轻、要软，但是鞋底又要耐磨才行。

（3）避免在不平的地面上跑步。在平坦的马路上进行慢跑可以用前脚掌着地，利用下半身的弹性。上坡或逆风慢跑时，步子要放慢，使身体在整个跑步过程中感觉如一。

二、快走

（一）快走的特点与功能

快走运动是很好的有氧锻炼健身项目，可在户外，也可在健身房内的跑步机上进行，具有安全、简便、易行的特点。研究表明，快走可以激活体内的抗氧化酶，通过肌肉运动促使血管收缩与扩张、加速血液循环，从而起到通经络、抗衰老、降血压的作用。

从 1968 年起，哈佛大学公共卫生学院的专家们对72 488名 40～65 岁的女性进行了运动与生理关系的长期追踪研究，结果发现每天快走（速度为 80m/min）30min 的人，糖尿病、心脏病、骨质疏松症以及中风发病率大幅度下降；每天快走 45min 以上的人，中风的概率可降低 40%，其效果与慢跑、打网球、骑自行车等运动是相同的。由此看来，虽然运动量不大，但是快走带来的“健康效益”却是巨大的。

（二）注意事项

1. 选择好锻炼时间　每天清晨（最好在太阳升起以后）或傍晚外出，快走时间每次 30～60min，以自己体质状况而定。快走不是平常的走路或散步，要达到一定的运动量。

2. 选择合适的运动场地　郊外河畔、芳草小径或公园、体育场等空气新鲜的地方，适宜快走锻炼。

3. 掌握好快走方法

（1）走路要跨大步，速度快、双臂摆动、抬头挺胸，两眼平视前方，腹部稍内收，臀肌稍保持紧张，膝关节微屈，双腿自然放松。

（2）头部和颈部应是脊椎的延伸，感觉头顶着天，背脊自然就伸直。肩部保持放松，收紧腹部，不要翘臀，如此可预防姿势错误造成的腰背痛。

（3）双臂紧靠身体，肘部轻松地屈曲 90°，靠近身体摆动，手半握拳，脚后跟着地，脚掌向前滚动，然后脚尖用力向前走，即每跨出一步，必须是按先脚跟、再脚掌、然后脚尖的顺序着地。

（4）倒退行走的方式能使腰背部肌肉有规律的收缩和放松，有助于改善腰部血液循环，对缓解腰背痛及解除下肢疲劳十分有效。走时注意力集中，迈的步伐应略大，挺胸收腹，上半身略向前倾，双臂自然摆动在身体两侧，呼吸自然均匀；并做到动静结合，运动后做一些放松运动，使身体恢复到正常状态。

4. 循序渐进 开始快走时选择较低强度，运动量可逐渐由小到大，运动时间由短到长，每次快走后以自我感到舒适为度。

5. 养成习惯 在确定了适合自己的运动量以后，就贵在“坚持”二字。美国人提出了“每天多走 1 万步”的口号，我们即使不走那么多，每周最少也应锻炼 3 次。行走时间可以从最初的每天 10min 开始逐渐增加，以每天连续快走 40min 为最终目标。如能坚持 12 个星期，就能变成习惯了。

6. 注意呼吸节奏 要想在快走中感觉舒适，保持一种稳定的呼吸节奏比过度换气更重要。要尽量将肺中的气体呼出而不必追求过多吸气。在运动中，每一个阶段的运动速度都要平稳有节奏，否则呼吸不匀容易造成腹痛。

建议最好在下午四五点钟这段光线较好的时间里进行快走。因为这时的人体活动能力最强，最适应运动的要求。为了保证安全，运动时最好远离交通繁忙的路段，运动时既不要过饱也不要空腹，还要注意及时补充水分。

（三）运动量的控制

1. 训练强度 初学时，步行速度最好慢些，注意心律。从运动医学来说，无论男女，每分钟最佳训练脉搏应是最大心律的 75%～80%，即（220－年龄）×（75～80）%。例如，30 岁人的脉搏应为 143～150 次/min，个人可以根据体重或健康状况再行调整。若步行运动量过大，超过心律的规定值，应立即降低步行速度和减少步行时间。

负重走路可以增加走路时所消耗的热量，如背着背包走。背包重量有 2～3kg 即可，太重会导致背痛。背带要宽，与背部接触面的材质透气性要好。

2. 热身活动 最好先放松地缓步行走 10min，以充分热身。步行是双臂摆动，双肩旋转，有意识地呼吸。热身活动结束应稍稍出汗。

3. 放松活动 步行后，应进行放松活动。随后做腿部、胸部和背部伸展活动至少 7～10min。

4. 鞋和服装

（1）穿合脚的运动鞋。快走时穿一双专门的软底跑鞋，可缓冲走路时脚底的压力，保护脚踝关节免受伤害。

（2）穿舒适的运动服。宽松舒适的运动服装吸湿透气，又有利于身体放松，使人走得爽快。

第二节 攀　岩

攀岩运动是从登山运动中派生出来的现代竞技项目，20 世纪 50 年代起源于苏联，是一项集健身、娱乐和竞技于一体的勇敢者的运动。它不但要求运动员具有良好的、全面的身体素质，而且还要具备勇敢、顽强和坚忍不拔的精神，敢于在各种不同高度、角度的岩壁上完成各种腾挪、转身、跳跃、引体等惊险动作。攀岩能给人们以优美、惊险的享受，故受到了人们的喜爱，被冠以“岩壁上的芭蕾”的称号。

一、攀岩的装备

攀岩装备是攀岩运动的基础，是完成攀岩过程的保障。攀岩者平时就应该注重攀岩装备的维护和保养，攀登前更不可忽视攀岩装备的认真安装与细心检查，以确保攀岩活动万无一失。攀岩装备分个人装备和攀登装备两种。

（一）个人装备

1. 安全带　用来缓冲和分散坠落时的冲力，保护内脏，以免受到过度震荡。

2. 下降器　下降器是利用器械与绳子的摩擦力减速以致停止滑动，是保障跌落者不会继续下坠或下降者减速下降的一种器械。普遍使用的是 8 字形下降器。

3. 攀岩鞋　攀岩鞋是一种摩擦力很大的专用鞋，穿上可以节省很多体力。

4. 安全头盔　用来防备下落石块，以免头部受伤。

5. 镁粉和粉袋　攀岩中擦一点镁粉可以避免因出汗而滑手。

（二）攀登装备

1. 绳子　一般使用 9～11mm 的绳子，最好是 11mm 的主绳。

2. 铁锁和绳套　作为连接保护点，尤其采用下方保护攀登法时必备的器材。

3. 岩石锥　固定于岩壁上的由金属材料制成的各种锥状、钉状、板状的保护器材。

4. 岩石锤　钉岩石锥时使用的工具。

5. 岩石楔　与岩石锥的作用相同，可以随时放取的起固定作用的保护工具。

二、攀岩运动的基本技术

（一）徒手攀登方法

1. 三点固定法　基本要领是三点固定，即在双手、双脚握（蹬）牢 3 个支点的条件下才能移动第 4 点。三点固定法的要求如下：

（1）身体姿势。攀岩时身体要自然放松，以 3 个支点稳定身体重心，而重心要随攀登动作的转换移动，这是攀岩能否稳定、平衡、省力的关键。要想身体放松，就要根据岩壁陡缓程度，使身体和岩壁保持一定距离。靠得太近，会影响观察攀岩路线和选择支点，但在攀登人工岩壁时要贴得很近。在自然岩壁攀登时，上、下肢要协调舒展，攀岩要有节奏，上拉、下蹬要同时用力。身体重心一定要落在脚上，保持面向岩壁、三点固定支撑、直立于岩壁上的攀登姿势。

（2）手臂的动作。手在攀登中是抓住支点、维持身体平衡的关键，手臂力量的大小直接影响攀登的质量和效果。因此，攀岩者必须有足够的指力、腕力和臂力。对于初学者来说，在不善于充分利用下肢力量的情况下，手臂的动作就显得更为重要。手臂如何用力，在人工岩壁攀登和自然岩壁攀登时情况不同，前者要求第一指关节用力抠紧支点的同时，手腕要紧张，手掌要贴在岩壁上，小臂也要随手掌紧贴岩壁而下垂，在引体时，手指（握点）有下压抬臂动作。其动作规律是：重心活动轨迹变化不大，节奏更为明显。但攀登自然岩壁时其动作就变化很大，要根据支点不同采用各种用力方法，如抓、握、挂、抠、扒、捏、拉、推、压、撑等。

（3）脚的动作。攀登技术发挥得好坏，关键是两腿的力量是否能得到充分利用。只靠手臂力量攀登不可能持久。脚的动作要领是：两腿外旋，大脚趾内侧贴近岩面，两腿微屈，以脚踩支点维持身体重心，在自然岩壁支点大小不一和方向不同的情况下，要灵活运用。但要切记，膝部不要接触岩面，否则会影响到脚的支撑和身体平衡，甚至会造成滑脱而使膝部受伤。另外，在用脚踩支点时，切忌用力过猛，并要掌握用力的方向。

（4）手脚配合。凡优秀的攀岩运动员，上、下肢力量是协调运用的。对初学者来说，上肢力量显得更为重要，攀登时往往是上肢引体，下肢蹬压抬腿而移动身体。如果上肢力量差，攀登时就容易疲劳，表现为手臂无力，酸疼麻木，逐渐失去抓握能力。失去抓握能力后，即使有好的下肢力量，也难以继续维持身体平衡。所以学习攀岩，首先要练好上肢力量，上肢又要以手指和手腕、小臂力量为主，再配合以脚踝、脚趾以及腿部的力量，使身体重心随着用力方向的不同而协调移动，手脚动作的配合也就自如了。

2. 单个技术

（1）抓。用手抓住岩石的凸起部分。

（2）抠。用手抠住岩石的棱角、缝隙和边缘。

（3）握。用手握住岩石的凸起部分。

（4）拉。用手抓住前上方牢固支点后，小臂贴于岩壁，使劲下拉引体向上。

（5）推。利用侧面、下面的岩体或物体、以手臂的力量使身体移动。

（6）蹬。用前脚掌内侧或脚趾的蹬力把身体支撑起来，减轻上肢的负担。

（7）踏。利用脚前部下踏较大的支点，减轻上肢的负担，移动身体。

（二）利用器械的攀登方法

1. 上升器攀登法 由一人先登上峭壁后，将绳子一端固定在峭壁上方，另一端抛至峭壁下方拉紧固定，后继攀登者双手各握一只分别与两脚相连的上升器，将它们卡于主绳上，双手与双脚协调配合，沿主绳不断向上攀登。另可利用双主绳，即将上升器分别卡于两根主绳上向上攀登，也可利用一根主绳，将分别连接身体和双脚的两个上升器卡于主绳上，用腿部的屈伸动作沿主绳向上攀登。

2. 抓结攀登法 指攀登者在没有上升器的情况下，利用绳结来进行攀登的方法。其连接方法是两根辅助绳在主绳上打成抓结，另一端打成双套结，手握抓结，脚蹬双套结，不断向上攀登。在攀登过程中，要保持身体平衡、动作协调和节奏感。整个攀登过程要面向岩壁并利用岩层的摩擦力向上拉腿。

3. 挂梯攀登法 在遇到岩壁陡峭光滑或成垂直状时，在没有任何自然支点可以利用的情况下，可采用挂梯攀登。但是采用此方法前，先要做好人为支点，然后将事先准备好的挂梯交替挂于人为支点上，向上攀登。

4. 缘绳攀登法 岩壁和陡坡小于90°时，在第一个人攀上以后，在上方固定好主绳一端，将另一端扔至下方，后继攀登者可双手抓主绳，脚蹬岩壁向上攀登。为了安全，攀登者还可在主绳上打结与身体连接，用手抓结向上攀登。另外还可增加一条主绳与攀登者连接，在上方进行保护。

其动作要领是：拉紧主绳后，屈臂引体，但注意身体后仰角度不宜过大，两脚随着屈臂引体，及时省力地用前脚掌向上蹬踏，在一手上移的同时另一手迅速跟进，紧握绳子，手脚要协调配合。

（三）结绳技术

结绳技术是运用打结使绳索之间、绳索与其他装备之间互相连接的方法。它包括：固定绳结、接绳绳结、保护绳结和操作绳结四种。

1. 固定绳结 固定绳结是将绳索一端直接固定于自然物体上。一般固定时可采用织布结（布林结）、牵引结、通过结、双套结和帐篷固定结（图 2-13-1）。

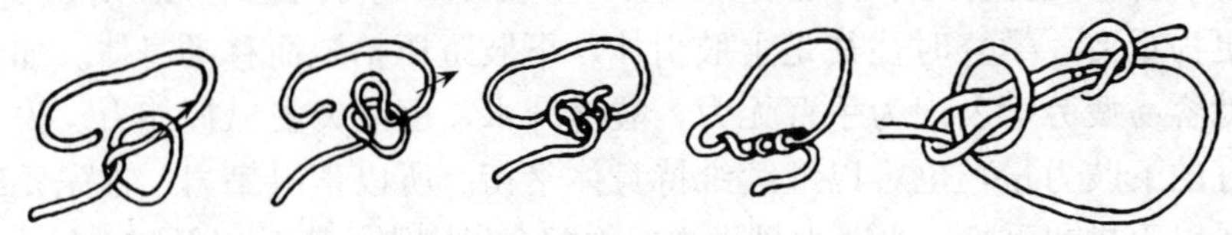

织布结（布林结）

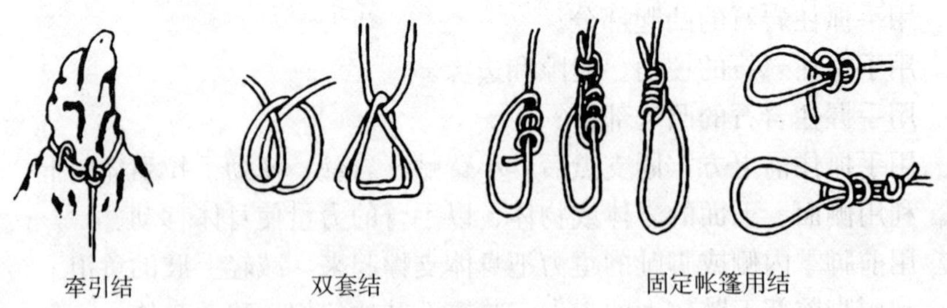

图 2-13-1　固定绳结

2. 接绳结 接绳结是将短绳通过绳结接成长绳。一般可采用平结、混合结交织结、8 字结和防脱结（图 2-13-2）。

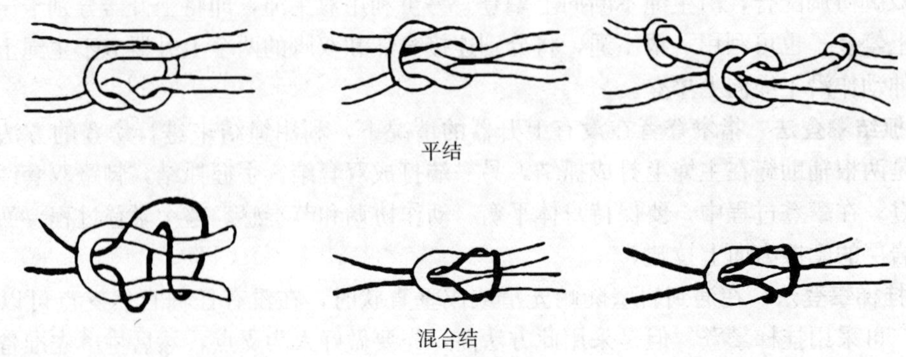

图 2-13-2　接绳结

3. 保护绳结 保护绳结是使绳索之间或绳索与铁锁之间能产生摩擦和滑动的连接方法。一般多采用单环结和抓结（图 2-13-3）。

4. 操作绳结 操作绳结是在特殊的攀登和下降技术中所采用的结法。一般采用双套结（图 2-13-4）。

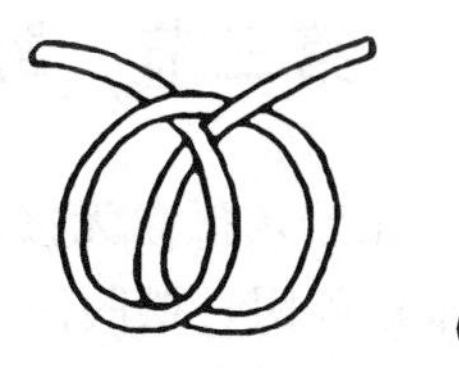

图 2-13-3　保护绳结　　　　图 2-13-4　操作绳结

三、练习方法与提示

（一）练习方法

（1）根据攀岩运动的特点，着重进行耐力训练，提高攀登者的体能，同时进行大量的引体向上（可负重）、握力、柔韧性、协调性和腿部力量训练，为攀岩打下基础。

（2）进行攀岩装备的使用、保管训练，熟练掌握结绳技术、保护方法。

（3）进行攀岩实战训练，提高徒手技术和使用器械攀登的运用能力。

（4）进行攀岩的实地观察、路线选定以及战术制定的训练。

（5）实战进行攀岩，提高攀岩技术、战术的运用能力。

（二）练习提示

（1）对攀岩者要进行集体主义和互助友爱精神的教育，树立正确的运动观，培养吃苦耐劳的精神，始终把安全工作放在首位。

（2）为了实现攀岩的目的，必须进行大量的物质与体能、技术准备，在实施攀岩前各项准备工作要做得细，要制订计划，有目的、有步骤地进行。

（3）徒手攀登技术和器械攀登的使用要根据实际情况，运用合理，有针对性。

（4）要培养攀岩者镇定自若的品质，在攀岩过程中无论遇到任何突发事件都要保持冷静。

四、注意事项

（1）对所要攀登的岩壁，攀登前要进行细致观察，识别岩石的质量和风化程度。然后确定攀登方向和路线，设计好对付难点的方法与措施，对可能遇到的问题要有心理准备。

（2）攀岩前要做好身体准备活动，并检查装备、器材、保护装置是否备齐和完好无损。

（3）攀登过程中要坚持“三点固定法”，每一个支点都要很好地选择，选择最近和最稳固的支点。在攀登过程中不能把草和小树枝作为支点，有积雪或过于潮湿的岩壁不宜攀登。

（4）在攀登途中遇到浮石或松动的石块，不可乱扔，应及时通知下面的队友注意，然后再作处理。

（5）要把“安全第一”放在首位，攀登者和保护者要密切配合，同心协力，在没有充分安全保护的情况下不得攀岩。

（6）保护者首先要做好自我保护，戴上手套，然后再保护别人。同时，无论采用何种保护方法，始终要有一只手抓住绳索。攀登者不能戴手套，但要戴安全帽。

（7）在攀登过程中，要注意保存体力，同时头脑始终保持清醒，遇到意外要冷静。

第三节　野外生存

野外生存，即人在吃、住无着，孤立无援的山野丛林中求生。丰富的野外生存知识和顽强的毅力，是战胜各种艰难险阻、摆脱困境的必备条件。野外生存训练是挑战生理、智力和技能极限，接受肉身和精神磨炼，挖掘胆略与意志潜能，面对生存与死亡考验的一项有意义的活动。现代人参加野外生存训练的意义非常大，不但能提高参与者的野外生存能力，而且对人际交往能力、意志力、协作能力、团队精神、环保意识及环保行为等都具有一定的提升作用。因此很多国家和地区，尤其是发达国家和地区，人们把野外活动及野外生存训练当成一种必要的人生体验甚至是生活方式，野外生存正在成为一种时尚。

一、野外生存的装备

（一）集体装备

集体装备包括帐篷、炉具及餐具、防风气体打火机、防水火柴、手电及头灯；热量高、重量轻、体积小的糖和蛋白质含量较高的食物；主绳、安全带、保护器、上升器、铁锁和快挂、冰镐、折叠锹、无线电通讯设备、地形图、急救药品等。

（二）个人装备

个人装备包括衣物、背包、睡袋、防潮垫、野外生存用鞋，其他用品，如指南针、刀具、水壶、针线、鱼钩、鱼线、手表、照相机等物品。

二、野外生存的基本技能

（一）野外宿营

1. 宿营的注意事项

（1）近水。营地要选择离水源近的地方。这样既能保证做饭饮用的水，又能获得洗漱用水。但在深山密林中，靠近水源会有野生动物，要格外小心。

（2）背风。营地最好是在小山丘的背风处，林间或林边空地，山洞、山脊的侧面和岩石下面等。

（3）避险。营地上方不要有滚石、滚木，不要在泥石流多发地建营，雷雨天不要在山顶空旷地安营，以免遭到雷击。

（4）防兽。建营地时要仔细观察营地周围是否有野兽的足迹、粪便和巢穴，不要建在多蛇、多鼠地带，以防伤人或损坏装备。要有驱蚊、虫、蝎的药品和防护措施。在营地周围撒些草木灰，可有效防止蛇、蝎、毒虫的侵扰。

（5）日照。营地要尽可能选在日照时间较长的地方，这样会使营地比较温暖、干燥、清洁，便于晾晒衣服、物品和装备。

（6）平整。营地的地面要平整，不要存有荆棘和尖石碎物，也不要有凹凸或斜坡，这样会损坏装备或刺伤人员，同时也会影响休息质量。

（7）要注意保护环境。撤营时必须将燃火彻底熄灭，垃圾、废物要尽可能带走，丢放在指定地方，无法带走的可挖坑掩埋。

2. 组建营地 营地选择好后即要开始建设，首先应在营地的下风处搭好炊事帐篷，建好炉灶，然后再依次向上搭建用于存放公用装备的仓库帐篷和各自的宿营帐篷。另外，还要在下风处远离水源的地方搭建一个简易厕所。

3. 帐篷的架设 架设简易帐篷可使用方块雨衣，毛毯、帆布等器材。这里介绍两种方法。

（1）屋顶形帐篷。将绳子拴在两棵树之间，或用随身携带的工具等作为支柱，用背包带连接，两端固定在地上。然后将方块雨布搭在绳子或背包带上，底边用石块压牢即可。也可将数块雨布连接，形成4～8人用的大帐篷。这样的屋顶帐篷适合各种地形。

（2）一面坡形帐篷。这种帐篷适于在断墙、棱坎等处架设。架设时，把雨布一头固定在墙壁或棱坎上，另一头固定在地面，两边用树枝、野草堵塞挡风。在林地架设时，也可以用树木固定。

（二）野外行进

1. 路线的选择 选择路线要遵循的原则：要省体力、省时间、最安全，便于发挥自己的技能或体能优势，有路不越野，走高不走低（在必须越野时）。

2. 野外行进

（1）山地行进。在山地行进，为避免迷失方向，节省体力，提高行进速度，应力求有道路不穿林翻山，有大路不走小路。如没有道路，可选择在纵向的山梁、山脊、山腰、河流小溪边缘，以及树高林稀、空隙大、草丛低疏的地形上行进。要力求走梁不走沟，走纵不走横。行进时，能大步走就不小步走，这样几十千米下来，可以少走许多步。疲劳时，应用放松的慢步来休息，而不要停下来。

（2）攀登岩石。攀登岩石时，应对岩石进行细致观察，慎重地识别岩石的质量和风化程度，确定攀登的方向和路线。攀登岩石的基本方法是“三点固定”法，即两手一脚或两脚一手固定后再移动剩余的一手或一脚，使身体重心上移。手脚要很好地配合，避免两点同时移动，一定要稳、轻、快，根据自己的情况选择最合适的距离和最稳固的支点，不要跨大步和抓、蹬过远的点。

（3）攀登山坡。攀登30°以下的山坡可沿直线上升。攀登时，身体稍向前倾，全脚掌着地，两膝弯曲，两脚呈外八字形，迈步不要过大过快。坡度大于30°时，一般采取“之”字形攀登路线。攀登时，腿微屈，上体前倾，内侧脚尖向前，全脚掌着地，外侧脚尖稍向外撇。在行进中不小心滑倒时，应立即面向山坡，张开两臂，伸直两腿，脚尖翘起，以减慢滑行的速度。这样，就可设法在滑行中寻找攀引和支撑物。千万不要面朝外坐，因为那样不但会滑得更快，而且在较陡的斜坡上还容易翻滚。

（4）丛林跋涉。在茂密的丛林中如果原来没有路，就要砍出一条道来。注意砍伐时让树木倒向路的两旁。丛林、草丛经常会有许多荆棘，须小心躲闪，避开周围的植物。将脚部包裹保护好，避免被荆棘刺伤或被毒蛇、毒虫咬中。

（5）水路行进。如果河流宽广可以航行，漂流会比沿着河岸走更容易，进程更快一些。漂流的工具有木筏和皮艇。漂流只能在白天进行。遇到河流不要草率入水，要仔细观察之后再确定渡河的地点和方法。山区河流通常水流湍急，水温低，河床坎坷不平。涉渡时，为了保持身体平衡，应当手持杆支撑在水的上游方向，或者手执重达15～20kg的石头。集体涉渡时，可三人或四人一排，彼此环抱肩部，身体最强壮的位于上游方向。

(6) 方向与气候的辨别。首先，使用地图和指南针。其次，用自然的特征来判断。例如，简单地利用太阳判定方位；利用指针式手表对太阳的方法判定方向；在夜间天气晴朗的情况下，利用北极星判定方向。利用地物特征判定方位是一种补助方法，使用时应根据不同情况灵活运用。

三、野外生存的安全注意事项

（一）生存技巧

1. 睡袋的使用 使用睡袋是有技巧的。不会“睡”的人即使使用高寒睡袋（−35°）在一般低温下（−5°）也会感到冷。在使用睡袋时，有很多外在因素影响睡袋的性能。要注意的是，睡袋本身并不发热，它只是有效地将体温流失减低。有助于睡得更暖些的方法是：第一，保持睡袋干爽；第二，睡前热身。

2. 寻找水源 在一些山区，山脚下往往会有地下水。干涸的山溪或瀑布，往往通过挖掘可以找到水源；在一些较为潮湿的山区，在有洼地、竹丛的地方，比较容易找到地下水。一般地下水较浅的地方，泥土比较潮湿；在一些蚊虫聚集且成柱状盘旋飞绕的地方往往有水源。在野外，下雨时，可以用塑料布、空罐头盒、杯子等来收集雨水。在一些断崖裂缝或岩石中也能够找到流出的清水。

3. 水的饮用 一般说来，除泉水和井水（地下深水井）可直接饮用外，不管是河水、湖水、溪水、雪水、雨水、露水，还是通过渗透、过滤、沉淀而得到的水，最好都应进行消毒处理后再饮用（在存水容器中，加入净水药片，搅拌摇晃，静置几分钟，即可饮用）。如果没有净水药片，可以用随身携带的医用碘酒或漂白剂代替净水药片对水进行消毒，只是放置的时间更长些(20～30min)。如果水中有重金属盐或有毒矿物质，可用浓茶与水同煮，但切记沉淀物不能喝。在海拔3 000m 以下且有火种的情况下，把水煮沸 5min，也是对水进行消毒的很好的方法。

（二）野外生存如何应付意外事故

1. 毒蛇昆虫咬伤 在野外如果被毒蛇咬伤，要马上坐下来，减缓血液的流速，并迅速用布条、手帕或鞋带等将伤口上部（近心端）扎紧，以防止蛇毒扩散，然后用消过毒的刀将伤口的皮肤划成十字形，再用两手用力挤压、拔火罐或用嘴隔纱布用力吮吸（口腔黏膜没有损伤），尽量将伤口内的毒液吸出。被昆虫咬伤或者蜇伤时，可用冷水或冰水冷敷患处后，再在伤口处涂抹氨水。如果被蜜蜂蜇了，用镊子将蜂刺拔出后再在伤口处涂抹氨水或牛奶。

2. 骨折 发生骨折或脱臼时，必须弄清骨折或脱臼的部位，无创口的应尽快进行简单固定，固定物可就地取材，如树枝、竹片、硬纸板、塑料板等均可，把骨折肢体的上下两个关节固定起来。怀疑颈椎或脊柱受到损伤时，必须将病人放在平坦而坚硬的担架上固定，不让身体晃动，然后立即送往医院救治。

3. 外伤出血 在野外发生外伤，如伤口较小的，可在清洗伤口后盖上消毒纱布，并用绷带或胶布固定即可。如果创口较大而出血较多时，要加压包扎止血，包扎的压力应适度，达到止血而又不影响肢体远端血运为度，并尽快送医院治疗。如转运时间较长，应每隔60min 左右松开止血带 2min，以保障血液循环。

4. 食物中毒 一般食物中毒都是急性的，比如呕吐、腹泻，严重的甚至会导致死亡。

所以一旦出现食物中毒症状，应尽早在6～8h内催吐、导泻，可饮用大量清水以稀释毒素，加速排泄。

第四节　拓展训练

一、概述

拓展训练，英文名为Outward Bound，又称体验式培训，主要是指利用自然环境，通过精心设计的活动，达到磨炼意志、陶冶情操、完善人格、熔炼团队的培训目的。

拓展训练起源于第二次世界大战时期的英国，最初是用来提升海军生存力与作战意识的，后来拓展训练的独特创意和训练方式逐渐被推广开来，训练对象由海员扩大到军人、学生、工商业人员等群体。训练目标也由单纯体能、生存训练扩展到心理训练、人格训练、管理训练等。由于拓展训练主要是通过体验的方式进行，与日常生活环境有较大的差别，因此对大众有巨大的吸引力，尤其适合中青年健身爱好者。

拓展训练的课程主要由水上、野外和场地三类课程组成。水上课程包括游泳、跳水、扎筏、划艇等。野外课程包括远足露营、登山攀岩、野外定向、伞翼滑翔、户外生存技能等。场地课程是在专门的训练场地上，利用各种训练设施，如高架绳网等，开展各种团队组合课程及攀岩、跳越等心理训练活动。

二、拓展训练的特点

1. 综合活动性　拓展训练的所有项目都以体能活动为引导，引出认知活动、情感活动、意志活动和交往活动，有明确的操作过程，要求学员全身心投入。

2. 挑战极限　拓展训练的项目都具有一定的难度，表现在心理考验上，需要学员向自己的能力极限挑战，跨越“极限”。

3. 集体中的个性　拓展训练实行分组活动，强调集体合作，力图使每一名学员竭尽全力为集体争取荣誉，同时从集体中吸取巨大的力量和信心，在集体中显示个性。

4. 高峰体验　在克服困难，顺利完成课程要求以后，学员能够体会到发自内心的胜利感和自豪感，获得人生难得的高峰体验。

5. 自我教育　教员只是在课前把课程的内容、目的、要求以及必要的安全注意事项向学员讲清楚，活动中一般不进行讲述，也不讨论，充分尊重学员的主体地位和主观能动性。即使在课后的总结中，教员只是点到为止，主要让学员自己来讲，达到了自我教育的目的。

6. 提高素质　通过拓展训练，参训者会在如下方面有很大提高：认识自身潜能，增强自信心，改善自身形象；克服心理惰性，磨炼战胜困难的毅力；开发想象力与创造力，提高解决问题的能力；认识群体的作用，增强集体参与意识与责任心；改善人际关系，学会关心他人，更为融洽地与人合作；学会欣赏、关注和爱护大自然。

三、拓展训练内容列举

（一）高空项目

高空项目即利用高空条件及绳索等安全设备进行的考验人自信心、心理调节能力以及身体协调性和平衡性的训练。

1. 跳出真我 即挑战者在绳索保护下，从离地 8m 的空中跳台上凌空跃起，抓住前方悬在空中的一臂以外的单杠。

2. 巨人梯 即两名队员通过互相合作，共同攀上每层间距 1.4～1.8m 的巨人梯，最后共同到达 8m 高的顶峰。

3. 断桥 即队员在 12m 高空，从一块 30cm 宽、1m 长的木板，迈向另一块相同的木板，两板间距 1.5m。

4. 云中漫步 即队员在离地 9m 左右的高空，从一根钢柱的一端走到另一端。

5. 速度攀岩 即队员用最快的速度攀爬岩壁至顶端。

6. 搭索过涧 即将山涧中两个不在同一高度的点用绳索连接起来，练习者从高处顺绳索滑下的活动。

（二）水上项目

水上项目即利用江海湖泊等自然环境，通过精心设计，进行游泳、跳水、扎筏、划艇等活动，以达到挑战极限，体验成功、自我教育、关注自然、群体合作的训练目的。

1. 建桥过河 即各团队利用有限的资源建设一座桥，将所有人成功转移至河对岸，时间短的团队获胜。

2. 抢滩登陆（扎筏泅渡） 即团队队员利用有限的资源，以最快的速度造一艘船，搭载本队队员，在规定的时间内，划过规定的水域，到达对岸。

3. 水上独木桥 即所有队员走过一条没有任何扶手的水上独木桥，规定整个过程团队队员不能落水。

4. 皮艇竞技（同舟共济） 即所有团队两两组合，将两艘皮艇连接在一起，在限定时间内，进行往返接力，夺取标的物。

（三）陆地项目

陆地项目即在崇山峻岭等自然环境或专门的训练场地上，利用各种训练设施，通过精心设计，进行各种户外生存技能训练活动，达到磨炼意志、陶冶情操、完善人格、熔炼团队的训练目的。

1. 信任倒 又称信任背摔，即每一名练习者站在离地 1.8m 的平台上直体向后倒下，同伴们在下方用手臂将其接住。

2. 生死电网 即全体队员都要在限定的时间穿越一张与地面垂直的“电网”（绳网），网上的每个洞只能容下一个人平躺穿过，每一个网孔只能使用一次，不能重复使用。在穿越过程中，任何一位队员身体的任何一个部位触到“电网”，该组所有队员将重新穿越。

3. 漫步人生路 即团队所有队员蒙住眼睛，在看不见且不允许说话的情况下，依靠相互间的接触和肢体语言，全体队员在规定的时间内共同走过一段艰辛的路程，由 A 点移动到 B 点。

4. 毕业墙 即团队全体队员在只能利用自己身体的情况下，通过合作，共同翻越一面高度为 4m 的高墙。

5. 大脚板 即团队所有队员的左右两脚分别站在左右两块木板上，并用两手拉住木板上对应位置的绳子，在身体的任何部位不接触地面的情况下，依靠全队的力量，齐心协力从起点抵达终点。

四、拓展训练中的安全保护

在拓展训练中，常常会有一些户外极限项目或在专门场地上的高空索架等对体能要求比较高的项目。为了避免学员受伤，在进行这些项目前，拓展训练指导教师组织热身活动是必不可少的。在参加高架绳网类项目的时候，安全保护师的责任尤其重大。训练项目开始前安全保护师要认真检查绳网等器材设备，按规范打好各种保护绳结。在训练项目进行中，安全保护师一定要自始至终集中精力、全神贯注，不能有任何的疏忽闪失。树立安全防范意识，规范操作安全保护，是保证拓展训练成功的重要因素。

第十四章
旱地冰球运动

第一节　旱地冰球运动概述

一、旱地冰球的起源

旱地冰球（Floorball）在国内又被称为地板球、福乐球。作为一项新兴的现代体育运动项目，旱地冰球出现在人们视野中不过短短的几十年。20 世纪 50 年代美国明尼阿波利斯市的莱克维尔地区塑料制品工业比较发达，工人们在业余时间经常制作各种塑料玩具。一次偶然的机会，他们设计并生产出一种类似于曲棍球、带有拍头的塑料球杆。在闲暇时，工人们就使用这种球杆进行类似于冰球的体育活动。工人们在游戏中不断积累经验，并形成了相应的规则。为了方便推广这项运动，他们将这项运动命名为地板曲棍球，注册了 Cosom 品牌并生产出各式塑料球杆以及与运动相关的产品。在之后相当长的一段时间里，Cosom 地板曲棍球便在加拿大和美国逐渐流行起来，也相继举办了一系列比赛，但主要是在儿童和青少年之间开展。20 世纪 60 年代初期，美国密西根的巴特格里克举行了一次规模盛大的地板曲棍球锦标赛。此后，地板曲棍球逐渐走上竞技体育的大舞台。

1968 年，Cosom 塑料球杆被引进瑞典。瑞典哥德堡人卡尔·安维斯特去荷兰旅游时在玩具店里买回几根 Cosom 塑料球杆。回到哥德堡，他和学生们经常一起打球，并从中发现了很多乐趣。几年后，卡尔成立了一家专门生产塑料球杆的公司，进行了规模化生产，开始了旱地冰球推广之路。1976 年以后，瑞典的学校普遍都开设了旱地冰球的教学课程，而且都提供相应的器材。1979 年 9 月瑞典历史上第一支也是世界上第一支专业旱地冰球俱乐部——莎拉旱地冰球俱乐部成立了。随着旱地冰球在瑞典的开展，很多业余俱乐部逐渐转为职业旱地冰球俱乐部。如果说 20 世纪 70 年代是瑞典旱地冰球的开始时期，那么 80 年代就是瑞典旱地冰球的发展时期。20 世纪 90 年代瑞典旱地冰球取得了突破性的发展，全国范围内有超过 1 600 家旱地冰球俱乐部，大约有 90 000 人参与到旱地冰球这项运动当中，其中 1/3 是青少年，这给瑞典旱地冰球的腾飞打下了坚实的基础。

二、旱地冰球的发展历程

1986 年 4 月，由瑞典、芬兰和瑞士联合发起，在瑞典的胡斯克瓦纳成立国际旱地冰球联合会（IFF）。1994 年，丹麦的赫尔辛基和瑞典的斯德哥尔摩分别举行了第一届欧洲杯女子旱地冰球比赛和欧洲杯男子旱地冰球比赛。2000 年国际旱地冰球联合会正式被吸纳为国际单项体育联合会正式成员，2011 年 7 月正式获得国际奥林匹克委员会的认可。

自 1986 年国际旱地冰球联合会成立以来，旱地冰球飞速发展。由国际旱地冰球联合会主办的大型赛事如欧洲锦标赛、世界锦标赛以及欧洲冠军杯每年举办一次，奇数年举办世界男子 19 岁以下旱地冰球锦标赛，偶数年举办世界女子 19 岁以下旱地冰球锦标赛。旱地冰球 2017 年在波兰举行的世界运动大会和在澳大利亚举行的特殊奥林匹克大会上成为正式项目。在几乎所有重要赛事中，瑞典、芬兰和瑞士的成绩始终位居前列，基本上垄断了各大赛事的冠军席位，特别是瑞典，世界上 65%的旱地冰球职业运动员来自瑞典。

三、中国旱地冰球运动的发展简况

旱地冰球运动在 21 世纪初出现在国内的北京、上海等大都市，主要在一些在华工作、学习的北欧人士中流行。

2006 年 5 月，中国派代表团访问了国际旱地冰球联合会总部，开启了中国旱地冰球运动之旅。

2007 年开始，北京、上海等地高校、中学逐渐开设旱地冰球选修课，并定期举行交流比赛。

2013 年开始，国际旱地冰球联合会分别在珠海、北京、武汉等地举行多期旱地冰球普及推广性培训班，为旱地冰球的发展储备了一定的专业人才，培养了一批有志于从事旱地冰球运动的爱好者。

随着旱地冰球在全国范围内的不断推广，哈尔滨市凭着冰球运动雄厚的群众基础和超强的人才优势，把这项体育运动迅速推向了新高潮。2016 年 2 月，哈尔滨市旱地冰球协会率先在全国正式成立。2016 年 6 月，中国旱地冰球协会成立，相继组织了一系列比赛和培训班。

未来，中国旱地冰球运动会成为全民健身运动重要的组成部分，成为体育竞技不可或缺的项目内容。

第二节　旱地冰球运动器材

一、球杆

完整的球杆（图 2-14-1）包括拍头和杆体两部分。拍头是进行击球的部分，杆体是圆柱形部分，杆体顶端部分通常都包裹着绷带以便于更好地握紧，被称之为手柄。购买或选择球杆时，应考虑以下问题：第一，选择左手杆还是右手杆；第二，球杆的长度；第三，拍头的弧度及硬度；第四，要购买具有国际旱地冰球联合会认证标志的球杆，这不仅是比赛要求，也是安全认证。

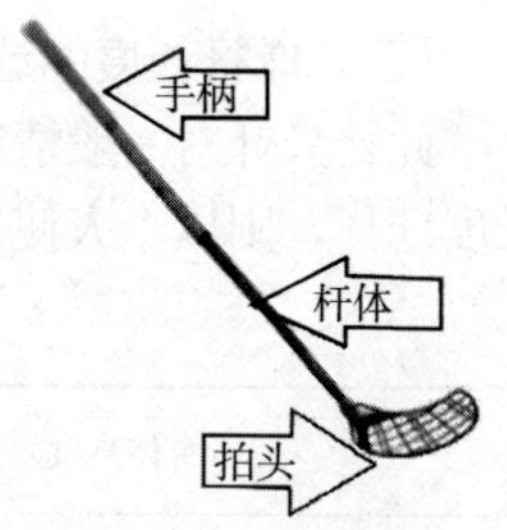

图 2-14-1　旱地冰球球杆

（一）握杆的选择

当进行球杆的选择时，挑选拍头是最重要的一步。选择拍头时，最重要的是：当握住球杆时，可以自由选择右手握在球杆上端还是左手握在上端，只要觉得握着舒服、合适，挥拍顺畅就可以。不要以习惯性的思维简单地通过使用者是左撇子或者右撇子来判断左、右拍头的使用，也不要受高水平运动员使用哪种拍头的影响，是否选择左手拍或右手拍完全取决于自己。一旦做出了错误的选择，将会较大程度上影响自身技术水平的发挥。

究竟适合使用左手杆或右手杆，可以通过一个简单的动作得出结论：只需任意拿起一根球杆，随意在地面上挥舞，短短的几秒钟内，你就会发现何种方向拍头的球杆使用更顺手。如果还不能确定，可以分别使用两个方向拍头的球杆进行几分钟的传球、射门练习。如果在传球和射门时，拍头处于身体的左侧，且右手握在球杆的顶端，左手握住绷带包裹处的下端，即左手在下方，并且原地站立时，拍头弧度和左脚外侧贴和，通常称之为左手杆（图2-14-2），此时，拍头凹面与射门方向相反。如果传球或射门时，球杆位于处于身体的右侧，且左手握在球杆的顶端，右手握住绷带包裹处的下端，即右手在下方，通常称之为右手杆。此时，拍头凹面与射门方向相反，并且原地站立时拍头的弧度和右脚外侧贴合（图2-14-3）。在一些曲棍球运动盛行的国家，运动员倾向于选择右手杆，而在一些冰球盛行的国家，运动员倾向于使用左手杆。但是，具体到个人，只需选择最适合自己的球杆即可。

图2-14-2　左手杆

图2-14-3　右手杆

作为右撇子，选择在身体左侧方向进行射门通常会有更好的球感。有些人发现，通过几周的练习，可以从右手杆改为左手杆进行练习。而又有些人发现，即使通过长时间的练习也无法改变最初习惯的射门方向。此时，应该不必强迫自己来改变，即使所有队友使用球杆的方向都与你不同，或者是你所熟知的顶尖运动员也使用着与你的拍头方向相反的球杆。这也能从另一面更好地解释，为什么有的拍头是直的而不是弯曲有弧度的，这种球杆对于左、右手球杆使用者而言都适用。然而，对于右撇子来说，通常都使用左手杆，即右手在球杆的顶端，因为右手握住球杆顶端可以更好地掌控和运用球杆。反之，左撇子通常习惯于使用右手杆。

（二）球杆长度的选择

此处只针对一般情况下，对球杆长度的选择提出建议（表2-14-1）。具体选择使用何种长度球杆，则以个人使用体验为主。

表2-14-1　球杆长度对比

身体高度（m）	球杆长度（cm）
1.3以下	70
1.3～1.45	75

（续）

身体高度（m）	球杆长度（cm）
1.46～1.55	80
1.56～1.65	87
1.66～1.75	92
1.76～1.95	95～100
1.95 以上	100

一般而言，我们在选择适合个人的球杆长度时，以个体原地站立，球杆顶端置于地面，拍头位置抵达肚脐眼或超过肚脐眼 5cm 的长度为最佳（图 2-14-4）。儿童和青少年有时会使用较长的球杆，高度到达胸部。但是，即使是更小的练习者，球杆高度都不能超过胸部的高度，因为那样会引起错误的移动，从而伤害到背部。使用稍长的球杆通常能扩大球员的控制范围，对运动员的背部也有好处，不至于长期弯着腰，弓着背，使得背部肌肉得到放松。防守型球员通常较为乐意选择较长的球杆，有助于扩大防守范围。然而，并非越长越好，最重要的一点还是要基于本人使用时的舒适程度及有利于技术水平发挥为主。相反，稍短的球杆更有利于快速控制球。当跑动中进行运球、变向、假动作时，短球杆具有充分的优势。

图 2-14-4　球杆长度

当购买或选择球杆时，我们可以根据表 2-14-1 里的数据进行选购。选择时，结合自己的身高和使用感受进行综合考量。

（三）球杆强度的选择

球杆的硬度和弹性是旱地冰球术语中很重要的一部分。硬度是指球杆的刚性强度，而弹性则指球杆的柔韧程度。选择正确的硬度和弹性绝对有助于更好地进行旱地冰球练习。如果不能确定使用何种弹性球杆，可以从弹性较低的球杆开始尝试。力量型球员倾向于使用强度高、韧性好的球杆，这是因为他们在击球时通常使用更大的力量在球杆上，使得球杆弯曲，充分借助球杆自身的弹力从而产生更大的击球力量。强度高的球杆有时产生的作用力也大，但这并非绝对的。

一根球杆的弹性系数通常都会直接标在球杆上，仔细找寻球杆上面印着的细小字母：24mm 表示非常硬；27mm 表示硬；30mm 表示中等程度硬；35mm 表示柔软，即弹性较高。女性球员使用的球杆通常为 26～32mm，男性球员使用的球杆通常为 24～28mm。

（四）球杆重量的选择

大多数球员喜欢使用重量小的球杆，球杆越轻，越容易控制。不幸的是，轻质的球杆往往也很脆弱，经常断裂，通常情况下，价格也更昂贵。因为在制作轻球杆时，使用的材料都是比较昂贵的。幸运的是，随着旱地冰球的发展，越来越多的人参与到这项运动当中，厂商也加大研发力量，使得球杆质量不断得到提高，重量不断减小，同时价格也不断下降，出现断裂的情况越来越少。

选择球杆时应该选用分量轻的球杆以便于增强对球的控制。重的球杆也许可以带来更大的击打力，但是要求运动员必须足够强壮，以应付额外多出来的力量。如果球杆太重，手臂及手腕会快速倦怠，易引起自身感觉疲劳，造成控制球能力的下降。在选择时应进行仔细识别，有些球杆标注的是杆体的重量而非整根球杆的重量（包括拍头和绷带）。一根完整的球杆的重量通常为250～300g。

在制作旱地冰球球杆的杆体时，有多种材料可以选择，例如玻璃纤维、聚碳酸酯以及碳素纤维等。一般情况下，使用何种材料直接反映在球杆的价格上。碳素纤维的价格最高，聚碳酸酯的价格最低。旱地冰球发展至今，球杆的材质呈现多样化的趋势，复合型材料应用的也很普遍，例如碳复合材料（石墨和碳结合的材质）是最为贵重的一种。一般而言，玻璃纤维材质的球杆只适合初学者使用。

（五）拍头的选择

拍头是球杆不可或缺的重要部分，对球的控制主要是由拍头来完成。在杆体上套上拍头才是一根完整的球杆。

1. 拍头材质 拍头是由塑料或者尼龙复合物制成。添加不同的材质会改变拍头的硬度。拍头的软硬程度由制造商来决定，拍头的颜色与软硬度毫无关联，许多硬度一致的拍头，颜色却不相同。偏软的拍头更有利于对球的控制，因为偏软的拍头可以对球的弹性进行更好的缓冲。偏软的拍头也更有利于进行精准的传球和手腕发力射门。偏硬的拍头击打力更强，更有利于击出更快速度的球。大多数球员似乎更乐于选择那些硬度介于最软和最硬之间的拍头。一般而言，尼龙和聚丙烯材质较硬，而高密度聚乙烯材质较软，也可以通过添加其他材料来改变拍头的软硬程度。

2. 拍头开口 开口是对拍头形状的描述，是指当拍头垂直于地面，底端触地部分向前突出形成一定的弧度（图 2-14-5）。通常用百分比来表示这个弧度，例如 5%。这个百分比越高，拍头的开口就越大。

一般而言，拍头的开口越大，就越容易提拉球，让球滚上拍头或者将球传上高处。然而，如果开口太大，传球时就很难将球控制在地板上。选择开口很大的拍头进行射门时，大部分时间球都将高出球门横梁。因此，在购买或选择时，一般商家不建议使用开口过大的拍头。如果个人觉得开口不合适，可以再进行相应的调整，大多数球员都会选择具有一定开口的拍头，当然，最好的办法就是进行实际体验，以寻找最适合个人使用的拍头。

3. 拍头凹处 由于可以对拍头的开口进行调整，而拍头的凹处又是拍头的一个重要特性，它描述了拍头增加与球接触程度的高低。拍头凹处是指拍头中间部向外凸起，而上、下两端保持不变所形成的凹面（图 2-14-6）。其中拍头凹处最深处与拍头两端水平线之间的距离受到国际旱地冰球联合会竞赛规则的限制，即不能超过 3cm。具有更深凹处的拍头意味着更加快速的手腕发力击打以及对球更好的控制感，与此相对应，凹处较浅则意味着更加精确的传球。然而，这种控制和精确并非绝对化，如果竞技水平高超，拍头凹处深浅并不显著降低传球的精确程度。

并非所有拍头都具有开口和凹处。如果有的话，通常也是以毫米计算。对于厂商来说，常用的表述方式为具有凹处拍头（相对于扁平状拍头）或具有更深凹处的拍头（相对于轻微

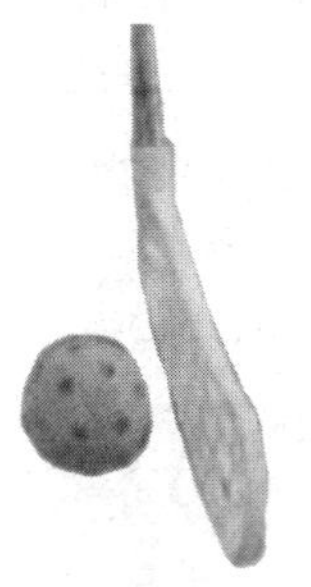
图 2-14-5　拍头开口

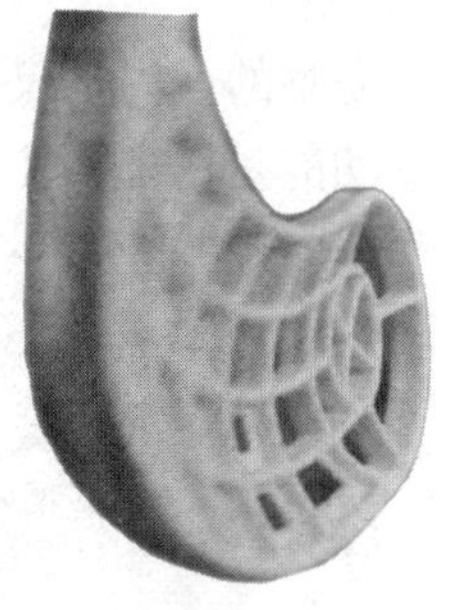
图 2-14-6　拍头凹处

凹处的拍头）。有些拍头是专门为了花式表演而设计的，这些拍头通常都具有很深的凹处，而且这种凹处不受竞赛规则的限制。由于使用这种拍头的球杆可以做出难度更大的花式动作，使用者通常表演难度更高的球技，从而展现出独特的技术特色。

4. 拍头形状　拍头的形状多种多样，种类也繁多。不仅不同厂商生产的拍头形状各不相同，就连同一家厂商通常也会生产不同形状的拍头。通常意义上，设计体型稍小的拍头是为了更加快速地控制球，而设计个头较大的拍头则是为了扩大与球的接触面。较细的拍头可以给球员更好的触感，而较厚的拍头则在击球时表现得更稳定。需要注意的是，不是所有的拍头都适用于所有的球杆。一旦拍头和球杆之间可以相互搭配，则更换拍头就变成一件相对容易的事情。

二、比赛用球

旱地冰球发展到今天，唯一变化不大的就是球，因为竞赛规则规定了标准球的尺寸，所以，基本上厂商生产出的球都大同小异，只是在质量上有所差异。今天广泛使用的球是所谓的高精密球。与普通球不同的是，高精密球的表面不是光滑的，而是有很多小突起，使得旱地冰球看上去更像高尔夫球，这种球飞行时的稳定性更好。

图 2-14-7　旱地冰球

所有旱地冰球（图 2-14-7）都是由半圆形塑料焊接而成，中间有镂空的 26 个小洞。经过一段时间的使用，球可能会破裂，更多是从焊接处开始破裂的，或者从洞口处开始破裂。破裂的球不能再被使用，否则在击打时会产生不规则运动，从而影响击球效果。

旱地冰球的颜色可以多样，但是常用的旱地冰球都是白色的。如果球场地板的颜色非常明亮，则可以选红色的球。正式比赛都选用香草黄颜色的球，因为这种球在电视转播中可以更容易、更清晰地被捕捉到。

三、球门

在正式比赛中使用的球门，必须通过国际旱地冰球联合会的认证，这种认证不仅能确保符合球门尺寸标准，也能保证使用的安全性。国际比赛使用的球门标准是：高 115cm，宽

160cm，深 65cm（图 2-14-8）。出于安全考虑，球门支架必须用圆形钢管制作，通常钢管上涂上红漆。一个完整的球门不仅要悬挂球网，还需要在开口后面一点距离悬挂抓网。抓网，顾名思义，主要功能是用来抓住球，以免球打在内侧立柱弹出而无法判断球是否穿越球门线进入球门。

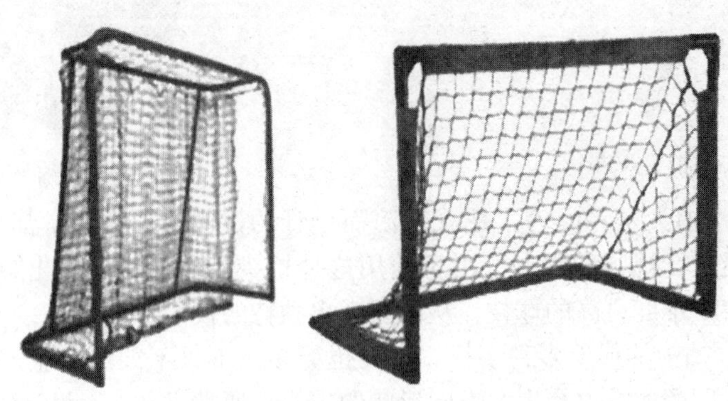

图 2-14-8　球　门

四、挡板

旱地冰球标准尺寸的挡板（图 2-14-9）高度为 50cm，长度为 2m。国际比赛使用的是周长为 120m 的挡板。不同挡板之间最大的区别就在于挡板的组装，有的挡板受到冲撞会引起大批挡板拥塌，而有的可能只有少数几片倾倒，这就是在购买或选择时要考虑的问题。

图 2-14-9　挡　板

五、场上球员的着装

（一）球鞋

市面上为旱地冰球特制的球鞋非常少，这意味着球员的选择非常有限。虽然理想中的旱地冰球专用球鞋有很多好处，但是也有一些是在选购球鞋时应该优先考虑的事情。例如：球鞋必须合脚，在购买前必须进行试穿，并且跑上一小会儿；球鞋必须紧贴脚，但不能贴得太紧。购买一双合脚的鞋远比购买一双虽然专业但不合脚的鞋更合适。穿一双不合脚的鞋运动非常危险，有可能给自身带来严重的伤害。

球鞋应该非常牢固，因此真皮是一种很好的材质，硅胶鞋垫或气垫鞋对缓冲下肢关节有好处。户外跑步鞋不适合打旱地冰球穿，因为打球时经常有急停、急转动作，脚趾头会戳穿跑步鞋的网面，从而造成一定的伤害，而且在打球时，跑步鞋对关节没有足够的支撑。一般而言，室内场馆适用的运动鞋都是为排球、手球、篮球等项目设计的，能在很大程度上满足高强度运动的要求。网球鞋也不是特别适合打旱地冰球穿，它们鞋底的花纹不是特别适合室内场地，至少比其他室内运动专用鞋要差。如果在硬木地板上打球，且地板不是很干净，网球鞋就很容易滑。在室内场馆进行运动时，切记永远不要穿着在户外运动时穿的鞋进入场地，这不仅是因为很有可能把室内场地弄脏，更重要的原因是如果地板上有灰尘或者泥浆，很有可能对在场地上运动的球员产生严重的伤害。

（二）球衣

旱地冰球运动员通常身着 T 恤，下身短裤、齐膝长袜，也可以使用护腿板，但是护腿板必须包裹在袜子里面，不能露出来。关于球员号码，竞赛规则也有所规定，号码必须同时印在 T 恤衫的正面和反面，短裤不必印号码。着装上可以加印赞助商的广告。

六、守门员装备

守门员装备很丰富，但是永远要记住把安全放在第一位，其次是舒适性和便捷性，配置好装备但要保证移动依然敏捷。一般而言，价格高的装备，其安全性、舒适性、便捷性更强。

（一）上衣和裤子

旱地冰球守门员的装备不同于场上其他球员，他们需要长裤子和长袖（图 2-14-10）。对于上衣的长度和颜色，并没有特别的规定。在正式比赛中，守门员上衣应该印上号码。在日常训练中，守门员往往需要加装更多的衬垫以保护自己。尽管球是塑料制品，但是强有力的射门仍然可能对守门员产生伤害，因此合适的守门员装备显得尤为重要。

图 2-14-10　守门员上衣和裤子

守门员裤子正前方一般都加装衬垫（图 2-14-11）。初学者的裤子简单加装衬垫，给守门员提供一定的保护，更高级别守门员的装备在材料及造型上都有所改进。质量上乘的材料使得裤子更加耐用，通常也更易于在地板上滑动。特殊的形状也使得守门员移动更加方便。除了依靠衣服和裤子的保护，守门员也必须掌握快速自如的移动方法以获得更大程度的保护。

衬垫不仅应该加装在胸部，也应该加装在手臂肘关节（图 2-14-12）。有一种特殊的保护罩来保护守门员的胸部，穿上这种装备可以给胸部特殊的保护，有时也可以穿上套衫或者 T 恤来对身体进行进一步的保护。选择守门员装备时不仅要考虑对身体的保护程度，也要考虑穿着的舒适性以及便捷性，不能影响守门员的移动。

旱地冰球竞赛规程规定严禁守门员在裤子上使用硅喷雾或者其他类似的东西，因为硅喷

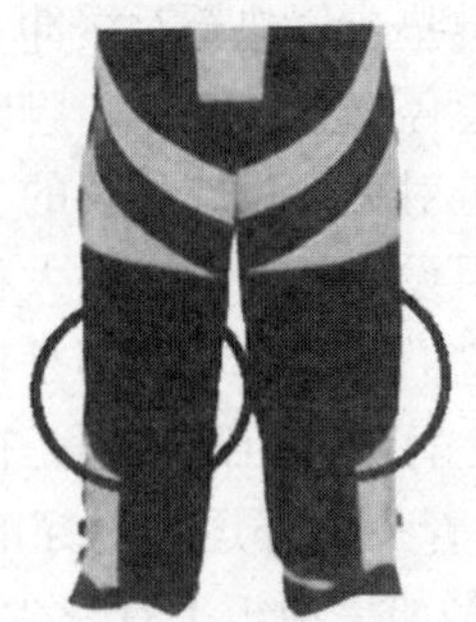

图 2-14-11　守门员裤子衬垫

图 2-14-12　守门员衣服衬垫

雾等物质虽然有利于守门员的滑动，但也会润滑守门员裤子所碰触过的地板，从而使得其他球员跑动时打滑，造成运动伤害。

（二）护膝

由于大部分时间守门员双膝着地，绝大多数守门员比赛时佩戴护膝（图 2-14-13）。市面上专门为旱地冰球设计的护膝并不多见，即使有，价格也不便宜。选用排球运动员专用的护膝不失为一个两全其美的选择。合适的护膝在中间一般都加装厚厚的衬垫，由于膝关节的特殊性，在运动时，护膝经常会滑脱，因此选择尺寸正确的护膝也是相当重要的：太紧，影响跑动；太松，则容易滑脱。正确的方法就是多试用几次，多咨询有经验的球员，从而找出最适合自己的护膝。

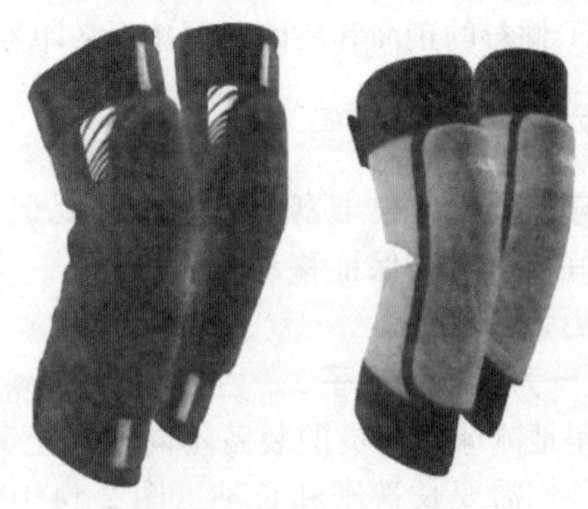

图 2-14-13　护　膝

（三）护裆

守门员装备通常不会对腹股沟位置（裆部）提供特殊的保护。一个原因是在裆部加装衬垫会影响守门员的移动，另外一个原因则是厂商假设守门员事先已经穿上护裆，因此没有必要对守门员的裆部进行任何特殊的保护。由于类似的护挡在其他运动项目都有提供，比如拳击和冰球，可以拿来使用，因此，没有必要制造旱地冰球守门员专用护裆。

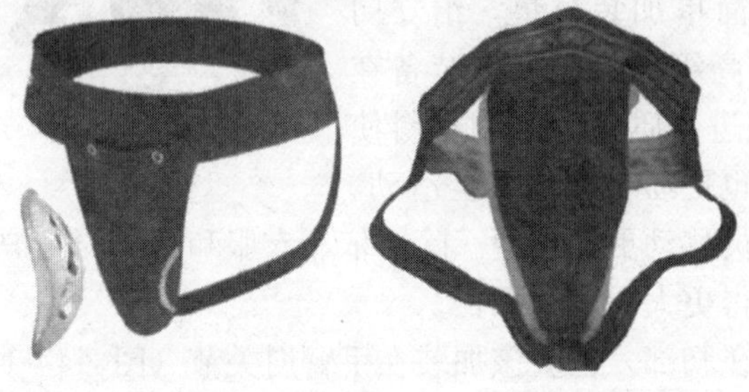

图 2-14-14　护　裆

（四）头盔

守门员必须佩戴头盔（图 2-14-15），而且头盔必须通过国际旱地冰球联合会的认证。守门员必须佩戴专用头盔的一个重要原因在于它可以在守门员遭受拍头、球杆甚至球的击打时，给守门员的面部提供安全保护。专用头盔比其他的头盔更轻，佩戴更方便，视野更开阔，使得守门员可以更从容地参与防守，做出各种防守动作。

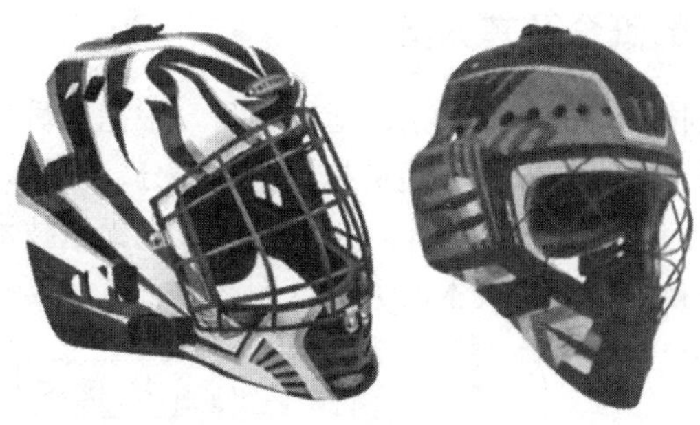

图 2-14-15 守门员专用头盔

（五）鞋

守门员用鞋要求和场上其他球员基本一致，要求牢固，鞋底与地板应保持合理的摩擦系数。显然，室内场地用鞋比较合适。但是，比较特别的一点是，当守门员双膝跪地时，需要鞋尖和鞋面相对较滑，以利于守门员快速移动。因此，有些守门员会在自己的鞋尖和鞋面贴上具有润滑作用的胶带。对守门员来说，双膝跪地防守时扭伤脚趾司空见惯，因此坚固的鞋子有助于保护守门员的脚趾，使之免受伤害（图 2-14-16）。

图 2-14-16 守门员专用鞋

（六）手套

在比赛中，守门员可以选择佩戴手套（图 2-14-17）或者保持双手裸露。佩戴手套的好处是可以缓冲球速，不利之处在于增加了实际抓住球的难度。守门员徒手意味着手指运用可以更加自如，因此更加容易抓住球，但是不足之处也很明显，即双手可能因强有力的来球袭击而受伤，皮肤和指头都可能因此而受到严重损伤。这种被球击打时产生的刺痛，有些守门员习以为常，可以承受，通常他们只在五个手指头缠上胶布来防滑。手指上的胶带还可以起到预防皮肤开裂，特别是在气温较低的季节，因为气温下降，球的力量更强，击打在手上更疼。所以，在冬季特别推荐使用胶带来保护守门员的手指。不论戴手套与否，不允许在手上或者手套上添加黏性物质。

图 2-14-17 手 套

第三节　旱地冰球运动基本技术

一、旱地冰球技术的概念及其分类

旱地冰球运动是一项技术动作较为复杂的运动项目，根据球员在场上的位置，旱地冰球基本技术主要可以分为锋卫队员技术和守门员技术两大部分。但是，不管是守门员还是场上其他球员，在比赛中既要完成有球技术动作，也要完成许多无球技术动作。因此，旱地冰球技术动作又可以分为有球技术和无球技术两大类（图 2-14-18）。

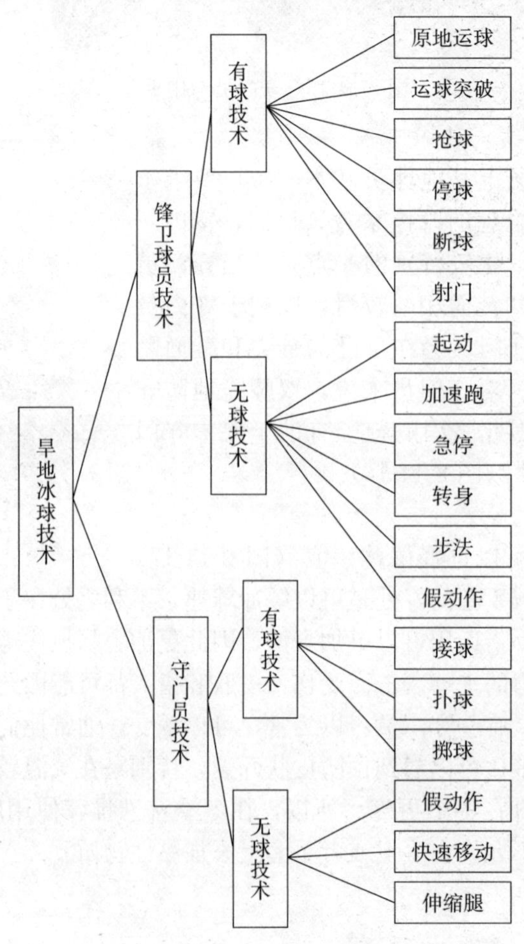

图 2-14-18　旱地冰球技术动作分类

二、运球

运球与运球过人是球员个人控球能力和在进攻端所体现的综合能力，熟练掌握运球及运球过人的基本技术并能在比赛中加以合理运用，对掌控旱地冰球比赛节奏、丰富战术体系、寻找进攻突破口并最终形成射门都具有极高的实践意义。运球与运球过人是球员通过有目的地控制球将球逐渐推进到对方阵营形成得分之势，它与毫无目的地运球向前推进有着不同的意义。在学习运球与运球过人的过程中需要熟悉每个动作的实际目的，通过不断的刻苦练习，最终掌握相应的技术动作，并在此基础上最终形成自己的风格。

运球是指球员在原地或跑动中使用球杆有目的地连续推、拉、拨球将球控制在可控范围以内的技术动作。而运球过人则是指球员采用不同的运球方法晃过防守队员并继续控制球的技术动作。运球技术主要包含跑动和球杆对球的控制两个要素。旱地冰球运球的跑动具有重心低、频率快、变向多的主要特征。这种跑动方式有助于球员及时调整身体与球的位置关系，适应运球急停、变速和变向等需要。球杆对球的控制主要通过双手对球杆的控制来完成，因此正确地握杆显得尤为重要，在介绍运球技术动作前，我们先来了解正确的握杆方法。

（一）握杆方法

首先根据拍头开口方向，将球杆分为左手杆、右手杆。一般而言，右手握在球杆的顶端，形成右手在上，左手在下握住拍头凸面朝左方向的球杆姿势，为左手握杆法；反之，则为右手握杆法。在日常生活中，右撇子通常习惯使用左手杆，而左撇子习惯使用右手杆，但这并非适用于所有情况。此处以左手握杆法为例详细介绍正确的握杆方法。右手掌心张开将球杆顶端握住，以球杆顶端不超过掌根或完全被掌心所包裹为最佳（图 2-14-19）。右手不可握得过紧，以免影响动作的流畅性。

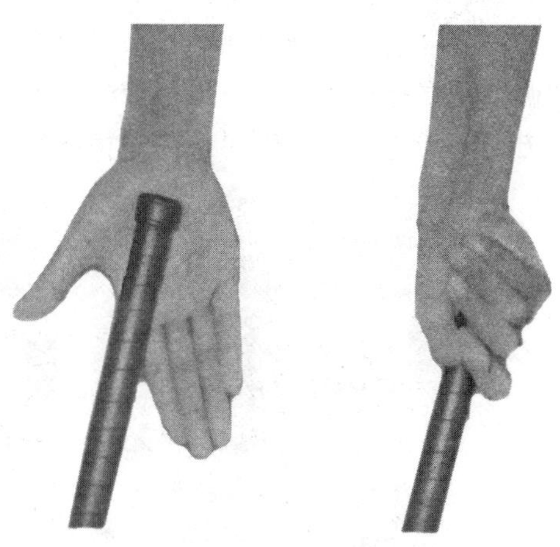

图 2-14-19　正确的握杆方法

握杆时，球杆顶端不可超过掌根。左手自然握在离右手 20～30cm 处，两手之间的距离没有固定要求。一般而言，两手距离越远，越有利于进行大力射门，而两手距离较近则有利于更好地控球及运球（图 2-14-20）。右手握杆法则是左手握在球杆顶端，右手在下方，且拍头的凸面超右边方向（图 2-14-21）。

图 2-14-20　左手杆

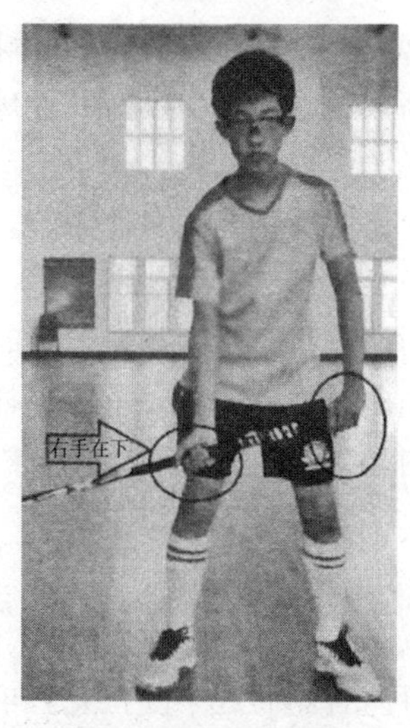

图 2-14-21　右手杆

拿起球杆时，时刻注意不要将拍头朝上举着球杆。在进行练习和比赛时，拍头的高度不允许超过腰部高度，否则将受到相应的处罚。进行练习时，尽可能保持双手握杆的习惯。

（二）运球基本技术特点及动作要领

1. 原地运球（正、反拍面）

基本姿势：双脚自然开立，保持与肩同宽或略超过肩宽的距离，双膝微屈，身体重心落在两腿之间，眼睛看着球（初学者眼睛可以跟随球的运动，之后逐渐过渡到用眼睛余光观察球，主要靠手上感觉来控制球）。上身稍微前倾，拍头放在身体前方侧面并与身体呈三角形。

特点：有利于快速控制球，为下一个技术动作做准备，一般停球后接着做原地运球动作。

动作要领：运球时身体稍前倾，背部呈自然稍弯曲状，膝盖弯曲，重心落在两腿上。双手握杆，眼睛盯住球（初学者），用拍头的中部（正、反面皆可）控制球并拨动球向左（右）两侧移动。迅速提杆换位阻挡球的运行并改变球的运行方向。拍头必须紧贴球并追随球的运行方向，到达左右两侧时，拍面稍倾斜压住球（图 2-14-22）。

图 2-14-22　原地运球（正、反拍面）

易犯错误：

（1）双脚保持直立，膝盖没有弯曲，球离身体位置过远。

（2）提杆过高，运球时拍头没有贴住球，双手握杆过紧，动作生硬。

纠正方法：

（1）开始时注意保持正确的身体姿势，放慢运球的速度，提高运球的稳定性，反复进行练习。

（2）在运球初期，眼睛紧盯球，运球时强调拍面紧贴球并跟随球的运行方向，在提杆改变运动方向时，拍面必须紧贴球，不可提杆过高，左右运行距离不必过大，反复进行练习。

（3）在熟练的基础上，逐渐加快运球速度，眼睛逐渐过渡到目视前方，利用余光观察球。

2. 原地运球（正手单面）

基本姿势：双脚前后分开，左脚在前（右手杆为例），中间保持髋关节左右宽度，双膝微曲，把球放在身体右侧靠近中间位置，依然与身体呈三角形。

特点：运球动作幅度较小，运球速度快，可以较好地将球保护在自己可控范围之内。

动作要领：运球时身体重心稍下压，用拍头凹面向前运球，运球即将结束时迅速将拍头竖起，停住球，然后继续向后做拉球动作，把球沿原路拉回，不断重复相同动作（图 2-14-23）。

易犯错误：

（1）双脚保持直立，膝盖没有弯曲，球离身体位置过远。

（2）运球即将结束时拍头立起以及拉拍动作不够迅速，导致球失去控制。

纠正方法：

（1）始终保持基本的传球姿势，将球控制在自己身边。

（2）练习初始，保持动作缓慢，先体会动作，熟悉球性，再加快速度。

图 2-14-23　原地运球（正手单面）

3. 行进间运球

特点：运球动作的幅度较大，控球难度增加，但易于改变运球方向，是比赛中必须掌握的运球方法，是运球过人技术的基础。

动作要领：运球时身体重心下压，双脚前后分开，移动时身体自然放松，双手握杆，拍头紧贴并推动球向斜前方移动，在移动过程中依然保持左右运球动作。

行进间运球大致可以分为直线运球、曲线运球、变向运球及运球转身 4 种。

（1）直线运球时，保持自然跑动，上身稍前倾，步幅可以适当加大。双手握杆，球置于身体侧面靠前的位置，拍头控制好球往前移动。

（2）曲线运球时，上身稍前倾，重心压低，步幅较小，拍头控制好球，进行斜前方向的左右运球推进。

（3）变向运球时，根据变向角度的大小，调整球杆的位置，在身体移动过程中，重心突然变向，球保持直线运行，变向时再改变运动轨迹。

（4）运球转身时，身体急停，用正手拍头凹面紧扣住球，绕着身体做弧线运动，同时迅速做 360°转体并控制好球。反手反拍运球转身动作与正手正拍相反。

易犯错误：

（1）运球时，球离开身体的位置太远从而失去对球的控制。

（2）重心太靠前，主要靠腰部力量来支撑，没有利用腿部力量。

（3）手上动作太慢，在做转向时，球杆没有贴住球，无法控制球的运动方向。

（4）运球时，球杆离地太高，造成丢球，转体速度过慢。

纠正方法：

（1）加强手腕力量练习，提高自身对球杆的控制能力。

（2）练习中强调控制好身体重心，保持与球的正确距离。

（3）练习中强调球杆对球的控制力，始终用球杆感知球的存在。

4. 单手运球

特点：动作简洁自如，活动范围和空间较大，防守区域扩大，易于发挥出奔跑速度。

动作要领：单手握住球杆手柄顶端（不可握住手柄中间），身体自然放松，以前臂和手腕的力量来控制球杆。

易犯错误：

（1）运球或击打球时，由于单手力量较弱，导致挥杆过高。

（2）稳定性较差，容易失去对球的控制。

纠正方法：加强力量练习。

5. 双手运球

特点：双手握杆运球稳定性强，控球能力强，运球速度较慢。

动作要领：见原地运球技术动作。

一般而言，日常练习中，主要以双手握杆运球为主，单手运球为辅。单手握杆法主要应用在防守技术当中。在进行任何形式的运球时，切记眼睛不可长时间盯住球看，主要是靠球拍和球的接触来感知球的位置（初学者可以目视球进行运球），应该时刻注意观察场上的具体情况，做好下一个技术动作的准备。

三、运球过人

（一）运球过人的动作分析

运球过人是球员在控制好球的基础上，根据战术需要及对手的防守位置和重心变化情况，利用速度、方向或身体变化等，获得时间和空间位置上的优势，从而突破防守的一种技术动作。运球过人从动作上大致分为三个阶段。

1. 运球接近阶段　当持球队员运球接近防守队员时，身体重心略下降，加快步频，减小步幅，同时牢牢控制好球，利用身体的变向或球的来回移动等假动作迷惑防守球员使对方发生判断失误并做出错误的防守动作。

2. 运球超越阶段　持球队员利用假动作及快速的变向移动等创造出足够的空间和时间，成功突破防守队员的防线。

3. 跟进保护阶段　在球穿越防守队员的防线时，运球队员的身体重心要跟上球的移动，保证突破防守后，身体和球在一起通过防线并重新控制好球以利于进行下一个动作。

运球过人时应注意掌握突破时机、合适的突破距离以及选择合适的突破速度和突破方向，提高动作的隐蔽性、突然性和敏捷性，准确掌握突破对方防守的时机，高效地完成运球时过人的任务。

（二）运球过人的技术方法

运球过人有着形式多样的技术方法，但无论怎么变化，基本都是通过快速改变球的运行方向和运球者的速度来达到突破防守的目的。以下为几种常用的运球过人方法：

1. 强行突破　强行突破是指球员突然运球启动，依靠自身的速度强行超越对手的过人方式。可以双手握杆运球突破，也可以使用单手运球突破。通常须具备以下几点才可进行强行突破过人（图 2-14-24）。

（1）队员爆发力强，奔跑速度快，启动速度快。

（2）突破时机恰当，通常在防守队员犹豫不决之时。

（3）防守队员身后有较大的空当，突破后其他队员不能及时补防。

（4）拍头推球距离要稍远些，以便加快奔跑速度超过对手。

图 2-14-24　运球强行突破

2. 运球假动作突破　运球队员利用身体、球杆的变化、虚晃、佯装射门或传球等动作迷惑对手，使其产生错误的判断，从而乘机运球突破防守（图 2-14-25）。采用假动作运球突破应注意以下几点：

（1）进行突破前，主要观察防守队员的反应和动作。

（2）握杆的手腕要灵活，保证球始终在控制范围内。

（3）假动作要逼真，球杆和身体要配合默契。

（4）做虚晃动作时，不可失去身体重心，球速要快。

图 2-14-25　运球假动作突破

3. 快速推、拉、扣球突破

双手紧握球杆快速推、拉、扣球，不断变换球的运行方向，使防守队员无从判断运球队员的真实意图，通过不断地运球来寻找突破的空间进行快速地突破。采用此运球方法应注意以下几点：

（1）熟练掌握运球的技巧，推、拉、转、扣等动作必须快速而准确。

（2）注意观察防守队员的反应，找到合适的突破时机。

（3）主要通过手腕的变化来改变球的运行方向。

（4）身体重心起伏不宜过大，球杆和身体要协调配合。

4. 侧身掩护运球突破 双手紧握球杆侧身掩护球，利用运球速度的变化来摆脱身体侧面防守队员。采用此方法应注意以下几点：

（1）必须借助身体的掩护来保护球。

（2）双手紧握球杆，运球速度变化要突然且隐蔽。

（3）控球能力要强，能随时控制住球的速度。

5. 打板反弹运球突破 打板反弹运球突破是指运球者在靠近挡板处运球突破防守队员时，利用挡板的弹性，将球击打至挡板，球反弹越过防守队员，运球者快速超越防守队员并接住反弹球从而达到突破防守的目的。采用此方法应注意以下几点：

（1）事先计算好球的反弹角度，既保证能穿越防守队员，又要保证自己突破后能控制球。

（2）击打的力量要适中，确保不会被防守队员抢断。

（3）要有足够快的速度以突破防守队员。

（三）运球过人时球杆和拍头的基本动作

1. 推球 推球是用球拍的正面或反面触球，使球向前方或侧前方滚动。用球拍的正面推球叫“正拍推球”，用球拍的反面推球叫“反拍推球”。推球动作主要发生在身体两侧，球拍拍头始终保持着地状态（图 2-14-26）。

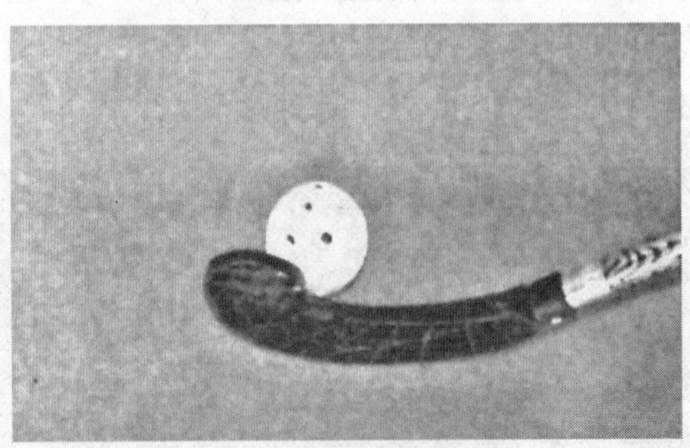

图 2-14-26 推 球

易犯错误：

（1）推球时拍头离地，失去对球的控制。

（2）推球时拍头没有紧贴球，眼睛紧盯球。

（3）拍头离身体的位置过远，身体重心偏高。

2. 正、反面拨球 拨球是使用拍头中部触球，使球向左、右两侧移动的方法。拨球时拍头必须紧跟球的运行方向（图 2-14-27）。

易犯错误：

（1）拨球时拍面没有紧贴球，无法控制球的运行方向。

（2）正、反拍换位时，提杆过高，失去对球的控制。

（3）左、右拨球时速度过慢，无法达到过人的要求。

（4）身体重心过于前倾，膝盖没有弯曲。

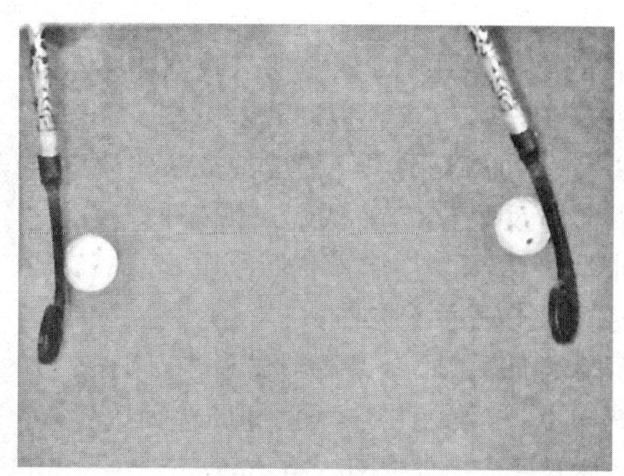

图 2-14-27　正、反面拨球

3. 扣球　扣球是运球时球员使用球杆拍头的凹面突然扣压滚动中的球，使球突然停止或改变运动方向的技术动作。扣压时，拍头着地，拍面倾斜下压，身体重心稍下降。

易犯错误：

（1）扣压时速度不够快，拍面倾斜度不够。

（2）握杆不紧，失去对球的控制。

（3）身体重心过高。

4. 拉球　拉球是运球时球员手腕转动，使用球杆拍头的凹面将球停住并迅速往自己身体内侧拉回，使球更靠近自己身体的技术动作。

易犯错误：

（1）手腕僵硬，不灵活，没有转腕，无法将球拉回自己身体内侧。

（2）拍头离地，球与身体之间的距离过远。

5. 挑球　挑球是用拍头正拍的凹面将球挑起，挑起后将球抛向空中或自己重新停球或穿越防守队员或在空中飞行朝向本方队友的技术动作（图 2-14-28）。

易犯错误：

（1）挑球的部位掌握不好，无法将球挑起或角度、方向不对。

（2）无法掌握合适的挑球力度，传球精准度不够。

（3）挑球后，拍头的随挥动作过大，高度超过腰部的高度。

（4）挑球后重心跟进迟缓，影响控球和快速衔接下一个动作。

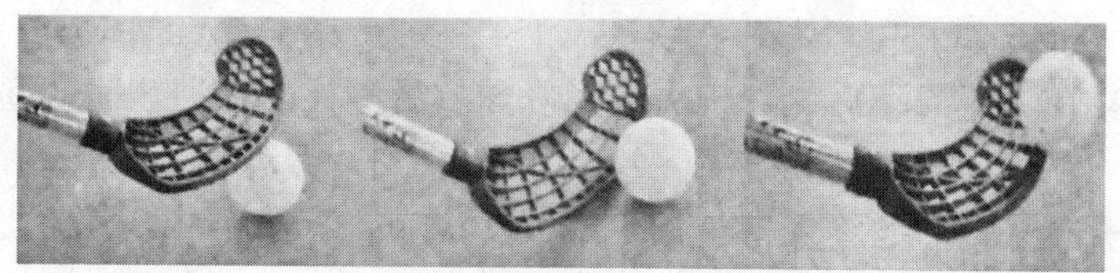

图 2-14-28　挑　球

推、拨、拉、挑等技术动作既是最基本的，又是在日常训练进行熟悉球性练习行之有效的方法。在实际运用过程当中，这些动作既可以单独使用，也可以有机组合在一起使用，通过不断练习，最终达到自如使用的程度。

四、传球

图 2-14-29 传球准备姿势

传球是比赛得以顺利进行的重要环节，是所有技术中最基本也重要的技术。它是组织全场进攻、贯彻战术意图、渗透突破、创造射门机会并得分的重要手段。传球的方法主要有正手长传球，正手短传球，反手长传球，反手短传球，空中球及单手正、反手传球等。

（一）传球前的准备姿势（以左手杆为例）

双手紧握球杆，侧身双脚前后站立，比肩稍宽，右脚在前，左脚在后。双膝微屈，重心落在两腿之间，拍头触地置于体侧，目视传球方向。球放置在拍头中间（图 2-14-29）。

（二）各种传球技术特点和动作要领（以左手杆为例）

1. 正手长传球

特点：正手长传球是常用的传球动作，这种方式控球时间长，可以更容易地掌控传球的方向，传球的准确度高，传球力量大。该技术通常在佯装射门后或用侧身掩护运球后使用，是进行长距离传球的理想方法（图 2-14-30）。

图 2-14-30 正手长传球

动作要领：

（1）传球时，球处于身体后侧，拍头控制好球从后侧往前移动，速度逐渐加快，目视传球方向。

（2）球在离开拍头前，始终保持与拍头的紧密接触。

（3）球超过前脚时与拍头分离，此时速度达到峰值。

（4）拍头在移动过程中，始终指向传球方向，拍头始终压住球，左手用力压住球杆，使球杆保持一定的弹性。

（5）保证足够的转体幅度和速度，从而保证一定的出球速度，从身体后方拖杆的距离越长，传球的准确度越高。

易犯错误：

（1）双脚平行站位，造成转体不畅，无法借助身体的力量进行传球。

（2）没有对球杆施加压力，拍头压住球往前移动时，稳定性不够，出球不顺畅。

（3）传球时，眼睛盯住球而没有注意传球方向。

（4）双手握杆之间距离太近，转体不够，出球力量太小，随挥动作过高。

纠正方法：

（1）分解练习传球的基本姿势，先进行无球练习，再进行有球练习。

（2）在练习中强调拍头对球的控制，将球放在身体后侧开始传球，强调拍头移动的稳定性。

（3）传球后有意识地控制随挥动作，拍头高度尽量控制在腰部以下。

2. 正手短传球

特点：正手短传球动作隐蔽性强，球与拍头的接触时间短，挥杆动作快速，球杆没有随挥动作。拍头的弧度过大或击球点过于靠近球的下方容易传出腾空球。此种传球方法快速准确，适用于各种情况下的传球，特别是在受到防守干扰、运球空间狭窄时使用，传球力量较小，距离较短（图 2-14-31）。

图 2-14-31　正手短传球

动作要领：

（1）双手握杆方法基本同正手长传球一致，拍头与球的运行距离短。

（2）膝关节微屈，重心稍向前移动，转体幅度小，出球后球杆没有随挥动作，目视出球方向。

（3）将球控制在两腿之间，出球时，不必超越前脚即可出球。

易犯错误：

（1）出球位置不对，身体重心过于靠后。

（2）击球点过于靠近球的下方，从而传出腾空球。

（3）出球后挥杆过高。

纠正方法：

（1）将球放在正确的位置，进行原地固定点练习。

（2）传球前，拍头有意识地下压，控制出球方向。

（3）传球时，拍头紧挨地面，进行短促有力的传球练习。

3. 反手长传球

特点：反手长传球通常在反手停球后使用，具有挥杆动作小，出球较为平稳但控球难度较大的特点（图 2-14-32）。进攻中，正手位传球遇阻时也可换反手进行传球。

动作要领：

（1）准备姿势基本同正手传球，两脚之间距离更短。当主动将球从正手位拉至反手位时，左脚可以上步，形成左脚在前，右脚在后之姿势。

（2）双手握杆方法保持不变，但双手之间距离更近。

（3）身体微右转，用反拍接停球时，进行必要的缓冲将球停下。从后往前移动过程中拍头和球始终保持接触直至将球传出。

（4）传球时，身体重心逐渐前移，出球后没有随挥动作。

（5）左脚在前时，传球动作同正手，保持左手在下将球推送出。

易犯错误：

（1）双手握杆的距离过远，身体拧转不够。

（2）反拍推送球的过程，由于凸面光滑，失去对球的控制。

（3）重心过于靠前，失去对身体的控制。

（4）眼睛盯住球，没有目视传球方向。

纠正方法：

（1）先进行原地反手长传球练习，体会控球的感觉。

（2）在练习中，注意拉球、上步、转体协调配合。

（3）推送球动作要快，拍头保持稳定。

图 2-14-32　反手长传球

4. 反手短传球

特点：反手短传球（图 2-14-33）挥杆动作幅度较大，传球力量较大，但传球稳定性不高，也可单手进行反拍短传球。

动作要领：

（1）身体基本没有转体动作，双手握杆拍头朝后方做后引动作，传球力度大小由引拍动作幅度大小决定。

（2）传球时拍头不可着地，直接与球进行接触并用拍头反面中部位置击打球。

（3）重心基本保持不变，目视传球方向。

易犯错误：

（1）向后引杆动作幅度太大，击球时拍头触地。

（2）传球时上身后仰，传球后随挥动作过大，特别是反手反拍传球时由于手臂力量的缘故，无法控制球杆随挥高度。

纠正方法：

（1）加强手臂力量练习，双手握杆距离稍近。

（2）先进行原地练习，体会挥杆动作，正确掌握击球点。

图 2-14-33　反手短传球

5. 传空中球

特点：当防守队员阻挡地面的传球路线时，可利用拍头的凹处进行挑高球传球，空中球不易停住，容易造成对方防线混乱。

动作要领：

（1）重心下降，球杆略放平，拍头置于球的中下部位。

（2）击球瞬间，手腕发力，利用拍头的凹处将球挑向高处，以穿越防守队员的防线为最佳。

（3）目视传球方向，控制球杆的随挥动作，避免造成高杆犯规。

易犯错误：

（1）击球点过于靠上，出球高度过低。

（2）击球后，球杆的随挥动作过大，拍头高度超过腰部。

（3）传球时没有目视传球方向，影响球的落点。

纠正方法：

（1）进行原地使用球杆捡球练习，直至能使用球杆熟练将球挑起并保持球稳定在拍头上为止。

（2）进行双人近距离的相互之间的挑传球，掌握手腕发力的方法，控制球杆的随挥高度。

五、停球

（一）停球动作的技术分析

在旱地冰球比赛中，除守门员在守门员区域内可以用身体的任何部位触球外，场上其他

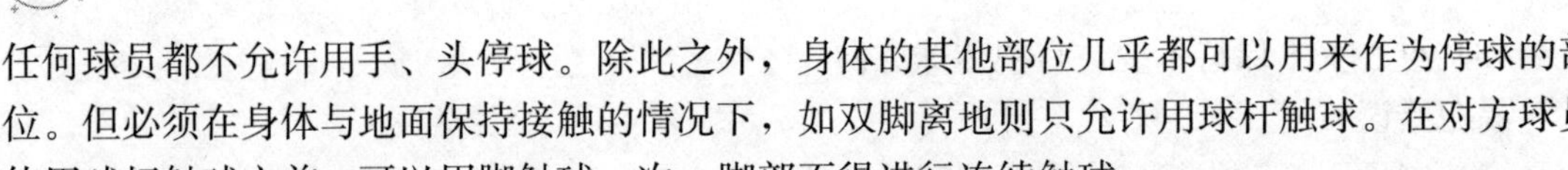

任何球员都不允许用手、头停球。除此之外，身体的其他部位几乎都可以用来作为停球的部位。但必须在身体与地面保持接触的情况下，如双脚离地则只允许用球杆触球。在对方球员使用球杆触球之前，可以用脚触球一次，脚部不得进行连续触球。

停球是利用球杆或身体允许部位将运动状态中的球控制住的过程，从旱地冰球停球的动作结构来分析，一个完整的停球动作主要包括判断、准备、触球和后续动作 4 个环节。

1. 判断 球员在停球前，应该迅速对来球的速度、落点、运动的路线等做出正确的判断，同时注意观察场上同伴的位置，做好停球后再传球的准备。在准确判断的基础上，合理地移动选位，占据有利的停球位置。

2. 准备 良好的停球准备姿势和正确合理的选位是接好球的保证，停球效果的好坏主要取决于身体和球杆的准备情况，因此在停球时身体重心稍下降，双膝微屈，拍头置于地上，目视来球方向。

3. 触球 触球是整个停球动作中最重要的环节，通过削落来球的冲击力来降低球速，最终将球停下。而削落来球的冲击力通常可以采用缓冲或改变球的运行路线的方法。

（1）缓冲。缓冲是削落来球冲击力的有效方法之一。通常情况下，球杆停球部位触球时间越长，其对球的缓冲作用越好。为了延长触球时间，球员可以事先通过使用球杆拍头停球部位的前迎来加大触球后引球后撤的距离，从而减弱球的冲击力。迎撤动作的幅度和速度取决于来球的速度，来球速度越慢，则拍头迎撤幅度小且速度慢，来球速度越快，则拍头迎撤幅度大且速度快。球杆迎撤动作主要靠手和身体的协调配合来完成，因此，停球时身体也需跟随球杆稍做后撤动作，缓冲动作主要由球杆来完成。

（2）改变球的运行路线。通过改变球的运行路线来减弱球的速度也是停球的有效方式。在身体与地面保持接触的前提下，除头部和手以外，身体其他任何部位和球杆都可以作为停球的部位。当球以一定的角度触及地面、拍面或人体时，其因为能量受到损耗而削落冲击力。因此，球员可以通过推压、收挺、拉引等动作使球改变原来的运行方向，最终达到降低球速将球控制住的目的。

缓冲和改变球的运行路线都可以削落来球的速度，从而减轻球的冲击力。一般而言，迎撤球的准备时间较长，拍面与球的接触时间长，通常在相对宽松的时间和空间下使用该动作技术，而迎击球，准备期短，动作幅度小，拍面触球时间短，通常适用于快节奏的拼抢状态下。

比赛中常用的停球方式主要有以下几种：

①迎撤：指以球杆拍面部位迎接球，在触球的刹那向回引撤以缓冲来球冲击力的方法。停球前的迎球动作和触球后的引撤动作要协调连贯，引撤的时机要恰到好处，迎撤的幅度和速度与来球速度相对应，从而达到最佳的缓冲效果。

②推压：指推和压合二为一的连贯动作，多用于停反弹球。在对来球的落点做好判断的前提下，使用呈一定角度的拍头对准球的反弹点，在球落地的瞬间，迎着球的反弹方向下压，随即与推力合成一个作用力，其作用力与球的反弹力形成的反作用力，使球改变运行方向减弱速度并最终被球杆所控制。此停球方法须准确判断好来球的落点、反弹时间和反弹路线，掌握好推压的角度和时机。

③按压：利用拍头与地面所形成的角度来夹紧球，迫使球停止滚动的方法，多用于停地滚球。按压时，拍头必须与地面成一定程度的夹角，迎球的瞬间，稍后撤同时用力下

压，增大球与地面和拍头之间的摩擦阻力，使来球力量得到削落，从而达到控制球的目的。

④收挺：收挺动作多用于停空中球，主要由身体某一部位完成。收是指停球部位的后缩动作，具有引撤缓冲动作的效果；挺是指停球部位呈一定角度主动迎接球并推送的动作，其作用是通过向上改变来球方向来达到停球的目的，通常胸部停球较常使用该动作。

4. 后续动作。停球的后续动作影响着停球的最终效果。不管是球杆还是身体部位停球，停球后都须迅速调整身位，利用球杆将球控制在自己可控范围之内，并迅速决定下一个技术动作，运球过人或传球。后续动作为贯彻球队战术意图打下坚实的基础。

（二）停球的技术特点和动作要领

从旱地冰球停球的部位来看，主要分为拍面、胸部、大腿三大类。脚部也可以作为停球的部位，但是在对方球员触球前，只能用脚部触球一次。

1. 拍面停球 拍面停球是旱地冰球竞赛中最为常用也最为重要的停球方法。它可分为正手正拍停球和反手反拍两种停球方式。

（1）正手正拍迎撤式停球（图 2-14-34）。

特点：动作幅度较大，用途广泛，接球平稳，可靠性强。

图 2-14-34 正手正拍迎撤式停球

动作要领：

①停地滚球：首先准确判断来球的速度和方向，及时调整身体姿势，做好停球前的准备。拍头置于地面，拍面与地面成一定角度。在球即将到达身体附近时，拍面上前迎接球，在即将触球的瞬间，拍头随即引撤缓冲球速，将球控制在前、后脚之间，身体微侧转并与双手协调配合，双膝微屈。

②停空中球：双手紧握球杆，目视来球方向，拍头的凹面朝向来球。拍面触球瞬间，拍头快速下引缓冲将球卸下并控制好。拍头迎接球的高度须在膝盖以下。

③停反弹球：双手握杆，目视来球，判断球的落点，在球落地弹起的瞬间，用拍面往下压停住球并迅速控制球。

易犯错误：

①无法准确判断来球的位置或落点，不能选择最佳的迎球位置，没有做好停球准备。

②迎接球时机掌握不好，无法准确掌握来球的速度，缓冲效果差。

③做引撤动作时，双手和身体过于僵硬，不柔和，导致控球不稳。

④停球后没有进一步的保护动作，造成停、控动作脱节。

纠正方法：

①先进行分解动作和无球模仿联系，提高动作的协调性。

②提前做好停球前的准备，保持正确的停球姿势。

③对墙传球，待球落地弹起时，进行停球练习，提高手、眼的协调配合能力。

④在停空中球时，握杆双手放松，可先进行借助屈膝下蹲的缓冲来降低球速，而后再练习拍头下撤后引动作。

（2）正手正拍压迫式停球（图 2-14-35）。

特点：动作简捷、幅度小，但失误率较高，变化较少，主要以停地滚球且来球速度较快时为主。

动作要领：

①拍面置于地面与地面成一定夹角，双膝弯曲，身体重心稍往下。

②停球前稍作迎球动作，触球瞬间，拍面用力下压，将球夹在地面与拍面之间。

③停球结束时，球位于身体后侧方。

易犯错误：

①拍头离开地面，造成漏球。

②引撤时机和速度掌握不好。

③没有用力压球杆，球与拍面、地面之间的摩擦力不够强。

纠正方法：

①练习时拍头始终保持与地面的接触。

②加快来球速度，练习时保持拍面与地面之间的夹角。

图 2-14-35　正手正拍压迫式停球

（3）反手反拍迎撤式停球（图 2-14-36）。

特点：动作幅度稍大，技术难度较高，停球范围较大（单手停球）。

动作要领：

①目视来球方向，判断来球速度和路线。

②身体重心稍前移，拍头置于地面，凸面朝向来球方向。

③触球瞬间，拍面迅速后撤缓冲来球冲击力，随后将球控制。

④其他动作要领同正手正拍迎撤式停球技术动作。

易犯错误：

①对来球路线和速度判断能力差，站位不当，影响整个动作的完成。

②控制不好拍面触球点，造成球从拍面两侧滑出。

③单手停球时，无法掌握快速引撤的速度。

纠正方法：

①原地练习球杆后撤动作，熟悉凸面触球的特点。

②加强手臂力量练习，提高握杆的稳定性。

图 2-14-36　反手反拍迎撤式停球

2. 胸部停球　旱地冰球比赛中，主要的停球方式都是通过球杆来完成的，身体部位停球只是对停球方式的补充且主要用来停空中球。

特点：触球点较高，停球面积大，适用于停胸部以上高度的来球。

动作要领：

（1）挺胸式停球。准确判断来球落点，单手握杆，拍头朝下。身体正对来球，两脚自然开立，双膝微屈，上体稍后仰与来球形成一定角度。触球瞬间，胸部主动挺送，使球触胸后弹起落于体前，随即快速双手握杆将球控制住。

（2）缩胸式停球。准确判断来球落点，单手握杆，拍头朝下。当球触胸的瞬间，迅速收腹、缩胸，缓冲来球的力量，使球落于体前，随即快速双手握杆将球控制。

胸部停球时，双脚不可离地，球杆高度不可超过腰部，且不能使用胸部连续触球。由于旱地冰球重量轻、速度快，因此，将球停下之后，必须快速控球并进行下一个技术动作（图 2-14-37）。

易犯错误：

（1）对来球落点的判断有误，站位不当。

（2）触球时，身体协调性不够，收挺时机掌握得不好，缓冲效果差。

（3）挺胸接球时，上体仰角不合理，球的反弹角度和落点不理想。

纠正方法：

（1）原地进行分解动作练习，提高身体的协调性。

（2）先进行近距离一对一手抛球练习。

（3）球员可以进行自抛自停，体会上身的仰角、收挺动作及角度控制。

（4）先原地练习停反弹球，再过渡到胸部卸球后停反弹球。

图 2-14-37　胸部停球

3. 大腿停球

特点：大腿的停球部位面积较大，肌肉丰富而又有弹性，动作较简单，适用于接有一定弧度的高球。

动作要领：

（1）接高空下落球。双手或单手握杆，拍头置于地面，身体正对来球，停球腿屈膝上抬，以大腿中部位置对准来球。触球瞬间，接球腿积极下撤后引，同时肌肉放松，加强缓冲的效果，将球停于身前，并迅速用球杆控制球（图 2-14-38）。

（2）接快速平直运行的空中球（高度在腰部以下）。身体正对来球，支撑脚先前跨出屈膝，停球腿膝关节朝下，大腿与地面垂直或小于 90°。停球瞬间，停球腿快速后引下撤，同时肌肉放松，加强缓冲，将球停于身前并迅速用球杆控制球（图 2-14-39）。

图 2-14-38　大腿停高空球

图 2-14-39　大腿停低平球

易犯错误：

（1）停球时，大腿引撤的时机和速度掌握不好，缓冲效果差。

（2）停球时，球杆上举，手腿不协调。

（3）大腿停球的部位不正确，停球效果不理想。

纠正方法：

（1）首先原地不持球杆进行抛球、停球练习，掌握腿部合适的引撤时机。

（2）用球杆挑球，将球传向对方球员进行一对一腿部停球练习。

六、抢球与断球

在旱地冰球比赛中，抢球是指球员使用球杆将对手控制的球直接抢夺过来或破坏其下一步控球动作，使其失去控球权的动作方法。断球则是在规则允许的前提下，球员使用球杆或身体部位将对方球员之间所进行的传球截获的动作方法。这两种动作方法是主要的防守手段，旱地冰球比赛对抗激烈，攻防转换瞬息万变，合理有效地抢、断球对提高球队的防守水平非常重要。

（一）抢球和断球的技术动作分析

抢球和断球是两种不同的技术动作，但是从具体动作环节来分析，主要都是由判断选位、原地或上步出杆抢断和抢、断球后的衔接动作三个部分组成。

1. 判断选位 预判是任何防守技术动作的前提，因此，准确的判断是进行有效抢、断球的前提条件，是进行移动选位的依据。防守球员在防守并准备进行抢球时，首先要对进攻方的动作意图、动作动机、动作变化、控球距离等情况进行分析判断，并据此选择和调整自己的防守站位，调整自己的球杆位置。通常情况下，防守队员应该站在对手与本方球门中点连线上，阻止对手往中路传球或进行射门。当对手背对球门时，可采用贴身逼抢防止其转身，并伺机进行抢球。断球时，防守球员应准确判断进攻方的传球意图、传球时间、传球方向以及传、接球员的位置关系等，选择或调整自己的防守位置及球杆的摆放位置。通常情况下，防守队员应该站在对手与本方球门中点连线上，并偏向有球一侧，与对手的距离应该是向前有利于断截、向后有利于封堵，在封堵好对手传球路线的基础上，争取断球机会。

2. 原地或上步出杆抢断 球员原地或上步伸出球杆进行抢、断球要掌握合适的抢断时机，使用正确的抢断动作。抢球时，要时刻观察进攻队员的运球动向，在封堵过程中寻找机会进行抢断，只要有机会就要积极地抢先断截对方的球，但是切忌不顾后果盲目抢断。当球在空中运行距离较长，接球队员把注意力放在球上并消极等球时，是断球的良好时机。此时，利用有利的身体位置，原地快速抢先一步伸出球杆触到球，将球断下。而抢球的时机多是在对手触球瞬间，球暂时失控或远离控制时，抢先伸出球杆将球抢下。

抢、断球时既可以使用双手握杆法也可使用单手握杆法，抢、断球的动作方法也较为多样。但是无论采用哪种动作，都应具备突然、迅猛、准确的技术特征，出其不意使对方反应不及。抢、断球时，重心前移，双手紧握球杆，加大力量积极前伸，动作硬朗，保证抢断时的动作力度。

3. 抢、断后的衔接动作 抢、断球的主要目的是为了获得球或球的控制权，但是在危机情势下也具有破坏的性质。因此，在进行抢球和断球时应该考虑后续的动作，一旦抢、断球成功，球杆应该迅速回收或向球的方向快速移动，保证抢、断球和控球的连贯性。

（二）抢球的技术特点和动作要领

1. 正面抢球 进攻球员运球准备正面突破防守球员，防守球员使用球杆将对手所控制的球抢过来或者破坏掉的技术动作，被称为正面防守，包括原地出杆抢球和上步出杆抢球。

动作要领：

（1）原地出杆抢球。双脚左右开立，双膝微屈，身体重心下降并落在两腿之间正面迎向对手，在对手运球企图突破时判断好球的运行方向，双手紧握球杆并迅速伸出，用拍头将球抢下（图 2-14-40）。

图 2-14-40　原地出杆抢球

（2）上步出杆抢球。出杆抢球前，双脚左右开立，双膝微屈，重心落在两腿之间，正面迎向对手。出杆的同时，迈步向前，重心前移落在前脚，形成弓箭步。双手紧握球杆，拍头下压前伸，动作简捷有力（图 2-14-41）。

图 2-14-41　上步出杆抢球

易犯错误：

（1）抢球前的站位不正确，身体重心不稳，上步抢球时，重心没有前移，不能及时控制球。

（2）抢球时的时间掌握不好，无法抢先触球。

（3）出杆动作慢，双手没有握紧球杆，抢球动作力量小。

（4）出杆抢球时动作不合理导致违例。

纠正方法：

（1）首先进行原地无球动作练习，体会身体重心的位置。

（2）从弱到强进行对抗练习，增强爆发力。

2. 侧面抢球　侧面抢球是当防守队员与运球队员平行跑动或从后方向前追成平行位时使用球杆实施抢球的动作，主要包括合理冲撞抢球和卡位抢球两种。

动作要领：

（1）合理冲撞抢球。当防守队员与运球队员并肩跑动时，身体重心稍下降，同对手接触一侧的手臂紧贴自己的身体，肌肉紧张，全身用力，用肘关节以上部位冲撞对手对应部位，使其失去平衡而乘机用球杆将球抢夺过来（图 2-14-42）。

图 2-14-42 合理冲撞抢球

（2）卡位抢球。当防守队员与运球队员并肩跑动时，在身体靠近对手的瞬间，突然加速，迈步上前，使用髋关节将对手位置卡住并乘机用球杆将球抢夺过来（图 2-14-43）。

图 2-14-43 卡位抢球

易犯错误：

（1）跟不上运球队员的速度，无法进行冲撞或卡位。

（2）冲撞部位错误，造成犯规。

（3）冲撞时，肘关节展开，以肘部推人，造成犯规。

3. 侧后方抢球 侧后方抢球通常发生在进攻队员以突破防守或背对防守队员之时。由于位置上的劣势，多数情况下，都使用单手持杆法，以增加防守距离和面积，从而达到抢断的目的（图 2-14-44）。

动作要领：重心稍前倾，单手持杆，从身体两侧将球杆伸出。另一只手放置在胸前倚靠住对手背部进行保护，干扰对手的运球。

图 2-14-44 侧后方抢球

易犯错误：

（1）动作不连贯，单手力量不足，球杆移动位置过高。

（2）身体重心过于靠前，手部有推搡动作，造成犯规。

（3）抢断时，球杆从对方双脚之间穿过，造成犯规。

七、射门

旱地冰球是以双方进球数来决定胜负的对抗性体育项目，而射门直接决定着进球数的多少。比赛中所有的进攻与防守的变化最终目的都是形成射门并取得进球。旱地冰球的射门是指球员运用球杆将球击打进对方球门的技术动作。比赛中射门的技术动作多种多样，要想在对方严密的防守和拼抢下有效地完成射门，必须要有强烈的射门欲望，善于把握射门时机，选择正确的射门方法。

（一）射门动作的技术分析

射门是指球员利用球杆拍头的某一部位将球击向预定目标的技术动作。射门的基本技术与传球类似，其完整的动作过程包括引拍、击球及随挥动作几个环节。

1. 引拍 引拍是指球员击球前的向后挥杆动作。其作用是调整球杆与球之间的相对位置，使击球前获得相当的动量，通过动量传递，增强击球的力量，提高速度。任何方式的射门都离不开引拍动作，一般来言，引拍动作幅度越大，距离越远，击球时的力量和速度越大。但切记在引拍过程中，拍头的高度不可超过腰部，以免造成犯规。

2. 击球 拍头击打球是射门技术的核心，是决定射门质量的关键。它包含击球部位、击球时间和击球动作等。

（1）击球部位。这是指击球时拍头与球的接触点，如球的后中部、中下部还是侧面部位等。它决定了球被击打出去后的飞行方向。

（2）击球时间。这是指拍头作用于球的时间。在固定条件下，增加击球时间，能加大击球力量，并有助于控制球的飞行方向；而缩短击球时间，则可加快球的飞行速度。

（3）击球动作。这是指击球时拍头作用于球面时的形状及发力状况。根据不同的射门方法选择不同的拍头形状、击球的瞬间，双手紧握球杆，确保击球时拍头的稳定。

3. 随挥动作 随挥动作是指球杆击球完毕后的一段随球前摆的过程。这种随挥动作既可以很好地衔接前面的动作，也可以对尚未达到最高速度的球起进一步加速的作用，同时也有利于身体和球杆的协调配合。需要注意的是，在随挥动作结束时，拍头的高度不得超过腰部。

（二）各种射门的技术特点与动作要领

射门是为了进球，因此在出球时尽可能地让球速更快、更有力。根据不同的情况，射门的方法也有所不同，主要的射门方法有正手长杆手腕发力射门、正手短杆手腕发力射门、正手抽射、正手拖杆射门、正手拉杆射门、反手射门、空中球、转身射门、背身射门等。

1. 正手长杆手腕发力射门

特点：球位于体侧，挥杆动作幅度较大，出球前的运行轨迹较长，射门精度高，射门力量相对较小，通常在球员具有较多准备时间的情况下使用。由于手腕发力射门时，球在离开拍头前始终保持与拍头的紧密接触，因此，在发任意球时，不可使用手腕发力（图 2-14-45）。

动作要领：

（1）双脚前后分开站立，双膝微屈，重心落在后脚上。

（2）球杆后引，拍头着地，控制好球置于后脚附近。

（3）拍头控制好球，保持与地面的接触，从后往前逐渐加速挥杆，同时双手逐渐加力，球杆下压，充分利用球杆的弹性，提高出球的速度，增强力量。

（4）转体，重心逐渐前移，出球点在体前或超越前脚的位置，出球瞬间，手腕发力将球射出，并控制好拍头使之指向出球方向。

（5）出球后，重心在前脚，抬头，目视射门方向。

易犯错误：

（1）球离身体过远，不利于控球，运行距离过短。

（2）双手没有下压，重心没有前移，转体不够，影响出球效果。

（3）出球后，随挥动作过大，眼睛盯住球，没有目视射门方向。

纠正方法：

（1）可先进行分解练习或无球模仿练习，也可结合固定球进行练习。

（2）练习中强调球杆下压，重心由后往前移动并转体。

（3）保持正确的握杆姿势。

图 2-14-45 正手长杆手腕发力射门

2. 正手短杆手腕发力射门

特点：速度快、准确度高，反应时间短，可以在各种不利条件下使用，通常离球门很近时使用。

动作要领：

（1）双脚前后分开站立，重心落在双脚之间，胸部朝向射门方向。

（2）双手握杆距离稍近，引杆动作小，球置于两腿之间，出球点在体前或超越前脚的位置。

（3）稍转体，手腕发力，控制好拍头将球射出。

易犯错误：

（1）拍头位置控制不稳，造成出球方向远离目标方向。

（2）随挥动作过大，拍头高度超过腰部。

3. 正手抽射

特点：正手抽射是最简单、最原始的射门方法。挥杆动作幅度大，出球力量大、速度快，对球杆要求不高。通常在球员有较长准备时间时使用，后卫在中场位置进行抽射居多，也适合初学者使用（图 2-14-46）。

动作要领：

（1）双脚分开，前后站立，充分利用转体的力量。

（2）球稍远离身体置于体前或前脚前方，大幅度后引拍，但高度不可超过腰部。

（3）触球前，拍头不与地面接触，保持拍头运行轨迹平直。

图 2-14-46　正手抽射

（4）双手握杆距离较近，转体，用拍头的中下部位击球，出球后控制球杆随挥的高度。

易犯错误：

（1）双手握杆距离过远，减弱了击球时的力量和速度。

（2）击球时拍头着地，影响击球的效果。

（3）没有充分利用转体的力量。

纠正方法：

（1）练习正确的抽射握杆方法，先进行无球练习，控制向后引拍和出球后随挥动作球杆的高度。

（2）注意力高度集中，确保击打球的正确部位。

4. 正手拖杆射门

特点：出球速度快、力量大，击球稳定性高，是球员较为喜欢使用的射门方法之一（图 2-14-47）。

图 2-14-47　正手拖杆射门

动作要领：

（1）双脚分开，前后站立，双膝微屈，重心稍靠后。

（2）双手紧握球杆，拍头着地，球杆呈弧线向后引拍，球位于前脚附近。

（3）转体，重心逐渐前移，目视射门方向，拍头着地，快速向前挥杆并逐渐加压，击球瞬间速度和力量达到峰值。

（4）全程始终目视射门方向，出球后，拍头指向出球方向，控制球杆随挥高度。

易犯错误：

（1）球杆向前挥动时，拍头离地。

（2）眼睛盯着球，没有目视射门方向。

（3）挥杆速度和力量不够，击球部位不当，影响出球方向。

（4）出球后，球杆随挥高度超过腰部。

纠正方法：

（1）先进行原地分解动作练习，重点体会击球前加压、加速动作。

（2）出球时，有意识着重加强拍头的指向，控制拍头的高度。

5. 正手拉杆射门

特点：挥杆幅度大，出球力量大，具有一定的难度和不可预测性，通常在较远距离或具有较多准备时间时使用（图 2-14-48）。

动作要领：

（1）双脚分开，前后站立，双膝微屈，重心落在前脚。

（2）双手分开，距离稍大并紧握球杆，向后方做大幅度引拍。

（3）逐渐加快速度，从后往前挥杆，拍头不触地。击球前瞬间，拍头短暂触地，双手下压使球杆弯曲，充分利用球杆的弹力。

（4）击球点及拍头的弧度决定了出球的高度，控制球杆的随挥高度。

（5）全程保持目视射门方向。

易犯错误：

（1）站位过于靠后，重心没有落在前脚。

（2）击球前，拍头触地时间过长，影响出球效果。

（3）眼睛盯着球，击球时机掌握不好，击球点不正确，挥杆过高。

纠正方法：

（1）先原地进行分解动作练习，着重练习击球前拍头下压和击球动作。

（2）固定点进行多球练习，体会球杆下压弹起击球。

（3）目视射门方向，进行固定点多球练习。

图 2-14-48　正手拉杆射门

6. 空中球

特点：速度快、力量大、难度大，留给防守队员和守门员的反应时间少。击球点不易掌握，击球点必须位于膝盖下方的空间。通常在接半高球或反弹球时使用空中球射门动作。

动作要领：

（1）保持正确的握杆姿势，拍头朝下，正确判断来球的落点。

（2）球即将落地或落地反弹时，先向后迅速引拍随即向前挥拍迎球击打，目视来球方向。

（3）击球后控制球杆的随挥高度，不得超过腰部。

易犯错误：

（1）无法准确判断球的落点，掌握不好击球时机，经常漏击。

（2）击球后挥杆过高，造成犯规。

纠正方法：多进行颠球练习，提高掌握击球时机的能力。

7. 转身射门

特点：动作隐蔽性强，具有相当的突然性，借助身体旋转产生的动能加大出球的速度和力量（图 2-14-49）。

动作要领：

（1）射门动作要领同正手长杆手腕发力射门，只是球的位置还要靠后，球在地面运行轨迹更长。

（2）原地或移动中运球，背对射门方向，球紧贴拍头。

（3）射门时，拍头成弧线运行，前脚后撤步，同时转体，身体重心移到后脚。

（4）球紧贴身体出球，出球后，拍头指向射门方向，继续转体，重心继续移动至两腿中间，目视射门方向。

易犯错误：

（1）转体时重心不稳，失去对球的控制。

（2）转体时无法准确判断射门方向，眼睛盯着球看。

（3）射门时没有充分利用转体产生的力量，随挥动作过大。

纠正方法：多进行原地运球转体练习，提高旋转时控球能力。

图 2-14-49　转身射门

8. 背身射门

特点：动作较隐蔽，具有一定的突然性，力量较小，速度较慢且难度较高，适合具有一定训练水平的球员（图 2-14-50、图 2-14-51）。

动作要领：

（1）双脚分开，前后或左右站立，重心落在两腿中间，持球背对射门方向。

（2）球位于两腿中间或靠近正手位置，双脚不动转体，使用手腕发力、拖杆、拉杆或抽击等射门方法将球击出。

（3）出球后，目视射门方向。

易犯错误：

（1）球离身体太远，失去对球的控制。

（2）出球后，失去身体重心，挥杆过高。

图 2-14-50 胯下背身射门

图 2-14-51 特侧背身射门

9. 反手射门

特点：射门动作难度较大，出球力量较小、速度较慢。由于现代旱地冰球比赛中所使用的拍头反面通常都较为光滑，因此，控球难度较大，通常在正手位置被防守队员阻挡或无法进行正手位置射门时使用（图 2-14-52）。

动作要领：

（1）双脚前后开立，肩部指向射门位置。

（2）双手靠近握紧球杆（也可使用单手握杆法），球位于反手体侧靠近前脚位置。

（3）身体稍右转，反手位向后引杆，大臂后摆，随即重心前移向前挥杆击球，拍头保持空中运行，不可触地。

（4）击球后，控制球杆随挥高度。

易犯错误：

（1）双手握杆距离太远，造成挥杆困难。

（2）球的位置在身体后侧，造成击球困难。

（3）挥杆过高，特别是单手挥杆时，由于手腕力量不足，造成球杆的随挥高度超过腰部。

图 2-14-52　反手射门

八、守门员技术

守门员是球场上最重要的球员之一，是防止对方球队射门得分的最后一道屏障。一旦守门员被突破，对手即可得分。守门员在场上的位置决定了其与场上其他队员在技术、战术、活动方式和心理方面都有着极大的区别。守门员的主要职责是控制守门员区域，确保球门安全。守门员在守门员区域内要完成技术动作，实现防守任务。现代旱地冰球比赛不仅要求守门员要守住球门不失球，还需要协助其他队员扩大防守区域，充分利用规则赋予的特权，封锁和控制本方守门员区域的空间。因此，守门员往往既是本队防守的组织者、协调者，又是进攻的始发者，对比赛胜负起着举足轻重的作用。

（一）守门员装备

由于旱地冰球比赛的特殊性，当球击打到面部时，没有通过安全认证的头盔也可能无法起到保护作用，从而造成不可挽回的后果。守门员裤子的膝部位置如果不加上衬托也将无法对膝盖起到保护作用，造成膝部严重的运动损伤。因此，在正式比赛中，守门员必须配上一整套完整且通过国际旱地冰球联合会认证的专业守门员装备才能上场比赛。

1. 手套　是否戴手套由守门员自己决定，规则并没有规定守门员必须戴手套。为了安全起见，特别建议在开始练习旱地冰球的初始阶段，特别是青少年球员要求戴手套。手套应该具有足够的紧度，以免在抛球时影响守门员对球的控制。比赛时可以使用旱地冰球专用手套，也可以使用符合比赛要求的其他球类运动守门员手套。

2. 头盔　守门员专用头盔必须适合守门员的脑袋，大小适中。面部防护栏应该具有良好的视野，但是栏杆的洞眼不能太大，以免拍头或球穿过栏杆伤及面部。

3. 衬托　衬托通常用在肘关节和膝关节部位，防止关节扭伤，减轻关节部位的受力。衬托应该紧密地贴在衣裤上，以免在练习或比赛时脱落，但是不能太紧，影响到守门员的移动。通常在守门员上衣胸部位置也会缝制衬托以保护胸部。

所有旱地冰球器材装备供应商都生产衬托。在开始练习的初期，练习者可以穿着较为厚重的裤子代替衬托，但是从长远的角度来看，专业的衬托必不可少。

4. 裤子　守门员专用裤子的前部都会装有特殊的衬垫，通常是由尼龙和聚酯混合材质制作而成。练习初期，可以使用宽松、长度适中的普通裤子来代替专业的守门员裤子。

5. 上衣　守门员专用上衣一般有较长的袖子，在肘关节部位有特殊的衬托以保护肘关节，胸部和腹部位置也有特殊的衬托，通常也有衣领以保护咽喉部位。

（二）守门员技术分析

守门员技术是指守门员围绕球门所采取的有效防御性动作和组织发动进攻时所采用的动作方法的总称。其主要的表现形式是接球、挡球、扑救、传球及用身体阻挡球等。守门员在运用各种技术时大致都经历以下几个阶段。

1. 观察预判 对场上情况进行观察并做出相应的预判是守门员防守的第一步。观察时，视野要开阔，纵览全局，时刻关注攻防队员的位置变化，对于持球队员进行重点观察。在观察的基础上，通过思维分析进行预判，从场上形式的变化和对手的跑位来判断其进攻意图，从球的运行状态判断其路线、性能、速度和落点，从而为防守做好积极的心理准备和动作准备。

2. 移动选位 在前期观察和预判的基础上，守门员要根据来球的发展变化，进行相应的移动和选位。旱地冰球守门员的防守移动主要有站立滑步、跪立位蹬地滑步等。守门员的选位是指通过有目的的移动调整自己与球和球门之间的位置关系。从防守角度上应选择在球与球门线中点的连线上；从站位距离上，向前应能最大限度地封堵射门的角度，向后侧能有效地增大防守面积。

3. 准备姿势 准备姿势是指守门员采取防守行动前的身体姿势。旱地冰球守门员的准备姿势如下：双膝着地，重心落在膝盖上以便双脚可以自由移动；上身轻微前倾保持平衡以便双脚左右移动；双手张开，掌心正对前方，肘关节弯曲，置于身体两侧略过胸前；双脚位于臀部之后，脚尖着地，防止球从双脚之间穿过（图 2-14-53）。

图 2-14-53 守门员基本姿势（正面、侧面和脚部动作）

一般而言，守门员无法长时间保持基本准备姿势，因此，如果球在对方半场，或者对方球队没有射门的可能时，可以保持站立的姿势。一方面可以有更好的视野，另一方面也可以放松一下踝关节、膝关节。

除了基本的准备姿势以外，还有一些守门员有自己独特的准备姿势，根据守门员个人的身体条件而有所差异。不管什么姿势，只要有利于更敏捷地反应、更快速地移动，都可以作为基本姿势。

4. 防守应答 防守应答是指守门员对射向球门范围内有威胁的来球做出相应反应的动

作行为，包括心理反应和应答动作。其中反应的准确性和敏捷性直接影响应答动作的完成，而应答动作的速度与合理性则直接影响防守动作的效果。

守门员的应答行为基本上可以分为出击防守和门区防守两大类。在出击防守时，判断要准确、动作要果断、时机要恰当。出击防守通常是守门员在应对对方球员单刀突破而本方防守队员又无法及时跟进时采用的一种防守动作。门区防守则是指守门员根据各种射门所做出的应答行为。在进行出击或门区防守中，守门员应根据场上的具体情况选用不同的动作方法，例如挡、扑等。对于球速慢、角度正的射门应尽量采用接球方法，对于球速快、角度刁的射门可采用阻挡、扑救等方法。

5. 接球后的行动 守门员在扑救结束且控制好球后，往往意味着防守的结束和本方进攻的开始。因此，高水平守门员不仅要具备极高的防守能力还要具有强烈的快速进攻意识，接到球后的第一反应是能否发动快攻，要迅速观察场上球员的位置及跑动意图，并与之做眼神的交流，只要队友有前插进攻的意图且位置较好，时刻迅速将球抛出，发动快攻进攻。若没有快速进攻的机会，则将球抛给处于安全位置的防守队员。旱地冰球竞赛规程规定，守门员持球时间不能超过 3s，因此，守门员必须在很短的时间内迅速做出判断，并采取合理的行动。

参 考 文 献

毕春佑，2003. 健身教育教程［M］. 北京：科学出版社.
蔡东联，2005. 实用营养学［M］. 北京：人民卫生出版社.
蔡美琴，2001. 医学营养学［M］. 上海：上海科学技术文献出版社.
曹湘君，1995. 体育概论［M］. 北京：北京体育大学出版社.
陈吉棣，2002. 运动营养学［M］. 北京：北京大学医学出版社.
陈希，2002. 变革时期我国大学体育的组织与管理［J］. 体育科学，4（22）：4.
程公，2005. 七人制橄榄球运动教程［M］. 大连：辽宁师范大学出版社.
从群，赵毅华，邓家平，2006. 大学体育［M］. 上海：上海交通大学出版社.
大学体育与健康教程编写组，2003. 大学体育与健康教程［M］. 北京：人民体育出版社.
邓树勋，洪泰田，曹志发，2001. 运动生理学［M］. 北京：高等教育出版社.
丁兆雄，2003. 体育与健康理论知识［M］. 南京：河海大学出版社.
高子琦，2002. 排球裁判图解［M］. 北京：北京体育大学出版社.
国家体育总局乒乓长盛考研究课题组，2002. 乒乓长盛的训练学探索［M］. 北京：北京体育大学出版社.
贺概，2011. 滑雪［M］. 北京：北京体育大学出版社.
何阳，1996. 橄榄球技术图解［M］. 北京：人民体育出版社.
何志林，2000. 现代足球［M］. 北京：人民体育出版社.
黄汉升，2005. 球类运动：排球［M］. 北京：高等教育出版社.
黄化礼，2004. 全国中学田径教练员培训教材［M］. 北京：清华大学出版社.
黄茂武，2000. 实用体育保健与康复大全［M］. 北京：科学出版社.
季浏，2000. 体育与健康［M］. 上海：华东师范大学出版社.
蒋明珠，2007. 提高乒乓球选项课教学效果的若干方法［J］. 南京体育学院学报（自然科学版），6（2）：79-80.
李洪奎，2003. 生活方式与健康［M］. 长春：吉林科学技术出版社.
李洪滋，2004. 运动与健康［M］. 北京：化学工业出版社.
李江红，王翃，郑涛，2008. 大学体育与健康［M］. 2 版. 武汉：武汉理工大学出版社.
李娟，李丽，2004. 大学生体育与健康教程［M］. 长春：吉林人民出版社.
李学林，许晓明，鲁志强，2007. 大学体育［M］. 2 版. 北京：中国农业出版社.
李艳翎，汤长发，2009. 大学体育［M］. 北京：高等教育出版社.
连道明，2002. 软式排球运动［M］. 北京：人民体育出版社.
梁亚东，2002. 现代散打［M］. 武汉：湖北科学技术出版社.
林建华，2007. 大学体育理论教程［M］. 北京：北京体育大学出版社.
刘建和，2008. 乒乓球教学与训练［M］. 北京：人民体育出版社.
刘清黎，2002. 体育与健康［M］. 北京：高等教育出版社.
卢元镇，2002. 全民健身与生活方式［M］. 北京：北京体育大学出版社.
毛振明，2001. 探索成功的体育教学［M］. 北京：北京体育大学出版社.
毛振明，2003. 体育教学改革新视野［M］. 北京：北京体育大学出版社.
民族高等院校通用教材，2005. 公共体育教程［M］. 北京：北京体育大学出版社.
闵捷，高涵，2002. 大学体育与健康基础教程［M］. 北京：北京体育大学出版社.
牛佩林，2003. 排球教学与训练［M］. 北京：北京体育大学出版社.

曲宗湖，顾渊彦，2004. 大学体育课程改革［M］. 北京：人民体育出版社.
曲宗湖，杨文轩，1999. 课余体育新视野［M］. 北京：人民体育出版社.
全国高等学校教材，2001. 球类运动：排球运动［M］. 北京：高等教育出版社.
全国体育院校教材委员会，2000. 运动训练学［M］. 北京：人民体育出版社.
宋崇丽，2007. 我国普通高校乒乓球教学发展趋势综述［J］. 吉林体育学院学报，23（6）：150-151.
苏丕仁，2003. 现代乒乓球运动教学与训练［M］. 北京：人民体育出版社.
苏丕仁，2004. 乒乓球运动教程［M］. 北京：高等教育出版社.
唐健，2002 大学体育［M］. 北京：北京体育大学出版社.
唐颐，2009. 瑜伽养生图文百科 100 问［M］. 西安：陕西师范大学出版社.
体育学院普修通用教材，1998. 篮球［M］. 北京：人民体育出版社.
汪玮琳，2004. 运动竞赛学［M］. 北京：中国经济出版社.
王兴林，樊西宁，袁惠生，2003. 大学体育与健康教育［M］. 西安：陕西人民出版社.
王永祥，2010. 体育与健康教程［M］. 长春：吉林大学出版社.
王则珊，卢元镇，1987. 群众体育学［M］. 北京：北京体育学院出版社.
熊茂湘，2008. 大学体育［M］. 湘潭：湘潭大学出版社.
许晓明，2001. 实用大学体育教程［M］. 沈阳：辽宁人民出版社.
许晓明，2002. 英式橄榄球［M］. 长春：吉林科学技术出版社.
许砚田，2002. 体育与健康［M］. 天津：天津大学出版社.
杨国庆，殷恒婵，2009. 大学体育文化与运动教程［M］. 北京：北京体育大学出版社.
杨霞，2005. 健身锻炼方法与评定［M］. 桂林：广西师范大学出版社.
张洪潭，2004. 体育基本理论研究［M］. 桂林：广西师范大学出版社.
张珍，陈滨，2009. 新编大学体育［M］. 北京：清华大学出版社.
赵坛生，2003. 大学体育锻炼与健康指导［M］. 北京：北京邮电大学出版社.
甄珍，2006. 排球教学（现代体育运动教学教案丛书）［M］. 北京：北京体育大学出版社.
郑秀丽，林立权，2010. 拓展训练［M］. 长春：吉林出版集团有限责任公司.
中国排球协会，2006. 排球竞赛规则［M］. 北京：人民体育出版社.
钟秉枢，1998. 排球（跟专家练）［M］. 北京：北京体育大学出版社.
周兵，2001. 田径健身教程［M］. 北京：高等教育出版社.